內在他者
莊子‧尼采

劉滄龍著

獻給我的母親
周麗霞（妙真）女士

謝 辭

　　本書得以出版，首先要感謝聯經出版公司及編輯委員會的慷慨支持，謝謝主編在出版過程的鼎力相助。書中的內容大部分均已在學術期刊中發表，感謝這些期刊同意筆者將論文改寫後收入本書，原刊論文發表出處請見書末所附「原刊說明」。期刊邀請的匿名審查學者提供許多珍貴意見，特此致上衷心謝忱。

　　感謝科技部（國科會）專題研究計畫的補助，除了支持我持續探索莊子與尼采的跨文化對話，還讓我有機會在2014年前往德國法蘭克福歌德大學訪問、研究半年。約莫在那段時間，本書核心概念「內在他者」受到觸發逐漸醞釀成形，正是緣自與孟柯（Christoph Menke）、台灣莊子研究者的交流、對話。為此要特別感謝組織一連串台灣與德法學者進行跨文化對話的何乏筆表達敬佩感謝之意，也是透過乏筆的介紹，我才能在法蘭克福聽到霍耐特（Axel Honneth）、孟柯的課，並參與了乏筆所開設的當代中國哲學的Seminar。乏筆像一位熱情的傳教士，穿梭在當代歐洲、古典中國、混雜化台灣的古今東西思想之間，透過他和許多朋友的努力，在台灣掀起一股跨文化莊子研究的熱潮。若無師友的切磋砥礪，並有幸參與這一波跨文化莊學思潮，恐怕我的蠕行不會留下任何痕跡。

　　「第三波莊學」的命名者楊儒賓老師，不論學問人格均為

典範，是我們的道樞環中，有宗師在場論學，總是興味盎然、生機無限。跨文化莊子友朋論學所在，雖不免涉足學術機構，但我們更愛山間水涯或鹿港改造老屋，錫三邀了畢來德（Jean François Billeter）、任博克（Brook A. Ziporyn）到埔里、西子灣，且遊且談、不亦快哉！俊臣的鹿港、凱元的陽明山、阿灝的鹽埕埔無不令人流連忘返。當然，振宇、乏筆在中研院，明照在台大所辦的公開研討會也各顯風華。雖然自己的學問未必增上，然而對質之樂可比莊惠交遊，大家既是「莫逆之交」，更是彼此互為對方的「內在他者」。一年多的疫情中斷了許多往來，往日聚首論學之樂，不知何日能再？無論如何，本書倘有一點心得，多生成於諸友的不齊之論，銘感五內。在此還要特別感謝俊臣為書名揮毫題字、國芳讓她的水墨畫刊於封面，拙著有幸蒙受絕妙筆墨的沾溉，倍感榮寵。

　　關於尼采思想的論學，最早要感謝冠閔在台哲會讀書會對我的報告提出諸多指點。香港浸會大學的黃國鉅創辦了第一屆華語尼采哲學會議，在他的號召下華語地區的尼采研究者集聚討論尼采哲學在21世紀的意義，上海的趙千帆，台灣的俊業、婉儀、雲平陸續接棒舉辦尼采會議，自己受惠甚深，希望將來能盡點力回報他們。

　　在進入正式的排版前本書的編輯校對要感謝我的科技部計畫助理廖于萱、左珮柔，由於她們細心辛勤的工作，書稿的樣貌才得以更加清晰地浮現。聯經出版公司的編輯團隊令人信賴，特此再致感激之情。

　　最後，要感謝家人的愛，支持著我在學術的道路上持續前進。

民國110年秋於桃園雲山居

目次

導論

　　「內在他者」是筆者近年出入莊子「氣的思想」與尼采「力的美學」之間，進行跨文化對話所結晶出來的概念。本書據此環繞著美學、政治的課題，從跨文化的進路探討莊子・尼采哲學以及由此展開的現代性反思。作為本書得以進行跨文化對話的主要思想憑藉——莊子與尼采，他們雖然身處不同時代，被歸屬於不同的文化脈絡，然而兩者的思維方式確實有其親近性。我試圖汲取兩位哲人的思想特點，以互為他者、相互對質的方式成為推動思考的內在力量。此一跨文化對話的思考方向針對的是當前的人類境域，即本書所聚焦的自然與自由的現代性課題。在此一思想動力及要求所構成的內在性條件中，種種衝突性與親近性成為彼此的「內在他者」。

　　為了避免落入東西方哲學思想的大塊式比較所造成的扭曲與偏頗，保持敏銳的方法自覺有其必要，如何一方面回應現代性對當代生活構成的挑戰，同時又不生搬硬套不相干的概念，讓莊子的古典精義展現其當代思想活力，始終是本書致力的目標。為了達到這個目標，我試圖讓莊子思想能參與尼采對現代性的批判之中，構成一種互相呼應的關係。

　　源自先秦綿延至今的莊子思想，作為人類文明歷史中深刻、珍貴的文化資產殆無疑義。然而，自從晚清以來，傳統思

想承襲已久的經典注疏形式漸趨沒落，並與原本緊密相連的政治社會體制脫鉤，同時西學的知識框架開始滲透、改變了傳統儒釋道思想的形貌，也愈來愈限縮在學院中成了學術研究的客觀知識對象。1958年刊出的〈為中國文化敬告世界人士宣言〉一文，當代新儒家學者對於中國哲學研究在海內外受到的種種誤解，提出反駁。〈宣言〉中主張，中國文化是一活的文化，不應被當成死的客觀材料，還必須擺脫不當套用的西學概念，才能發現其自身的獨特意義、重新煥發生機。本書即便藉助許多西方哲學的概念，以展開莊子思想與尼采哲學的對話，然而在態度上力求謹慎，且有意跨越以歐美為軸心的哲學範式，從跨文化的平等互動中提煉出莊子思想具有批判性的時代意涵，冀望從跨文化哲學的進路為異化、物化的現代生活尋求批判的出路。

　　談思想及其研究方法勢必得先廓清其所置身的處境，這個處境有個弔詭，即它既立足於思想者當下使用的語言、所處的歷史、文化、政治社會脈絡，又有一規範性的要求是所有的「思想」都加諸於自身的，即「超越性」、「普遍性」，雖然此一超越性、普遍性並不意味著脫離具體的個體性、歷史性，不過，這便逼出了一個思想必須面對的課題，亦即一方面與它的具體脈絡密切相關的、它從何而來的「傳統」；以及另一方面它的超越性、普遍性所要求的「未來」。不可諱言，「當代思想」不論是東方或西方都已置身在後傳統、後形上、後宗教的生活世界，思想若不是墮落成政治的工具，就是自我放逐成去政治化的邊緣文化裝飾。那麼思想的出路究竟何在？答案或許也跟它所運用的「方法」有關。

　　如今，至少在以中文書寫為運作場域的思想、哲學活動，要回答：「我們的傳統是什麼？」都成了一個困難的課題，而且它也會立即勾連起政治的問題。本書所預設的「思想」，在一開始就不得不預設當代中文書寫所具有的跨文化的混雜性。因此，此一思想活動，從它運作之始就已經無法與自身及外來的糾纏狀況排除開來，而且，必須嚴肅面對它究竟在哪些人文傳統內外之間遊走、編織、組構各種新舊交錯的思想成品及其可能性。由當代中文書寫所構成的思想活動、理論生活究竟跟漢字文化圈所展開的人文傳統有何關係？此一人文傳統所訴諸的理論生活、思想方法，在21世紀的當代遭逢了什麼困境？面對這麼巨大的課題，我們可以著手探究的起點是什麼？本書的出發點是「跨文化思想的可能性」，藉由莊子與尼采所共構的「內在他者」作為一種「方法」，期望能提出若干思想的線索，找到鏈接傳統與未來的可能性。

　　「內在他者」意指最親近熟悉卻又陌異難辨、無法捉摸的現象或存在，例如身體、自我。所謂「內在」是指它與自身的關係如此親近緊密、不可脫離；而「他者」則是某種難以克服的他異性、陌生性，它可能是天生而有或後天造成的。本書將要探討，陌異性一旦成為自身難以克服的限制性，透過何種努力，內在自身的陌異的他者如何可以開發出某種可能性，讓限制性調轉成可能性。這麼說來，所謂的自我／他者、內在／外在的界限便是遊動的，哲學工作則是調動此一界限，使它具有中介、轉化的能力。本書同時主張，東方／西方的哲學資源也可以通過跨文化哲學的工作，讓互為他者的界限得以受到擾動而具有生成轉化的力量。其實，在東亞社會，西方文化早已成

為東亞文化圈的內在他者，不論是出於主動學習或被迫接受的歷史過程，皆是如此。

將「內在他者」這個概念運用於跨文化哲學的分析，目的在於批判同一性思維的限制，肯定文化內在的陌異性，期盼文化能在反思中重構自身並進而提供與異文化溝通、連結的基礎。肯定文化的「內在他者性」，無異於否認有一純粹本質的文化起源，主張文化必須保持開放的生成動態。此一動態的文化生成活動，既是探索文化身分、生活方式的主體形塑，也是在不斷遊動的內外邊界上辨識區別文化上的他者，並且與之溝通往來的辯證過程。因此，本書假定「自我」並非在本質上與「他者」相互區別、難以溝通的孤立個體，而總是在業已形成的關係網絡中，因著不同的感受、判斷模式，逐漸分化、分裂，乃至在鬥爭、衝突的行動中確立自己的身分界別。肯定「內在他者」，不是為了加速關係的分化或主體的確認，而是鬆動僵化的同一性自我，促進開放的自我理解與平等對話關係，為不同文化乃至人類與自然的一體共命找到新的思想出路。

感受、聆聽內在與外部不一樣的聲音，是構成自我理解的重要環節，也是身為世界公民的我們必須具備的公民修養。在日趨分裂的當代社會，肯定差異、包容尊重不同的生活方式格外重要。尤其自2020年以來疫病迅速襲捲全球，面對共同的難關，生活在不同文化、制度、經濟條件下的人們，只有團結合作才能克服困境。我所嚮往的哲學工作不限於學院內的理論研究，也冀望對當前人類所面臨的挑戰做出回應與貢獻。本書雖然並未直接就現實處境提出因應之道，但是在方法上立足於我

們的「內在他者性」，吸收古今東西哲學資源，為當代社會提供哲學反思的角度。

「內在他者」這個概念即是肯定人的複數性、多元性，每一個人都是如此不同，甚至構成每一個人所謂的內在精神世界也不總是統一和諧的，反而常常處於紛雜多樣、矛盾衝突之中。如何面對一直在變動中生成的自我，需要哲學的反思與精神的修養。再者，在政治、社會的生活中，也會不斷遭遇到跟自己不一樣的他人，為自己的生活方式帶來機遇或挑戰。因而，本書也根據「內在他者」作為思考線索，探討自由、平等的公共生活如何可能。作為本書的核心概念，「內在他者」首次出現是在拙作《氣的跨文化思考：王船山氣學與尼采哲學的對話》，在本書則延展其思路，藉以展開莊子與尼采的哲學詮釋，並且從美學政治的視角探討自然與自由的關係。

「內在他者」是本書用以探究莊子氣的思想以及尼采主體哲學所使用的概念，它也具有跨文化哲學的方法意涵。全書共分三部，以跨文化哲學的進路展開莊子思想、尼采哲學的詮釋以及現代性的反思。前兩部分別從莊子、尼采的詮釋來論述氣、主體、美學與政治的關係，第三部除了莊子與尼采，還引入儒家與法蘭克福學派的思想資源，將關注焦點置於「自然與自由」這兩個理念探究、反思現代性。西方現代性不只是尼采所要克服的單屬於西方的困境，百年來西方現代性早已強勢貫穿、默然滲透了東亞現代化的歷程，從「內在他者」的角度也有利於探究此一具有反思西方現代性潛能的東亞現代性。尤其在東亞脈絡的儒道哲學中氣與自然的思想，既蘊含著自由的可能性，同時也能凸顯西方自由思想與主體哲學的限制，對照於

尼采對西方現代性與主體哲學的反思、批判，更能揭示出以跨文化哲學的進路探討東亞思想所具有的豐富潛力。本書將重探自然與自由的關聯，分析莊子、近當代儒學中蘊藏的美學與政治的觀點，思索某種心物之間、關聯著自然與身體、非主體的自由思想。

　　「內在他者」在本書各部或隱或顯地作為啟發性的理念或詮釋性的概念，在三個不同的面向發揮作用。首先分別在莊子思想與尼采哲學的內部作為詮釋性的概念，展開美學與政治的相關討論，其次則是進入跨文化的脈絡，藉由當代問題視域破除莊子與尼采互為外部他者的思想隔離狀態，透過「氣的思想」與「力量美學」的互動，讓莊子與尼采成為彼此的「內在他者」，研探跨文化進路的美學政治。第三個面向則進一步挑戰東方／西方的二元區分，設想西方現代性如何已成為東亞思想的「內在他者」，並圍繞著「自然與自由」的問題，以跨文化哲學的方法進行現代性反思。

　　不論是莊子氣的思想，抑或尼采力量美學，在本書前二部展示了「內在他者」為何具有反思西方現代性的動能。「自由」是源起於西方的近代理念，但受限於主體哲學，依據自由理念所推動的現代化歷程卻逐步剝離了人與自然的關係。第三部透過跨文化的視角，重新發掘自由與自然的另類關係，希望藉此走出背離自然的現代性困局。從較具批判性、多元性的莊子與尼采思想切入，也讓受到儒家文化主導的東亞社會，有機會以不同的角度反思過去展望未來。

第一部

莊子

　　從莊子的氣、隱喻、身體等概念為現代性反思提供某種「非主體」的思考角度，尼采哲學在本部並未總是顯題化地現身，而是時隱時顯地成為詮釋莊子思想的「內在化者」，用以推進跨文化哲學的生成。

　　第一章〈內在他者〉：莊子實踐智慧之特色即是在各種限制性中看到行動的可能性，修養的目的則在於啟動自我轉化、培養容受異質性他者的能力。生命中不由自主的限制性，透過視角的轉換，「外在他者」調轉成自我理解的內在條件，成為「內在他者」。莊子的「心齋」工夫，便是此一視角轉換的技藝，以虛化自身的方式任讓「他者」遊化於心物之初。此一虛化、無知的「心齋」便是「以無知知」。不論是「無用之用」或「無知之知」，皆顯示莊子思想中「生命的有限性」與「實踐的可能性」之間的弔詭關係。「不得已」既然難以免除，如何因應化解此一內外的緊張與衝突，將是身處人間世能否逍遙無待，甚至據以展開具有突破性政治行動的關鍵。

　　第二章〈身體思維〉：本章從莊子對惠施的批評切入，討論不同的思維方式所對應的身體觀，同時借用尼采對「身體」（Leib）與「軀體」（Körper）的區分來探討此一不同的身體理解所預設的思維方式，即隱喻思維與概念思維之間的差異與關聯，並藉此詮釋莊子「自我轉化」的工夫。「氣」是莊子思想中的根本隱喻，在氣的隱喻思維中，屬於個體性的「軀體」突破了概念思維的局限，得以自我轉化並通向「身體」。對莊子來說，生死即是身體形式的轉化歷程。「氣」與「物化」的思想是透過隱喻思維而展開的自我轉化，它具有批判概念思維的轉化力量。雖然總體而言莊子推崇的是隱喻思維，然而他並未

忽略隱喻思維與概念思維之間存在「不一也一」的關係，正如「身體」與「軀體」的雙重身分雖有主從之別，卻不可偏廢。值得注意的是，若要突出莊子氣與身體的思想中的內在異質性、批判性，以「一」化「異」的解讀將很難開發莊子批判性的向度。據此，本章試圖闡明隱喻思維和概念思維間具有內在的同構關係，莊子洞見及此，以隱喻之思來吸收與轉化了惠施的概念思考，並反映他無意棄絕概念之思。

　　第三章〈心物之間〉：本章檢視牟宗三以主體的超越與精神的辯證來說明莊子思想中從「成心」到「道心」的轉化過程，探討此一詮釋所運用的概念框架是否仍有校準的空間。牟宗三主張莊子思想追求主體的精神超越，並且從辯證的觀點說明「成心」到「道心」的轉化過程。我們將探討此一詮釋所運用的概念框架是否有調整的必要，尤其關注心／物、心／身、意識／無意識之間的關係。討論的焦點在於：主／客區分的概念架構是否會限制心／物之間原初平等而動態辯證的關係，莊子弔詭思維的批判性是否也會因此而有所抵銷？若要打破主體與客體的二分法，除了在精神與理性的層面，身體與無意識要如何納入考量？另外，無限與有限之間的關係，是否能以弔詭、辯證的思維來看待？最後則從辯證法的角度思考莊子如何齊物並探究心物之間的辯證關係。

　　第四章〈不齊之齊〉：本章的目的是探究《莊子》齊物思想的美學政治意涵。在說明《莊子》氣的思想中的治理之道時，主要倚重王船山的《莊子解》。莊子的齊物之道並非正面擘劃一套理想的政治藍圖，而是以否定與解消的美學力量，讓「不齊」的非同一性力量，解消同一性的強制，以自治自理為

基礎的「齊」（即「通」）才擁有可能的條件。為了說明此一「不齊之齊」——擺脫同一性強制讓氣得以感通，本章將首先繞道班雅明與阿多諾的時代診斷，回顧「氣韻」（Aura）如何逍逝於現代社會——尤其是工具理性的物化與同一性強制之中，再以莊子的「氣」與班雅明、阿多諾的「氣韻」為線索，探討他們的文明反思對於現代生活的異化是否提供了某種解放的可能性。

　　第五章〈非主體的自由〉：莊子的自由思想雖然重視個體自由並且未必和主體哲學不相容，然而若是發掘莊子思想中「非主體的自由」此一面向，將發現莊子的心物關係不能只用主客的上下隸屬關係來看待，心物之間的辯證關係與非主體哲學的意涵更不容忽視。我也將借助尼采與阿多諾對於理性主體與自由的批判來澄清相關的問題。本章首先從尼采關於「虛無主義」與「自由精神」的思考出發，探討他對於「主體」與「意志自由」的批判是否指向某種「非主體的自由」。尼采描繪了由「主體自由」通向「個體自由」的歷史路徑，然而，「非主體的自由」仍未顯明，這將在跨文化進路的莊子詮釋中逐步闡明。藉著檢視當代新儒家以主客關係來詮釋莊子心物關係所遭遇的瓶頸，將會凸顯「非主體」的美學進路為何得以突破困境。借鑑阿多諾美學中的「中介理論」與「辯證的自由」，筆者進一步將莊子心物之間的「遊」與「化」詮釋為美學的辯證活動。最後，則回到任博克（Brook A. Ziporyn）《莊子》詮釋中的弔詭批判，並且主張此一非主體、無立場的內在批判，確實可以銜接尼采美學與阿多諾的辯證法，共同鋪設出某種「非主體的自由」。

第一章

內在他者

一、前言

生命除了死亡此一大限外，還有諸多的「不得已」。莊子
實踐智慧之特色即是能在各種限制性中看到行動的可能性。限
制可以不只是限制，也是可能性。莊子的工夫論，是一種啟動
自我轉化、容受異質性他者的能力，讓物我得以在保持自身的
獨特性中，既各自成全又能共感交流。

人的生命有限，身處亂邦危世不論賢愚更可能隨時遭逢不
測。《莊子》一書之所以具有超越時空的魅力，正是以敏銳的
感受力道出生命的有限性，並且提供了深刻的洞察分析。[1]莊子
的發言對象尤其是針對懷抱高才卻有志難伸之士，既契接孔子

1　王叔岷說：「莊周生於亂世，入俗而超俗，至清而容物，為岷生平最景仰
　　先哲。」王叔岷，《莊學管闚》（新北：藝文印書館，1978），頁1。離世
　　而鄙俗易，入俗而超俗難；遠物以自清易，容物而清虛難。王叔岷確乎道
　　出莊子所嚮往的人生境界。

的生命處境，又有自況之意。[2]面對「不得已」，孔子知其不可而為之，莊子則主張若被「不得已」所驅動，該當無心而為，以無知之知行無用之用。莊子本人是否曾經以他特具的處世智慧，親身示範了某種安於不得已之命的生活方式已經無法確知，至於他所留下的思考方案，更是引起後世紛然殊異的解讀方向，尤其難以斷定的是，《莊子》書中揭露的是否為消極避世的思想。

　　「內在他者」[3]這個概念，可為「生命的有限性」[4]此一課題

2　安於貧困的顏回似乎是莊子的前身，所以才如此頻繁地請顏回代言自我轉化之道。或許莊子想要綜合承接的是兼融孔老之道。

3　本書所用的「他者」此一概念是指個體所感知那加諸自身不由自主的陌異力量，且往往被視為主體外部的限制。在《莊子》文本中，尤其常以「命」來指稱此陌異的力量，如〈秋水〉有謂：「不知吾所以然而然，命也。」這是廣義地將生命中不得不如此，而且無法理解的他異力量視為「命」。此一對「命」的規定，彷彿置定了某種不可轉化的限制性，甚至必然性，其實莊子的想法有一曲折不易被理解，本文的目的就是把此一曲折處展示出來。另外，之所以會提出「內在他者」這個概念來討論莊子，還有個間接的來自於尼采的觀點，跟莊子的想法（例如「無知之知」）或許也有所呼應，他認為：「每個人跟自己最為遙遠。」尼采這麼說是顛倒了羅馬詩人Terentius的格言：「每個人跟自己最為切近。」參見尼采，《論道德的系譜》，序言1。（KSA 5, p. 248.）中譯請參尼采著，趙千帆譯，《論道德的系譜》（新北：大家出版，2017），頁47。本書所引用的尼采著作均出自Giorgio Colli和Mazzino Montinari所編的《尼采全集：15冊考訂版》（*Friedrich Nietzsche: Sämliche Werke, Kritische Studienausgabe in 15 Bänden*, hrsg. G. Colli/M. Montinari, München/Berlin/New York: Walter de Gruyter & Co, 1980.），並縮寫為KSA。KSA後的數字分別代表卷數及頁碼。

4　關於「有限性」，此處只著重在「命」的「他者性」，但未具體處理死亡這個課題。專論莊子如何看待死亡的著作可參賴錫三，〈《莊子》的死生

提供某種理解途徑，我將藉此詮釋《莊子》〈逍遙遊〉與〈人間世〉，並且試圖將生命中種種的「有限性」不只看成是負面的限制性，而是可以驅動生命自我轉化的內在條件——即「實踐的可能性」，「生命的有限性」與「實踐的可能性」具有某種弔詭的關係。若能展開莊子所提議的自我轉化工夫，那麼生命在各種有待的限制性中，可望找到新的實踐的可能性。

〈逍遙遊〉的鯤鵬寓言便在說明，本來被俗情所排斥的無用的他異性，如何在自我轉化的工夫中，成為自我理解的內在條件。生命的有限性雖然會造成實踐上的種種限制與障礙，然而「無己」此一虛化主體的工夫，正是要試圖敞開一無待之遊的行動間隙。

至於〈人間世〉中人子、人臣所固有之不得已的「命」（自然親情）、[5]「義」（社會規範），則被視為現世人間最主要的兩種「不得已」的限制。[6]我們將透過「內在他者」的解

一條、身體隱喻與氣化永續：以自然為家的安身立命〉，收入《莊子的跨文化編織：自然・氣化・身體》（台北：臺大出版中心，2019），第五章，頁231-273；鍾振宇，〈莊子的死亡存有論〉，《道家的氣化現象學》（台北：中央研究院中國文哲研究所，2016），第六章，頁187-225。

5　在〈人間世〉中，因自然生命而有的血親之情，視為「不可解於心」的「命」，是一種狹義的對「命」的指稱，我們可以把它納入廣義的「命」（「不知吾所以然而然」），不論廣狹的界定方式，「命」都指向某種他異的、限制的，使個體無法自主的力量。

6　劉笑敢認為「不得已」是莊子學派的重要生活準則，一切都要不得已而為。莊子把社會現實中所感受到的異己力量稱之為命，並主張要「安命無為」。「安命無為」的思想，一方面是無可奈何的，另一方面是悠然自得的。劉笑敢的詮釋，著重在生命有限性的部分，而且認為莊子主張人無力改變現實，只好別無選擇地以消極被動的方式無所作為，放棄任何現實上

讀視角，將人的有限性理解為自我（自由）實現的途徑，只是它得經由自我轉化的工夫（「心齋」），才得以調轉觀看的視角，於是原本以為是外在於自我的諸種「不得已」，成了自我的內在關係，「外在他者」在自我的要求與轉化中成為生命理解「內在自我」的必要條件，自我因此得以重新界定。「命」與「義」在新的自我理解中成為「內在他者」，人身處政治社會生活之中，也因此獲得行動的信念基礎。[7]「不得已」的處

的目標與追求。劉笑敢，《莊子哲學及其演變》（修訂版）（北京：中國人民大學出版社，2010），頁142-150。按照此一詮釋，莊子思想將是厭世的失敗主義者，並取消了人的任何能動性。然而，令人懷疑的是，完全放棄主觀的追求，任憑社會現實的碾壓，真的能在心境上悠然自得甚至逍遙自適嗎？怎麼說明「安命」中的「安」？於是只好說，安命思想不是莊子最重要的思想，而主張精神上的逍遙自由才是他真正的歸宿。然而，主張莊子是消極被動的思想，是因為只看到莊子對人生有限性的理解，而且錯誤地導出此一有限性將限制人的主體能動性。甚至會進一步主張莊子追求一逃避現實的精神自由，並稱這是虛假的自由。我將同樣從「不得已」的生命處境出發，證明莊子思想並非消極被動的學說，他的自由觀也絕非為了逃避現實，而是正視現實並開發主體的能動性以展開行動的真實自由。相對於消極避禍的詮釋路向，賴錫三則「到處看到《莊子》散發敏銳又深刻的權力批判與文化省察」，並主張《莊子》具有豐富的思想資源可以在儒士之外另立一種知識分子的典範，展開對人間世的權力與人性的解剖、批判。賴錫三，《道家型知識分子論：莊子的權力批判與文化更新》（台北：臺大出版中心，2013），頁iii、1-42。

7　在此使用「內／外」這組空間的語彙，首先是對應自我／他者的原初語言使用習慣，更重要的是展開其間弔詭的辯證關係，就如「有／無」這組存在狀詞在老莊語境中的動態依存關係。「自我」是內在的、親近的、熟悉的，這只是慣性的自我認識，自我存在於我的身體之內、他人是外於自我的個體。正如看得見的「有」存在，看不見的「無」則不存在，這也是一般的存在認知。特定的語言使用、思維方式相當程度地決定某種特定的生活方式。哲學思考並非否定一般的語言使用及認知角度，而是藉由不同的

境觸發自我理解經歷某種否定性的轉折，此一否定性的認識即
「無知之知」，由之所探及的「內在他者」，讓自我與他者在
既一且異的關係中，既能形成共通體也保有批判的向度。

　　〈人間世〉開篇的兩則寓言都涉及了「不得已」，而且
都關乎政治行動。第一個故事藉由「名」來顯示政治場域中身
不由己的限制性，莊子安排了孔門師徒演示如何透過「心齋」
的自我轉化工夫來回應「名」的凶險，並同時展開行動的可能
性。第二則故事則用「命」與「義」歸結人間世兩大「不得
已」，同樣透過孔子的教言指示如何突破行動的困境。

　　本章第三節正式引入「內在他者」的概念，結合前二節已
鋪展的「無己」、「心齋」等虛化主體的自我轉化工夫，說明
不得已、不可解的他者的「有限性」如何得以轉化成自我理解
與入世實踐的途徑。第四節和第五節則分別討論「無用之用」
和「無知之知」以進一步探索莊子立身處世之道的特殊性。最
後一節將藉由王船山的注解，評論莊子因應「不得已」的人間
是否真能應物無傷，乃至無為而無不為。

―――――――

　　語言使用方式提供另類的視角，鬆動既定的認知框架，活化被固化的思
維方式，於是內／外、有／無等尋常的相對關係，便有其他的可能性。
陌異的他者，依原本的理解是一在自我外部的他異參照，這也是「命」、
「限」等義的原初認知設定，莊子先取用了尋常的認識，再施以語言與思
維上的調轉，即卮言日出或牟宗三所說的「詭辭為用」，莊子充分認識到
語言如何構成了實存條件，因此能深刻觸及語言的轉化對於理解、轉化實
存處境的必要性。

二、有待之身與無待之遊

　　〈逍遙遊〉是《莊子》一書的開篇之作，如何解讀篇首的鯤鵬寓言當是理解莊子思想的重要關鍵，然而此一寓言的解法各家不一，單是最受重視的注家郭象便明顯逸出《莊子》文本內在的脈絡。尤其郭象泯除了小大之異，徹底化莊子通天下一氣的圓融思想，但也一併取消了自我轉化的工夫的必要性。請循其本，仍得探求莊子以重言的方式三度引用鯤鵬寓言的意圖究竟為何。

　　常情俗見往往困於小而不見大，只見顯然的現象未知隱然的實情，於是對不可用的、令人驚怪的他者或覺荒誕無用，或感怖畏而避離。多聞而富有奇幻想像力的莊子則不然，對於東方海濱的各種怪聞奇事，如：小魚子也能化為巨大的魚身（或許是見過鯨魚的漁夫所述），六月如羊角的旋風（羊角便是龍捲風之形，若在農曆六月則正是熱帶氣旋颱風旺季），均感到好奇而想探求自然現象的他異性。莊子何嘗不知，奇聞志怪所述不可盡信，然而虛構者未必不含真實。自然世界充滿了人所未聞未知的獨特性、差異性，豈是人的知見所能全然籠罩。

　　莊子具有看見他者的意願與膽氣，乃至認為，自然世界與生命現象本來就內含著種種尚未可知的他異性，人類若能走出自我中心的單一視角，或許便不再想要排除這些無用、不當的他者（惠施便說：「大而無用，眾所同去也」[8]），反而接納他

8　見〈逍遙遊〉。本書所引《莊子》文句均出自〔清〕郭慶藩撰，王孝魚點校，《莊子集釋》（北京：中華書局，2012），不另標頁碼。

異性是構成自我理解的必要條件。一旦能去除人所自限的常情俗見，不再困於知見所設定的有限性，則有待之身也能無待而遊。〈逍遙遊〉以非人的鯤鵬這奇幻的他異性現身，或許正是期望人能化去自身知見所限，像鯤一樣，縱身躍入自我轉化之道，化為展翅南圖的大鵬，追求超然忘我之天地大用。

莊子譏誚眾人以彭祖為壽，其知淺陋，不知靈龜、大椿之動輒以百千歲為計年的基礎單位。然而，人為何一定要走出自我中心的認知限制，像鯤化為鵬、還費力上騰九萬里南飛千里？自我轉化的必要性為何？大者不甘於小，小者則質疑何必為大？這是蜩與鷽鳩之笑、斥鴳之譏，小大均各有自身之限，何不甘飴於天生限制？郭象便是從小大之辨轉出其適性自足的逍遙新意。

其實，不論大鵬南飛、小鳥棲止於榆枋，生命均有其不得不如此的限制。生命本來就有先天的不平等之差異性，大者未必好，小者未必不好。好壞之別、大小之辨也是人有為的分別，莊子所重者乃在無論大小，若均為有待之身，自我轉化並非追求可見的有形事功，而是無形的視角轉換，目的在於敞開一無待的逍遙之場，任讓生命各種他異的獨特性能夠自由現身，無所用之物無論大小，均能物各還物、超然自在。此一逍遙之境，若無自我轉化的工夫如何可能？

莊子說完三則鯤鵬寓言後，才由斥鴳對大鵬的質疑帶出他的論題。關於斥鴳的質疑，郭象注的合理性在於，材不論大小，只要各安於天性，做能力範圍可及之事，即可逍遙。[9]不必

9　郭象的注是：「各以得性為至，自盡為極也。」他認為或翱翔天池，或畢

以自身之材大而賤斥材小者，也不必因自己材不如人而嫉妒。但郭象此注沒進一步說明的是，性分的範圍如何確定？人為的主動性到了什麼地步即是「違背自然」？

根據幾位注家的說法，「鯤」是魚子或小魚，是否莊子刻意用本來為小之「鯤」，後來成為巨魚，再化為巨鳥，正是要說明性分並非天生有其固定限度，而是有種種可能性。換言之，莊子看重的是自我轉化，而郭象卻似乎在性分說中取消了自我轉化的向度。

儒者以立功立名的方式（知效一官、行比一鄉、德合一君，而徵一國者），證立生命可以超越有限性達於不朽。立功立名以建立自身的同一性，是回應存在有限性最受到社會普遍認可的方向。降生此世，沒留下任何值得一提的事蹟，無名可稱，死後無人懷想，又何必白白來這一遭？宋榮子則以為功名皆為外物，將價值設定在自身之內（定乎內外之分），因此無論多大的榮辱均不能干擾內心的安定。[10] 宋榮子可謂超離俗世之人，置身物外，然而莊子卻以為「猶有未樹」。下一個境界

志榆枋，都是稱體自足，各因自然性分，非有為而至。郭象所謂的「自然」，是「不為而自然者也」。他認為：「大鵬之能高，斥鴳之能下，椿木之能長，朝菌之能短，凡此皆自然之所能，非為之所能也。不為而自能，所以為正也。」

10　郭象對「定乎內外之分」的注是「內我而外物」，此解依於莊子文意。成玄英則翻出一層新意，他說：「榮子知內既非我，外亦非物，內外雙遣，物我兩忘，故於內外之分定而不忒也。」「內非我、外非物」雙譴、雙忘的重玄之旨，確乎是佛教意識哲學已為中土成熟消化後才會有的高度思辨成果，以此解莊自有妙趣。然而，一下子把內外、物我的界限泯除，在工夫上如何可能？本章將順著莊子文脈把此一自我轉化的工夫階序更具體地展示出來，以免境界過於玄妙無下手處。

則是能御風飛行的列子，對「名」已無掛懷，當然也不汲汲於世俗之功，可謂無功、無名之真人，但仍有所待。列子所待者何？為風。其實這意指的是，列子仍需待物才能成就自己的超然人世之上。莊子所稱許的不僅要無功、無名，還要能無己。無己的檢驗標準就是無待。

什麼是無待？即是可大、可小，天地氣化的常與變，均能乘御而遊。無待超越了列子不求福避禍的境界，福禍已無可求、無可避，對加諸生命的各種限制，均無礙於生命實踐的可能性。氣化流行有其規律，也有失序歧異之時，個人遭際亦然，有可測有不可測者。無待者其實一無所求，已忘物我之別，再無特定的憑藉。有待之身，以物為己、以事成功、以實求名；無待之遊，則物我兩忘、事成無功、有實無名。無待之遊有賴自身的轉化，才能讓隱而無用的他者顯化出意想不到的作用，無用者才能顯其大用。

三、「名」是人間凶器

〈人間世〉開場的橋段是顏回要前往衛國施展治世理想之前，孔子告誡「強以仁義繩墨之言術暴人之前者」將遭遇災禍。懷抱著理想主義的救世之情，運用「仁義」這樣的規範性話語（「繩墨之言」），意圖說服衛君以仁政愛民，這有何不對？首先，衛君之所以是「暴人」，是因為他「輕用民死」，屢興征戰或賦稅繁重，置人民於死地而不顧。[11]野心勃勃的衛

11　〈人間世〉中關於衛君之暴，參考郭象注與成玄英疏。

君，或許願意用顏回之才，助他拓展霸業。但顏回以賢士之名宣揚愛民之政，倘真為衛君所用，甚至得到衛國人民擁戴，衛君是否有此雅量不妒賢嫉才？乃至讓顏回以他的慈厚愛民來反襯自己的殘暴不仁？「輕用民死」的暴君若肯禮賢下士，必有所圖，而所圖者何？衛君圖的是霸業，顏回所標舉的「仁義」對他有何助益？面對志氣昂揚的衛君，顏回「未達人氣」（可能遭忌，情感不被接納）、「未達人心」（理念衝突，動機不被認同），不僅很難扭轉暴虐之政，強大的反作用力還會反饋吞噬災及自身。

　　藉由孔子之口，莊子有意告誡像顏回這樣的仁義之士：「德蕩乎名，知出乎爭。名也者，相軋也；知也者，爭之器也。二者凶器，非所以盡行也。」（〈人間世〉）有德之人會開始墮落，是因為好名；聰明的人之所以咄咄逼人，是為了爭勝。名氣成為爭鬥的目標；才智成為爭鬥的工具。名氣和才智變成害人的凶器，而不是用來實現理想。「名」在變質的德性中成為爭奪的目標，與此同時，「知」（才智、知識）不再為道德化的政治理想而服務，反而淪為政治鬥爭的工具，名氣和才智變成傷己害人的工具，而不是用來實現個人理想或政治抱負。道德的異化，往往糾纏著知識、名聲、權力的複雜關係。仁愛救世的理想無可厚非，顏回的德性才智也足堪實現抱負，然而「德蕩乎名，知出乎爭」，莊子深知，一旦善名引起爭競之心，將暗藏殺機「必死於暴人之前矣」！

　　郭象注「德蕩乎名，知出乎爭」蘊含深意：「德之所以流蕩者，矜名故也；知之所以橫出者，爭善故也。雖復桀跖，其

所矜惜，無非名善也。」[12]即使如夏桀、跖也好名甚至求善，當時的衛君恐怕未必有暴君之名，人民就算身受暴政所虐，也敢怒不敢言。若顏回得到愛民的賢名，衛君矜名爭善之心將相激而起，則凶險四伏。求名之心，令德搖蕩；即使名符其實，善名也將是召來災禍的凶器。[13]

「德」與「知」是賢人君子為己之學、自得之樂，但在人間世的網羅中，名與利相互交纏滾動，「德」與「知」要守住自足之性實非易事。就名實相符之德來說，賢士既享大名，利祿與權力也將隨之而來，取捨運用之際都是考驗心性勿令流蕩的時刻。聲名會帶出名位，名位除可施展才德、經世濟民，也是權力爭鬥的場域。賢者如顏回如何以德知用世，又能不讓令名搖蕩其德，使才智不陷入爭勝權鬥的漩渦之中？這關乎的不只是自己不求名、不爭權之心而已，而是能否對「名」所夾帶

---

12 〔清〕郭慶藩撰，王孝魚點校，《莊子集釋》（北京：中華書局，2012）。

13 除了郭象，呂惠卿的注解亦深具啟發性，然而這兩人後世對其人品的評價都不高，呂惠卿甚至被列入《宋史‧奸臣傳》。郭、呂都曾身居高位、權傾一時，對「名」此一凶器的體會也確乎能言人所未言。呂惠卿在關於「德蕩乎名，知出乎爭」這個段落的注解也十分精采，為免煩贅不便全引，略摭其意如下。呂惠卿認為，無我則不爭，不爭則無事。知是爭之器，因此，彼我均以知相爭。若要讓彼我之間能順利溝通，唯有氣和心悅，才能使對方不生猜忌疑惑。見〔宋〕呂惠卿著，湯君集校，《莊子義集校》（北京：中華書局，2009），頁63-64。另外，同是宋代注莊的大家林希逸對「德蕩乎名，知出乎爭」的注解也值得參考：「德，自然也；知，私智也。纔有求名之心，則在我自然之德已蕩失矣，纔有用知之私，則爭競所由起矣，故曰德蕩乎名，知出乎爭。」〔宋〕林希逸著，周啟成校注，《莊子鬳齋口義校注》（北京：中華書局，1997），頁57。

的語言－認知－規範－權力彼此之間交錯運作的複雜關係有深刻的理解，才能以不受牽累的清明心智與果斷作為，展開真誠且務實的政治行動。

在孔子的引導下，顏回逐漸意識到「無感其名」是有效政治行動的前提，但「名」有兩面性，既是凶險之器，也是政治場域中不得已的憑藉，是必要的用世之器。孔子說：「名實者，聖人之所不能勝也。」意思是，由「名」所牽引的力量流變錯綜不已，即使聖人也不能駕馭自如。若不得已非用名器不可，孔子示以「心齋」的工夫。

顏回以層層遞進的工夫，漸漸得到免於獲罪的全身之道，但仍不及「化」，亦即恐怕仍無法讓衛君心悅誠服。最後得到孔子首肯的是忘卻救世初衷，成為「未始有回」的自己。「心齋」便是放下自己以成為自己的自我轉化工夫。有己的顏回，懷抱仁義行道，道路險阻、殺機四伏。無己的顏回則通透於「虛」、「一」之道，卸下「端」、「勉」等求道之相，放讓純一無我之虛心，聽任氣之往來變化。[14]唯有「虛」可迎接眾多可能性（「虛而待物」），虛化自身則能「遊」於人間樊籠同時宅居於混然之「一」，如此才能「化」，所以孔子說「一宅

---

14 在「未始有回」之前，顏回還設想了一種應世之道，雖然孔子否定其可行性，仍可注意。顏回說的是「內直外曲」，也就是內在與天為徒，但外在則曲從人世，與人為徒。雖然這不是曲己從人，而是內心自有標準，只是不以己非人，仍與世俗和處。孔子之所以否定這個提案，是因為雖然如此可以避禍，但是心術太多，仍然是「師心」，亦即師其有為之心，心不能真正安止於無心自然之道，即使能自免於罪，但如何能化人。由此可見，「心齋」要求的是徹底的忘我工夫，不能假意曲己從人，實則仍自是為高。

而寓於不得已」。不避名之凶險，以無己之心讓名無所掛累，才能有功而無名、行地而無行跡，即是「入游其樊而無感其名」。

四、「內在他者」

顏回將見衛君，孔子授以「心齋」之道，這是〈人間世〉的第一個故事，第二個故事則透過孔子而教示「命」、「義」這兩項人間的「大戒」。

> 仲尼曰：「天下有大戒二：其一，命也；其一，義也。子之愛親，命也，不可解於心；臣之事君，義也，無適而非君也，無所逃於天地之間。是之謂大戒。是以夫事其親者，不擇地而安之，孝之至也；夫事其君者，不擇事而安之，忠之盛也；自事其心者，哀樂不易施乎前，知其不可奈何而安之若命，德之至也。為人臣子者，固有所不得已。行事之情而忘其身，何暇至於悅生而惡死！夫子其行可矣！」（〈人間世〉）

「戒」字的用法，通常的使用脈絡是收束身心以敬謹專注於宗教性的禮儀，衍生上的使用如「戒除」，也意在審慎地捨去某事物（如食酒）以收斂自身。但莊子卻顛倒了慣常的語用，透過孔子作為入世承擔者的形象，正視生命中的「不得已」，平情面對生命的有限性。「大戒」並不戒除任何事物，不以主觀的好惡去就取捨。（「不擇地而安之、不擇事而安

之」、「哀樂不易施乎前」）於是，本來是主觀上的放不下、或客觀上難以無法免除的「不得已」——親情與政治，都被納入自我理解的內在構成環節。

　　「命」本質上是非命題、不可知的，主要由身體的「有限性」所從來的自然血親之愛顯現，這是身體施諸於心的不可解之限，最後並關聯著生死的課題。「義」則代表「規範性」，君臣之義表徵世間所有名言規範的強制性與約束力。私領域的親情與公領域的政治，是人情義理的重中之重，尤其在儒家盡孝與盡忠兩者更是「無所逃於天地之間」。令人好奇的是，為何莊子頻頻要引儒者在〈人間世〉出場，更將儒家的德性視為先天的義務（「固有所不得已」）？難道莊子也將認取仁義為天命之性？莊子的自我理解究竟為何？

　　「自我」與「他者」從內外分別的角度來看，「我」為親近緊密者，「他」為陌生疏遠者。對莊子而言，「自我」其實未必如此親密，生命有其「不得已」暫居的性質，所謂「託不得已以養中」。對莊子而言，此生寄寓於形軀自我與人間世中，以及隨之而有的實踐上的必然性均為不得已。換言之，親親之仁與尊尊之義，在儒者為天命之當然，在莊子則僅為實存之必然。有「生」就有「命」之有限性，「生」只是暫居此世，「命」之有限為必然。自我看似占有了生命，但並非本質上親近緊密者，「命」內在地設定生命為不可占有者。生命若為我所有，實為不得已而寄居暫存之他者，我之生是他之命，我的生命是內在的他者。「心齋」的工夫，是看清自己與自己的關係，雖切近實遙遠，既是內在的自我，也是隨時將遠去的他者。

　　人不得已而出世，既在人世則受世間名言規範所限，最後
將不得已而離世。一旦「不得已」入此樊籠世間，便有不可解
於心的「命」（自然生命的有限性及連帶而有的血親之情）與
「義」（政治與社會生活的規範性）。在〈人間世〉最具體而
微地顯示生命的「內在他者性」[15]者即「命」與「義」。

　　君臣之義與父子之親是解脫不開的名言規範，要無感其名
何其困難。「心齋」是讓生命的「內在他者性」呈露身現的自
我轉化工夫。親身的「自我」與外部的「他者」在視角調轉後
出現新的關係，那不得已、不可解的他者的「有限性」都轉化
成自我實現的必要途徑。只有將他者理解成內在自我關係中的
必要環節，有限性才具有實現自由的可能性。

　　「義」的規範性本來是外在的社會關係，如今收歸於更內
在的層次，並等同於「命」的有限性，外在的他者均收歸為內
在的自我，命的有限性成為生的出發點而不是終點。內在的自
我與外在的他者，經由視角的調轉，成為內在的他者與外在的
自我，同於大通的理想目標，始自接納不得已的生命內在他者
性。養心遊化之道，寄託於不得已的人間，此外別無逍遙。大
鵬與斥鷃之大與小，皆不得已，就此性分之限而逍遙，此一弔
詭的自由是自由唯一實現的途徑——在社會關係與自然生命的
內在限制性中才有自由的可能性，脫離於身體所寄託其中的自
然性、社會性，就沒有自由。因此「一」、「虛」並非脫離於
身體的精神形式，而是把自以為我所獨自占有之身，陌生化為

15　筆者首次提出「內在他者」此一概念見於拙著《氣的跨文化思考：王船山
　　氣學與尼采哲學的對話》（台北：五南圖書，2016），第三章，頁61-78。

他者（「吾身非吾有」之說見（〈知北遊〉））。[16]「忘」便是
啟動陌生化的工夫，忘卻己身之易執於名、逞於智，回復其樸
（「一」），為器所限但不為所累，以便返回讓諸多可能性得
以展開的「虛」。

「心齋」即是「懸擱心知的判斷」（無聽之以心），保持
開放性的感受（而聽之以氣），放下自我保存與擴張的欲望，
任讓「物」（所有在己之外的人、事、物）跟自身建立持續更
新的感通與連結關係。「懸擱心知的判斷」並不是完全放棄知
識，而是明白知識有其界限，不讓心知為盲目的自我擴張欲望
服務。因此，擺脫了自負與盲目，才有可能謙下與開放地聆聽
自然的內外呼應。不再只「聽」命題性的心知判斷，而能納受
連結非命題性的「氣之感通」。

「齋」、「戒」、「止」其實都是「用無」的工夫，除了
暫時中止理性的認知（以知知），也要求情意與欲望降低至較
低的限度，以便開啟身心另類的活動模式。遠古之人與鳥獸、
天地仍保有一定的溝通能力，相信有某種不可知的力量，雖然

---

16 所謂的陌生化並非病態的自我疏離，而是納受個體內在的「命」、「限」
等陌異性，此一納受的工夫，正是「止」（懸擱判斷）的第一步，放下對
命限為「外在他者」的既定認知，在不斷虛化的工夫中，將他異力量轉化
為「內在他者」。於是，「止」才能進一步地啟動自我／他者、有待／無
待之間的辯證活動，此一「虛而待物」的工夫並未讓自身異化、疏離，而
是任讓物的流變參與自身的轉化，自我絕非孤絕於物的主體，而是能縱身
物化流變，遊於心物之初的遊化主體。陌異性轉化自我的動力，消極而
言，來自於不得已的有限性所逼仄的存在實感；積極而言，又同時提供了
自我轉化的契機，能啟動「止」的工夫，讓「生命的有限性」有機會轉化
成「實踐的可能性」。

超出人類的認知、不可知，然而透過宗教性的齋戒、祈禱、降巫等儀式，仍能與不可知的力量有所聯繫，這也是某種「無知之知」（以不知知）。巫術神話與宗教祭儀一方面受到莊子的批判揚棄，另一方面則將之轉化為身心的技藝來啟動非命題性的「無知之知」。莊子的「心齋」是後宗教的身心技藝，目的在於戒除過盛的心知活動，恢復人與萬物、天地的感通能力。

五、「治世之心」與「無用之德」

莊子在〈人間世〉一再託孔子之重言來指陳自身所處時代處境，有意展現孔子所處春秋之世與自己身在戰國期間，兩人處身情境之對應，甚至更是每況愈下。所以在〈人間世〉終篇處，莊子特別又讓孔子來到楚國，藉楚狂、接輿之口呼應契接的心事：「天下有道，聖人成焉；天下無道，聖人生焉。方今之時，僅免刑焉。」這句話無非就是莊子期待孔子聆聽的告解，也唯有身歷同樣處境又兼具才德的孔子方能慰藉莊子。[17]

堯舜成就的是有道的天下，所以說「聖人成焉」；無道的天下，有文王、武王弔民伐罪，因此「聖人生焉」。至於孔子和莊子呢？恐怕不只有志難伸，而且「僅免刑焉」。在這樣的時代，福薄命淺，莊子的形容是「福輕乎羽，莫之知載；禍重

17　楊儒賓考察了《莊子》內七篇的寓言，其中假莊子之口說出的內容有四則，老聃有三則，孔子則高達九則。而且其中對話人物多為孔門弟子，尤其以顏回所占比重最大。莊子喜歡運用儒家的象徵符號，而且是用「代言人」的方式挪用，這樣的消息非比尋常。見楊儒賓，《儒門內的莊子》（新北：聯經出版公司，2016），頁132-133。

乎地，莫之知避」。幾乎是無福可受、無禍不臨。這樣的「不得已」，讓所有可成可喜之事，都成了取禍敗亡之因。身在如此人間，該如何處世？有用之才若仍積極用世，將如龍逢、比干，因得令名而身遭刑戮。難道莊子只求苟活性命於亂世之間？

其實入不入亂邦救世，積極或消極處世，這些外緣的考慮都未觸及生命情境的根本結構。前述「大戒」段落的仲尼之言已經揭示了莊子的答案，亦即無論事親或事君，既然無所逃，便該「不擇地而安之、不擇事而安之」。入不入亂邦？該不該任事？重點當不在「是否」入世為用，而是「如何」用世的問題。〈人間世〉的結句「人皆知有用之用，而莫知無用之用也」就是身處極限狀態的莊子，逼仄出的處世之道。

「無用」，表面看來有棄世厭離之意，其實是要藉由客觀上看來已退無可退之形勢，反轉為主觀上捨棄救世成聖之令名大業。所以重要的不是救世與否，而是反對以救世之心入世，因為這無異提火救火，不僅亂者愈亂且將災及自身。莊子提供的處世之道，不以聖賢的姿態現身，而是像支離疏這樣為世所棄不為所用的廢人，外顯之貌是「支離其形」，更重要的是有內在之德，其德為何？即「支離其德」也。

有顯名之德徒然引禍上身，非亂世之中可以全身之德。能以概念言說之德，仍有一可把握描述之德，足以淆亂人心，逞私智起爭鬥，不足為真德。真正的德必須無以名狀，宅於混沌虛無之樸，喪離支解德名、德實，才得自然之德。因此，無用之用，當是以自然之德行其所無事。無所擇、無所用，才能無所不擇、無所不用。「不得已」，雖然仍有客觀上逼迫的限制

之意，但已然不是真義所在，而是消融主客間確定性的分界，讓一切皆成無所擇之不得不然。「不得已」的負面消極義反轉為由己所認可之「不能已（停止）」。支離之德具有乘物遊心之能，寄寓在廢棄無用之身，唯其有俗見俗情所不能見之德，才可有真常之道不能已之情實。

　　「無用」的自然之德是否能治天下？不能，愈「治」愈亂。〈在宥〉開篇即揭示：「聞在宥天下，不聞治天下也。」一旦有所「治」，則人心動於喜怒之情，喪其恬愉之性。黃帝、堯舜以來，治天下者以仁義攖擾人心，乃至儒墨並起，「天下脊脊大亂，罪在攖人心。」（〈在宥〉）天下不治，該當如何？〈在宥〉的回答是：「故君子不得已而臨蒞天下，莫若無為。無為也而後安其性命之情。」不得已而在宥、臨蒞天下，並非為了治天下，而是要安人心。如何安？只是不擾。如何不擾？得收攝聰明、含藏行止，才能「尸居而龍見，淵默而雷聲，神動而天隨，從容無為而萬物炊累焉。吾又何暇治天下哉？」（〈在宥〉）尸居、淵默、神動、從容無為等都是君子「在天下」的主體工夫，此一工夫看似無所用心、無所作為，實則不易。若想把這工夫做足，是沒有空治天下的，也將明白不需要治天下。同時，這並不表示，收攝安定一己身心，便是與外界他人隔絕。因為，自身從容安居、默然無為，其實仍是宥範天下人心，安內是為了安人心、宥天下。自我和他者是別異的一體、交感的共在。

　　然而，是否只要「無為」定然就會實現「無不為」的政治效應？治世理想的系譜自黃帝堯舜以下，知愈多愈是攖亂人心，治愈勤愈是擾動天下。無為、無知所要解消的正是有為、

有知的聖智仁義思想。〈在宥〉引用老子思想曰「絕聖棄知而天下治」，透露莊學和黃老互動的思想痕跡。[18]愈到戰國後期，「無不為」的統治術扮演了愈來愈吃重的角色，但莊子卻未必著眼於「無為」的功效性，而是重視其自身運作的機制如何可能的問題。

六、「知」和「無知」

　　無為之所以有安天下的作用，一般的理解是它發揮了休養生息的調解功能，這只是一個外顯的德化之功。莊子想進一步追究的是，德化之跡內在的無用工夫究竟為何？問題在於無用為何跟用世有關，無用又如何可能。這涉及莊子比老子與黃老更進一步處理了「知和無知」的深層結構。從「內在他者」的視角將自我和他者的張力結構納入一種既互相構成、彼此轉化的動態關係，跳出了以有用之知治天下的邏輯，而是以無用之

---

18 劉榮賢認為〈在宥〉表達的是黃老君無為而臣有為的思想，他引證的文句是：「何謂道？有天道，有人道。無為而尊者，天道也；有為而累者，人道也。主者，天道也，臣者，人道也。天道之與人道也，相去遠矣，不可不察也。」見劉榮賢，《莊子外雜篇研究》（新北：聯經出版公司，2004），頁267-269。孤立地看這段引文確實也可將之詮釋為黃老思想，但若通觀〈在宥〉全篇，且採取筆者所用引文及詮解，實則更應留意莊子雖然和黃老有所交涉，但並不以追求事功為務，且似乎要保持一批判的距離。至於篇中是否有那麼明顯的「刑名法制」的部分則需另外細辨。根據王叔岷的整理與判定，黃帝在《莊子》外雜篇中出現時均非最高境界，他尤其舉〈在宥〉所載黃帝與廣成子的問答為例，說明黃帝尚不足以與老子（廣成子所言符合老子思想）並稱，其說為是。見王叔岷，〈黃老考〉，收錄於王叔岷，《莊學管闚》，頁162-164。

知讓物各歸其性命之正。[19]因此，若有所謂的治天下，其實是讓天下萬物自治自理，藏天下於天下，所以是「在」、「宥」天下，而非居高臨下統治天下。莊子和老子、韓非、黃老的政治思想關鍵的歧異在此。

在莊子的思想中，恐怕沒有絕對外在的他者，雖有知所不能穿透的「物」，作為非人的存在而保持其不可理解、化約的獨立性，但卻含藏在知的內部，對知構成一批判的間距與可能性。相反地，若「無知之物」只是「有知之心」的外在他者，將會被貪求掌控的御物文明所凌遲而亡，混沌寓言其意甚明。

相對於人，物更揭示出其特殊性與差異性。我—他人—他物，在儒家是一由內在仁心不斷向外推擴的懷抱結構，天地萬物最終得以一體感通，然而他人、他物的特殊性與差異性並不具有首出而優先的倫理地位。〈田子方〉有謂中國之君子「明乎禮義而陋於知人心」，此一對儒家的批評，首先直指形式化的禮義無法透入個體的差異性，更深入的來說，是對心—物的原初共在關係欠缺理解的深度。

因此，莊子安排孔子拜見老聃，並驚詫於老子狀若「非人」、「似物離人而立於獨也。」（〈田子方〉），為解孔子之惑，老聃表示：「吾遊心於物之初。」（〈田子方〉）忘卻

19　王船山在《莊子通・在宥》對此有明白的表達：「人心之動，有可知者，有不可知者。不可知者，人心之天也。治天下者，恆治其可知，而不能治其不可知。」船山認為，能治不可知者方能讓天下得治，且此一治理的前提是不以知去攪擾天下人心，於是「物各復根，其性自正；物固自生，其情自達；物莫自知，漠然而止其淫賊。」〔明〕王夫之，《莊子通》，收於《船山全書》（長沙：嶽麓書社，2010），第13冊，頁506。

人身的老子，以非人似物之獨，遊化於「物之初」。在心物交會處，不可知之物和能知之心既觸接相遇，又依稀有別。「無知之物」原來自始即在「有知之心」的內部，在忘的工夫中，人返抵似物離人的存在狀態，以無知而即物，這即是「無知之知」，唯有通達至此，才知人心之異不能以知的方式同化，而當不一而一，才能與物同遊。

回到本章的起點，將「命」與「義」的有限性與規範性，視為人加諸自身的「內在他者」，那麼，「無知之知」便是將無所逃、不得已的有限性與規範性，以非對象性的認識（「無知之知」），領受為由自身給定者（「安之若命」）。「無知之知」、「無用之用」是以詭辭的方式破斥主客二元的認知模式，並開闢另類的「知」的途徑，非對象性認識中的「物」返歸心所遊化的「物之初」，「物之他者」和「心之自我」如陰陽二氣的關係——陰中有陽、陽中有陰，只有肯定心知內在的陌異性，才能展開交感承認的相互轉化歷程——達人氣、達人心。

七、「不得已」之「物」無累本真

愈來愈清楚的是，莊子的發言與對話對象主要是儒者，亦即以君子自任，將秉受自天命的血親倫常之情與政治社會的君臣之義視為此生死守的善道，同時也視為天道所在。擇善固執的仁人君子，以仁義之道處世，固然獲得善名，常已陷入樊籠羅網而不自知。因此，莊子在〈山木〉設想一兩難情境，所要殷殷告誡者無非是居於善名的君子。

　　山林中有高大的林木，枝繁葉茂，但伐木者不取，因其大而不當，「無所可用」，由於「不材」而得享天年。顯然，仁人君子常常因為「材」而取禍上身，將「命」與「義」視為一生職志，是盡其材者，然而此兩者為何是「大戒」？因為君子常因材而有患。

　　那麼若不材呢？是否就能避禍？莊子離開山林，訪友客舍其家，主人盛情要以家中所養雁鴨招待客人，友人之子問父親該殺那隻會鳴叫有看家之用的，還是不能鳴叫的無用之材？結果是無用之材得死。這個故事似乎只有陪襯之意，用以凸顯君子因材罹難，小人雖無材，但也難倖免，在亂世尤其如此。

　　針對這兩難的情境，聰慧的莊子向弟子坦言其自處之道是「材與不材之間」。此處重點應仍在君子因材受累，莊子書寫的主要對話對象仍是有材的君子。所謂「材與不材之間」其意承自〈養生主〉所言之「為善無近名，為惡無近刑」。君子有材，因近名而有累患，小人無材，為惡而受刑戮。因此，有材的君子當戒邀名之心，這是莊子的立身處世之道。然而，莊子認為還有更高境界是自己尚未企及者，即使是「材與不材之間」仍「未免乎累」。

　　真正無累者，當如前文提及能「遊於物之初」者，〈山木〉的形容是「乘道德而浮游」。「材與不材之間」只是近似道而非道，更上一階者，「無譽無訾，一龍一蛇，與時俱化，而無肯專為；一上一下，以和為量，浮游乎萬物之祖。物物而不物於物，則胡可得而累邪！」（〈山木〉）有德而無名可稱譽，雖能如龍躍於天，也可蛇行於地，隨時安化，可材可不材。「無肯專為」，也就是〈人間世〉所言之「不擇地而安

之、不擇事而安之」。「義」與「命」已混化為一己之德而無求忠與孝之名。但若仍得其名，仍災及自身呢？有成則有毀，有廉名則招忌，保生全性也有在天而不得不然者，豈容已擇？

不是有心避名，名與禍便不會及身，是否有邀名之心，福禍皆不得已而至，由天所命，非人為所能左右。「材與不材之間」仍是有心於善惡的彼岸，「遊於物之初」則能龍能蛇，亦即能夠不能。面對材與不材終究皆不保天年的「不得已」之兩難處境，莊子仍有養生之意，而王船山在《莊子解》則提出不同的思考。

船山認為，福禍的「時命」是化跡偶然而至者，並無必然性，不能視之為天命。「物物」者才是「天」。怎樣才能「物物」？「無適而不和，無適而非中」。他認為，不論「戒於近名」或「戒於近刑」，凡有戒心而求免於累患，名與刑均看成是求免之物，並非「物物」。換言之，「物物」者效法天之自然無為，「因其自然，不見有名之可邀，不見有名之可避；不見有刑之姑試而無傷，不見有刑之不可嬰而思免。譽訾得失，安危生死，物自推移，而不以滑吾心，吾行吾正焉耳。」（《莊子解‧山木》）[20]不論是義、命還是名、刑，凡此不得已之物，皆非外在的他者，而是不必免的內在之物，倘能「遊於物之初」之「物物」者，則是「人而天」，將隨化跡時命所至，領受安危得失、生死毀譽之偶然性，安吾心、正吾命，「物自物而不累其真」。

---

20 〔明〕王夫之，《莊子解》，收於《船山全書》（長沙：嶽麓書社，2010），第13冊，頁308。

　　船山認為〈人間世〉是「涉亂世以自全而全人之妙術」，他在《莊子解‧人間世》的篇旨中有一精到的撮要：

> 　　人間世無不可遊也，而入之也難。既生其間，則雖亂世暴君，不能逃也。亂世者，善惡相軋之積。惡之軋善也方酷，而善復挾其有用之材，以軋惡而取其名。名之所在，即刑之所懸矣。唯養無用，而去知以集虛，則存于己者定而忘人。生死可外，而況于名？物不能傷，而後庶幾於化。21

　　莊子與船山皆可謂身在亂世之人，深體不得已、不能逃之無奈。船山不將亂世的起因簡單歸因於暴君惡人，而是由於「善惡相軋之積」，可謂卓識洞見。他當知莊子要勸勉的並非俗眾，而是自命為賢的善人君子。君子既有高材，又懷挾仁義要除暴去惡，於是善惡相軋，材用與德知成為爭名取勝的工具，長此以往人心怎不攪亂難寧，世豈有不亂之理？因此，船山呼應莊子「心齋」的工夫，去除自是非他的仁義之心，放下治世有用之材，以無知之知、無用之用存諸己，方能外無耦而內無我、忘名而外生死。從船山的評斷可以看出，他也不將莊子視為避世的養生之道，而是「自全全人」的妙術，甚至對於戰國當世知識與權力的競逐現象有深刻的反省，其中所蘊含的文化批判潛力值得再做深究。

21　同上注，頁126。

八、「超越有待」或「待而無待」？

　　牟宗三對於莊子「無待」的詮釋，要點在於超越「有限」以達「無限」，也常用弔詭的表達句式「即有限而無限」來呈現老莊思想的精神修養境界。牟宗三主張要以精神修養「超越」有限性，筆者則不從精神超越的進路論莊子如何面對有限性，而主張納受不得已的有限性，透過視角轉換，被動的「有限性」成為主動實踐的可能性。

　　牟宗三認為道家的玄智玄理，在莊子以詭辭為用的辯證的融化中透顯為一純然的主觀境界形態，消化了老子客觀實有形態的形上學。他認為，莊子的主體性是由致虛守靜的修養工夫所呈現的主觀境界，此一修養工夫若能達到至人的境界，則能在主體的觀照中超越、破除相互依待的限制，讓萬物在主體去礙、順物自然之性的工夫之中同臻逍遙之境。本來有待的萬物，在至人無執著、無依待的主觀境界中「即有限而無限」、「一逍遙一切逍遙」。[22]

　　〈養生主〉開篇句：「吾生也有涯，而知也無涯，以有涯隨無涯，殆矣。」郭象的注曰：「知之為名，生於失當，而滅於冥極。」牟宗三根據郭注說明，「知之為名」即表示一離其自性、無限追逐之「知」。為了消化滅除此一無限追逐，道家主張作虛靜工夫，展開一逆提逆覺之精神生活，所謂「逆之則成仙成道」，在儒家則為「逆之則成聖成賢」。郭注所謂之「冥極」，牟宗三解釋為滅除一切追逐依待而以虛靜渾化之工

22　牟宗三，《才性與玄理》（台北：台灣學生書局，1985），頁172-187。

夫。人的有限性（人各有極、吾生有涯）可透過「冥極」之工夫，渾化、滅除此一由有限性而來的歧出與追逐的依待性，最終達至俱足無待，雖是有涯之生，而能取得一「永恆而無限」、「絕對而無待」之意義。23

因此，對於牟宗三來說，要消除的是一容易順著有限性而落於相互依待的限制之中，在「知」與「名」的失當中（〈人間世〉：「德蕩乎名，知出乎爭」），人離其自性，陷於無限的「知」、「名」之流蕩追逐。依郭象注，「遺名知」則化之於玄冥之境。牟宗三順此進一解，認為「知」之歧出，是在無限追逐中表現，順官覺經驗而牽引，順概念思辨而馳騖，在主客對待之關係中而撐架。「滅於冥極」即滅此「知」之追逐牽引，滅此「對待關係」此撐架，而歸於「無知之知」。24

人雖有限為何能無限？人的有限性（有涯）在「知」的追逐牽引中陷落於離其自性的「對待關係」之中，為了能返回自性，得化除此一「對待關係」，這是由虛靜、冥極之工夫所達至，方能化去有待的相對性，呈顯無待的絕對自足性。

牟宗三此一解釋，預設了人有一自足而無限的本性可由工夫修養而充分實現，不僅道家如此，儒佛之所以能成聖成佛且得有此一超越的根據，這是牟宗三中國哲學詮釋的基本規定，有其精深的分析與體系性的理論而成為大家之言，眾所熟知。

受限於論題，無法在此檢討此一預設是否能被哲學證成，這需要徵引充分的文獻，才能探究莊子思想是否能在此一理解

23　同上注，頁206-207。
24　同上注，頁211。

模型中得到說明。筆者關心的是，莊子是否認為人實踐的可能性必然得從人不得不納受的有限性展開，唯有接納此一對有限性的承認，才有實踐與轉化的可能性。跟牟宗三觀點最大的差別在於，本書並未預取一超越於有限性，自身絕對自足無待的人性作為超越的理據來說明莊子實踐工夫。同時也主張，「生命的有限性」並無破除的必要，若有所謂的「超越」，也是承認「生命的有限性」與「實踐的可能性」之間弔詭共存的關係。有限／無限正如有待／無待之間的關係，有更為辯證的關係，此一關係牟宗三也在「詭辭為用」的說明中有精采發揮，但與筆者的詮釋路向仍有關鍵差異，嘗試說明如下。

對牟宗三而言，「無待」是超越對待關係的「有待」——由「知」所牽引的偏離外逐，在精神性的逆覺活動中復返其自性。「有待」與「無待」的差異，一是有執無覺的歧出，一是破執逆覺的復返。從「有待」到「無待」是由精神的修養所達至的提升、超越，至人、神人、真人的逍遙無待即是精神達至絕對自足境界的超越主體。相對於有限（有涯）、短暫而偏執的「有待」生命，「無待」的精神是無限、永恆、無執、無涯的。有限的生命經由修養的超越提升，其價值在無限的精神中顯現。因此，能為自然生命作主的是精神主體，牟宗三認為這是〈養生主〉的要義，自然之生在精神性的玄冥之德中得以保全、提升。

問題是，「致虛守靜」的修養工夫跟身體、自然生命的關係為何？自然生命在知與名的對待關係將陷入危殆之境，這的確是莊子論養生的出發點，但是如何養護生命之主？在「庖丁解牛」中，身體的技藝與修養的境界密不可分，這點已經在當

代莊子研究中多所論述，此暫不論。關鍵的是，有待／無待之
間的關係在牟宗三的詮解中不經意地落入了有限／無限、自然
／精神、客體／主體的二分架構之中，這些區分是否逾越了莊
子甚至郭象注的思想範圍，而有更多西方主體哲學、觀念論體
系的思想痕跡？

　　其實，從有待到無待此一偏向於從「精神的主體性」角
度而展開的超越提升的過程，包含著精神辯證的關係，牟宗三
「即有限而無限」的說法即已明白揭露這點。只是，牟宗三帶
著較強的主體哲學的立場，預設一絕對的精神主體最終可以克
服生命的有限性。

　　牟宗三既然強調莊子「詭辭為用」的方法，若能順著他對
有待／無待的辯證關係再進一解，可以避免主體哲學當中精神
／身體、主體／客體的上下位階關係，讓神／形、物／心在一
更為辯證的關係中往來，以免主體哲學的詮釋路向與西方現代
性危機的思想糾纏關係。

　　首先就耳目感官之身與心知判斷的關係來看。牟宗三認
為，「徇耳目內通，而外於心知」，即停止心之心知，使耳目
不順刺激以外用。耳目之內通，即郭注所謂耳目之「自見」，
內通而不徇於外。[25]就莊子而言，耳目不外取，而順其自然之
性則能內通，心知也同步擱置其判斷的能力，這是「止」的工
夫，即「不聽之以耳，而聽之以心，不聽之以心，而聽之以
氣」、「聽止於耳，心止於符」。郭注甚精，曰：「知止其所
不知，能止其所不能」，即是擱置尋常耳目、心知自我保存、

25　同上注，頁212。

欲望擴張的身心活動，收斂棲止於淵然靜定的「無為」、「無知」。牟宗三也明白此一「止」的工夫，即是滅有為之意，也就是冥極，以啟動自見、自知、自生、自為，則能率性而動，動不過分，且無為而無不為。然而，牟宗三只看到「止」對身體與自然生命的否定作用，未能發展其更具積極性的意義。

之所以要懸擱知性的判斷，正是為了啟動感性敏銳的納受能力，也就是「聽之以氣」，讓身心能對外物保持開放性，卸下人的主體身分，聆聽物、感受物，而不是以心知規定物，讓物成為人欲望主體所宰制的欲望對象。牟宗三未能深入掘發身心之氣此一被動的能動性，對耳目「內通」的能力未有善解，因而錯失「聽之以氣」的關鍵意涵。依牟宗三的理解，精神主體與自然生命有一更為明確的等級關係，前者主動而為主體，後者被動而為客體。然而，老莊「致虛守靜」、「無為而無不為」的思想，則希望以止、聽的工夫虛化主體的主動性，止其知、止其能的主體是以被動來展現其主動性，目的是讓對象有機會自我敞開（物各付物），這才是自生、自爾、獨化的意涵，也就是主體不生，讓物自生，這是不生之生、無為之為。

其實，知與不知、為與不為的辯證關係，牟宗三也順著郭注展現了其中的深意，但仍可看出他對超越性的理解仍繫屬於無限性、絕對性，而遮蔽了向無知之物開放的可能性。〈大宗師〉：「知人之所為者，以其知之所知，以養其知之所不知。」郭注：「一體之中，知與不知闇相與會，而俱全矣。」牟宗三認為，有限之知若無知相，則能無可無不可，其有限之知滲透於「所不知」，則能泯除無涯之知之追求，歸於「知之自知」。有涯之生在知與不知的冥合中，即有限而無限，即

人即天。此一思路可說是以超越而無限的不知之天渾化有限之知，因此，修養的工夫是縱向地向上超越的逆覺體證之路。因此，牟宗三表示，「知與不知闇相與會」是「縱的」，即是將「不知」收歸在無限而超越的天，而人之有限性是在得到天之無限性的保全中而成其有限中之無限。然而，莊子所言之有待／無待關係，為何得是有限／無限的對比？

　　若順莊子文句「其所待者，特未定也」，「特未定」顯示的即是不確定性，那麼人的有待、有限並非確定性的依待與限制，因為所待者未必已定，即使人間世有種種無可奈何的不得已，但其實任何有限性依憑的條件並非皆為定然不可移者，而仍有若干轉化的可能性。「無待」未必是要超越「有待」之限，而是即此有所定、有所限者，因順其自然之性，暫時擱置對象性的認識與判斷，解開對其確定性的認知，則物「特未定」之可能性才有機會向己開放，這便是虛化主體在辯證的物我關係中展現的不知之知、不能之能、無為之為，此一被動的能動性，和精神主體主動的能動性最重要的差別即在於，真正納受他者之物和自身的有限性，才能讓有限性本身涵具的可能性解放出來，則人我能相忘於江湖，物我可相與於無相與、相為於無相為。

　　美國漢學家任博克對無待、逍遙的解釋，採取了視角主義的進路。他認為不依賴於特定功能、身分、價值，能在不同的視角與身分之間轉換，才可遊於無待，享有真正的自由。因此，「無待」便不需要一絕對性的視角或超越性的觀點，而是不依賴特定的身分，不以特定的方式、單一固定的視角來限制表達與認識的途徑，讓萬物能發出自己的聲音，呈現多樣性的

視角，甚至不同的視角之間即使互相排斥，卻設定了對立性的觀點必須同時彼此俱存。[26]根據任博克的詮釋，「無待」並未取消「有待」，而是讓「有待」不要膠固在特定的視角，能自由遊動，讓對立性的視角有機會彼此相會，則「無待」與「有待」會是更為辯證的關係。

　　牟宗三的莊子詮釋，歸結為主觀境界形上學，是以精神主體之主觀境界籠罩並渾化了物的有限性，不論是主體從有限到無限，或者主客的渾化為一，皆是以主體收攏客體，以無限涵納有限。此一詮釋是以無待消化有待，以無限破除有限。然而，若是貫徹老莊「無為無不為」的思想，那麼無待與有待、無知與知、物與我、天與人，更多是在一辯證的關係中往返運動，若有所謂的「無限」、「超越」，也是在一無限的虛靜工夫中破除失當的認識、行動中的「知物」、「宰物」模式，任讓物我在主體的虛化中自生、獨化。「至止」並非達至絕對性、無限性的自足狀態，而是不斷地放下心知「知物」、「宰物」的控制欲，讓有限之身成為特未定的可能性場域，則物我不兩傷，相忘而逍遙。此時的物並非被虛靜主體所涵容消化的虛擬逍遙之物，而是真實向人叩問的實存之物。以物為師者，任讓主體敞開其納受性，成為聆聽者，聽任物我之間的感通變化，則物非客、我非主，主客關係更為混冥、辯證。因此，唯有能待物者，才能無待。

　　以牟宗三主體哲學的詮釋進路，而且順著郭象注闡釋莊

---

26 任博克著，郭晨譯，〈作為哲學家的莊子〉，《商丘師範學院學報》，卷31，第4期，頁33-41，2015。

子，雖然較難展開被動的能動性以言「待而無待」的辯證性，
但是卻能呈現莊子入世積極性的一面，以下就牟宗三依郭象注
〈德充符〉言「天刑」義的詮解補充孔／莊、儒／道的對話
性。

　　郭象謂「德充於內」者為「冥」，「應物於外」者為
「跡」。離世而孤冥者，不能應物，非德之充。真能德充於內
者，則德必起用，充必應物。德有所充必有名聲，雖不為名，
仍難免名之累，卻不以為累。這是真正的德之充，則冥跡如
一，不以為跡之桎梏可免，名之累為累。此一不可解，不以為
累是「天刑」。以跡為桎梏，絕跡而孤冥者，並非至人所為。
牟宗三認為，莊子讓孔子自居為「天之戮民」，正如佛教菩薩
之「留惑潤生」。[27]

　　牟宗三表示，莊子假託兀者與老聃之問答，將「不可解之
天刑」寄託於孔子，且讓孔子以「戮民」之身受不可解之「天
解」，並非譏孔，實為崇孔。郭象能明莊子寄言出意之奇趣，
所以能振起玄風，良有以也。但牟宗三畢竟以儒家為大中至正
之教，莊子雖以其智之通透而能契會孔子生命，以「正言若
反」稱道，但是終究未能直下承擔仁體，以仁心應物，遂有桎
梏、天刑、戮民等蒼涼悲感之語境。因此，牟宗三判定，老莊
哲人等智者之無可奈何，是消極意義之通透圓境；孔子釋迦之
聖人，則是積極的圓境，能直承仁體與悲心而為居宗體極者。[28]

　　〈大宗師〉言方內、方外之意亦是如此。牟宗三表示，莊

27　牟宗三，《才性與玄理》，頁218-219。

28　同上註，頁219-220。

子寄方外數子，以明孔子不以方內為桎梏，且自以為陋，實則是能體無而冥內、遊外以宏內者。不論是「天之戮民」、「遊方之內者」，皆顯孔子內外通透，不以內外為不相及者，而能內外玄冥，為大成之圓境。就此而言，牟宗三實能發揮辯證詭辭之深意，以之言冥而有跡、遺物入群、坐忘應物皆甚圓融高妙。所謂「內觀無跡，外觀有跡。不無不有，跡而無跡」。哲人莊子是以詭辭言此妙理，而聖人孔子則能以仁體承當天刑而不捨。29

九、結語

　　身處亂世，無論材有多高，一旦有救世之心涉人間世很難不捲入「以知相爭」的困局。莊子的方案是盡量避開「名」，以無名的方式行潛移默化之功，他以私下著述的方式留下有力的思想，不期待一時能扭轉現世之局，但以思想介入政治社會的轉化，也是隱微深入的實踐形式。船山因此稱許這是「自全全人」之道，算是公允之評。然而船山又更具儒者本色，認為名既不可邀，也不可避。換言之，不邀求善名是莊子和船山的共識，但船山則更積極承擔起為所當為、自行其正的任事之責，不論毀譽得失均不掛懷——即前文所引《莊子解・山木》：「譽訾得失，安危生死，物自推移，而不以滑吾心，吾行吾正焉耳。」30

---

29 同上注，頁221-223。
30 〔明〕王夫之，《莊子解》，頁308。

　　我們很難評斷，究竟是莊子還是船山更透析人間世的凶險，再者，受到「不得已」的驅迫或感召而以行動介入政治場域，是否真能如他們理想化描述般達至「無為而無不為」的無名功化。〈人間世〉是《莊子》最具儒風的篇章，船山解莊時又更顯儒家胸懷。若要積極任事，很難不在權位而推動實事，莊子的提案顯然只是以低限度的方式介入政治，首先強調的是主體轉化的工夫，其次則以言說的方式實踐政治與文化批判。但對儒者來說，不論「命」與「義」都不是被驅迫的「他者」，即使有限制義但又更積極地領受為主體的構成要件。假設投入政治場域而身受惡名，乃至改革失敗——如呂惠卿，是否能從結果來評價行動的意義？就這點來說，雖然我主張莊子並非消極避世的思想，但對「生命的有限性」與「實踐的可能性」兩者的關係，可能更是前者約束了後者，而船山較能平等地看待兩者之間弔詭相即的交互關係。

　　無論如何，孔／莊、儒／道的對話與辯證在《莊子》早已埋下若干隱微的伏筆，其中透露了許多深遠的意涵。本書從「內在他者」的角度切入，不認為莊子有意超越「有限性」，而是內在於「有限性」展開他異化的內在超越之路。此一看法其實也隱含在牟宗三精神超越、主觀境界的學說之中，但本書有意貫徹老莊辯證的思路，進一步打開物／我之間的感通之道，讓不得已的命限成為實踐的出發點與可能性。並且主張，唯有能待物者，方能真無待。因此，物並非消融於我的精神主體之中，而是反過來，唯有虛化自身成為待物之場，才能任讓物有以化我，此之謂「物化」。實則，此一「物化」本來就周流於天地之間，只待人自覺做虛靜、無為的工夫，才能放下心

知的局限，聽任內在本有的他異性自然生成，放讓物我同遊於
天地之間。

第二章

身體思維

一、前言

　　近年來台灣的莊子研究開闢了新的研究進路，尤其是在氣、身體與隱喻的課題上已有許多豐碩的成果。楊儒賓對氣、身體、語言的長期鑽研，為莊子研究提供了一個嶄新而豐富的研究視野，在許多議題上幾乎都是開拓者，特別是從身氣主體與冥契經驗詮釋莊子的工夫論首開風氣之先。[1]賴錫三則出版了三部莊學研究的專著，[2]氣與身體的議題在他的思考中具有關鍵

1　楊儒賓的相關著作如：〈無盡之源的卮言〉，《台灣哲學研究》，第9期，2009年3月，頁1-38；〈莊子「由巫入道」的開展〉，《中正大學中文學術年刊》，第11期，頁79-110，2008；〈莊子與東方海濱的巫文化〉，《儒門內的莊子》，頁63-124；〈儒門內的莊子〉，《儒門內的莊子》，頁125-172。

2　賴錫三，《莊子靈光的當代詮釋》（新竹：清華大學出版社，2008）；《當代新道家：多音複調與視域融合》（台北：臺大出版中心，2011）；《道家型知識分子論：莊子的權力批判與文化更新》（台北：臺大出版中心，2013）。

性的地位，關於隱喻的問題也提出許多細緻深入的詮釋。[3]此外，賴錫三的研究特別關注的是道家的當代關懷，他主張「當代新道家」不應在當代的議題上缺席，他的論點特別可以跟當代新儒家的莊學研究做一鮮明的對比，反對只偏重個體的精神自由與藝術境界，而強調莊子也可以展開諸如語言與權力批判等當代知識分子更為關注的普遍性課題。賴錫三此一論述呼應了瑞士漢學家畢來德對莊子政治批判意義的重視，他和楊儒賓都站在身氣主體的立場，認為此一主體也能具有政治批判的異議精神。畢來德則特別留意氣與大一統政治思想的共構關係，而從身體技藝的面向試圖從現象學的角度展開莊子哲學的異質性與政治批判的關聯。[4]

在上述台灣莊學研究的思考背景下，本章將從莊子對惠施的批評切入，討論不同的思維方式所對應的身體觀。莊子和惠施的論辯是莊子研究中的重要課題，學者已分別從不同的角度進行深入的詮釋與分析。[5]莊惠之辯呈現出不同的思維方式，莊

3　可參考賴錫三，〈氣化流行與人文化成──《莊子》的道體、主體、身體、語言文化之體的解構閱讀〉，收入《道家型知識分子論：莊子的權力批判與文化更新》，第八章，頁417-512。

4　畢來德著，宋剛譯，《莊子四講》（新北：聯經出版公司，2011）。關於畢來德與台灣學者的爭論可參考賴錫三，《道家型知識分子論：莊子的權力批判與文化更新》，第四章〈身體、氣化、政治批判：畢來德《莊子四講》與〈莊子九札〉的身體觀與主體論〉，頁171-234。

5　主要可參考賴錫三，〈《莊子》藝術思維與惠施技術思維的兩種差異自然觀：與海德格的跨文化對話〉，收入《莊子的跨文化編織：自然‧氣化‧身體》，第四章，頁181-230。此外方萬全也從語言分析的角度討論過莊子與惠施的論辯，有兩篇相關的文章，方萬全，〈莊子與惠施濠上的魚樂之辯〉，「莊子講莊子」當代哲學系列演講暨學術工作坊（嘉義：中正大學

子倚重隱喻強調感通，惠施重視概念擅長分析，賴錫三曾經詳
細而深入地討論了他們三次論辯的過程，[6]然而關於不同的思維
方式所涉及的身體理解的差異，仍有值得探究的空間。以下筆
者首先借用尼采對「身體」（Leib）與「軀體」（Körper）的區
分來探討此一不同的身體理解所預設的思維方式。從莊子對惠
施的批評中可以顯示出，隱喻思維和概念思維代表了不同的生
命態度和身體理解。其次，我們將說明由概念思維過渡向隱喻
思維的自我轉化之道，並分析莊子如何在批判惠施的觀點中，
一方面吸收轉化了不同的思維方式，與此同時並刻意保持思想
的內在張力作為生命自我轉化的憑藉。最後，我們也將闡明透
過隱喻思維的轉化之道如何能夠安頓生死並且具有批判的力
量。[7]

哲學系，2012年6月22日）；〈莊子的是非之辯與無為定是非〉，「批判與
反思」哲學研讀會（台北：國科會人文學研究中心，2011）。

6　賴錫三，〈論惠施與莊子兩種差異的自然觀〉，頁129-176。

7　本文並非將氣化論理解成「實體性的存有論」，而是將「氣」看成跟尼采
的「身體」一樣，是他們思想的「根本隱喻」——參見第四節，亦即要從
隱喻的角度出發來理解自身與世界。「氣」與「身體」並不是實在性的認
知對象，而是我們的思維與行動之所以可能的根本條件。隱喻具有「轉
移」與「轉化」的力量，它能建立起不同事物之間的聯繫關係，陌生化我
們原先的思維，帶來新的理解可能。把隱喻理論帶入氣和身體，正是要轉
化我們舊的思維模式，亦即破除實體性、對象性的氣論與身體觀，此一轉
化的力量因而具有批判性的向度，據以回應生死與政治對存在的挑戰。因
此，將隱喻理論引入藉之詮釋莊子的氣與身體，並非僅是要把它看成是某
種展示性的理論工具，而是想要發揮其啟發性的意涵，也就是本文所說的
「轉化的力量」。

二、莊子對惠施的批評反映兩種身體與兩種思維

尼采在《查拉圖斯特拉如是說》（*Also Sprach Zarathustra*）卷一第四章當中歌頌了長久以來被柏拉圖主義與基督宗教思想所蔑視的「身體」（Leib），他認為「身體」才是生命真正的主人、真正的「自我」（Selbst）。[8]尼采所說的「自我」不是笛卡爾（René Descartes, 1596-1650）的「我思」（cogito），或是康德（Immanuel Kant, 1724-1804）的理性主體，而是多元力量交匯、拮抗的「身體主體」，也就是「權力意志」（Wille zur Macht）。在德文中，Leib和Körper雖然都可以用來指稱身體，然而Leib有時還可與「生命」（Leben）聯用（Leib und Leben），表示全幅生命的意思。這意味著，「身體」（Leib）是我們全幅的生命、完整的自我，它所展現的意義不局限於個體性的、對象性的「軀體」（Körper）。

藉由尼采哲學中「身體」與「權力意志」的思想，我們可以重新思索莊子「氣」的主體及其自我轉化之道。莊子思想中應當也可以區分出兩種身體，用氣的思維來理解的身體也可稱為「氣化身體」，這種思維把個體生命視為氣在流動賦形中的一個階段，能了達性命實相的聖者，他的「身體」不再局限於個體，而可通達於萬物。

違背了氣的思維的生活方式，則封限禁錮了整全的生命實現方式，貪戀生、恐懼死的心理膠著連結著形軀生命此一「軀體」，並且據此獲得自我認同的基礎。莊子便批評惠施膠著於

8　KSA 4, pp. 39-41.

「軀體」，以概念思維（「堅白」）[9]來增益生命的自我保存（「益生」）[10]，將遠離來自於天道自然的「身體」。在〈德充符〉中兩人的對話如下：

> 惠子謂莊子曰：「人故無情乎？」
>
> 莊子曰：「然。」
>
> 惠子曰：「人而無情，何以謂之人？」
>
> 莊子曰：「道與之貌，天與之形，惡得不謂之人？」
>
> 惠子曰：「既謂之人，惡得無情？」
>
> 莊子曰：「是非吾所謂情也。吾所謂無情者，言人之不以好惡內傷其身，常因自然而不益生也。」
>
> 惠子曰：「不益生，何以有其身？」
>
> 莊子曰：「道與之貌，天與之形，無以好惡內傷其身。今子外乎子之神，勞乎子之精，倚樹而吟，據槁梧而瞑。天選子之形，子以堅白鳴！」（〈德充符〉）

9　公孫龍（325-250 B.C.E.）有著名的「堅白論」，莊子將跟隨惠施之論應和之徒以及公孫龍都視為「辯者」，在此以「堅白」代指當時辯者措意於概念辨析之論。在莊子所描繪的惠施形象中，他不僅擅長概念的辨析，而且將概念思維推到極致的同時也危害了生命。本文因此將惠施視為概念思維的代表人物，且是莊子所批判轉化的對象。

10　「益生」和「養生」是不同的概念。「益生」字面上來看是增益、鞏固生命的自我保存，此一自然本能本來合理，但是對莊子來說之所以有害，是因為推動「益生」的思維是基於對名利、生死的膠著，並且由於過度區別、算計，而與成全、長養生命的自然大道（亦即「養生」之道）愈趨背離。

　　惠施善於辨析名理，莊子則批評他逞其私智，逐末而不知本，背離了大道全德。[11]在這一段對話中，「情」主要指涉的是根本的「好惡之情」。惠施主張是人就自然會有好惡之情，並且認為此一好惡之情與「益生」有關。益生是生命自我保存的本能，不益生便不能保存自身生命，好惡之情只是生命自我保存功能的表現而已，毋須排斥。莊子並不否認，只要是人就會有自我保存的生命本能，也就會有好惡之情。莊子所要反對的是，過度而不自然的益生，會「內傷其身」的好惡之情。

　　關於好惡與生死的問題，在〈齊物論〉中有段長梧子與弟子的對話，質疑了一般人「好生惡死」的想法。長梧子說：「你怎麼知道珍愛生命不是一種錯誤的想法呢？你又怎麼知道說不定有人並不討厭死亡，就好像假使有人從小就沒有家鄉，他從來就不會知道要回去他的家鄉。」（「予惡乎知說生之非惑邪？予惡乎知惡死之非弱喪而不知歸者邪？」）又說：「你又怎麼知道那些死去的人不會懊悔他竟曾經那麼珍視生命呢？」（「予惡乎知夫死者不悔其始之蘄生！」）（〈齊物

11　莊子對惠施的批評並不是特有的，荀子、司馬談對惠施的批評要點都與莊子相去不遠。荀子說：「不法先王，不是禮義，而好治怪說，玩琦辭。甚察而不惠，辯而無用，多事而寡功，不可以為治綱紀。然而其持之有故，其言之成理，足以欺惑愚眾，是惠施、鄧析也。」〔清〕王先謙著，沈嘯寰、王星賢點校，〈非十二子〉，《荀子集解》（北京：中華書局，2008），頁93-94。司馬談則如此評論：「名家苛察繳繞，使人不得反其意，專決於名，而失人情，故曰：使人儉而善失真。若夫控名責實，參伍不失，此不可不察也。」〔漢〕司馬遷著，瀧川龜太郎考證，〈太史公自序〉，《史記會注考證》（新北：藝文印書館，1972），卷130，頁1334。惠施名辯之學的缺失和優長是一體兩面的，如何汲取其概念思維的長處，又能避免陷入「苛察繳繞」、「多事而寡功」值得學者深思。

論〉）長梧子彷彿化身為死者的代言人，迫使弟子反向思考，提出「好死惡生」的可能性來鬆動常情中的「好生惡死」。好惡和生死的關係，經由長梧子此一想像為死者的反思，得到重新認識的可能。肉身生命的存在和消失，在常情的認知中被固化為存在可樂、死亡可悲。長梧子要他的弟子啟動另類的想像，即死者可能並不覺悲，反而後悔曾經以生為樂。此一調轉日常認知的可能性，是經由一種對於死亡經驗的另類想像而達至。[12]

再回過頭來看上述〈德充符〉中莊子對惠施的批評，他說：

> 道與之貌，天與之形，無以好惡內傷其身。今子外乎子之神，勞乎子之精，倚樹而吟，據槁梧而瞑。天選子之形，子以堅白鳴！（〈德充符〉）

莊子認為「道」、「天」、「神」、「精」（「身體」）是「貌」、「形」、「身」（「軀體」）的來源或根本。以口談之能辨析「堅白」名理，對莊子而言是「外神」、「勞精」的傷身之舉，就連是自以為「就利避害」、「益生」的理智行動，也無非是過度驅動的好惡之情，因此才會有「倚樹而吟，

---

12 此處論及死亡與想像的關係與下文要討論的隱喻思維有關。莊子克服死亡的工夫論語言，是透過隱喻思維來展開，「虛靜」作為氣的工夫，離不開隱喻思維的運作，亦即沒有離開語言的思考。要克服在認知上膠固的「好生惡死」之見，莊子運用了「氣」的隱喻，讓想像力連結被僵化切割的生死界域，藉以轉化認知中被常情固著的覺受經驗。

據槁梧而瞑」的疲困之相。莊子批評惠施逞其私智，逐末而不知本，背離了大道全德。所以說他枉費了天所賦予的形貌，徒以「堅白」自鳴為賢。另外，在〈秋水〉篇也對比了莊子與惠施對名位有不同的好惡之情，以凸顯莊子不願因為名位而傷害「身體」，惠施則過度局限於「個體生命」因而患得患失、憂懼不已。13

接著再看〈養生主〉藉著秦失弔唁老聃的故事完整地表達了生死與好惡之情的關係。

> 老聃死，秦失弔之，三號而出。
> 弟子曰：「非夫子之友邪？」
> 曰：「然。」
> 「然則弔焉若此，可乎？」
> 曰：「然。始也吾以為其人也，而今非也。向吾入而弔焉，有老者哭之，如哭其子；少者哭之，如哭其母。彼其所以會之，必有不蘄言而言，不蘄哭而哭者。是（遯）〔遁〕天倍情，忘其所受，古者謂之遁天之刑。適來，夫子時也；適去，夫子順也。安時而處順，哀樂不能入也，古者謂是帝之縣解。」（〈養生主〉）

這段故事反省了常人、常情面對生死的態度。常人、常情認為死亡是可悲的，不能理解生死都是自然來去的天地循環之

13　兩則故事分別表明莊子拒絕楚王邀請以保全身體，而惠施因擔心名位的喪失而憂懼不已（「於是惠子恐，搜於國中三日三夜」）。

道，因而忘卻了生命所從來（忘其所受），背離了天。從古代得道者（古者）的角度來看，應順生命的來去之道，來世則安居，離世亦能順常，則常人與常情所有的生之樂與死之哀均不能左右得道之人的「情」，因為他早已通達至樂之情。引文中的「天刑」也就是「天形」，[14]如同〈德充符〉中的「天選子之形」，或〈知北遊〉中「正汝形」的「形」。天地之和氣委形於個體，人在世間須依循自然之道，成就此一氣化之形具生命，既來之則安之，待「軀體」漸衰，將去之則順之。

　　得道者與天為徒，亦即能了達「身體」通於宇宙大化，「軀體」的流轉生成即是天地循環之道。與人為徒的常人則以為「軀體」的消亡即是生命的虛無終結，並為此憂戚哀慟。然而，指出「身體」和「軀體」的差異，只是為了提供一條生命轉化的途徑，並非要抹煞「軀體」的價值。換言之，自我認同與自我保存的生命形式是居處世間的主要模態，也是人類過著群體生活為了彼此溝通理解所不能廢棄的。用莊子的話來說，這兩者其實有「不一也一」的關係。在此世的我們，不能離開「軀體」，也毋須離開人群而獨居，通達之人正是在看到身

14　「刑」可通假為「形」，「刑名」之學即「形名」之學，如《國語》：「死生因天地之刑。」〔春秋〕左丘明著，韋昭註，《國語》（台北：里仁書局，1980），〈越語下〉，卷21，頁646。正與〈德充符〉所言之「天選子之形」、「天刑之安可解」是同一用法。當然，在「天刑之安可解」的語境中，「刑罰」的意思較多較重，但也可通「形」之義。〈德充符〉中，主角多是受到「刖」刑的「兀者」、形體殘缺之人，此一不全之「形」是政治社會所加之「刑」，但不妨礙其德之充。形之不全無礙於其德之全，雖有受刑之形而能安之若命，視為天形。換言之，能安受其不可解之刑，則無異乎天所賦之全德之形。

體、生命的限制，因而超越了限制。面對身體、面對他人時如此，面對死亡此一「生命的陌異者」又何嘗不然？我們一方面要投身於生命的整體與存在界一氣感通，但這不表示，在群居生活中，我們得失去個體的獨立性。至於如何讓個體的與生命的身體之間取得良好的動態平衡，或許仍可以惠施為誡。

在〈天下〉篇中，莊子評論惠施的善辯是「欲以勝人為名」，然而莊子的批評當中也包含了沉痛的嘆息。[15]以莊子才學之高，能與他相匹敵的也只有「多方、其書五車」的惠施了。令莊子扼腕的是，惠施雖有高才卻用錯了方向，他說：「惜乎，惠施之才，駘蕩而不得、逐萬物而不反」，意思是說惠施聰明反被聰明誤，鎮日逞能辯理一往而不反，卻無法安頓自己的「身體」（「不能以此自寧」）。惠施馳驅奔競於「軀體」的自我增益將勞多而功少，因為「身體」終將愈發疲困枯竭，他會早莊子而死，當是可預見之事，莊子也從此喪失了一位可與他相互質辯的諍友與論敵。

其實，概念思維本身並無害，它對生命的成全來說還是重要而必要的，有害的是好生惡死、好利惡害之情被過度的驅動，並且以概念思維為手段欲遂「益生」之目的，看似得蒙其利，與此同時也正暗地裡朝向傷生、害生之舉而不自知。因此，若調轉角度來看，惠施的生命型態並非全然不可取，甚

---

15 莊子與惠施交遊之厚、情誼之深從他的喟然一嘆顯露無遺，在〈逍遙遊〉、〈德充符〉、〈秋水〉等名篇都是以莊惠之辯終篇，處處可見惠施的思想在莊子心目中的分量。在《莊子》書中有許多歷史人物的對話虛構的成分很大且顯而易見，唯獨莊惠之辯，不禁讓人推測或有不少實錄的可能性。

至，莊子的學思也很有可能是在與惠施的資談摩盪中而趨向高
明博厚。同樣是在〈天下〉篇，莊子歷數了能慕「古之道術」
的前代學派並一一評點其得失。並世之學，除了莊子自道之
外，能得他評述的也唯有惠施、桓團、公孫龍三位辯者而已，
其中又以惠施最得莊子所重。細察莊子所引的惠施論題，我們
似乎可以發現，莊子的思維正是就著惠施言辯的極處做一翻
轉、提契而成。莊子吸收轉化了惠施之學，巧妙地運作概念之
知的「確定」與隱喻之知的「未定」、「不定」，使其循環反
覆，讓概念思維與隱喻思維產生互動聯通的作用，這正是偏於
概念之知的惠施所不及之處。歸結莊子和惠施的差異可簡述如
下：

　　第一，惠施以概念語言及其思維來確保「軀體」自我保存
的「益生」之舉，在莊子看來反而傷生。

　　第二，側重隱喻思維的莊子和側重概念思維的惠施，相與
論學時彼此當互有影響，但是莊子在運用概念語言時卻不為所
限，而顯現了隱喻與概念之間迴環轉化的關係。惠施則不然，
僵固於概念之思當中，本可通向「身體」的思維向度因而無法
展開。

　　第三，「身體」是隱喻思維所展開的養生向度，莊子藉由
「與天為徒」的「一」，隱喻地表詮生命的整全遊化之境。

　　第四，惠施善於辨析名理，概念思維能呈現「軀體」「不
一」的向度，在人間世中與世俗處也需要此一「與人為徒」的
向度，莊子對此並不反對，但要見其限制而有以轉化。

三、思維轉化之道：從概念思維過渡到隱喻思維

　　惠施的概念思維意在以辨析事物之理的方式說服人，[16]〈天下〉篇所錄惠施之辯，自馮友蘭後被稱為「歷物十事」，亦即對萬物之意加以審慎思辨所得出的十個論題。[17]這些表現出高度形式思維的論題，既被莊子稱引，當也為莊子所吸收轉化。我們想探究的是，這些本質上是概念思維的論題，是否可能被莊子所翻轉，並且成為運作他隱喻思維的資源。甚至可說，概念的說理以服人與隱喻的敘事以啟悟之間也有密不可分的關聯，有時只有一線之隔，立意卻有天壤之別。筆者以下分為八個論題簡要析論，以見惠莊之間的交疊、差異之處。

　　　　（一）至大無外，謂之大一；至小無內，謂之小一。[18]
　　　　（二）無厚，不可積也，其大千里。[19]
　　　　（三）天與地卑，山與澤平。[20]

16　在〈天下〉篇中莊子稱惠施「日以其知，與人之辯」。

17　馮友蘭，《中國哲學史‧上冊》（上海：華東師範大學出版社，2000），第九章〈惠施、公孫龍及其他辯者〉第二節〈惠施與莊子〉、第三節〈天下篇所述惠施學說十事〉，頁149-154。牟宗三則認為應分為八個論題。牟宗三，〈惠施與辯者之徒之怪說〉，《名家與荀子》（台北：台灣學生書局，1990），頁6-24。筆者也認同八個論題即已足夠，但此處無法細辨。以下筆者所列八個論題均見於〈天下〉篇。

18　大一：絕對的大，大到無邊界可言。小一：絕對的小，小到無內在可言。

19　無厚：沒有厚度，只有面積而無體積，也就是幾何學中的「面」，其廣度可無限延伸。

20　從絕對的高度下視，天地、山澤一般而言的高低差異幾乎可以忽略。

（四）日方中方睨，物方生方死。[21]

（五）大同而與小同異，此之謂小同異；萬物畢同畢
　　　異，此之謂大同異。[22]

（六）南方無窮而有窮，今日適越而昔來，連環可解
　　　也。[23]

（七）我知天下之中央，燕之北、越之南是也。[24]

（八）氾愛萬物，天地一體也。

　　（一）至（三）論題可視為一組，惠施在這組論題顯示了
形式化的概念思維與感知經驗的差異，也最能顯示此一形式思
維所達到的抽象高度。概念上的分立、絕對的差異，是知性操
作的結果，它顯示形式思維以離開經驗的方式運作。這也蘊含
著概念思維的有效性範圍是有限的，它與真實經驗世界之間可

21　睨：偏斜，指太陽往下斜移。從動態的視角來解釋靜態的事件，那麼太陽
　　方才日正當中的那一刻並非靜止不動，它即在正中時便已往下偏移。

22　小同異：被分類為同的事物，仍可在同一範疇下區分出更小的不同類。大
　　同異：萬物作為「物」是畢同，也就是所有的物都是物。但所有的物都各
　　自有作為個體的獨特性，這是畢異，也就是所有的物作為個體仍是有差異
　　的。

23　若不斷往南前行，將回到原點。今天才動身前往越國，然而過去便已到
　　達。若以圓環的方式來理解空間和時間，會得到這樣的結論。

24　燕國在北，越國在南，天下的中央不在燕之南、越之北，而是北方的北
　　方、南方的南方。這是另類的中央，即不是特定的中央，而是無所不在的
　　中央，真正的中央。這個結論可能是承上一論題延伸而來。若以圓環的方
　　式理解方位，那麼北的極北是南，南的極南是北。沒有絕對的南北，所以
　　中央也不是北南、東西的中央會合處，因為連東西南北方位之分也不能絕
　　對的成立。

以毫無連結關係。

　　論題（四）「日方中方睨，物方生方死」。惠施從動態的視角來解釋靜態的事件，意即萬物都在連續動態的過程中變化運作，事物的發生、出現、存在，都包含著消失、隱沒、逝去。此一論題可見惠施和莊子的共見，到底是莊子直接挪用了惠施的推論，還是惠施受到莊子的影響，現已無法考證。在〈齊物論〉有：「方生方死，方死方生」、「其分也，成也；其成也，毀也。凡物無成與毀，復通為一」這些說法，只是惠施應是出於語言、概念探究的興趣與本領而言及，但莊子則將此一論題拓展為他主要的思維，並且超越了形式化思考的範圍。

　　論題（五）：「大同而與小同異，此之謂小同異；萬物畢同畢異，此之謂大同異。」從概念思維的角度來說，「同」「異」之分端看界定分類的視角而定，並無絕對的同異可言。惠施能從概念思維的角度析離差異，也能會合差異而成就概念上抽象的同一性。所以概念可分可合。隱喻思維則著意將概念思維對同異的共構關係再推進一步。如〈齊物論〉：「天地一指也，萬物一馬也」原本，在公孫龍的〈白馬論〉當中已涉及了概念的內涵和外延的問題，「馬」的概念內涵少、外延大，「白馬」則相反，因此兩個概念不可等同。即使在種類的歸屬上，「白馬」可歸屬於「馬」，但是種類的從屬關係和概念的等同是兩回事，名家對此有嚴格的認識。然而公孫龍只看到了析離之異，而未如惠施般，看到轉換視角則異者能同。雖然名理之辯重概念的析離區分，但莊子不取公孫龍而看重惠施對同異共構的卓識，並加以提升轉化，發展成他的「天地一指也，

萬物一馬也」的「一」。此「一」不是含混了概念之分，也不
是如惠施此處大同異中所言的抽象的同一，而是吸收了上一個
論題（四）所言的「生／死」、「成／毀」的既差異又共構的
動態同一，此一動詞化的「一」，即肯定差異的「一」，也是
氣化、物化的隱喻思維的要領。

　　命題（六）、（七）為同樣論題的相續表述，意在表明
空間上的南、北之分，時間上的現在、過去之分，若以圓環相
續的方式來看待，將顛倒常識之見。此處暫無必要細論。命題
（八）「氾愛萬物，天地一體也」則為惠施唯一的倫理命題，
似乎顯示他的概念思維的論題想要導向此一實踐的指歸。或者
也可另作別解，惠施只是不帶倫理意向地客觀指出，凡是想要
泛愛萬物者，前提得能無差別地對待天地萬物。莊子則在〈齊
物論〉中闡發「天地一體」之論，他說：「天地與我並生，而
萬物與我為一。既已為一，且得有言乎？既已謂之一矣，且得
無言乎？」我們已經沒有證據可以斷言到底惠施和莊子誰影響
了誰，但可以斷定的是，兩人雖然思維的模式截然不同，但卻
在一些論題上有共同的結論。莊子批評、譏誚惠施，也替他感
到惋惜，但不僅未嘗避諱兩人之間的共同觀點，還總能翻出一
層新的理境。如此處既言「萬物與我為一」，隨後又在後設的
語言層次上反思此「一」的可說及不可說，這種對於「知」的
自我質疑、有所保留，正是「自以為最賢」[25]地做出確然論斷的

25　莊子在〈天下〉篇中生動地描寫惠施恃才傲物的形象：「然惠施之口談，
　　自以為最賢，曰天地其壯乎！」末句的「天地其壯乎」尤其最顯其自得之
　　態，司馬彪注云：「惠施唯以天地為壯於己也。」彷彿只有天地才足令惠
　　施欽服。

惠施不及之處。

　　以上初步可見概念思維與隱喻思維之間雖然原則上相互分立，但又有過渡轉化的可能性。「概念之分」和「隱喻之化」分別執行了抽象的形式思維和具體的感性體知，莊子似乎看到了由概念思維所主導的文明發展的過程，就是一條脫離具體感受經驗、「身體」一往不返的過程，文明據此而立，但也讓生命的自然整合之道不再可能。對莊子而言，概念思維是如惠施這樣的辯者，「皆囿於物者也」。在〈徐無鬼〉中，莊子意有所指地批評惠施這樣的辯者終日以辯為樂，是以概念之知囿限了物，而不能「物物」，即不能視物如其所是。他說：「知士無思慮之變則不樂，辯士無談說之序則不樂，察士無凌誶之事則不樂，皆囿於物者也。」辯者是知性膨脹的認知主體，傲然權衡萬物，以知勝人、囿物。莊子則主張「物物」，即不以知來凌駕於物之上，不以知勝人，而是「存而不論」、「論而不議」、「議而不辯」，莊子所讚賞的「知」是「止其所不知，至矣」。隱喻之知是不知其所由來的「不知」，所以能明白「分也者，有不分也；辯也者，有不辯也」。（〈齊物論〉）另外在〈大宗師〉則謂：「以其知之所知以養其知之所不知，終其天年而不中道夭者，是知之盛也。」〈繕性〉篇也有同樣的意思：「人雖有知，無所用之，此之謂至一。」然而，須加留意的是不能因此便視莊子為反智主義者，否則他不會那麼看重惠施的「知」。換言之，對「知」不能消極地否定，而是得積極地運用轉化。使「知」能善處於物，方能「物物」，即視

物如其所是，[26]而不是強力改造物性、開發物性，使其能滿足
個體生命的私欲。在戰國時代，物性開發已極，要人類退回淳
樸無欲的低度開發社會已不可能，[27]如何因順時代、轉化生活
方式，使劣義的「知」能「無所用之」，進而棲止於勝義的
「一」、「虛」、「化」，則「知」之分也得到安立，而不須
棄置。[28]

---

26 商戈令（Ge Ling Shang）認為「物物」是「視物如其所是」（sees things
as they are），「而不物於物」是「卻不固著於自己的是非判斷」（yet
never fixes itself in judging which is right and which is wrong）。此一解讀帶
入了「知」與「物」的關係，他認為莊子的知是由道的視角而來的知，能
了解知的限度而能恰當運用知以善處物，因此既非懷疑論者，也非反智
論者。Ge Ling Shang, *Liberation as Affirmation: The Religiosity of Zhuangzi
and Nietzsche*（New York: SUNY, 2006），pp. 35-36. 畢來德（Jean François
Billeter）對「物物而不物於物」的解釋為：「把物看作是物，而不是任由
自己被物所物化。」也把「物物」中的第一個「物」當成動詞，並且有
「看」的意思，和商戈令的解釋很接近。見畢來德著，宋剛譯，《莊子四
講》，第三講〈渾沌〉，頁82。

27 關於戰國時代物性的開發作為時代背景與老子後學思想轉折發展之間連動
的關係，劉榮賢有精采深刻的分析，請參劉榮賢，《莊子外雜篇研究》
（新北：聯經出版公司，2004），頁263-266。

28 老莊都重視隱喻之知，然而老子仍有形上道體與形下現象二分的概念殘
餘，莊子則打通為一片。老莊此一關係可比叔本華（Arthur Schopenhauer,
1788-1860）和尼采。尼采成熟期的思想拋棄了柏拉圖、叔本華形上學的
二元架構，形上學根源的統一性被表面的多樣性所取代。在隱喻敘事中不
斷創造的「假象」，即是唯一的根源性活動，沒有表象背後的真實，只有
不斷虛構創生的隱喻。莊子也是以虛構的隱喻敘事再造真實，虛構的真實
未必虛幻，豈不暗示著生活的真實何嘗不含虛幻？真實與虛幻在隱喻的連
結中取消了概念思辨中的形上二元性，真實與虛幻確實可辨、可分，然而
此一形上學的斷裂卻非最後的真實，隱喻之知銜合了此一斷裂，但分而不
分、不分而分兩兩相需、兼體互存。語言、意識不可穿透之形上道體，或

這是否意味著「不知」才能養「身體」，而爭辯之「知」看似「益生」，實則在概念思維的離析下支解了自然生命？隱喻思維的功能或許正是要讓一往不返的概念思維「止」（中斷、棲止、暫留），未必是要完全否定「知」與「辯」的意義。下文將從當代隱喻理論的角度切入，以便進一步探討「身體」／「軀體」、隱喻思維／概念思維之間的關係。

四、隱喻思維的轉化力量

「隱喻」這個歐洲詞語（法文métaphore、德文Metapher、英文metaphor）的字源是希臘文metaphora，它的意思是「轉移」（Übertragung），根據亞里斯多德在《詩學》（*Poetik*）中的定義，「隱喻」便是以類比的方式讓一個詞語從尋常的使用方式「轉移」至新的對象上，並產生一陌生的意義。[29]透過類比、聯想，原本不直接相干的事物取得了聯繫，造成一種新奇的趣味，或更加生動活潑的意象，讓我們對原先不再感到興味的事物，因而引發關注乃至導致新的理解。此一「轉移」所達至的效果，具有一種轉化我們理解自身或世界的力量。「隱喻」因而不單單是一種修辭的策略，它更是一種思維的方式。

可為冥契工夫所體證（如賴錫三之說），或如本文之進路，直接從隱喻活動的轉化說明此一創生性、再無其餘。參賴錫三，〈《莊子》的死生一條、身體隱喻與氣化永續：以自然為家的安身立命〉，收入《莊子的跨文化編織：自然‧氣化‧身體》，第五章，頁231-273。

29　Christoph Horn und Christof Rapp, "Metaphora," *Wörterbuch der Antiken Philosophie*（München: Verlag C. H. Beck, 2002）, p. 276.

當代的隱喻理論不斷試圖說明的無非是將「隱喻」看成是人類認知構成中不可或缺的要素。使用隱喻，不僅僅是說了什麼，而且是想著什麼。隱喻不只是語言形式，也是思考形式。拉可夫（George Lakoff）和強森（Mark Johnson）主張，人以隱喻的方式思考，然而人們對此大多並不自覺，因為我們早已習而不察。隱喻決定了我們的感覺、思想與行動，甚至是我們的實存。人類的概念思維及其所引發的行動，其實是由隱喻所建構的。[30]

　　「軀體」便是我們用概念思維所理解的身體，此一「尋常的」理解身體的方式並非原生的，而是某種文明型態所加諸於我們的，我們在概念化的主客思維中把身體理解為對象的身體。在西方傳統哲學中，追求真理的哲學家們運用概念與邏輯推理來認識或發現真理。「概念」在哲學體系的建構中總是享有著基礎性的地位。倘若當代隱喻理論所宣稱的主張是正確的，亦即「隱喻」具有形構思考與行動模式的能力，那麼「概念」和「隱喻」的相對關係便得重置。

　　19世紀的尼采也提出過與當代隱喻理論相當接近的觀點，他認為「概念」不過是褪色的「隱喻」，「隱喻」標誌著人類根本的詮釋活動，沒有隱喻就沒有認識，「構造隱喻的驅力」（Trieb zur Metapherbildung）是理性認識的身體基礎。尼采認為，從人類語言的起源來看，概念其實脫胎自隱喻。語言及其認識活動建立在由身體此一詮釋性的存在所提供的神經刺激、

30　George Lakoff and Mark Johnson, *Metaphors We Live By*（Chicago: University of Chicago Press, 1980）.

聲音對神經刺激的模仿之上。概念認知等抽象的思維活動都得依賴身體（神經、發聲器官）的活動方得以進行，概念不過是被遺忘的隱喻罷了。[31]

尼采的「身體」和莊子的「氣」是他們思想的「根本隱喻」，掌握、理解、運用「根本隱喻」的目的在於提供我們思考、存活的轉化力量。「隱喻」的功能和「概念」不同，不在於凝視對象以獲得認知的意義，而在於領會相關事物之間的內在關聯。「根本隱喻」指引我們一條通達一切事物、包括我們自身內部的總體性關聯。在概念思維中，我們容易落失在旁觀死亡的疏空狀態，忽略生命中無時無處不在的死亡。隱喻思維則企圖邀請身體參與生死交融的片刻，在每個轉瞬即逝的當下，生命既荒蕪又充盈，如何切近可感地將身體交託至此一即成即毀的創造性瞬間，或是隱喻思維最富深意之處。隱喻思維挑戰著概念思維，並且對「知」的確定性提出質疑，而主張以「知」的精、實、巧來養「不知」的樸、虛、拙。默會（不言）之知（言）、隱喻（言）之體（不言）顯現了另類的知言關係，身體的隱喻和概念的思維在此一關係中既互相挑戰又彼此共構。[32]

---

31 參見本書第六章〈從「隱喻」到「權力意志」〉。

32 David Hall在一篇文章中描述了尼采和蘇格拉底（Socrates, 469-399 B.C.E.）的關係和此處試圖說明隱喻與概念思維的關係頗為類同。Hall認為尼采藉由嘲諷蘇格拉底使他能既不落入獨斷論，但又非相對論者。尼采認為，對真理的無知，並不是由於知識的缺乏，反而是因為知識的過剩。我們知道得太多，但是對確定性本身卻一無所知。David Hall, "Nietzsche and Chuang Tzu: Resources for the Transcendence of Culture," *Journal of Chinese Philosophy* 11（1984）, pp. 139-152.

　　尼采在《查拉圖斯特拉如是說》貫徹了運用隱喻思考的
哲學書寫，「身體」便是其中最關鍵的隱喻之一，具有批判
主體（Subjekt）、我思、精神（Geist）等傳統哲學的挑戰意
味。理性單向的超越與上升之道的傳統表述被改寫為下降與上
升的雙向循環歷程。以「身體」為線索，意味著不再追求脫
離身體、提升理性以獲致靈魂的救贖，而是回歸大地，肯定
生成的無辜，在此世克服人類為自身設定的界限，實現自我
超越之道。在《查拉圖斯特拉如是說》當中，尼采將精神的
超升之道稱作身體的一個「比喻」（Gleichniss），[33]他表示，
「身體」是穿越歷史的「生成者」（Werdender）和「戰鬥者」
（Kämpfender），「而精神對於『身體』來說是什麼呢？是他
的戰鬥和勝利的先驅、同伴和反響。所有善惡之名都是比喻：
它們沒有表達什麼，只是暗示。笨蛋才會想從中獲取知識。」[34]

　　　哲學書寫的差異因此不再表示發現真理的不同途徑，而
是以不同的隱喻說著不同的故事。故事內容可能也涉及了對自
我與世界的各種描述，然而故事的好壞卻與真實與否無關，而
在於它多大程度上坦然地接納言說與實存間的不確定性與偶然
性，並從此一關係中展開某種生活方式的轉化。指陳事實因而
不再是言說的基本功能或最重要目的，言說與實存間的緊密關
係才重新被曝露出來。我們之所以這樣說而不是那樣說，是因
為我們想要採取這樣的生活方式。憑藉隱喻而非概念展開哲學

33　尼采在此用的是「比喻」（Gleichniss）而非「隱喻」（Metapher），兩者
　　意涵相通，「比喻」的意義較「隱喻」略微廣泛，例如在宗教經典文本中
　　有許多的「比喻」，它們運用富涵圖像的隱喻與寓言來申明教義。

34　KSA 4, p. 98.

書寫，其目的在於更貼近語言原發性的狀態，生命實存被語言
所形構的歷程得以自然湧現，也為調節轉化言說與實存的關係
提供了機會。

　　人類並不是用語言來捕捉實在，而是始終居存在由隱喻的
活動所建構的世界之中。為了掌握這充滿驚奇與陌異的世界，
我們憑藉基礎性的身體經驗理解並言說所遭遇的世界，此一過
程尼采稱之為「模仿」，[35]語言便是圖像模仿神經刺激，聲音再
模仿圖像的過程。生命在根本上即是一不斷變化的活動歷程，
語言則是人類為營求群居生活所創發出的回應世界、展開生命
活動的生存利器。為了讓多變而不確定的生命與世界漸獲控
制，流傳廣泛而有效的隱喻成了概念，原來的多義性及其偶然
性被省略與淡忘，概念確定性與必然性成了控制內在自然（身
體）與外在自然（世界）的重要憑藉，倘若從語言面向來追溯
西方現代性的根源，也可適用此一簡略描繪。文明初始，人類
藉由隱喻在神話、詩歌中與洪荒天地交通互感。之後登場的哲
學，意識到「人與人」溝通理解、建立互信社會的需求，愈發

35　從神經刺激產生了視覺圖像再到發出聲音的符號化過程，尼采稱之為「隱
　　喻」或「模仿」，尼采說：「認識只不過是在那些最喜愛的隱喻中的某種
　　工作，也就是某種不再被感知為模仿的模仿。」（KSA 7, pp. 490-491.）以
　　下尼采引文均為作者翻譯。尼采認為語言便是將個人內在的感官覺受內容
　　轉換替代為形諸於聲音文字的符號化過程。這是第一次的模仿，以共同可
　　辨的符號模仿私有模糊的內在經驗。認識則是第二次的模仿，因為認識被
　　認為是具有規範性的活動，亦即有真假可言，所以在認識的活動中，我們
　　有義務說出不只能被共同理解而且要被共同接受的真理內容，因此，它們
　　定然是人們「最喜愛的隱喻」。尼采對隱喻的看法主要見於1873年寫就的
　　未出版論文〈論非關道德意義下的真理與謊言〉（Über Wahrheit und Lüge
　　im aussermoralischen Sinne）。（KSA 1, pp. 873-890.）

強調概念區分對人文世界規範建構的重要性，隱喻表達遂在世俗歷史的展開中逐漸退位。時值當代西方的現代性危機席捲全球之際，重返自然的呼聲日益迫切，重新定位自然與人文的關係，因而是當代思想的重要任務之一。從語言的角度來說，如何恰當地面對「人與人」、「人與自然」的關係，也涉及了概念思維與隱喻思維如何交相為用的問題。

　　當代科技生活展現了概念思維的控制優勢，但也讓隱喻語言緊貼身體經驗，回應世界的活潑想像、彈性創意的形塑力量流失。我們離自然愈來愈遠，忘了即使是語言也是身體與自然的一部分。找回隱喻的創造力，便是希望能夠找回身體與自然的內在聯繫、找回我們所是的自然。運用隱喻進行哲學書寫並成功地聯繫上自我轉化的哲學家首推莊子。以下我們將以莊子如何面對死亡為例，說明隱喻思維為何具有轉化的力量，讓我們從憂慮不已的控制思維中掙脫開來。

五、在隱喻思維中接納死亡

　　「生從何來，死將何去」不僅是哲學的大哉問，也是宗教所要解決的根本困惑。莊子思想不僅展現了豐富絕妙的哲學理境，它的根本關懷更涉及了深刻的宗教精神。然而莊子思想並不同於一般由信仰之途建立的宗教，也不以概念思考的方式辨析死亡，而是在隱喻思維中展開生死轉化之道。例如著名的「莊周夢蝶」可以解讀為一句隱喻式的表述：「人生如夢」。隱喻的「如」和概念的「是」對比地顯出兩種認識的型態。隱喻中的知包含著不知，歧義、多義作為隱喻的不確定性恰當地

顯示了人生的夢幻性質。生與死、夢與覺、周（我）與蝴蝶（非我），在隱喻思維中不再成為對立可區分的兩者，而是具有流轉生成的相互關係。夢的經驗引導我們認識此一聯繫。控制的不必要、生命的流動與轉化的必要。萬物皆在自然流轉變化的環節當中。與其在概念上清楚界分出兩者，不如透過隱喻發現兩者的內在關聯，此一發現尤其有助於重新省思我們面對死亡的態度。

要達至對於生死問題的洞徹，需要一段修養的歷程。隱喻思維有助於開啟新的觀念、展開新的行動方式，在日漸明白洞察的身心實踐中成己成物。對莊子來說，最為關鍵的死亡工夫為「虛靜」，能「虛靜」則個體生命將無封限之病，而能回歸「身體」推於天地、通於萬物的自然之道，達至天樂。古之得道者甚至可能認為，在死亡的那一刻既是生命的完成，也是疲困、憂勞的終結。追求生命平靜的求道者，怎麼會不安然地接納死亡所帶來的平靜呢？

「虛靜」的工夫能使人洞悟生死、了達性命，此一工夫有一重要的下手處至為關鍵，便是如何面對好惡之情。在〈天運〉中，莊子稱聖者為「達於情而遂於命」。能對好惡之情通達無礙的聖者，即是因循自然之道而成就了自己，同時也成就了萬物，所以是能成就性命的生命實現者。〈天道〉因此稱能知天樂的聖者為：「其生也天行，其死也物化。」聖者已無生之悅、死之悲，而能享至樂、天樂。他一生的行止如天道流行，視「軀體」的終結為自然生命化歸天地萬物的形式轉換歷程。〈人間世〉中一再被援引詮釋的「心齋」便在說明此一「虛靜」的工夫，以下將順著文本說明「虛靜」的工夫與隱喻

思維的關係。

　　回曰：「敢問心齋。」

　　仲尼曰：「若一志，無聽之以耳而聽之以心，無聽之以心而聽之以氣！聽止於耳，心止於符。氣也者，虛而待物者也。唯道集虛。虛者，心齋也。」（〈人間世〉）

　　虛靜工夫所要實現的身心狀態是「一」，只有在「一」之中，才能回應天地之和。所以當顏回問何謂「心齋」時，孔子回答「若一志」。也就是將身心聚斂專注在整合的「一」之中。此「一」既是個體內在生命的統合之一，也是個體與自然大化的和諧之一。「一」是專注之一，也是想像之一。透過專注的想像，「軀體」才從概念區分的識別中掙脫開自我保存的封限狀態，回到未散之「樸」、渾化之「一」，成為「身體」。「一」的工夫因此可以解讀為透過隱喻思維所啟動的轉化工夫，亦即經由專注的想像，我們得以擺開以自我保存為目的的日常思維，讓身心鬆脫在想像的整全和諧之「一」當中。

　　〈在宥〉表示：「我守其一以處其和」，「守一」是戰國時代相當看重的修養術，它很可能與氣的工有關。「守一」具體落實的方法則為「心齋」段落中後來所言之「夫徇耳目內通而外於心知」。耳目之官本來總是向外襲取的外感官，現在轉而向內，專注於感受本身。外感官本來有收集各種感官與料以供知性判斷的功能，現在放棄了它和心合作認識外物的職能，轉而求內氣之通。此一從耳到心到氣的過程，便是逐一卸下往外襲取的習性，任令耳與心「止」，所以說「聽止於耳」、

「心止於符」。「止」就是讓感受棲止專注於本身，讓感受中的訊息自然地出入流通，「虛而待物」、「不將不迎」。於是感知不再汲汲營營於功利性的生命自我保存本能，而是無所用的放下營生之能，身心的大休息。所謂「唯道集虛」，亦即在世俗之務中，人汲汲營營於積累自利之資，只有從事於道者才不以積累營生的訊息為務，而是「虛而待物」或「集虛」。「虛」是一種個體不再以自我保存為目的而回應「物」的另類模式，它將鬆開一訊息篩濾的過程，即沒有特定的訊息須要留存，也沒有特定的訊息非排斥不可（「不將不迎」），放讓一無用之場漸漸擴大以致通明無礙，終極的境界則是無物不容，也就是對於一切有別於己的差異的肯定。[36]

　　關於「止」和「虛」以及相關工夫的描述其實都得動用大量的隱喻，包含了我們對其加以解釋亦然。「止」本來是指物體運動的終結狀態，莊子借用它來形容感覺停止向外襲取，專注於自身的狀態。「虛」本來是指可容納的空間，此處則轉而用來說明主體回應的模式，應如能容物的空間般不預存特定的好惡。我們甚至可以主張，莊子不僅是在修辭上運用了隱喻，「止」和「虛」在工夫的操作上若不配合隱喻的想像，也不易成功。

　　再進一步，倘若「外於心知」此一放下概念思維習性的工夫做得久了，則可如〈大宗師〉所言之「坐忘」：「墮肢

---

36 本文將〈齊物論〉中所言之「無物不然，無物不可」同前引，稱之為「肯定差異」的思想，這也是〈大宗師〉所說：「同則無好也，化則無常也。」無特定好惡之情的另一種表述。

體，黜聰明，離形去知，同於大通，此謂坐忘。」「坐忘」之「忘」便是上述「止」專注於感受本身的工夫熟透後的脫化之境，苦勞於營生的「軀體」早已廢棄不用久矣，概念思維的計慮之知也不再支配生命，身心長久在無用的狀態，此一離形去知的無用場域，是讓神明棲止之道，如此便達「集虛」的目的。

以上所言「心齋」、「坐忘」似有前後階次之分，然而都是在連續性的「一」、「止」之工夫中達至，此外實無其他工夫可言。我們也可以將此一工夫描述為兩種身體轉化的途徑，亦即由概念思維作主的「軀體」轉化為由隱喻思維所啟動的「身體」。[37]

「一」的工夫還可配合〈知北遊〉言及收攝身形、平視一如，由外而內可作如下的說明：

> 若正汝形，一汝視，天和將至；攝汝知，一汝度，神將來舍。德將為汝美，道將為汝居，汝瞳焉如新生之犢而无求其故！（〈知北遊〉）

首先，形要正。所謂形要正其實已包含了心的修煉，身

37　一般理解莊子的工夫「通常有去語言、思慮的面向，讓無中心的主體自行運作」。本文不採用此一途徑來解釋「止」和「忘」的工夫，而主張隱喻思維所要破除的是概念思維中的利害計算，同時隱喻思維也和自我轉化的工夫有緊密的關係。此一解釋雖然和有些通行的詮釋有所不同，但當代莊子研究學者如楊儒賓、賴錫三均已多方闡發語言與工夫之間的關係。楊儒賓，〈無盡之源的卮言〉，頁1-34。

形的平正其實是精神的聚斂的第一步。其次，「正形」不只是正一個體之形，而是能涵容所有的殘缺醜陋、特異驚怪的各種「軀體」的存在形貌。因此，〈應帝王〉所謂的「勝物而不傷」，[38]此中的「勝」可解為勝負之勝，或為勝任之勝。[39]解為勝任之勝那麼「勝」也就是承擔、肯定一切，在此狀態中是根源地與物同在之「一」，所有的差異被肯定之「一」。

在「正汝形」中也要同步的是「一汝視」，也就是要平視萬物，能肯定一切有差異的存在，這不是以能區辨差異的「知」而外視它物，而是在肯定差異的「忘」、「喪」工夫中，內視所有差異與己共在的平視一如。「忘」、「喪」不是消極打破概念思維所製造的區別差異，而是在隱喻思維中以想像的「一」讓「身體」逐漸肯定差異存在於自身的必要，完全接納自身的內在差異才能肉身化此一想像的「一」。

「攝汝知」、「一汝度」講的是一樣的工夫。「攝汝知」也就是收攝外視的知，能內視一切差異根源上的同一。「一汝度」便是放下那些在外視中衡量、區辨所有外物的度數計量之意。[40]

---

38 「至人之用心若鏡，不將不迎，應而不藏，故能勝物而不傷。」（〈應帝王〉）

39 徐復觀便解為勝任之勝。徐復觀，《中國藝術精神》（台北：台灣學生書局，1998），第二章〈中國藝術精神主體之呈現——莊子的再發現〉，頁82。

40 《莊子》：「故其好之也一，其弗好之也一。其一也一，其不一也一。其一與天為徒，其不一與人為徒。天與人不相勝也，是之謂真人。」與天為徒者能肯定一切差異、無好惡，但既在人間世，便不能不有暫時性的好惡、善惡之分別，如此才能安立世間，但這並不妨礙他能同時與天為徒，

　　〈應帝王〉中「至人之用心若鏡」的「鏡」與〈德充
符〉中的「止水」都是用隱喻的方式說明肯定差異的工夫。
「鏡」、「止水」取象於不動之「靜」與「止」，己不動以應
彼之動，物至則如其所如而應，即應即止，則不著跡相。不動
之「靜」與「止」隱喻地指涉工夫上的無好惡，也就是鬆脫開
概念思維所膠著之是非美醜判斷。莊子以隱喻思維批判轉化了
隨著概念思維或自我保存本能中的「小止」。因此，「大止」
是脫離了「軀體」的自我中心，不再受限於自然本能，而能無
所偏好地，以自由的游觀、詩性的隱喻思維涵容萬物，自我轉
化為「身體」。

　　至人之所以能夠「勝物而不傷」的關鍵，實取決於心無
所好亦無所惡，則雖然有所回應，但心並無觸動。心和物的關
係不是你來或我往的相對關係，而是肯定、承擔一切具有差異
性的外物與己共在的本然性，於是一切的動、差異將止於此一
根本的肯定與承擔。莊子的修養便是修此一根本的「靜」與
「止」。唯有根本的「止」，也就是終於達至肯定一切差異的
「止」─「大止」─才能「止」其他的「小止」。常人從自我
中心的「軀體」形成好惡的判斷，只肯定順境、我意，所以是
偶然的、主觀的「小止」、「眾止」，其實不足以言「止」。
「唯止，能止眾止」則是一大肯定，它祛除了偶然的、偏至的
小肯定。無所期待、無所掛懷而能涵容萬物，因此至人能與物
接而未嘗有傷。

　　所以其不一也一。（〈大宗師〉）

六、隱喻思維的批判力量

隱喻思維的轉化力量顯現為破除概念思維的習性，此一破壞性的創造因而內蘊一批判的力量。不論是轉化或是批判，都植根於上述所言之肯定差異的力量。「軀體」要在自身中發現自我同一之虛幻性，才能意識到概念思維雖然具有人文建制之能量，但也將生命限制在自我保存的本能驅力之內。然而此一覺察限制的契機為何？莊子或許認為「夢」和「死亡」相當關鍵。藉由莊周夢蝶，莊子例示人在夢境中的自以為真（以為自己真的是隻快活的蝴蝶），隱喻在我們自以為確然不移的生活現場中，自我同一性也可為假。真假與覺夢難分，正由此難分而見「物化」之必然。「概念之分」是語言與意識的產物，「隱喻之化」則例示了身體形式的自我轉化。既然身體形式必然要轉化，「概念之分」便會在「夢」和「死亡」這類的生命陌異事件中顯現其限制。不僅「夢」和「死亡」是陌異事件，我們自以為熟悉的身體，究竟為何，它又如何運作，也都顯示了身體本身的陌異性。一旦用把握對象的方式來理解身體，我們就落入了「軀體」的圈套。只有發現它具有不可用概念、知識理解的陌異性，才可能讓自我再度理解它的內在多元性，而跨入「身體」的向度。因此莊子總是說「不知」比「知」還重要。「不知」的經驗，破除「全知」的虛幻性，並引領我們啟動生命自我轉化的契機。

從肯定差異的角度來說，「軀體」既有批判地轉化為「身體」的必要，但兩者的「概念之分」也得在「隱喻之化」中理解為「不一也一」的關係。此即〈大宗師〉所說：「故其好之

也一，其弗好之也一。其一也一，其不一也一。其一與天為
徒，其不一與人為徒。」我們身為人，便首先有在人群社會中
與人為徒的必然性，此一必然性也是無所逃的自然，因而也是
天。因此，我們同時有與天為徒、與人為徒的雙重身分，這兩
者便是「身體」與「軀體」之分。對莊子來說，儒者便是在與
人為徒的生活方式中，以語言來區分辨別、盡倫盡制。然而莊
子未必反人文，他所要批判的其實更是隨著「正名」而後起的
語言與權力支配之間的關係。[41]

　　「不一也一」是強調「軀體」通向「身體」的必要性，
然而在當代的莊子詮釋中，我們也逐漸理解個體的批判性不僅
與莊子氣化思想相容，而且是莊子思想非常珍貴的一部分。倘
若氣的思想是中國哲學中隱喻思維的代表，此一隱喻思維既相
對於西方主流的概念思維表現出它的異質性與批判性，在中國
氣的思考的內部中，莊子對儒家人文建制所展開的語言與權力
的批判，也顯示了莊子氣的思想包含了內在的異質性作為其批
判的基礎。因此，進一步說明莊子思想中「一也不一」的部分
就顯得相當重要。換句話說，通向「身體」的「軀體」其實從
未消失它作為個體的身分，因為個體的虛幻性並不是被「認

---

41 關此賴錫三有多篇文章涉及：〈《莊子》身體觀的三維辯證：符號解構、
技藝融入、氣化交換〉，《《莊子》的跨文化編織：自然・氣化・身體》
（台北：臺大出版中心，2019），頁275-331；〈莊子與羅蘭巴特的旦暮相
遇──語言、權力、遊戲、歡怡〉，《道家型知識分子論：莊子的權力批
判與文化更新》，第六章，頁305-353；〈孟子與莊子兩種氣論類型的知識
分子與權力批判──「浩然之氣」與「平淡之氣」的存有、倫理、政治性
格〉，《道家型知識分子論：莊子的權力批判與文化更新》，第二章，頁
43-115。

知」，而是在隱喻思維中受到挑戰與鬆動，身體形式轉向「身體」的可能性被開啟，不同身體形式轉化、變形的想像被啟動。身體的內在多元性在隱喻的想像空間中被領會，這同時意味著，作為個體的身體，它的虛幻性與限制性並非有待破除，而是被看見、被承認。「身體」的「一」雖然在氣的隱喻中「同於大通」，但此一大通之和卻是在肯定每個獨立的「軀體」中實現，這是「天籟」隱喻的基模。「吹萬不同」、「怒者其誰」都顯示了「一」並非超越於「軀體」之上、之外的絕對主體，而是「使其自己」、「咸其自取」。和聲之同，是由萬殊之聲共奏而成，是肯定個體的差異齊唱的異音。因此，「一」必涵「不一」的個體，所以「一也不一」。[42]

莊子在〈天下〉篇當中有謂：「獨與天地精神往來而不敖倪於萬物，不譴是非，以與世俗處。」此中之「獨」便是既維持個體的異質性、批判性，[43]同時又能通向「身體」的大和之道，與天地之氣交感互通。然而超拔於世俗的個體，同時能

---

42 筆者並不想在此帶入「形上體驗」這種觀點，而主張形上學的「一」可以從語言的角度來理解，即概念思維與隱喻思維如何以不同角度來看待同一性的問題。在過轉到工夫論上時，也不從心性體驗的向度來闡釋「形上的同一」，而著力闡發「透過隱喻思維所啟動的轉化工夫」，並根據莊子文本來說明隱喻、身體與自我轉化之間的密切關係。其次，感性所提供的雜多的確具有差異的向度，但是得特別在認識論的課題中獨立探討，此處無法論及。而「以物觀物、自生自化」則涉及了物的個體性如何在承認「一」的同時也能保住的問題，正是本文所申述的「一也不一」。

43 輪扁雖身為匠人，但無畏權勢而敢於質問、批判桓公、聖人之言，他擁有昂然自信的獨立精神，所憑藉的是不可言傳的身體技藝。得之於手、應之於心的實踐之知，並非寄於紙上的智慮之言所可窮盡。桓公與輪扁的對話見〈天道〉。

以「軀體」的身分與世俗處，所以並不自高於萬物、眾人，也能理解概念思維在世俗倫理中的價值，所以不譴是非。這可說是「獨」而能「和」，「和」而可「異」。「軀體」的自我同一，於是不當理解為虛幻而待破除者，而是個體真能通向生命整體必然要堅守的差異性。在「獨」中，不僅能與世界相感通，又要能與世界相對，必要時甚至站在其對立面，如此才獲得一超臨觀照的自由、獨立與批判。〈大宗師〉所謂：「朝徹，而後能見獨；見獨，而後能無古今；無古今，而後能入於不死不生。」此一「見獨」可說身在時間之外，已然凌虛於歷史之上。就此而言，莊子雖能理解儒者人文入世的必要性，但仍語多嘲弄，有意讓自身立足於批判的邊緣，成為超歷史的文化批判者，以保持局外人的批判視角，這是他的「外化而內不化」。

　　莊子雖然蘊含著個體性與批判性的思想，但是不可否認的是，「一也不一」的端倪卻較隱微，於是有郭象注滑轉為隨順世俗、命定主義的危險。郭注上述〈天下〉中的「不譴是非」為「己無是非」，在〈大宗師〉的注文更說：「天也者，自然者也；人皆自然，則治亂成敗，遇與不遇，非人為也，皆自然耳。」於是一切的是非、好惡皆可放下，要「常無心而順彼，故好與不好，所善所惡，與彼無二也」。本來莊子所謂的「不譴是非」承自〈齊物論〉，即不預設最終立場，反對膠固於特定是非之見而不能兩行。《說文》中「譴」意為「謫問」，[44]

44　〔清〕段玉裁注，《說文解字注》（台北：天工書局，1987），第三篇上〈言部〉，頁100。

「不譴是非」可解為「不質問是非」，也就是承認世俗常規有其相對的社會價值，不一定非得追問其是否能得到終極的證成。但這不表示莊子贊成凡事皆無特定立場的「己無是非」。郭象注〈大宗師〉孟孫才母死一段，義極高明，他表示：「夫死生變化，吾皆吾之。既皆是吾，吾何失哉！未始失吾，吾何憂哉！」這是以死生為一條的見獨之論，然而他似乎又把莊子無可無不可的思想過多地往「無逆」[45]的方向發展，這也開啟了郭注與政治順從主義之間的聯想。

　　畢來德對郭象有嚴厲的批評，[46]此一批評是極端化了郭象注中因順思想跟政治中的順從主義的關聯，畢來德認為郭象注是阻撓我們發現莊子的異質性與批判性的源頭。從歷史的角度來看我們未必能斷定這確乎來自郭象，或許向秀及漢魏舊注已然如此，只是史書載郭象行薄，所以大家都理所當然地認為注文可能引向的政治上的無批判性都該怪罪郭象。畢來德並且認為，後來的注家也完全籠罩在郭象注缺失的陰影之中無法逃脫。但是若仔細考察王夫之（1619-1692）的注，是否還會同意畢來德此一判斷，仍須謹慎。[47]

45　在上述同一處注文中，郭象接著便說：「無逆，故人哭亦哭；無憂，故哭而不哀。」

46　畢來德著，宋剛譯，〈主體〉，《莊子四講》，第四講，頁102-103。

47　王夫之強烈批評朱熹及其學生將「天下無不是底父母」，延伸為「天下無不是底君」，他認為「道合則從，不合則去。美則將順，惡則匡救。君之是不是，絲毫也不可帶過」。〔明〕王夫之，《讀四書大全說》，收入《船山全書》（長沙：嶽麓書社，2010），第6冊，卷9，〈離婁下〉篇第四，頁1014。雖然王夫之的政治批判意識集中在《讀通鑑論》、《宋論》等著作，他的《莊子通》、《莊子解》雖然較少相關的言論，但是不排除

　　當然，畢來德對郭象的批評，以及由此一批評所展開的莊子的批判性仍有關鍵性的價值。然而莊子的批判性要成立，畢來德單單關注於身體主體作為無意識運作機制的高效統合，而缺乏了斷裂性此一向度，對意識主體的批判性承認不足，將使他落入了自己所要批判的氣化整體主義的危險。之所以強調「一也不一」目的即在避免此一危險，並且保住意識主體、概念思維對批判性、異質性的成立的不可或缺。不論是畢來德的身體，或者是氣的隱喻，重要的是其中力量的多元統合、異質分化的雙重作用缺一不可。[48]對畢來德而言，莊子的珍貴性基於一種「外於中國思想」的異質性，它跟氣的思想不相容。然而，不論是傳統「氣化之一」的詮釋，或畢來德所訴諸的身體，都只片面地從統合的無意識向度來化解分立的意識作用，沒能看到意識（概念思維）與無意識（隱喻思維）既一且不一的異質同構性。換言之，對「氣」的批判性詮釋是有必要的，莊子的氣化隱喻與惠施的概念離析雖有分而共在，氣的「內在他者性」是畢來德所未見。要讓新的主體範式的提出具有真實

能夠從中理出一條帶有政治批判意識的詮解之路。

48 賴錫三對老莊氣論的詮釋已打開了一個新的面向來面對氣化之「一」與「異」的關係。然而，在他強調差異、具體的同時，氣化流行（或身體）的「整體連續性」、「統合性」似乎仍是治療救贖之源。本文的詮釋也未必能平等地對待「一」與「異」，如何調節對整體性、連續性的偏倚，而更多地開發個體性、斷裂性，或莊子所說的「獨」，仍有努力的空間。關於老莊氣與物化中的「差異」及身體的相關討論請參賴錫三，〈論先秦道家的自然觀——重建老莊為一門具體、活力、差異的物化美學〉，《《莊子》的跨文化編織：自然・氣化・身體》，頁129-179；〈《莊子》身體觀的三維辯證：符號解構、技藝融入、氣化交換〉，《《莊子》的跨文化編織：自然・氣化・身體》，頁275-331。

的意義，須避免傳統氣論偏向於統合之一，並且繼續開展當代氣論，俾能遊走於「獨」／「共」、「異」／「同」、「不一」／「一」的兩端一致間架。

七、結語

本章借用尼采「身體」與「軀體」的區分來說明莊子氣化主體的自我轉化之道，啟動此一轉化之道的關鍵則有賴於隱喻思維。「軀體」是概念思維的產物，在「好生惡死」此一自我保存的本能中，人愈趨膠著於概念思維的習性，計慮利害、患得患失，乃至不能透徹認識生命自然循環的本性。莊子反對以控制、算計的方式來展開生命的自我認識，為了擺脫由概念思維而來的自我中心、控制欲望，他提出「氣」與「物化」的思想，此一思想是以隱喻的方式展開認識。在隱喻思維中，生命被理解為身體形式的轉化、流變之道，以隱喻的方式（氣與物化）認識自己與他者（虛以待物），封限於「軀體」的自我認同界限得以鬆動，排除與否定生命中的陌異者（例如死亡）此一「好生惡死」的思維習性得以化解，「肯定差異」的轉化力量成為生命自我認識的主要運作方式，「軀體」因而能夠在隱喻思維中轉化為「身體」。究竟說來，「身體」與「軀體」既是有分之異，也是物化之一，兩者「不一也一」。在隱喻思維中，身體的雙重身分通而為一。

換個角度來看，莊子思想又是中國古代思想中最能彰著個體性、差異性的思想。「一」不是泯除差異或形式的一，而是肯定差異、內在多元的一。身體本身就是「一也不一」。身體

的雙重身分雖可通而為一，但也永遠時時保持著「不一」的可
能性。就如我們總是不知道此一「軀體」何時會遭逢死亡，但
這並不妨礙它時時聯繫著「身體」的整全、飽滿。活生生的身
體自我總是居住著隨時逼臨而來的死亡他者，身體的自我認識
蘊含著不可認識的陌異他者。身體的「一也不一」，也向我們
啟示著批判、否定對生命的必要性。自然的身體需要此一批判
性，社會的、政治的身體也需要此一批判性。在社會生活中，
有賴概念思維以「軀體」的身分溝通理解、信任尊重。在政治
生活中，獨立自主的個體、自由結社的社群，都是制衡、批判
力量的來源。因此，由概念思維所主導的「軀體」，不只是莊
子的隱喻思維所要轉化的對象性身體，它的主體性也需得到承
認，「身體」的內在多元性，是在肯定「軀體」的主體性中保
有「一也不一」的差異化動能。

第三章

心物之間

一、前言

　　主體／客體的區分與近代歐洲主體哲學的興起密不可分，此一主客區分也關聯著自我／他人（他物、世界）、精神／身體、價值／事實、形上／形下、觀念論／唯物論的種種概念二分、形上區別以及相關的認識論與實踐哲學架構。20世紀以降包括牟宗三在內的許多當代中國哲學研究者，幾乎莫不借用相關的區分以重構古典中國哲學的理論框架，主體／客體這一對概念的使用尤為普遍。牟宗三一方面以主體／客體、無限／有限的區分來看待莊子思想中的心物關係，同時又主張莊子以弔詭思維的辯證法破除此一區分，達到主客雙泯、即有限而無限的精神超越境界，此一詮釋架構既可凸顯莊子思想的特點，也隱含著若干檢討的空間。

　　排斥任何西方哲學的概念框架來詮釋古典中國哲學並非良策，反而應該積極肯定跨文化哲學的進路對當代中國哲學研究的重要意義。立足於前賢的基礎，憑藉若干後見之明，針對鎖

定的文本與特定的課題，辨析參究東西方不同的語文、歷史與
思考脈絡，調校不同概念之間既共通又別異的思考間距，仍能
讓跨文化哲學的詮釋工作日益精進。據此信念，本章將檢視牟
宗三《莊子》詮釋中的概念框架是否仍有校準的空間，尤其關
注心／物之間的辯證關係，並且從美學的角度探索莊子齊物思
想中心物之間平等而動態的交互關係。

　　概念分解的區分，若以非分別、分而不分的弔詭之思來
審視，當是彼此內在包含的相對項。莊子認為，只要是言論均
有「特未定」[1]的性質，其中蘊含著肯定矛盾的「非同一性」
思想，因此質問：「道惡乎隱而有真偽？言惡乎隱而有是非？
道惡乎往而不存？言惡乎存而不可？」道與言的真偽區分、是
非之辨，其間的對偶性若從「天地一指也，萬物一馬也」的角
度來看均「彼是莫得其偶」，因此莊子面對儒墨是非之爭主張
「欲是其所非而非其所是，則莫若以明」。（〈齊物論〉）

　　莊子以其弔詭的表達、辯證的思維圓融地表達老子「無為
而無不為」的思想。若是貫徹此一跡冥圓融的辯證思維，重新
詮釋莊子的心物關係，並且檢討主體／客體的概念框架當有價
值。牟宗三雖然直言反對唯物辯證法的合理性，然而觀諸阿多
諾（Theodor W. Adorno）對黑格爾辯證法的解釋，正與莊子弔
詭思維同轍合拍。為了討論相關的問題，將引入阿多諾與瑞士
漢學家畢來德、美國漢學家任博克的相關看法，試圖說明牟宗
三莊子詮釋中值得再探的部分。

　　我將勾勒《中國哲學十九講》及《才性與玄理》中關於道

1　「夫言非吹也，言者有言，其所言者特未定也。」（〈齊物論〉）

家及莊子哲學的基本主張，藉此呈現牟宗三在他的《莊子》詮釋中如何看待「心物關係」，以作為進一步分析的基礎，主要概括為以下六點：

1. 「境界形態的形上學」：道家思想特點的界定。

2. 「縱貫橫講」：在主觀的「道心」的作用中，客觀的「物」也上升到主客玄冥的道的境界。

3. 「作用的保存」：以心境的作用來保住萬物的存在。

4. 「實現原則」：說明「道」與「物」特殊的實現關係。

5. 「精神修養的自然」：在「無為」的精神修養中，讓物自己而然、在其自己。

6. 「詭辭的描述、辯證的融化」：以非分解的詭辭，辯證地消融名理與玄理的分解方式，使「心物關係」臻於圓境。

在這六個論點當中，前五點均在說明透過「心」的主觀修養讓「物」得以「自然」、「自在」地呈現在「無限道心」的藝術境界之中，第六點則涉及莊子特有的語言與思維方式，它也關乎莊子思想中的「心物關係」為何在牟宗三眼中可達圓融之境。以下簡要解說這六個論點。

1. 「境界形態的形上學」：儒、釋、道三家都從實踐的入路而非思辨的入路開出實踐的、主觀的（即主體的）形上學、存有論，其中儒家本於道德實踐才是實踐的本義，所以能開出具有實有義的實踐形上學。客觀地從存在上講形上學是「實有形態的形上學」，主觀地從實踐上講則為「境界形態的形上學」。儒家天命不已的道體具有創生的

作用，是客觀的實有，為創生的實體。[2]

2. 「縱貫橫講」：消極的、主觀的境界作用，是主觀上讓開一步的、精神修養境界中的「不生之生」，是消極地表示生的作用，而非積極的、實體的正面創生。[3]「無」、「逍遙」、「齊物」是觀照的、藝術的境界，我一逍遙，則天地萬物都一起上升，在道的肯定中一切逍遙。主觀的心與客觀的物一體呈現。你有道心，物就上升到道的境界。因此只能說「道心和一草一木一體呈現」，而不能說「道心創造一草一木」，這叫縱貫橫講。[4]道家的道與萬物的關係是縱貫的，但此一縱貫不是由實體直接創生式的縱貫，而是由「不生之生」、以工夫的緯線，靜態地觀照玄覽，讓萬物在無限心的作用下歸根復命，則物皆能在其自己、保住自己。[5]

3. 「作用的保存」：不像儒家或基督教上帝正面、積極地創造萬物，道家不直接地談實有層的what，而只談作用層的how，也就是以「無」此一主觀心境上的作用來保障天地萬物的存在。以虛說的「無」（其實只是工夫、作用）來作為本體，用how來保住what。從反面上透露正言，而不提供正面的分析與肯定。「正言若反」就是作用層的語言，這是辯證的詭辭。虛說的本體，是「從工夫說本體」，透過

2　牟宗三，《中國哲學十九講》（台北：台灣學生書局，1983），頁103-105。

3　同上注，頁106-107。

4　同上注，頁426。

5　同上注，頁111-126。

道化的工夫，把造作、不自然都化掉，拿無來保障有，能
通無有兩端，即是玄。[6]

4. 「實現原則」：道家的「道」和「萬物」之間也有創生
的關係，如「道生之，德畜之」（《道德經》第五十一
章）、「生天生地，神鬼神帝」（《莊子・大宗師》）。
然而此一「道的創造性」只是暫時、籠統、方便地說，說
「創造」太落實了，頂多說「道」能負責物的存在，即
「使物實現」，因此不稱之為創造原則，而是「實現原
則」（principle of actualization）。實際上「不生之生」是
純粹的境界形態，透過主觀的修養境界開出一境界形態的
形上學，在主體的修養境界中，即在無限心的觀照中才保
有物，而非由無限心創生之物。[7]

5. 「精神修養的自然」：道家的「無為」是高度精神生活的
境界，「無為」涵容著「自然」。道家的「自然」是精神
生活的概念，不是自然科學所指的物理世界的自然，也
不是基督宗教被上帝所創造的有限自然物。道家的「自
然」，就是自由自在、自己如此。自然界的現象在因果關
係中，都是他然，即待他而然，並不自然、自在，並非自
己如此。道家針對周文疲弊的歷史機緣，把周文看成形式
上外在的，所以主張把虛偽造作的外在形式去掉，由此解

---

6 同上注，頁127-154。

7 同上注，頁104-105。牟宗三道家的無是從徼向性說生萬物，不是客觀地說
客觀世界有個東西叫無來創生萬物，而是「收進來主觀地講，靠我們有無
限妙用的心境，隨時有徼向性，由徼向性說明客觀事物的存在。它又是不
生之生，完全以消極的態度講」。牟宗三，《中國哲學十九講》，頁106。

放出來，去掉「造作」才能「自然」。8

6.　「詭辭的描述、辯證的融化」：老子「致虛守靜」的實踐工夫開出一實踐的、主觀的（即主體的）形上學、存有論，此一境界形態的形上學呈現的是自由、自在的藝術境界與道化境界，就哲學內容而言，莊子所嚮往的逍遙齊物，均已包含在老子的基本教義中。但老子仍有一客觀的形上學姿態，莊子則無，而是收攏到主觀境界之中，化去道的客觀性意義。在表達方式上，老子採分解的講法，本無為體、詭辭為用，以經體文出之。莊子的弔詭是非分別、非分解的自我否定，郭象注莊以跡冥圓的方式表達了堯的圓教境界。他以平齊是非善惡美醜、衝破對偶性來達到絕對。「彼是莫得其偶，是謂道樞。」老子分解地展示的玄理，在莊子則消融於詭辭的玄智中；老子是概念的分解，莊子是辯證的融化。9

二、「心」的作用與「物」的存在

牟宗三造了「境界形態的形上學」這個專名來顯示道家思想特點。照理說「形上學」、「存有論」所擔負的任務就是說明世界的實相，牟宗三認為，中國哲學不將萬物視為思辨的對象，因此重點不在提供一對實在的分析與描述，而是關心實踐的問題，並且以此為出發點，蘊含一實踐意義下的形上學、存

8　同上注，頁89-90。
9　牟宗三，《才性與玄理》，頁172-177。

有論，因此也可稱之為實踐形上學、實踐存有論。

對牟宗三而言，儒釋道三家都是實踐哲學，只是其各自展開的實踐形上學意義有別。這主要涉及牟宗三對三家的義理判定，即只有儒家的仁體、生生之德是道德實踐的入路，才有真實的形上學意涵。佛教式的存有論則只有天台圓教才能保住一切法的存在，因為成佛是即九法界而成，一法不可去，這是從佛法身帶著一切法成佛，所以才保證一切法的存在。但這種存有論牟宗三也認為是特殊意義下的存有論，不是由法身來創生萬法，而是在圓教時能透出「智的直覺」，以此智的直覺、無限心讓一切法的存在都得到保證、一體呈現。[10]「物」的實存是以「心」的境界、作用為條件。

佛、道都是「縱貫橫講」的境界形態形上學，儒家則是縱貫縱講。然而，道家的特殊性在於只是「純粹的」境界形態。根據「作用的保存」之義，牟宗三認為，道家的實有形態只是虛的「姿態」，因為「無」只是心境的作用，並非真正的實體，只顯一實體的「姿態」。這個姿態是在老子分解地展示的形上系統中被建立，在莊子則以辯證的詭辭消融之，連姿態都被取消。莊子連實體的姿態都化去，因此純粹只有「無限道心之妙用」，也就是以妙用為體之「無體之體」，或「即用顯體」。

究實而言，此一「無體之體」需預設一修養的主體，在道家而言即是一藝術的、美學的主體。道家由此修養主體所展現的藝術境界，即是萬物皆在虛靜心的不造作、無執著中同登

---

10 牟宗三，《中國哲學十九講》，頁119-121。

逍遙、無待之境。「物」之所以逍遙，其條件繫屬於「心」此
一主體能否逍遙。就儒家道德主體之仁體來說，要充實飽滿、
剛健不息。道家之藝術主體的虛靜心則不然，道心的內容並無
實質的道體，只是一虛靜之道心的無限妙用，所謂「作用見
體」。牟宗三此一看法關聯著另一主張，即儒道之間的主從與
互補關係。道家藝術主體之作用正可用來說明儒家聖人「大而
化之」中「化」的圓融之境。虛與化，是聖人無限心的妙用，
以其虛靜之作用保存仁德之實體，令其運轉無礙。

　　牟宗三主張，郭象能掘發莊子「寄言出意」以明至理之
意，並不譏孔，實是假託狂言，以「正言若反」的詭辭推崇孔
子。他同時表示，莊子是消極的哲人，而非積極型的聖人如孔
子與釋迦。在〈大宗師〉子桑戶死的故事中，郭象注以為，這
是寄方外數子以明孔子不以方內為桎梏，孔子自以為陋，實則
真能體無而遊於方外，內外相與為一冥。牟宗三認為這是郭象
假託孔子以明大成圓境，打破方內方外不相及之框限，所以才
自居為「天之戮民」，甘受「天刑」。[11]牟宗三的詮釋接續了魏
晉以來儒道會通、莊子尊孔論的詮釋進路，道家不僅不反對儒
家，更可作為儒家的輔弼、調節，以「作用的保存」化去周文
造作、虛偽之弊，恢復其生化不已的活潑生機。

　　「縱貫橫講」的「縱」因此只是虛的「生」，或者是透過
精神的修養，讓「物」在體道者的修養境界中「呈現」為「物
之在其自己」，此一在無限的玄智、道化中一體呈現的「心一
物」關係，似縱實橫。「橫」者，非認識上主客相對之橫攝，

11　牟宗三，《才性與玄理》，頁220-223。

而是在智的直覺的玄觀、玄覽中，主客雙泯、同登逍遙之境。牟宗三道家式實踐形上學的理路，背後預設了現象與物自身的理論架構，此一架構是他哲學成熟期用來詮釋中國哲學的普遍架構。原本只有現象意義的心／物、主／客關係，透過修養的實踐，有限之心提升為無限心（智的直覺），則現象界的主客關係將轉化為物自身界的超主客關係，成一絕對冥合之境，主客界分泯除，物我無對。

三、以辯證思維破除主客的對偶性

老子「致虛守靜、歸根復命」、莊子「心齋坐忘、逍遙齊物」的工夫與境界，對牟宗三而言，是經由修養工夫讓有限的現象界主客分立存在，超越提升至本體界主客冥合的絕對化境。至於「如何」衝破主／客的對偶性，可見諸牟宗三在〈齊物論〉的疏釋中對莊子弔詭的辯證思維的說明。

在邏輯中，是非彼此相對，矛盾的命題不能同時為真，這是邏輯上的二分法。牟宗三認為莊子在〈齊物論〉所言「物無非彼，物無非是」則是要破除邏輯上的二分法，以達到「照之於天」的境界。莊子常藉由批判地考察惠施與公孫龍的名理（以邏輯的分析辨明同一或離異之理），提出「彼是莫得其偶」的玄理。[12]

在二分法中，是非兩端彼此要能定住，是即不能為非，

12　牟宗三主講，盧雪崑記錄、楊祖漢校訂，《牟宗三演講錄（肆）莊子‧齊物論》（新北：東方人文基金會，2019），頁63-71。

非即不能為是。「儒墨之是非」是在相對的立場上互相否定對方。莊子則要超越此一相對的立場，「欲是其所非而非其所是」，用「莫若以明」的方式超越相對的是非名理，達到超越相對的更高層次，即玄理中的「彼是莫得其偶」。

所謂「彼是莫得其偶」，牟宗三的解釋為：

> 不管是A或是-A，皆得不到它的偶。就是說，A得不到它的偶-A，-A得不到它的偶A。為什麼呢？因為「物無非彼，物無非是」。這叫做詭辭。如此一來，二分法沒有了。這就衝破二分法。[13]

對莊子而言，重要的不僅僅是如何面對儒墨的立場對立，更要緊的是破除各自立場的僵固性，即「自是」的牢固性，此一執定才是莊子亟欲破除者。其實，是非的對偶性本身並無問題，邏輯的、分解的思考，乃至數學、科學等分析的學問、經驗的科學都要仰賴分解的思考方式。然而，各執一端的是非對立，將陷入是非兩端之爭，並且涉入「名」的漩渦，而落入無窮之追逐中。牟宗三引「德蕩乎名，知出乎爭」（〈人間世〉）來說明，人容易順著有限性而落入相互依待的限制之中而離其自性，陷於一往不返的「知」、「名」之流蕩追逐。分解之「知」，是「歧出」，牟宗三的解釋是，因為它順著官覺經驗之牽引，順著概念思辨而馳騖，在主客對待關係中撐

13　牟宗三主講，盧雪崑記錄、楊祖漢校訂，《牟宗三演講錄（肆）莊子・齊物論》，頁73。

架。按郭象注若能「遺知名」並化之於玄冥之境則能「滅於冥極」，即滅此主客對待關係之撐架，而歸於「無知之知」。[14]

根據郭注牟宗三表示，養生之道在於「玄冥於性分之極」，以致虛守靜的工夫，滅除無限追逐的「知」，重歸自足之性分，便能順中以為常，「即有限而無限」、「雖有涯而無涯」，在虛靜渾化的工夫中過逆提逆覺之精神生活，以達自在具足、無待逍遙之精神境界。有涯之生便能取得「永恆而無限」、「絕對而無待」之意義。[15]莊子的詭辭將分解的主客關係之有待化除，由虛靜、冥極的工夫呈顯無待的絕對自足性，達至道、自然、天籟此一更高的理境，也就是莊子所說的：「夫大道不稱，大辯不言，大廉不嗛，大勇不忮。」（〈齊物論〉）牟宗三認為黑格爾的dialectical paradox和莊子的詭辭相通，表面看是違反邏輯的矛盾律，但是莊子所說「俄而有無矣，而未知有無之果孰有孰無也？」並不走分析的路追問第一因或無限後退，而是把有、無的相對性化掉，「咸其自取，怒者其誰耶？」（〈齊物論〉）即是在分解之外，採取非分解的方式。

兩個相衝突的矛盾在更高的層次上相協調，通過辯證化掉有無的相對性而達到絕對性，此一辯證的詭辭是實踐的、非分解的，不同於思辨的、分解的思考方式。牟宗三認為，也是在這個意義上，只有黑格爾的精神辯證法才有意義，馬克思的唯

14　牟宗三，《才性與玄理》，頁211。
15　同上註，頁206-208。

物辯證法只在經驗的層次上談力量的衝突與辯證並不能成立。[16]
彼／此、是／非的對偶性即是形式邏輯上A與-A的二分，而辯證
思維則要打破此一形式邏輯上的二分法，讓主客二分的二元性
解消，進入超越的層次。[17]黑格爾的範疇論與辯證法在方法上確
實表現出弔詭的特性，即指出兩個相反的範疇可以透過證明而
揭示兩者之間互相依存的關係。阿多諾便認為黑格爾辯證法的
弔詭性即建立在矛盾的不可取消性，而且正是透過矛盾所引發
的動力，讓概念的運動得以通向更高的真理形式，而且此時的
「真理」（Wahrheit）將不僅是概念上所認識的靜態的形式性真
理，而是在辯證法的過程中，成為和「實在性」（Realität）互

16　牟宗三主講，盧雪崑記錄、楊祖漢校訂，《牟宗三演講錄（肆）莊子‧齊
　　物論》，頁163。
17　此一超越的層次，牟宗三用transcendental level來表示。牟宗三主講，盧雪
　　崑記錄、楊祖漢校訂，《牟宗三演講錄（肆）莊子‧齊物論》，頁132。需
　　留意牟宗三此處使用transcendental一詞並非是康德先驗邏輯意義下的、認
　　識論中的思想形式條件，而是從實踐哲學的層次來說一實踐形上學的、具
　　有物自身意謂的「超越」。然而，若要深入細究形式邏輯與辯證思維的關
　　係，恐非此處所能詳述。以下先概略指出這個問題在康德與黑格爾哲學語
　　境中幾個關鍵的轉折處，進一步的探索留待日後。首先，根據康德《純粹
　　理性批判》的區分，有一般意義的形式邏輯與先驗邏輯。亞里斯多德的邏
　　輯是純形式的思考規則，它並不關乎認識所指向的對象。至於康德意義下
　　的先驗邏輯，則是指那些必然會被我們帶入對象經驗的形式，它們包括時
　　空等感性直覺形式，以及構成認識的純粹概念（即範疇）。然而，黑格爾
　　一方面接受康德將範疇視為對象經驗的思考形式，但同時質疑康德僅僅將
　　範疇當成主體的思想形式，而主張範疇必須依循更高級的邏輯結構，即三
　　段式的辯證過程，並且透過辯證法，範疇將不僅僅是主體的原則，同時是
　　真理、客觀性、涉及物自身的形上原則。

相建構的動態環節。[18]

　彼／此、是／非在形式邏輯中作為對偶性的兩端，有其必然性。然而，為了達到更高的認識，而且此一認識與實踐也並非二分的關係，辯證法不僅不排除矛盾，反而要肯定矛盾具有推動思考的動力，因此弔詭思維將會承認「是中有非，非中有是」、「善中有惡，惡中有善」。

　在上述的討論中引入阿多諾對黑格爾辯證法的詮釋，其實已經預取了他對黑格爾的批判立場，[19]這也將對牟宗三運用辯證法來詮釋莊子的心物關係構成挑戰。黑格爾將經驗描述為精神演進的過程，即意識的辯證運動。阿多諾則拒絕將經驗的辯證運動封閉在概念體系及預先設定的肯定性結論，意識也不該孤立地置身在它的自我確定性中，因為這將使經驗停止發展。阿多諾反對將客體消融同化至主體，而主張維持主體與客體相互區分的二元性，但又強調兩者之間動態的交互過程，讓主／客之間形成開放而互相轉化的關係。[20]

　此一主／客之間動態的交互關係，在阿多諾的「中介」

18　Theodor W. Adorno, *Einführung in die Dialektik*, p. 48.

19　阿多諾的「否定辯證法」堅持「非同一性」，他在《否定辯證法》（*Negative Dialektik*）一書的〈序言〉開頭這麼說明：「否定辯證法這個表述有違傳統。自柏拉圖以來，辯證法就意味著要透過否定來達到某種肯定的東西；否定的否定的思想圖像後來成了簡明的術語。本書試圖使辯證法擺脫如此的肯定的性質，但又不減弱其規定性，展示這個自相矛盾的標題是它的其中一個目的。」Theodor W. Adorno, *Negative Dialektik*, in: *Gesammelte Schriften*, Band 6, hrsf. Von Rolf Tiedemann,（Darmstadt: Wissenschaftliche Buchgesellschaft, 1998）, p. 9.

20　Brian O'Connor, *Adorno*, pp. 62-67.

（Vermittlung）理論中得到充分的說明。在中介的過程中，主體是wie（how），客體是was（what）。就這點來說，正合於牟宗三「作用的保存」之說，以主體的作用保住客體的存在。再者，阿多諾主張「下判斷」（Urteilung）並非如康德以來的主體哲學被視為僅僅是主體的活動，主體必須要超越自身，才能經驗到客體。「事物自身」（Sache selbst）並非可以直接、實證地經驗的既予事物。經驗應是透過「中介」而有的轉化過程。作為中介的主體，若是把預先設定的範疇加諸在客體之上，難免以同一性強加於客體之上，至少必須思及客體總有主體的思考所無法窮盡者。客體之物的差異性、非同一性，當為主體所承認。因此，主體在投身於經驗之時，必須具有被轉化的能力，能以客觀的方式回應客體，這樣才是所謂「理性的」主體。阿多諾的中介理論，為了糾正主體哲學、觀念論辯證法中欠缺動態地互相轉化的主客關係，轉而強調物與客體的優先性。[21]

　　阿多諾接受了黑格爾辯證法的洞見，即主張矛盾具有推動思考的動力，但是更進一步強調非同一性，反對以同一性暴力地加諸於客體，拒絕以預先設定的肯定性取消真實世界不可解消的差異性與矛盾性。倘若主體哲學設定自身為凌駕於客體之上的主動者、立法者，將難以走出同一性思維的限制，更無法開啟面向客體而轉化自身的可能性。

　　若是我們把莊子的「成心」、「機心」跟阿多諾的現代性批判關聯起來，那麼阿多諾談論較多的是批判技術、工具理

21　Brian O'Connor, *Adorno*, pp. 67-71.

性全面地統治了人的身體，文明因而展現的是理性化的同一性思維的強制、控制的過程。至於受困於生活形式因而自由受限的現代如何突破困境，阿多諾並不訴諸內心的修養，而是致力於理論的揭示，並讓批判理論成為負面主體展開行動的實踐助力，其中關於美學所提供的解放與自由，可見於《否定辯證法》。阿多諾表示有種來自於自然的「非同一的主體性」，在其中人有能力與自我和解，把文明過程中受到強制而拆解的本能重新整合起來。[22]

　　主客二分的對偶是由於「知」的介入，也因而出現是非的對偶性與分解的思維。知識的成立需要邏輯思辨的分解，至於弔詭思維則是在認識與實踐上化除成心，通達逍遙的道心，前提是破除對偶之見，破除主體的是非之心、對偶之見，意味著主體走出概念思維的二分性，在經驗的、實踐的投入中遭遇客體，面對生活中不可解消的矛盾性、他異性，並且承認生命的有限性。換言之，並不需要解消矛盾、破除有限，才能達到逍遙之境。在莊子的語境中，成心的破除若是意味著主體的超越，其實就是卸下主體的能動性，讓自身虛化，成為非主體的主體，才能「虛而待物」。

---

22 我採用了霍耐特對阿多諾在《啟蒙辯證法》與《否定辯證法》中關於「主體的非同一性」為何具有解放的力量的精要論斷。請參Axel Honneth, *Die Zerrissene Welt des Sozialen. Sozialphilosophische Aufsätze. Erweiterte Neuausgabe*, p. 90.

四、心物之間：精神／身體、意識／無意識的辯證與轉化

雖然牟宗三用了主／客這一對主體哲學的語彙，但不表示相關的闡釋就一定落入主體哲學精神凌駕身體、主體宰制客體的同一性暴力。在莊子的思想脈絡中，牟宗三的詮釋也強調，主體必須「讓開一步」、化去成心，讓主客能「玄冥於性分之極」、「即有限而無限」。所謂讓開一步、不生之生的主體，其實就意味著主體的虛化。作為不生之生的無主體的主體，「心」發揮的並非主體的認知判斷、理性推論、道德意志的積極作用，而是消極的懸擱判斷、停止論辯、非道德主義。「道心」即是虛靜的主體，所謂「唯道集虛」。

在牟宗三的莊子詮釋中，主觀而有限的成心，經過精神的修養與弔詭的辯證，上升到超越主客的藝術境界，成為無限、無待的絕對化境。心／物關係從主客二分，經過精神的辯證歷程「上升」到主客不分的「超越」、「絕對」、「無限」之境。此一詮釋所蘊含的思想圖式是從有限的現象界，提升到無限的本體界的精神超越歷程。

畢來德在他的《莊子四講》中則提供了另一種的莊子主體範式，他以現象學的「懸置」（époché）來說明莊子如何用「忘」來表達意識與無意識活動之間的轉換機制。畢來德引〈庚桑楚〉「學者，學其所不能學也」來說明遺忘是熟練的結果，當深層的力量起作用時，這種遺忘就會發生。有意識的調控被無意識的力量活動所取代，意識解除了大部分的精神負累，進入更高級的活動機制（天）。意識忘記去控制官能（墮肢體），懸擱理性的判斷（黜聰明），放棄心的干預作用，任

讓身心在高層次的靜止中只靜觀、不判斷，以便引發一種更為渾整、更為自發的活動形式。[23]此外，不同於牟宗三「超越、上升」的思想圖式，畢來德則採用了「退化」來形容拆解成見，以便反歸混沌、虛空，意識返退至無意識的活動狀態，所以能「遊於物之初」，這是一種「退步的能力」。[24] 意識並非完全不作用，而是把注意力放在對自身活動（尤其是身體的活動）的自我覺察，畢來德認為這才是我們的意識和主體性的基礎。[25]

　　「超越、上升」的思想圖式是西方哲學與宗教傳統中的感性、理性二分、對立，經由精神的超越、辯證、提升、轉化，精神充分實現自身，感性只具有被動性，精神才有主動性。自尼采、佛洛伊德開始，無意識的精神活動領域日漸受到重視，感性的身體不只有被動性，梅洛龐蒂以降的身體現象學則闡發其藝術的創造性，身體的技能、藝術活動更高階段的實現往往伴隨著意識、理性的隱退，畢來德即援引精神分析、身體現象學的思路，闡發莊子的「技進於道」，他稱之為「向更高層的活動機制轉化」的過程。

　　畢來德引用〈天運〉篇北門成與黃帝的對話來說明在美學活動中，高層次的活動如何導致此一「退化」——黃帝的音樂使北門成陷入一種「退化的狀態」。黃帝的音樂讓聽者無法用一般的思維加以捕捉因而造成迷惑，由於迷惑而讓人陷入了一種愚笨，正是這份愚笨得以連通大道。（「惑故愚、愚故道，

23　畢來德著，宋剛譯，《莊子四講》，頁38-42、59-60。

24　同上注，頁107。

25　同上注，頁72。

道可載而與之俱也。」）26

　　畢來德所謂的退化、退隱，並非指不問世事、隱逸山林，而是一種反歸自我、反歸自身潛力的美學活動，它使人進入深層的接收狀態。畢來德並且認為，佛洛伊德的精神分析方法無法讓人獲致此種狀態、援引此一力量。因為心理分析仍然受制於笛卡爾的二元論，並且從日間意識出發，為了探究其基底而預設了某種與意識相對的無意識，因此無法理解意識與身體潛力之間的聯繫。27

　　退化至無意識的混樸之真，而非追求意識的提升與概念思維的超越，畢來德此一說明看似與牟宗三衝突，但若善解兩人之意，可以在他們都深刻解析的「無知之知」的意旨中看到互相發明補充的觀點。28兩人之間真正的差異在於，牟宗三認為「虛」的工夫是「精神的修養」，畢來德則認為，「虛」、「混沌」不是別的，就是「身體」。29畢來德所謂的「身體」（corps），並非是生理解剖意義上的、對象性的軀體，也不是認識中對象化的客體，而是現象學意義下，可以觀察到、經驗到的一切支撐著我們的活動，包含我們察知或察知不到的能力、潛能與力量的總和。「虛」不是沒有，而是讓各種形式的

26　同上注，頁93-98。

27　同上注，頁93。

28　牟宗三論「以知養不知」便涉及無意識的問題，雖然他並不用這個詞來討論相關問題，但意思相通。見牟宗三，《才性與玄理》，頁214-217。關於「有意識」、「無意識」的變化與其間「機制轉換」的問題主要見於《莊子四講》第二講，頁27-57。

29　畢來德著，宋剛譯，《莊子四講》，頁111。

力量得以聚集的能力。因此，畢來德將「氣」理解為「完全開放的虛空」，此時精神退身出去，讓身體來行動。我讓自己空掉，力量才會聚集。這種新的主體範式是一切活動的根源，它是一種「活性的虛空」。[30]但畢來德反對將「氣」理解為構成萬物本源的精妙能量，而是人自身所擁有的能量。他不贊成古代中國思想家把創造性的源頭置於宇宙之中，而是置於個人主體上。他認為在古代中國哲學未能意識到主體的多元性與主體之間的差異性，這是人類現實的根本要素，也是政治哲學的基礎。[31]

　　回到無意識與懸擱判斷的問題。牟宗三解釋莊子「循耳目內通，而外於心知」時，也說明了心知如何停止其作用，耳目不順刺激以外用，而是「自見」。這是「止」的工夫，也就是滅除有為之意，達於冥極，以啟動自見、自知、自生、自為，才能無為而無不為。[32]然而，牟宗三只提及了「止」的工夫中截斷心知、感官外取的作用，至於如何「內通」，尚需更仔細的說明，這涉及心／物關係中至為關鍵的身／心關係。懸擱心知的判斷，目的在於啟動「自見」的作用，牟宗三已言及。此時，人卸下主體的判斷之能，但是仍「聽」，也就是官能仍在運作，只是不判斷、不干預，只感受不判斷，所謂「聽之以氣」。〈人間世〉關於「心齋」此一重要的段落，[33]可惜未見牟

30　同上注，頁71-75。

31　畢來德著，宋剛譯，〈莊子九札〉，《中國文哲研究通訊》，卷22，第3期，頁5-39，2012。

32　牟宗三，《才性與玄理》，頁212。

33　「若一志。無聽之以耳，而聽之以心，無聽之以心，而聽之以氣。聽止於

宗三的疏解，不能得知他如何理解「聽之以氣」此一至為關鍵的工夫環節。

「心齋」即是齋戒心知之用，破除心物二分的主動介入，在「虛」、「無」的工夫中，虛化主體，不以耳目、心知外取，而能「止」，即止於「氣」（感受的狀態），「虛而待物」。所虛者，即心知之用。所止者，即棲止於不判斷的感受之中。就在此一即感即止的「虛」的感通空間中，「心」雖無思但能感，「物」不被思而被能感之心所連通，則作為內在自然之身與外在自然之物，在心齋的作用中不僅得以「保存」，而且還能「通」，所謂「通天下一氣耳」（〈知北遊〉）。

然而，所通之「一」究竟為何？這牽涉超越性如何理解的問題。牟宗三認為莊子的修養境界指向的是超越相對視角的絕對性，彼是對偶的矛盾因而得到化解。美國漢學家任博克則採取了跟畢來德相同的思路，主張保留多元性與差異性。任博克解釋「吾喪我」為：不再擁有一個他所認同的、單一固定的視角。「天籟」就在差異多樣的孔竅中發聲，所有的情感與視角沒有最後的源頭。不同的視角即使互相排斥，但卻設定了對立性的觀點必須同時彼此俱存。「道樞」是一種開放式的回應方式，它連結了不同的視角，使不同的視角通向對方。對任博克來說，不必依賴某個最後的絕對視角，而是要能在不同視角與身分之間轉換，才可遊於無待，享有真正的自由。多樣視角彼此即使對立，也互相設定對方，「道樞」便是此一視角轉化與

耳，心止於符。氣也者，虛而待物者也。唯道集虛。虛者，心齋也。」（〈人間世〉）

互動的「流」，而非封閉於某種絕對的視角。在〈德充符〉中
那些相貌醜惡的人，沒有特定的成就或德性，卻能體現出「與
萬物為一」的能力，是因為他們能敞開視角，讓所有的視角能
互相轉化。「真人」則以其「不知」，沒有固定的立場，讓多
元視角持續發揮作用，才能行走於兩行之道。「大宗師」則要
能認識到自身的局限性，以養不可控、不可知的視角生成過
程。[34]

　　牟宗三在詮釋〈德充符〉中對於有限性的詮釋也十分深
刻，他認為「德充於內」為冥，「應物於外」為「跡」，至人
並不以「跡」為桎梏，而是「跡冥如一」，跡之桎梏不可免、
不可解，此是「天刑」。[35]從此一說法中可見，牟宗三也承認，
即使是至人也有不可免之桎梏，換言之，天所加諸於人的有限
性，就算是有傷害性的「刑戮」也是天所予之命限，無可逃，
而且正是在此要做「聽之以氣」的工夫，任讓身心流轉於天地
之氣的物化流行，這既是心外加諸之外物，也是心內所要虛待
之物，心／物之間的內外關係若非靜態的主客二分，而是在動
態的美學工夫中習練其往來辯證之道，或許是更為平衡、對等
的身／心與物／心的關係。

　　「心」除了是能感、能思的主體，也是受觸動、被思之
客體，既主也客；同樣地，「物」雖然是為人所感、所思的客
體，但也具有不能完全被主體所化約、規定的異質性、獨特
性，在人類的經驗中更常扮演著觸發、引動感思的中介力量。

34　任博克，〈作為哲學家的莊子〉，頁33-41。
35　牟宗三，《才性與玄理》，頁219。

修養的目的未必是由有限通向無限，而可承認生命的有限性，讓人的「心、知」棲止在所當止之處，化去人的主體性（虛、心齋、坐忘）也是一種超越之道。這是虛化主體的官能之知的身心鍛鍊，人與天、自然，在弔詭之思與身心的美學化辯證中恢復分而不分、一而不一的關係。接納社會（義、命）與自然（天刑）所加諸於人的「不得已」之命限，透過心齋、坐忘等工夫轉化身心、人我、人物、天人的關係，任讓心物之間成為「彼是莫得其偶」的道樞、環中，人與物皆自足於性分，而能在其自己、自然而然、自由自在。此一自由的藝術境界讓人再度成為自然人，就如物本來就是自然物，然而已經是提升意義的「自然」——莊子意義的咸其自取、自然之分。於是，人才有機會在社會中相忘乎道術，人與物才能在自然中相忘乎江湖，這也是莊子思想對當代人類社會最重要的啟迪之一。

五、如何齊物？

王叔岷認為，〈齊物論〉之篇名不論「齊物」連讀或「物論」連讀皆可通。但他回顧戰國秦漢以來如《鶡冠子・能天篇》有謂：「道者，開物者也，非齊物者也。」或者〈王鈇篇〉謂：「齊殊異之物」。乃至《淮南子》有〈齊俗篇〉、《論衡》有〈齊世篇〉，皆闡發莊子「齊物」之義。可見，自莊子首暢齊物之論，此一主題乃成重要的論題。然而，莊子齊物之論所憑藉者何？王叔岷認為〈齊物論〉的主旨在於「天地與我並生，萬物與我為一」。而〈秋水〉闡發齊物之旨則曰：「萬物一齊，孰短孰長！」至於〈德充符〉謂：「自其同者視

之，萬物皆一也。」〈天地〉謂：「萬物一府，死生同狀。」
同是論「齊物」之義。王叔岷之說甚是，然而莊子齊物之論當
中，所謂的「一」其意義內涵與達至此「一」的方法究竟為何
尚待深究。誠然，如王叔岷所說，莊子的境界在於要超越：1、
常人，迷於是非毀譽，2、智者，爭於是非毀譽，而達至：3、
超乎是非毀譽的「大智」之境。[36]王叔岷雖未明說但應也不反對
牟宗三以精神修養的方式達至此一「大智」的境界，然而，究
竟要如何超越是非毀譽之心？如何齊平萬物乃至齊平一切殊異
有別之物論？難道莊子主張「以心齊物」嗎？

　　〈齊物論〉一開篇便言人籟、地籟、天籟之不齊。王叔
岷表示，萬竅怒號不同，此是不齊；而使萬竅怒號乃由於己，
即萬竅各自成聲，此齊也。不論地籟、人籟，一切皆由自取，
誰使之怒號？自不齊觀之，則有人籟、地籟之別，若自其齊觀
之，則人籟、地籟皆天籟也。[37]若無天籟「齊」的視角，則人
籟、地籟只是各自別異、無以相通的差異之聲。若一切物皆各
自維持在自身的個體性之中，則物與物的關係只有相互別異，
而不能與道相通、分而能化。莊子所言之「齊」、「一」顯然
是從一規範性的層次來說萬物之間的內在關係，此一說法看似
著眼於存有論的萬物一體之說，關此我們先暫置不論，而就
〈齊物論〉更為落實於言論、意識形態的爭辯此一言論的規範
性層次來論，言與物為何需要超越的「道」的規範性，又該如

36　王叔岷，《莊子校詮》（台北：中央研究院歷史語言研究所專刊之
　　八十八，1994，二版），頁39-40。

37　同上注，頁48。

何理解此一超越性。這也是為何〈齊物論〉解釋了天籟之後，文章便立即轉向人間實際的言論爭辯之場，現象學式的描述了無規範性的、自我中心的爭辯性言論如何在人世無窮流衍、人物又如何因此相刃相靡、莫之能止。

　　莊子所面對的處士橫議的局面，彷彿就是蘇格拉底與智者（sophist）的關係。蘇格拉底用辯證法追問的是正義、美、愛、善，真理是他的目標；智者則以眩人耳目的修辭與巧智在辯論中取勝謀利。辯證法在希臘時代便意味著透過對談來辨析事理、尋求真相，而修辭術則並無規範性的目標。這也讓我們想起莊子卮言之道與惠施名家之辯的差異。同時我們也需留意，理想的言說共同體也隱含著理想的政治共同體。失去規範性的政治共同體只問共同生活如何可能，而具有理想性的政治共同體則以高尚的行為與文化生活為目標。莊子跟希臘時代的哲人有個共同點，都批判無規範性的言說與政治，他們都不是價值的相對主義者、虛無主義者，這個基本的立場也是〈齊物論〉的前提。

　　至於如何面對物論爭辯中自是非他的僵局？莊子提出各種策略並一一拆解、否定其可能性，包括：1、各自尋求主觀上的認同（使同乎我者正之），2、找立場皆異於雙方的第三方來評斷（使異乎我與若者正之），3、讓能認同雙方各自立場的第三方來評斷（使同乎我與若者正之）。看來，即使是第三種最有可能主持公道的客觀第三方──但也可能陷入自我矛盾或兩面討好的假中立，莊子也不認為這是有效的策略可以解決意識形態的爭辯，關鍵在於爭辯的雙方都跟智者一樣，目的是「求勝」，是非之辯並非求道（真理），而是求我之勝出。爭

辯缺乏談話間相互理解的規範性基礎（「我與若與人俱不能相知」），因此莊子主張「無辯」，但他並非放棄是非之後仍有道理可言。莊子提出一後設性的反思，主張面對物論當「和之以天倪」。

　　如何「齊」物論之是非？莊子並未從具體的策略層次提出裁斷之法——即使是第三種策略或可謂良策也被他否定，而是站在後設的層次就規範性的問題主張內在的批判與超越。這是在「齊」物之前應有的內在反思，即不應尋求外在的「彼」（自己或爭辯雙方以外的他人）來裁斷是非，而當認識物、物論各有其「自然之分」（郭象對「天倪」之注）。這時我們應回到〈齊物論〉的篇首，尋思莊子為何描繪南郭子綦「喪其偶」、「喪我」的非主體的狀態（無境），這正是貫穿齊物之論如何能「齊」的關鍵。不向外尋求是非的標準，天籟也並非超越於人籟、地籟的外在標準，而是萬物各自有其所待，即使是待於形的影、待於影的罔兩，有所待者當忘其所待，自適於其自然的分際，則所待雖在但能忘卻，這是由「喪其偶」、「喪我」的「忘」的工夫所達至的「無竟」，即無所待之境。「忘」的內容為何？即忘物我之生死（忘年）、忘物論之是非（忘義），破覺夢有別之執，明外生死之物化之理，則能和之以物化自然之分際，止於無待之境，安適於生死變化之物理。不知其然而自然，無所待而無待。

　　不齊之是非如何能齊？人如何能天？「忘」就是習練非主體的工夫，忘人而後能天、能自然。但是天與自然的超越性並未離開人，要始終保持此一天人之間的創造性張力，既有人的視角，也有天的視角。天人之間的辯證是由「忘」所開啟的

內在批判，如此方能成就一非主體的主體，既保有天地一體的整全與渾化，又能維持自我的獨立性與批判性。這種主體的自主性有別於西方近代啟蒙主體的自主性，因為莊子毋須固定自我，而依然可建立人的自主性。這是放棄了自我意志而展開一無意志的忘我主體，即非主體的主體、非意志的意志，此一意志只意願自身的無意志性（will-lessness），但卻開啟了非人格式的回應人世的能力。個體並不依憑普遍的法則而行動，而是因為放棄自我於是自我賦能，同時此一自主的自我並不離開自然的整體性，而且就是自然變化的例示，因此自我只是物化的痕跡，它既是社會文化的產物但又因順自然而超出社會文化的常規。

按霍克海默（Horkheimer）與阿多諾的啟蒙批判，理性若不能深入自身內在的陌異性，將使自身調轉為非理性的。理性必須在辯證的思考中，認識精神既肯定也否定，既同一也二分。然而不論是黑格爾的精神辯證或阿多諾反觀念論的否定辯證，仍未能完全走出主體哲學的框限，還留在主體與客體的範式中思考其間的辯證關係。〈齊物論〉並非由心齊物，因為有偶之心已被拆解，心的能動性反而得以喪失主體性為條件，因此心非主體（心如死灰），才能遊於物之初，物亦非客體（物能自取），反而要以物為師，如是方能展開心物之間互相轉化的辯證關係。理性的自我批判唯有深入到內在的非主體性，才能認識自身的界限就是開放性的始源。

對莊子來說，「成心」就是主體性的來源也是必須認識的自身界限，它是已成形乃至引以為傲（榮華）的是非之心，不論是愚人或聰明人都難免有成心，以知識武裝自己、形成意識

形態陣營者隱蔽了無所不在的道、無定在是非的言，所謂：

> 道惡乎隱而有真偽？言惡乎隱而有是非？道惡乎往而不
> 存？言惡乎存而不可？道隱於小成，言隱於榮華。故有儒
> 墨之是非，以是其所非而非其所是。（〈齊物論〉）

　　道本無真偽之分，言本無是非之別，因此無往不存、無
說不可。然而成心真偽之分隱蔽了道，是非巧智的自以為是讓
圓轉無礙的道言不再可能。因此儒墨各以其自我固著的是非定
見，以彼之非定己之是，以己之是決彼之非。樸素無華的真心
直言被遮隱，不同言說之間可以辯證往來的通道被打斷，道的
開放性被成心所阻絕。

　　然而，要如何看待道的開放性與成心的遮蔽性之間的關
係？牟宗三提及海德格與道家的親緣性，他說海德格喜歡用
「隱蔽」這個詞，真理本來是明朗的，被隱蔽了才不明朗。[38]任
博克看待小成與道的隱顯關係則充分發揮了彼此的辯證關係，
規範性的道言與無規範的榮華之言並非互相否定的關係，而是
即遮蔽即開顯的關係。[39]有趣的是，不論是牟宗三或任博克都憑
藉天台宗弔詭相即的思維來詮釋莊子成心與道心的關係，但是
兩者的理解一是「超越的辯證法」，一是「內在的辯證法」。[40]

38　牟宗三主講，盧雪崑記錄、楊祖漢校訂，《牟宗三演講錄（肆）莊子・齊
　　物論》，頁40。

39　任博克，〈《莊子》批判之批判的若干模式〉，「老莊與批判──災難、
　　自然、倫理、弔詭」工作坊（彰化：鹿港文開書院，2018），頁26-35。

40　任博克「待無待」、「是非相依復相即」的解莊路徑深受天台圓教啟發，

　　牟宗三主張「化去」小成、儒墨意識形態的系統相，超越相對的特定是非的有待之境，「衝破」是非二分，於是「物無非彼，物無非是」，而達至照之以天、莫若以明的絕對無待之境。牟宗三認為，天台宗法性與無明「依而復即」的關係和莊子的辯證思維相通，因此A與-A不但彼此相依，而且是就是非、非就是是，既相依又彼此相即，由此圓教的說法，才能說「方可方不可，方不可方可」、「方生方死，方死方生」，這是有道理的詭辯。[41]為何二分法可以被衝破化除呢？牟宗三認為莊子有個形上學的洞見即「天地一指也，萬物一馬也」，從此一超越的觀點來看，才能說「無物不然，無物不可」。相對的分別與執定經由修養而放下，於是得以「和之以是非」，但不是和稀泥、相對主義，而是「道通為一」的形上智慧與超越層次的「因是」、彼是莫得其偶的「道樞」。[42]牟宗三主張，莊子的辯證法就是透過精神修養化除相對的成心，最後達至超越的道心，我們可稱之為「超越的辯證法」。

　　任博克則不同於牟宗三，並無相對與絕對的形上區分，而主張道心就隱身於成心之中，兩者之間的辯證關係既互為他者

牟宗三雖然也發揮天台圓教旨意說明莊子「主客玄冥」之境，然而牟宗三恐仍偏「離染求淨」之別教未達真圓。牟宗三亟稱天台「即九法界而成佛」之圓教義理，認為華嚴未全然脫離別教斷離染污以證清淨之旨。牟宗三離有待而成無待之義，可類比於華嚴偏別之圓，非天台離別之真圓。若依此義，則任博克不離成心而言道心，類乎「即九法界而成佛」，確實比牟宗三更能豁顯天台真圓之義旨。

41　牟宗三主講，盧雪崑記錄、楊祖漢校訂，《牟宗三演講錄（肆）莊子‧齊物論》，頁66-69。

42　同上注，頁80-115。

又內在相即，可以稱作「內在的辯證法」。根據任博克的莊子
詮釋，認識總是帶有特定視角的限制，此一視角的限制不需免
除但需要自我認識以及自我轉化，這是莊子思想所提供的內在
批判。所謂的無待或自由並非解除依待與限制，反而是完全地
接納依待與限制。任博克謹慎地避免落入一種整全的超越觀點
來解釋「道」、「天籟」，反而強調一種是與非、我與非我弔
詭的相即性。「道」沒有固定的同一性，誰是「真君」也沒有
確定的答案。任博克主張，齊物論所主張的和諧、齊一，是內
在於不停的視角轉換之流，並沒有外於此一視角轉換之流的真
君、真宰。因此，並沒有一先前存在的、超經驗的道可以調解
衝突或作為轉化的根源。[43]

　　就辯證法的理解來說，牟宗三偏重消極的「超越邏輯二分
性」、「超越現象以達本體」，尚有華嚴「離染求淨」的傾向
而非真圓教。任博克「待無待」則可類比於阿多諾強調辯證法
「肯定矛盾」的積極性，他主張維持主客二分性、肯定「非同
一性」，肯定現象界的差異與多元才能走出「同一性思維」，
讓主體具有可轉化性，主客雖二分但又互相建構。天台宗四明
知禮的「魔外無佛，佛外無魔」在任博克的闡釋下，對反於西
方「善者非惡，惡者非善」式的本體論、倫理學、知識論。批
判西方主流思維形式的則是文化批判者尼采在《善惡的彼岸》
中著名的表述，任博克也整段引出作為討論的起點：「某個東

43 Brook Ziporyn, *Ironies of Oneness and Difference: Coherence in Early Chinese Thought: Prolegomena to the Study of Li*（Albany: State University of New York Press, 2012）, pp. 162-168.

西怎麼會由它的對立面產生？譬如，真理出自於謬誤？或者，追求真理的意志出自於追求欺騙的意志？或者，無私的行動出自於自私自利？或者，智者純粹的、陽光般的眼神來自於殷切的想望？」任博克接著指出，西方也有一支與主流思維有著緊張關係的「價值弔詭意向」，例如從赫拉克利特（Heraclitus）所開啟的辯證法傳統。[44]

　　總結而言，針對「如何齊物」此一問題牟宗三的回答為「超越的辯證」、任博克則是「內在的辯證」，這兩種「辯證法」分別以「形上學的超越」與「美學的辯證」來揚棄主客之間難以溝通的分別性、衝突性。

六、結語

　　牟宗三主張道家的藝術精神是經由主體的修養所達至的「境界形態的形上學」，莊子思想的特別之處則以其詭辭的描述、辯證的融化而消融了名理與玄理的分解方式，讓心（主體）／物（客體）之間的關係達到超越主客的圓融境界。本章檢視牟宗三莊子詮釋中的「心物關係」，發現主／客區分此一概念框架會限縮莊子思想所蘊含的心／物辯證關係。莊子之「齊」與「一」，當非泯除差異之齊一與同一，而是咸其自取、肯定差異的「不齊之齊」、辯證性的「通化之一」。齊物之論所追求的並非以超越之心之同一性，涵蓋具體萬殊之非同

---

44 任博克著，吳忠偉譯、周建剛校，《善與惡：天台佛教思想中的遍中整體論、交互主體性與價值弔詭》（上海：上海古籍出版社，2006），頁1-19。尼采原文見KSA 5, p. 16.本段譯文參考審查人意見做了修改。

一之萬物、眾論，而是肯定心物之間的「非同一性」，在美學
的辯證關係中溝通萬物、眾論。即使在溝通中難以避免衝突
性、敵對性的言論與行動，然而任博克的「內在辯證」並不取
消「魔外無佛，佛外無魔」的內在張力，具有毀滅傾向的否定
甚至是暴力，也成了不得不肯定的「非同一性」。對照而言，
牟宗三的「超越辯證」則要化解現象中的分歧與矛盾，以達
主客玄冥之境，以本體的「同一性」來涵容現象的「非同一
性」，本章雖揭示其內在困難，但不可否認其說在莊子「通天
下一氣」的思路中有不少文本證據的支持，作為大家之論殆無
疑義。

第四章

不齊之齊

一、前言

人類文明在控制自然的過程中，將自然視為可以計量、駕馭的客體，透過機械技術的介入，人愈發感受到自身力量已經逐漸凌越難以操控的、可怖的自然之上。理性的人運用工具，計算與丈量自然，自然作為具有權能的理性主體所支配的對象成了理所當然之事。人類憑藉理性超出自然之上，身為萬物的尺度，人如何能不自豪於此一歷史性的偉業？然而，具有懷疑精神的思想家們對文明進步與人類理性可能提出如下的質疑：人類文明的進步蘊含著何種致命性的危機？人與自然的關係在技術文明的介入下是否已然受到不可逆的扭曲破壞？

在古代中國思想家中，就人類文明與自然生命的關係曾提出深刻反思的，無疑首推莊子。他的相關反省不僅尚未過時，跟當代最傑出文化批判者的若干觀點也頗能互相印證。例如在本章所要討論的法蘭克福學派第一代理論家班雅明與阿多諾的

思想中，尤其可以發現值得對讀參照的共同關切。[1]法蘭克福
學派的批判理論在一開始發展的階段中，便關注人在理性控制
的現代生活中如何一再異化的問題。人類運用工具理性控制自
然，此一控制的手段後來全面性地擴展到生活的各個層面，成
為現代人加諸在自己身上的枷鎖，最後人被自己的理性所控
制，竟難以擺脫。[2]人一開始把自然對象化，就註定了要走向
把自己的生命也對象化的異化之路。對莊子來說，人是自然之
子，我們卻以背離自然的方式來實現生命，這樣的生命怎能不
是對生命的異化？運用工具的人卻成了物的工具，為物所役
（「物於物」）。

　　現代人成為孤獨、疏離之人，在日復一日績效主義的工作
中，個體生活與自然生命的整體性被刻板僵化的節奏打斷成零

1　賴錫三有多篇論文涉及《莊子》自然觀與技術理性批判的關聯，且多從莊
　　子與惠施的論辯展開相關討論，可參考他較新的一篇論文從自然、氣化、
　　身體的角度論述《莊子》美學思想，其中與班雅明氣韻美學的對話可與本
　　文相參佐，見賴錫三，〈《莊子》的自然美學、氣化體驗、原初倫理：與
　　本雅明、伯梅的跨文化對話〉，《《莊子》的跨文化編織：自然‧氣化‧
　　身體》，頁399-480。關於「回歸自然」與化解同一性暴力的問題另可參
　　賴錫三著，〈論先秦道家的自然觀：重建一門具體、活力、差異的物化美
　　學〉，《《莊子》的跨文化編織：自然‧氣化‧身體》，頁129-179。

2　根據霍克海默與阿多諾在《啟蒙的辯證》中的分析，理性主體在形式化
　　思考中對自然的支配性宰制最後逆轉為自我宰制：「對自然的世界宰制
　　轉向思考的主體自身，對於主體而言，什麼也沒有了，除了那必須能夠
　　伴隨我的所有表象的永遠同一的我思。主體與客體都歸於消逝。」Max
　　Horkheimer, Theodor W. Adorno, *Dialektik der Aufklärung. Philosophische
　　Fragmente*（Frankfurt am Main: Fischer, 2006），p.32.中譯本可參照霍克海
　　默、阿多諾著，林宏濤譯，《啟蒙的辯證》（台北：商周出版，2012），
　　頁51。

散的碎片，用班雅明的話來說，現代文明是個「氣韻」（aura）
消散的文明。現代社會的異化，跟莊子於戰國時代所觀察的社
會現象容或不同，然而現代性的病症是否已萌發於文明的較早
階段，甚至在東西方不同的文明發展，仍可發現共同的問題根
源與類似的發展軌跡。倘若如此，哲學思考或許還是具有穿透
社會文化差異，直探思維本質的深察力。換個角度，又或者是
因為不管是莊子或法蘭克福學派的思考，都來自於深刻的社會
文化觀察，他們的思考不離於社會，而人類的社會生活經驗畢
竟有相當的普遍性，所以源自於社會的思考愈是深刻，其有效
性與普遍性便愈經得起時空的考驗。倘若如此，當代社會生活
的異化，就不僅僅肇端於資本主義商品交易中發展起來的工具
理性對人的物化，而是在人類運用工具、追求效率之時，愈蒙
其利的同時就不可避免地同步進入了物化邏輯，深受其害卻仍
不知反省。因此，在較早階段例如莊子對相關問題的洞察，倘
若未能發展成充分的反省意識、長養出夠豐厚的文化力量，一
旦文明高速發展，時至今日，全球一體化下絕大多數社會毫不
抵抗地被捲入資本主義社會所導致的深刻生活危機，也是必然
的後果。

　　本章將要以莊子的「氣」與班雅明、阿多諾的「氣韻」
為線索，探討他們的文明反思對於現代生活的異化是否提供了
某種解放的可能性。但這並不意味著「氣」或「氣韻」與某種
原始未受文明「污染」的神祕力量有關，讓我們得以回到過去
以拯救現在，而是從其富有啟發性的洞見中，發掘據以批判異
化生活的規範性，它是受到扭曲的生命理應追尋實現的本真樣
態。甚至我們唯一能夠憑藉的出發點也只有當下的社會現實，

正因我們在現代性的苦役中才驅迫出思考的動力，力圖發現隱藏在現代生活中仍未全然消失的解放消息，發現仍有冰解凍釋的可能性。我們將帶著批判理論的眼光重讀《莊子》，並試圖從「氣」／「氣韻」的現代性反思中萃取美學化政治的構想，它蘊含著本真性存活的解放訊息，為現代人自我奴役的歷史發展撕開一道裂口，我們重新得以瞥見新生活的可能性，也是人應該過的正常生活，讓物任其自然（「物物」）、人成其為人而不「物於物」。

　　關於《莊子》的氣學詮釋與政治思想的關係尚需一提的是，氣的政治學自黃老氣學以降，多為大一統的君權服務。「氣」與政治上的同一性強制的確有此難分難解的歷史脈絡，因此在當代希望開展《莊子》思想多元性面向的詮釋者，如瑞士漢學家畢來德便堅決規避從氣的角度來闡釋《莊子》。他認為氣的解讀路向脫離不了君主專制的歷史殘留，擔憂氣的同一性與帝國秩序同構的關係，註定忽略不同主體的多元性與主體性之間的差異。畢來德於是轉由身體及其活動機制來說明在《莊子》中跟「氣」有關的段落，目的是希望藉由新的主體範式的提出，來肯認生命的多元性與異質性，也才能與民主政治的想像連結。[3]相較於畢來德對氣的修養論與政治論的保留與批

3　畢來德著，宋剛譯，〈莊子九札〉，頁18-25。

判態度，台灣莊學研究者包括賴錫三、[4]何乏筆、[5]劉紀蕙、[6]鍾振宇[7]則從不同角度回應畢來德並發揮莊子氣學與民主政治的相容性。[8]筆者跟以上提到的幾位台灣學者分享著共同的思考背景，即一方面同意畢來德對氣在政治上的同一性宰制應有所留意，另一方面卻認為，《莊子》的氣學正是反對以同一否定差

4　賴錫三，〈身體、氣化、政治批判——畢來德《莊子四講》與〈莊子九札〉的身體觀與主體論〉，《道家型知識分子論：莊子的權力批判與文化更新》，頁171-234。賴錫三正確地指出，畢來德忽視了《莊子》的確包含了諸如「天地並生，萬物為一」等整體論的面向，然而要留意的是，整體性與連續性的「一」到底是什麼意義的整體性？是否必然否定了差異性？畢來德對於《莊子》的「一」、「多」課題似乎不太注意。參見賴文頁78注57。賴錫三從氣學修養論打開莊子政治論的批判性向度，是近年來莊學研究的一大突破，參見已集結的專著《道家型知識分子論：莊子的權力批判與文化更新》。

5　為了回應畢來德對氣論與專制政治共構的批評，何乏筆從孟柯（Christoph Menke）對尼采力量美學的重構切入，探討氣的修養與力量美學間的複雜關係，其中涉及了氣的一元與多元，美學與政治的關聯，參見何乏筆，〈氣化主體與民主政治：關於《莊子》跨文化潛力的思想實驗〉，《中國文哲研究通訊》，卷22，第4期，頁41-73，2012。

6　劉紀蕙藉由章太炎的《莊子》詮釋論「心齋」的政治性與「無」的批判性，其中也提到了本文引述討論的主題〈齊物論〉中吹萬不一的「不齊之齊」，參見劉紀蕙，〈莊子、畢來德與章太炎的「無」〉，《中國文哲研究通訊》，卷22，第3期，頁103-135，2012。

7　鍾振宇從「通天下一氣」談《莊子》氣論的批判性與外王向度，參見鍾振宇，〈批判的氣論——莊子氣論之當代開展〉，《道家的氣化現象學》，第七章，頁227-264；鍾振宇，〈莊子的氣化現象學〉，《道家的氣化現象學》，第一章，頁1-48。

8　筆者也曾撰文從身氣主體的角度論及《莊子》思想與政治自由的關係，文中透過孟柯的美學談氣的「內在他者性」，希望藉此打開莊子思想具有的批判向度，參見拙文〈氣化美學與文化轉化〉，收入拙作《氣的跨文化思考：王船山氣學與尼采哲學的對話》，第五章，頁100-123。

異，尤其在他的齊物思想中，蘊含著肯定差異以達到物我共感的通同之境，只有在肯定個體差異性的前提上彼此承認，政治上平等的對話溝通才可能。

畢來德對氣的保留其背後的考量其實也是許多台灣莊學研究者承認的，包括：1. 氣的政治學與同一性強制的親緣性，2. 氣的思想把創造性的源頭放置在個體之外，強調超個體的連續性、整體性而忽略或抹除了差異性、斷裂性，不利於個體性的創造行動。然而，矯枉難免過正，畢來德也不能忽略，過度強調個體批判性的一面，而忽略相互承認、溝通理解的必要性，社會也將趨於分裂。不能只看到同一性宰制的一面，而忽略統合性、共感聯繫的重要。畢來德想要避免的是氣的同一性強制的這個面向，但也將因此錯失氣的思想尤其能夠說明人與人乃至人與自然感通相連的豐厚資源。然而單憑《莊子》文本，能夠據以展開跟氣有關的討論的確有限。是否真能從氣的思想演繹某種「不齊之齊」，將批判性／感通性、非同一性／同一性納入辯證的涵攝關係，以下將借助王船山的《莊子解》以作此嘗試。

二、《莊子解》中的「不齊之齊」

《莊子》的齊物之道是以「虛」也就是「否定」的方式展開與「物」的往來之道。之所以是「不齊」，也就是反對將同一性的強制加諸在「物」（或「物論」）[9]之上，而是內在於

9　本文在行文上雖然更多地連讀「齊物」，但採取較寬鬆的方式來看待「齊

眾物、眾論的交雜中，以不齊齊之。「齊」的能力來自於否定
性的「不齊」，以便讓物能歸返於自治之能。若是《莊子・齊
物論》中「咸其自取」的相關說法，蘊含此一歸返於物之自治
的政治潛能，它和先秦儒墨法兵各家便大異其趣，政治的治理
有機會擺脫由上而下的管治，以百姓的自事、自能、自得為基
礎。此一含藏在《莊子》中的政治思想端緒，在王船山的《莊
子解》中有了更多的闡釋，尤其「不齊之齊」所蘊含的自治之
能，讓我們得以想像莊子政治思想與當代民主政治接軌的可能
性。

　　「不齊」這個用語出自《莊子・應帝王》，本來是方法論
上的「齊平萬物／物論」的「不齊之齊」如今轉移到政治場域
中。《莊子》不是直接地展示至人的治世應物之道，而是藉由
列子的老師壺子向鄭國神巫季咸所示的「無相之相」，間接地
暗示，政治治理必要的否定形式，此一否定形式（無相），是
成就有形的治理的基礎或原理。此一否定形式，因其無相所以
能無爭、無傷，壺子說它是「太沖莫勝」，是為「衡氣機」。[10]
王船山在此的注為：「衡所以平物者。無不可入而皆平，遊心

　　物論」究竟是「齊平萬物之論」還是「齊平『物論』」，亦即同時接受兩
　　種斷讀的方式，既齊「物」（狹義而言為外物、眾物；廣義而言其實包括
　　了所有的人、事、物、自然世界），也齊「物論」（言說、論述、思想系
　　統）。

10 列子因見鄭國的神巫季咸能相人生死，大為佩服並返告其師壺子季咸神算
　　之能，於是壺子要列子領季咸去見他，壺子前二次對季咸分別現死機與
　　生機之相，第三次則現「不齊」之相，即無相之相：「明日，又與之見
　　壺子。出而謂列子曰：『子之先生不齊，吾無得而相焉。試齊，且復相
　　之。』」（〈應帝王〉）

於無礙也。」[11]治理之術並非侵入性的操控，而是退讓性的不得已之「應」，是被動的回應，而非主動的介入。「衡氣機」中的「衡」就是「齊平」的意思，氣機的發動能使物得以齊平。因此，「不齊」是帝王發動其回應物的氣機，心得以遊，物因而無礙，在其不得已之應中皆得齊平。統治本身得依憑暴力，往往是攖亂之源，《莊子》的美學化政治則寄望於淡漠的氣機，如何運用暴力時又能化解暴力期能無傷，讓多元的力量不在壓制中互相抵消，將衝撞的活力順導成自治力量的來源。因此攖亂得寧，政治的暴力本質得以扭轉，消解上下的宰制性，活化為齊平往來的動力機制。王船山謂「帝王之道，止於無傷而已」，[12]他所理解的《莊子》政治思想，並不是單向度地求有為的治世之術，而得包含解消性、釋放性的回應之道，在「否定」的作用層次上，讓多元的政治力不要陷入生死敵對的爭鬥，先求爭而無傷，才能遊戲自如，自理自得。

　　王船山認為，用以齊平物論的並非聖人之徒「我者為是，人者為非，則以我之是，治人之非，懷挾仁義，以要天下」。[13]而是「應帝王者，以帝王為跡，寓於不得已而應之，不招物之來，物將不來。物不來，則反而自能其事，澹漠之德，功化莫尚矣」。[14]「澹漠之德」化去仁義之德所判分的善惡是非，用以齊一刑政的仁義法度不再是最高的治理原則，治人治天下不以是非，那麼這種德性的「功化」究竟是在哪個層次發揮作用

11　〔明〕王夫之，《莊子解・應帝王》，頁180。

12　同上注，頁183。

13　同上注，頁177。

14　同上注，頁179。

呢？莊子認為，它的功化「莫尚矣」，可見是在最高的層次上
展現其調節或解放性的力量。為了說明這種力量，我們可以引
借阿多諾的否定辯證法。

阿多諾的否定辯證法肯定「同一」與「非同一」的相即不
離之弔詭性張力，就此弔詭性消解理性同一性的主權擴張所導
致的反向自我宰控，化解理性內在的矛盾性與毀滅性，讓理性
的確定性與生命的不確定性之間既合且離的辯證關係成為互相
作用的動力。維持此一張力的動力機制是以「否定」的方式來
成就，此一「否定」不是把對方排除的意思，而是化去主體單
向度的同一化力量，讓「非同一化」的否定性作用成就「同一
化」力量。

王船山在《莊子解・齊物論》篇首解題處說：

> 物論者，形開而接物以相搆者也，弗能齊也。使以道齊
> 之，則又入其中而與相刃。唯任其不齊，而聽其自己。知
> 其所自興，知其所自息；皆假生人之氣相吹而巧為變；則
> 見其不足與辨，而包含於未始有之中，以聽化聲之風濟而
> 反於虛，則無不齊矣。[15]

「物論」是形氣在對偶性的「開」，與「物」相對而有
的思辨性對待，既有相對性，一旦被理性的確定性所規定，便
不再能「合」，於是本質上與其他的「物論」是不齊的。若勉
強要以超越性的「道」強求一形式上的同一性，必然得干預其

---

15 〔明〕王夫之，《莊子解・齊物論》，頁93。

已有之確定性，於是「相刃相靡」，互相傷害。因此，真正的「齊」是「任其不齊」，也就是保住其差異性，讓「物論」在成其為論的生成處自生、自止，因為議論的生成有其針對性，一旦針對性消失，也就沒有存在的必要。議論的生成與消失是來自於人的口說喧騰而有的「氣之變」，它並無自身的根源，由氣之生成而有聲，氣之止息而歸於虛。所以「物論」之間的差異性並非絕對的，而是相對的，乃至最後都必然歸返於「虛」，所以不足辨，也沒必要分別一高下優劣、做出最後確定性之裁斷。所以接下來說：

> 故以天為照，以懷為藏，以兩行為機，以成純為合……因之而生者，因之而已，不與之同，不與之異，唯用是適，則無言可也。雖有言以曼衍窮年，無不可也。不立一我之量，以生相對之耦，而惡有不齊之物論乎？[16]

「以天為照」不能被誤解或詮釋成一超越之道，而要從後面所說的「以懷為藏」，這個「懷」指的便是由「天」的廣大包容所表示的涵容差異性的光照能力。「天」不是外在的超越，而是內在的容受。容受此一差異性，所以是不取消差異的「以懷為藏」，因此「不與之異」，也就是不自立於一對耦性的立場上，和另一議論互相對抗，而是隨著情境，該怎麼因應就怎麼因應，不爭辯也可無言。倘若要「有言」，則是曲曲折折地（曼衍），或者說得肯定一「同一與非同一」相即的弔詭

16　同上注，頁93。

性，在弔詭性的言論中無盡延伸。拒絕以形式的相對性來確定任何僵固的尺度，即「不立一我之量，以生相對之耦」，則「物論」可齊，無一「物論」不在此一弔詭性的肯定中各有其安立之分位。

但是「不立一我之量」，不表示倫理的、法權的尺度是不必要的，我們回頭再從莊子與船山如何看待「刑」與「名」來考慮這個問題。先看「氣」的解放性力量。我們關注的是，「氣」能否成為「一種解放性的力量，啟動同一性與非同一性彼此辯證的關係」？

從王船山解〈齊物論〉的篇旨來看，無論是「物論」、「超越性的道」或「我」，因為處在相對性的結構中，會帶來同一性的傷害（相刃相靡），船山認為莊子要藉由虛化的氣的主體來化解掉此一同一性的暴力。氣的主體是什麼呢？它是肉身化的主體，但不只是形質之體，而是能「虛」的主體。船山說：「心齊之要無他，虛而已矣。氣者生氣也，即皥天之和氣也。」[17]「虛」也表示去除對耦性，所謂「外無耦而內無我」[18]。船山並且表示：「而氣之宅於虛者，無死無生，常自定焉，可無疑于行矣。」[19]

讓我們先引述阿多諾關於否定辯證法的這段話，以便討論氣的思想會如何思考「同一性強制」的解消：

17　〔明〕王夫之，《莊子解・人間世》，頁132。
18　同上註，頁133。
19　同上註，頁135。

改變概念思維（Begrifflichkeit）的方向，朝向「非概念性」（Nichtbegrifflichen），是否定辯證法的樞紐。洞察了概念當中非概念性的建構性質，那未經反思地伴隨著概念的「同一性強制」（Identitätszwang）便會消融。[20]

再看解〈養生主〉「緣督以為經」時，船山表示：

> 身前之中脈曰任，身後之中脈曰督。督者居靜，而不倚於左右，有脈之位而無形質者也。緣督者，以清微纖妙之氣循虛而行，止於所不可行，而行自順以適得其中。[21]

「虛」便是由「氣」所引生的「朝向非同一性」的一種自我解消的能力，藉此消融了「同一性強制」，但並非取消「同一性」，而是讓肉身化的主體成為「氣」的流動之場，在任督二脈的動靜交會中，「循虛而行」。用阿多諾式的語言來說，則是感受身體中的自然性，感受「氣韻」的呼吸，讓被理性規訓的身體重新打開其自然性，激活同一性與非同一性彼此辯證的關係。

《莊子解‧大宗師》中的「攖寧」表達了此一辯證關係：

> 攖寧者，物自結而我自解。為雞、為彈、為輪，無不可

20 Theodor W. Adorno, *Negative Dialektik*, in: *Gesammelte Schriften*, Band 6, p. 24.
21 〔明〕王夫之，《莊子解‧養生主》，頁121。

寓庸，[22]而終無所遯。東西南北皆攖也，則皆寧也。故遊可
逍遙，物論可齊，人間世可入，帝王可應，德無不充，而
所養者一於其主。[23]

攖是擾亂、干犯，外物無時不「結」，因為氣是變化中
的自然，所以莊子以「雞、彈、輪」隱喻我們身體性的存在
是會不斷地改變其形式，會存在也會消亡，我們的身體，從
「物」的角度來看，是擾亂主體的「攖」。但若能虛，能因隨
差異性的「物之身體」任氣之流行遷化變動，不以「確定性的
主體」來度量、執定，而能「以不齊齊之」，則「人」是主
體，「雞、彈、輪」也是主體，主體自身接納不確定的主體的
挑戰，甚至主動尋求自我抵抗的差異性。那麼「物之結」及其
「攖」，也是自然的主體所要肯定的，所以「雖攖而寧」、
「雖結而解」，攖與寧、結與解的對反維持在同一與非同一的
弔詭性辯證運動之中。氣的主體可說是來自社會（攖與結）又
超臨於社會之上的美學化自然主體，它的獨特性使它超越了現
世社會生活而具有來自於自然的非同一化的批判性，但它仍弔
詭地維持住入世而遊的同一性，所以「氣」既切近又遙遠，它
溝通遊走於自然與社會之間，既反映社會的本真性又挑戰了社
會的虛假性。

現在，可以討論倫理與法律中的尺度問題。船山在解莊

---

22 所謂「不用而寓諸庸」，就是借力使力，「用」是來自主體的施為，
　「庸」則是來自物的力，任讓他者之力流動，不迎不拒，而是「寓」，也
　就是寄附在其上，隨之流游，在關鍵的地方才慎微一動、順勢成就。

23 〔明〕王夫之，《莊子解‧大宗師》，頁169。

的脈絡中，是以「遊於善惡之間」來面對，仍是以美學化的主
體，施行政治社會的轉化之道。在《莊子解・養生主》中，
船山表示：「徇耳目口體之欲則近刑，徇見聞毀譽之跡則近
名。」[24]「惡之刑，善之名」是莊子都要遠離的，所以要不落善
惡兩邊，遊心任化於善惡之間。船山甚至認為「名者，天之所
刑也」，意思是說，由名所招致的災禍幾至無所逃、不可解。
因此他認為寧可落入刀斧之刑，也勿陷天之所刑。船山說：
「故不得已而寧近右師之刑，勿近樊雉之名。名者，天之所刑
也」，[25]又說：「天懸刑以懸小人，懸名以懸君子。」[26]君子知
道不能為惡，所以能夠避開刑戮之害，但不知名之害更加隱微
難避，而且一旦受其懸縛將終生不解，不知畏名所以也不知何
以能解。

　　如何能遊於善惡之間？在庖丁解牛的寓言中，莊子所教導
的不是以高才大名顯揚於世的聖君賢相為政之道，而是籍籍無
名的屠夫庖丁花費十九年得出的解牛之技。但此微末之技可通
於政治轉化之道。此技所重者在於「戒、止、遲、微」，[27]也就
是戰戰兢兢、凝神專注、緩慢自持、動作微細。船山說是「善
以其輕微之用，遊於善惡之間而已矣」。[28]庖丁之技憑恃的不
是銳刀、猛力、巧術、高才，而是「依乎天理」（船山解「天

24　〔明〕王夫之，《莊子解・養生主》，頁123。
25　同上注，頁123。
26　同上注，頁107。
27　同上注，頁122。
28　同上注，頁120。

理」為「自然之理」[29]），在「戒、止、遲、微」的敬慎工夫中，漸漸釋去官能之用（「萬感皆退聽」[30]），那麼會在工夫純熟時，不得已時才慎微地動刀，該停止時便停止，動靜之間憑藉的是自動自發的直覺性運作，而非知解性的認識判斷。於是在此一「微動」中，本來困結的筋脈結聚處，也能「自解」。

在討論繼續展開之前，我們得先專節評述班雅明和阿多諾的「氣韻」思想與現代性的關聯，再回頭檢視《莊子》的美學化政治論在何處銜接上當前現代性的普遍問題。

三、班雅明與阿多諾論「氣韻」（Aura）

Aura源自古希臘文αὔρα，意為氣息。希臘神話中晨間微風的女神即為αὔρα。我將Aura譯為「氣韻」，取其氣息之意，因為此一詞語又有氣氛、神韻、光采、風神之意，故譯為「氣韻」以總攬其意。班雅明發現，在早期長時間曝光的攝影作品中，透出某種既切近又遙不可及的「氣韻」（Aura），它們將動態的生命氣息凝結在靜止的影像上。阿多諾在《美學理論》（*Ästhetische Theorie*）引用了班雅明以下這段著名的話：

> 上述用在歷史對象的「氣韻」（Aura）這個概念，我們可以試著用自然對象的「氣韻」來說明。我們將後面這種「氣韻」界定為：某一遠處之一次性的現象，不論這遠處

---

29 同上注，頁122。
30 同上注。

有多近。（einmalige Erscheinung einer Ferne, so nah sie sein
mag）在夏日的午後小憩，遠眺地平線上的山脈，或看著投
在身上樹枝的陰影──亦即：呼吸著（atmen）這些山脈和
樹枝的「氣韻」。31

　　遠處的山脈、身上的樹影是漫不經心的遊憩者在恍惚之中
感通的「氣韻」、「呼吸」，這彷彿是種少數人才特有的神祕
體驗，但班雅明似乎認為，這是一種能向所有人開放的具體經
驗。此一恍惚並非半夢半醒的迷醉，而是打斷了日常性認識，
帶有醒覺意識的恍惚。即使是夢，也應如莊周夢蝶般，是哲學
之夢，它打斷了日常的確定性思維。藝術作品的任務就在於造
成一種震驚，擾動支配現代人慣常生活的目的性行動、工具性
價值，讓那既切進又遙不可及的「遠方」，打破現代人主客二
分的主體框架，在肉身化的主體中與自然感通，以抵抗自身的
方式完成自然的造化。
　　阿多諾曾說，在奧斯威辛（Auschwitz）集中營後還寫詩

31　Theodor W. Adorno, Ästhetische Theorie, in: Adorno, *Gesammelte Schriften in 20
　　Bänden*, Bd. 7（Darmstadt: Wissenschaftliche Buchgesellschaft, 1998），p. 408.
　　這段引文出自《科技複製時代的藝術作品》第三節，見Walter Benjamin, *Das
　　Kunstwerk im Zeitalter seiner technischen Reproduzierbarkeit. Drei Studien zur
　　Kunstsoziologie*（Frankfurt am Main: Suhrkamp 1977），p. 14.審查人之一建
　　議將Aura譯成「氣息」，他認為「氣息」才能「呼吸」，並且表示這比較
　　合乎班雅明的原意，也更適用於本書所要進行的跨文化哲學的對話。我認
　　為，不論是「氣韻」、「氣息」、「呼吸」都是隱喻性的美學概念，「氣
　　韻」應該比「氣息」更具有溝通中西美學的跨文化意涵，所以沒有採納審
　　查人的建議，不過這段引文仍參考了審查人的修改意見。對於審查人就譯
　　文提出的許多寶貴修改意見，衷心感謝。

是野蠻的。造成災難性後果的啟蒙理性主體，有什麼動能可以重新啟動文化更新，超克現代性？文明除了以野蠻、殘忍的方式統治、規訓人類，是否別有出路？尼采、班雅明、阿多諾乃至傅柯的現代性批判，透過班雅明「氣韻」的脈絡接上了潛藏著的關鍵性問題，亦即引入自然的向度，重新理解與提問：什麼是人？如何克服資本主義現代社會的普遍束縛？人的自由是否能在藝術實踐的活動中得到解放，並且絕非消極式的個人隱逸，而能具有政治上的普遍意義？藝術作品的自然性、人的自然性與自由問題如何關聯？這些問題既是班雅明與阿多諾討論「氣韻」時的思考線索，由他們所提供的現代性反思也尚未貫徹，有待我們進一步實驗與探索。

斷離由工具理性所支配的現代性生活如何可能？現實生活除了汲汲營營於私利還有什麼活生生的氣息？對班雅明來說，藝術活動提供了現代人一種生活的範例，遊手好閒的漫遊者是有意隔絕在目的性關注的領域之外，他的閒散其實是一種孤絕的對抗，對抗的不僅是整個社會強加在身上的同一性，而且也是自己所加諸於自身的。因此，即使滲透著無所不在的規訓與控制的現代生活，自我中心的行動主體有機會在藝術的活動中放棄了他加諸在自身的同一性強制，而能敞開感知，獲得一種魔力般的經驗能力，讓機械般的生活從績效導向的控制中甦醒，並獲得一種解放性的力量，啟動同一性與非同一性彼此辯證的關係。

阿多諾在《美學理論》中討論了藝術與社會的關係，他主張藝術自身即包含著同一性與非同一性的張力，藝術與社會的關係也是如此。藝術既來自社會又與社會隔絕，它是社會的折

射或產物但又自主地作為異質性的他者抵抗社會。阿多諾引荀白克（Schönberg）的話：「所畫的圖，不是所呈現的。」意思是說，畫家並不是畫他所看到的，而是畫看不到的。藝術作品雖然來自於現實社會，但它的目的卻在現實社會之外，它自身就是目的，是以無窗戶的單子方式作為封閉而特殊的存在，但它自身有其內在的辯證運動，因而不只是特殊的而具有普遍性。阿多諾說：

> 作為無窗戶單子的藝術作品所表象的並非是它自己，這幾乎很難被理解，因為它們有自身的動力，它們作為自然及支配自然的辯證法的內在歷史性，不僅與它們外部的辯證法具有相同的本質，而且毋須模仿便與它相似。32

從這個角度來說，藝術是社會和自然的中介，人類透過藝術活動在自然和社會之間構成一種既互相拮抗又彼此成就的張力關係。班雅明「氣韻」概念的提出，正可以說明此一中介性。班雅明在《機械複製時代的藝術作品》（*Das Kunstwerk im Zeitalter seiner technischen Reproduzierbarkeit*）有個注腳說明「氣韻」與「距離」的關係：

> 把「氣韻」界定為「某一遠處之一次性的現象，不論這

---

32 Theodor W. Adorno, *Ästhetische Theorie*, p. 15.審查人之一提醒筆者未將這段引文完整的句子全部譯出，現雖譯出全句，但是下半句關於自然、歷史性、辯證法的關係仍相當隱晦，只好擱置不論。

遠處有多近」，正顯示且說明了在時空感覺範疇中藝術作品的儀式價值。距離對反於臨近。本質上的遠方是不可臨近的。不可臨近性的確是受崇拜圖像的主要性質。就本性來說它得置身於「遠方，不論它可能有多近」。不管人們從材質方面能夠多麼地貼近，都不能取消遠方景象所拉開的距離。[33]

　　「氣韻」在本質上不可臨近，具有獨一無二的本真性。藝術作品在起源上與巫術、宗教儀式有關，因而具有工具性價值，但這無損於它的「氣韻」，它仍是獨一無二的。文藝復興之後，藝術作品的儀式基礎雖然日漸喪失，但班雅明認為，真正造成「氣韻」凋萎的危機是攝影技術的發明。藝術作品可以被大量複製，其獨一無二的本真性被「普同一致的感受」所取代。當本真性不再成為藝術作品的標準，班雅明認為，藝術作品寄生在儀式基礎上的功能被解放出來，這既是藝術的危機，但也是讓藝術建立在政治的實踐基礎上的契機。[34]
　　複製技術讓大眾有機會接近藝術，然而一旦藝術成為追求利潤、迎合大眾的文化產業，藝術也就消失了。阿多諾認為，藝術應該像卡夫卡所展現的否定現實感的力量，一方面不受純粹的現實所污染，另一方面又要狠狠地壓榨它。[35]在談論藝術作品與現代社會的關係時，「自然」究竟扮演了什麼角色？在班

33　Walter Benjamin, *Das Kunstwerk im Zeitalter seiner technischen Reproduzierbarkeit*, p. 16.

34　Ibid., pp. 16-18.

35　Theodor W. Adorno, *Ästhetische Theorie*, p. 36.

雅明「氣韻」概念所隱微透露的自然向度，被阿多諾明白揭示
出來。阿多諾表示：

> 如班雅明為了舉例說明該概念時所要求的那樣，去感知
> 自然的「氣韻」，亦即要在自然之上察覺到使藝術品成為
> 藝術品的本質。然而，這是任何主觀意圖都無法企及的客
> 觀意味。一件藝術品，如果它強調某種客觀的東西，將會
> 使觀看者眼睛為之一亮，並且此一「某種並非純然為觀看
> 者所投射的客觀性」之可能性，就在人們在自然之上所獲
> 得的「憂鬱」、「平和」那樣的詞語上有其模型——如果
> 人們並未將自然看成是行動對象的話。36

自然美本來一直是藝術思考的課題，然而自康德以後，
美學的重心愈來愈跟主體的自由密切相關，漸漸地迴避了自然
美的問題，直到班雅明、阿多諾才又再度發現了自然在藝術活
動中關鍵性的地位。阿多諾推崇自然美並認為它是「中斷的歷
史，是暫停的生成」。37「氣韻」便是在不可捕捉的瞬間性中
現身，它打斷了生成，又彷彿完成了歷史。阿多諾在此所說的
「客觀性」是弔詭的、不確定的「客觀性」。就如同他認為自
然美是不可界定的，它敵視一切的界定，因此以不可界定來界
定它。阿多諾認為：「藝術不模仿自然，也不模仿個別的自然

36　Theodor W. Adorno, *Ästhetische Theorie*, p. 409. 審查人表示本段引文原稿的
　　翻譯有問題，而且提供筆者譯文參考，獲益良多。本段譯文是依審查人的
　　翻譯建議修改，特此表達感謝。

37　Ibid., p. 111.

美，而是模仿自然美本身。」[38]透過否定的方式，阿多諾把自然推到了形上的高度，但是它仍聯繫著感受與經驗，是內在的形上學。然而自然美得過度到藝術美，才能揭露自然以隱蔽而不可理解的方式要傳達給人類的內容。

　　尤其在技術進步、商品交易繁盛的當代社會，自然更具備了對照性的功能。然而，在商業社會，自然景觀被納入旅遊觀光利用的對象，或是象徵性地成為天然公園、野生動植物保護區的同義詞，對於自然缺乏真正的感受力，自然美成了意識形態而毫無批判力。阿多諾也反對技術和自然之間虛假的對立，「技術強姦了自然」這樣的說法不過表現了資產階級的性道德，我們其實可以想像未來有某種技術，它將實現自然的目的，輔助自然。換個角度來說，大自然也有某些景象呈現令人驚異的、彷彿是人為技術的特性。（例如中文會用「鬼斧神工」來形容絕妙的自然美景）在不同生產關係的框架，置身於主體化過程的某個階段，都會影響人們看待自然與社會的關係，由於對自然的感受力總是與社會條件相關，藝術的調節與批判功能才有發揮作用的餘地。[39]

　　為了維持藝術的批判性，阿多諾想要突出在班雅明「氣韻」中「距離」的要素，他因此也對班雅明提出了批評：

　　　美學領域與實踐目的之間的距離猶如藝術自身當中

38　Ibid., p. 113.

39　本段落摘述阿多諾在《美學理論》討論自然美的章節，見Theodor W. Adorno, *Ästhetische Theorie*, pp. 97-121.

審美對象與審美主體之間的距離；就像藝術作品不能進
犯實踐領域，審美主體也無法干預審美對象，距離是接
近藝術作品內容的首要條件。康德在他的「無利害」
（Interesselosigkeit）概念表現了此一想法，審美態度要求
不能干犯、吞噬對象。班雅明對「氣韻」的定義精準命中
此一距離的美學要素，但他認為「氣韻」屬於過去的藝術
發展階段，在科技複製的當代已不再有效。班雅明太快地
屈從了歷史的趨向，把自己和對手等同起來，讓藝術又返
回了經驗的實用領域。作為現象的「遠處」，乃是在藝術
作品身上的那超越其純然的存在的東西；它的絕對臨近，
將會是其絕對的整合。（Ferne ist als Phänomen, was an
Kunstwerken deren bloßes Dasein transzendiert; ihre absolute
Nähe wäre ihre absolute Integration.）[40]

　　班雅明寄望的是在「氣韻」危殆的現代社會，以「藝術的
政治化」（Politisierung der Kunst）來對抗法西斯主義「政治的
美學化」（Ästhetisierung der Politk），他對藝術與社會的交往
關係有所期待。阿多諾則始終要維持藝術和社會之間既同一又
非同一的張力，既保有敏銳的現實感又要拒絕直接性的同化，
以陌生化的方式來抵抗現實，因此，藝術家與作品的關係也處
於此一辯證關係之中：

40　Theodor W. Adorno, *Ästhetische Theorie*, p. 460.引文的最後一句參照了審查人
　　的翻譯修改意見。

最高等級的藝術家如貝多芬或林布蘭，他們把最敏銳的
現實意識和對現實的陌生化結合在一起，這才是藝術心理
學值得研究的課題。其任務不在於揭示藝術家及其作品的
同一性，而是展現其不同，將其作品視為一種抵抗。[41]

藝術以非概念化的語言來明確傳達自然默不作聲的非人性
內容，這是否定辯證法的實踐意涵，也是阿多諾據以超克現代
性的途徑。現代性唯一的規範性基礎便是自身的不斷摧毀，阿
多諾的診斷如下：

現代性的真正標記便是不斷地摧毀；藉此它絕望地否
定所有封閉的恆常性；爆炸是它其中的一個不變值。反傳
統的能量成為吞噬性的漩渦。因此，現代性成為跟自己對
立的神話；現代性神話的永恆性成為短期連續性災難破碎
的瞬間；班雅明辯證圖像的概念包含此一元素。即使是在
現代性所堅持的技術性傳統成就，也受到搖撼而被揚棄，
它不容任何遺產不受質疑。就像新這個範疇來自於歷史的
過程，它先解消了特定的傳統而後是任何可能的傳統。因
此，現代性並非是一種可以被糾正並歸返到基礎的偏離，
基礎不再存在而且不應存在；弔詭地說，這就是現代性的
基礎，而且賦予它規範的特性。[42]

41　Ibid., p. 21.

42　Ibid., p. 41.

　　阿多諾追溯歐洲現代文明奴役肉體的殘酷歷史與毀滅性格，文明化是以去自然化為代價，因此走上了反文化乃至滅絕人性之路。但是阿多諾並不否定人的超越性力量，就像尼采所寄望於人類的未來在於重新「自然化」（Vernatürlichung）以獲得自我超越，尼采、班雅明和阿多諾對現代性的診斷大體方向一致，雖然對何謂理想的人看法容或不同，對如何運作藝術的批判力量以超克現代性也各有不同方案，但是都把藝術、社會與自然彼此的交織關係視為最關鍵的部分，重新凝視這個被忽略而已然模糊的焦點，或許可以藉此尋獲洞察當前時局的目光。

四、「氣」／「氣韻」的美學化政治

　　如何走出啟蒙現代性的困局？王船山認為，有意「明民」（啟蒙教化）或「愚民」（法西斯統治）都不是「復其樸」的為政之道。[43]他主張「知者任其知，不知者任其不知，心無與焉，則混沌常存，應物而不死」。[44]在〈應帝王〉文末便是知名而難解的「混沌」寓言。為何它跟帝王、政治之道有關？船山把為政之道的中心，從居天下中央的帝「混沌」，轉移到了「民」。因為重點不在中央之帝做了什麼，而是如何讓「民」無論知或是無知，都能維持其淳樸之真，也才能保有無傷不死的活道。為何能夠如此？這是怎樣的政治作為呢？要追問的不

43　〔明〕王夫之，《莊子解・應帝王》，頁183。
44　同上注。

是治理者該做什麼，而是打破治理和被治理的二分結構，把被治理者還原為治理者。所以，「民」既不明也不愚，既明智也無知，而無論是明是愚、有知無知，都要承認公眾本有的自治之能、自理之明。於是治理者必然淡漠其自我之明，甚至不再設想有一治理者之必要，因為治天下者已然藏於天下之中。

　　混沌是擬人化的幽黯力量，既有人之知又無人的官能，是既人而天，所以能居天下中央，以無治治，以無知知。它是超善惡的善，但不是絕對善，而是無善相的善，即無相之相的「衡氣機」。混沌是政治的基礎，是規範性的無據基地，是理想的政治所服膺的最高原理，也是最基礎的根據。現代政治，無論是民主或威權，啟蒙或反啟蒙，都落入了進退無據的無方向性。因為現代政治失去了真正的理想性，理想性的喪失就如寓言中鑿開了混沌的七竅，失去了與自然連通的幽黯力量。氣韻消失的現代社會，不再能返回前現代的自然法世界秩序，又走不出現代性自我摧毀的無規範性虛無狀態。《莊子・應帝王》中的混沌，是否意味著超越現代政治困境所需要的基礎？此一基礎不能來自人的自我中心的理性算計，所以政治的目的不是為了走出所有人對所有人爭戰的野蠻自然狀態，而是帶著高度自覺同時打破人的理性封閉性，重返自然。這是理想化的自然，即人而天的人文化、美學化的自然。當代政治需要此一美學化的自然性作為理想政治的根基，它讓權力重回公眾，但不是只讓國家與法律來建構維繫個體間的權利關係，而是以非個體化的自覺者所連通共感的自然世界為基礎所建構的政治與法律秩序。

　　重新找回政治的道德基礎，意味著人的世界不能與天割

離，政治並非只有權力與權利，也需要德性。所謂的天、德性
與道德基礎又都跟自然有關。若儵與忽是政治世界的權力與權
利，那麼混沌之德，便是讓同一性的權力與非同一性的權利在
弔詭性的辯證關係中，維持張力、保有活力的美學化自然活
動。混沌之德因此並非統治者才需要的德性，而是所有公民作
為政治權力的主人，為了享有法律的保障所必須承擔的公民義
務，它是讓分裂社會重新凝合的道德根基。此一德性，具體而
言便是我們在「不齊之齊」中所討論的氣的主體的虛化，也可
說是班雅明、阿多諾論「氣韻」時，能化解「同一性強制」的
美學化自然活動。

　　船山雖然認為〈在宥〉非莊子之書，但解「在宥」時說了
兩段與我們討論政治的德性有關的話，在解篇旨處說：「在宥
天下者，喜怒忘於己，是非忘於物，與天合道而天下奚不治，
又奚治邪？」[45]篇末又言：「人莫不在宥於天，而各因仍於其
道，則不以物攖己，不以己攖物，雖亂而必治，物自治也。物
之自治者，天之道也。」[46]天德是自然無為之德，與天合道便
是以不治治之，不治的目的是讓物「各因仍於其道」，於是物
得以自治，攖而能寧，亂而必治。自然無為的德性，是「無喜
怒、無是非」[47]的虛化工夫，去其心知，才能與自然的幽黯力量
渾化為一，讓事物能因順其自治的軌道。

45　〔明〕王夫之，《莊子解‧在宥》，頁203-204。

46　同上注。

47　德人者，居無思，行無慮，不藏是非美惡，四海之內共利之之謂悅，共給
　　之之為安……財用有餘而不知其所自來，飲食取足而不知其所從，此謂德
　　人之容。（〈天地〉）

人世間的喜怒、是非是可見的人道，其實莊子並不打算廢棄人道，而是要以不可見的天道成就人道。過於執持人道之異之分，則會陷於規範典律的自是非他，於是「人而無天」，「德自此衰、刑自此立，後世之亂自此始矣！」（《莊子·天地》）虛化的工夫，便是以人合天，忘己之喜怒、是非。船山曰：

> 合死生於一狀，萬物於一府，則不於物見然否。不於物見然否，則己之然否不立，渾然一天，包含萬有，在而宥之；喜而非喜，怒而非怒，賞而非賞，罰而非罰，任物自取以同乎天化。則其合天也，緝緝而與為無極，攖者皆寧，而天下已化矣。[48]

「在宥」的「宥」意味著來自於天的寬厚，而無人的自我中心式的喜怒、是非。現代社會之所以分裂，便來自於主體的膨脹自是、自以為高，不再畏天地、敬自然，有我無他，以單子自我為整全的世界。德衰所以刑立，治亂之道治絲益棼，永無寧日。《莊子》的「天」不是人的主體絕對化、神聖化，也不是實體化的自然。「天」是渾然包覆萬物的混沌之氣，所以「在而宥之」，與萬物同在且寬厚地護養著萬物。混沌之氣之所以不是實體，因為它來自於工夫，此一工夫示現於天的自然無為，具體落實在人的自我陌生化，亦即人對主體的能動性有意識地抵抗，以便展開另類的主體活動機制。自然無為的工

---

48 〔明〕王夫之，《莊子解·天地》，頁226。

夫讓人得以超越現世生活，趨向遠方的「氣韻」，看到人為的不足憑恃。於是，人的生活既是人所成就的，也是人所要抵抗的，這便是「人而天」。「自然」不是人的活動所加諸的對象，而是在人的否定性辯證活動中共同構成主體際關係，人在美學化的工夫中「模擬自然」，[49]但不是模擬某個特定的自然物，而是「自然本身」，那呼吸著的遠山、樹枝是混沌元氣在呼吸，人要同乎天化，便得冥化其視聽，在淵定靜默中同此呼吸之和，與天德通與萬物接。

然而「模擬自然」既是美學工夫，也顯示了美學主體的自主性，亦即是人為的，不是「第一自然」，而是「第二自然」，仍是人而不是天。美學的自主性不能離開自然，但也無法只依賴自然。自然本來就有威脅與秩序的兩面性，人運用理性控制自然的威脅性，但也模仿自然的秩序性。藝術分享了理性的自主，但又批判理性。因此，美學主體既不是理性，也不是非理性，而是在模擬的活動中進入雙向的辯證。尤其在「模擬自然」的美學活動中，被現代藝術所拋卻的自然才有機會重

49　「模擬自然」並非班雅明或阿多諾的提法，但我將順著班雅明、阿多諾在美學中關於「模擬」（Mimesis）的一些討論，提出「模擬自然」的美學工夫。班雅明在〈論模擬的能力〉（Über das mimetische Vermögen）一文表示，自然製造相似性，例如看看許多昆蟲或動物模擬周遭環境的偽裝與擬態（Mimikry）便知，然而人類是最善於洞察相似性並發揮模擬能力的，小孩在遊戲中不僅模擬商人和老師，也模擬風車和火車，語言更是模擬能力的最高發展。Walter Benjamin, "Über das mimetische Vermögen," in *Sprache und Geschichte. Philosophische Essays*（Stuttgart: Reclam, 2010），pp. 91-94.阿多諾則說：「藝術是模擬行為的庇護所。」Theodor W. Adorno, *Ästhetische Theorie*, p. 86.

新介入資本主義現代生活，展開此一「既人且天」（自主性的「氣韻」魔力）、「非人非天」（批判理性也批判巫術）既互相合作又彼此抵抗的辯證關係。

　　然而，現代人不「模擬自然」，只沉迷在表象世界的複製中。侯孝賢電影《刺客聶隱娘》中引一典故況喻主角的命運：「罽賓國王買得一鸞，欲其鳴不可致。飾金繁，饗珍羞，對之愈戚。三年不鳴。夫人曰：『嘗聞鸞見類則鳴，何不懸鏡照之？』王從其言，鸞睹影悲鳴，衝霄一奮而絕。」[50]孤絕的現代人便是抑鬱不鳴的青鸞，現代性便是人的青鸞鏡，見到鏡中自己的投影，發出孤獨的悲鳴一奮而絕。離開山林的孤鸞，沒有同類相伴，但牠需要同類需要山林。離開自然的現代人，創造了科技此一青鸞鏡要撫慰其孤獨，現代人不模擬自然，而是在表象世界中再現自己，終至哀絕而亡。在科技的複製世界中，一切都可以模仿，於是一切都可以被表象成對象，包含自己。「氣韻」在複製世界中消亡，生命成了空洞再現的表象。這是莊子所說的「人而無天」，人成為沒有生氣的人，只好縱身投入虛擬的未來想要找回自身，卻捲入阿多諾所說「吞噬性的漩渦」，在自身的不斷棄絕中疲困敗亡。

　　科技的「複製」是為了操控，以為己用，也就是《莊子・天地》漢陰丈人的寓言中所說的「機械」、「機事」與「機心」。[51]「機械」是主體的延伸，主體的權能因此擴大了操控

50　〔清〕陳夢雷編，《古今圖書集成・方輿彙編邊裔典第五十三卷・罽賓部紀事》（台北：鼎文書局，1976），第213冊，頁535。

51　子貢南遊於楚，反於晉，過漢陰，見一丈人方將為圃畦，鑿隧而入井，抱甕而出灌，搰搰然用力甚多而見功寡。子貢曰：「有械於此，一日浸百

的範圍，本來要親力親為之事，可以讓機械化的運行（「機事」）來代理，於是「用力少而見功多」，萬物便在主體功利機巧的「機心」中成為被宰制的對象。[52]透過較原始的「機械」或當代的科技，本質上主體和萬物成了居高臨下的宰制關係，人愈來愈遠離天而凌駕於物之上，機械的運動欠缺有生氣的活動，在現代科技世界，此一懸絕之境幾已達臨界崩解的邊緣。

　　「機心」充滿的人，莊子認為將「純白不備」，也就是與「氣韻」絕緣。與「氣韻」絕緣之人，不能治身又何以治天下？治混沌之術的帝王，內治身氣，所以混冥非譽，不以仁義攖人之心搖蕩天下；人民萬物復歸真性本情，自愛、自貴、自動，「萬物並作而神者自入，不測物則物亦莫緣測之。」[53]《莊子》希望為政治奠定一個復全統治／被統治、人／我、人／物的理想關係，它可以是自由和樂的開放關係，而不只是緊繃爭

畦，用力甚寡而見功多，夫子不欲乎？」為圃者卬而視之曰：「奈何？」曰：「鑿木為機，後重前輕，挈手若抽，數如泆湯，其名為槔。」為圃者忿然作色而笑曰：「吾聞之吾師，有機械者必有機事，有機事者必有機心。機心存於胸中，則純白不備；純白不備，則神生不定；神生不定者，道之所不載也。吾非不知，羞而不為也。」（〈天地〉）

52 然而「氣」／「氣韻」未必反對「機事」（機械自動化）、「機心」（知性概念化），而是思考一往不反地追求效率與控制的同時，是否自身反而受其控制。例如就語言表達與思考方式來說，非同一性的隱喻與同一性的概念並非互斥的活動，莊子與班雅明都擅長通過寓言的作用來達到概念的高度。換句話說，在寓言等隱喻性的表達中，概念並未消失，而是與非概念化的思維展開同一性與非同一性的辯證活動。當然，這是非常簡化的說法，是否真能成立仍須更仔細的探究。筆者另有專文探討莊子與惠施如何在概念分析與隱喻表達的辯證性對話中互相啟發，參見本書第二章〈身體思維〉。

53 〔明〕王夫之，《莊子解・天地》，頁231。

執的封閉鬥爭。在此,「氣韻」的美學工夫便是關鍵,它是復活政治能量的中介,讓「天下同樂天地之樂」,[54]屬人的政治也能享有屬天的自然和樂。

　　由「氣」／「氣韻」所啟動的同一性解放力量,表現在三個方面:1. 在人的自我理解上化解「機心」(計算理性)的同一性思維,但並非摒棄理性,而是以美學化的活動活化理性的偏執運用;2. 在人與人的關係上,化解單子式的自我認同,解消主體的膨脹,讓人與人的社會關係進入交感聯繫的承認關係中;3. 在人與自然的關係上,以「模擬自然」的美學工夫實現「交食乎天」的和樂關係。在這三種關係中——人與自己、與他人、與自然,由於「氣」／「氣韻」的中介,「不齊之齊」的美學政治得以運作,其目的不外乎人的本真性存活。

---

54 同上注,頁230。

第五章

非主體的自由

一、前言

　　《莊子・人間世》一開頭就講了個故事，內容是顏回懷抱著仁義之心與救世的理想去衛國勸誡衛君，孔子卻認為顏回此行不僅無法撥亂反正，只是火上加油，甚至會引火上身而置於死地。莊子虛構了這個故事，發言的對象是懷抱著道德理想、力行仁義以匡正時局的儒者，而且藉著孔子之口駁回了種種批判的策略。這個故事的哲學意涵是追問：「批判」有意義嗎？什麼樣的「批判」才有效？美國芝加哥大學哲學／漢學家任博克〈《莊子》批判之批判的若干模式〉便是以〈人間世〉為思考的起點，主張莊子所持的是「無立場的批判」。他認為顏回代表的是改革與批判的精神，孔子則一一指出各種批判策略的無效，更根本的批判則是「批判批判的態度」。換言之，「批判」本身先需被批判，莊子提出的是「弔詭的批判」，或者是「無立場的批判」，要先收回批判的衝動，批判「有是非」與「改善」的態度，發揮反諷、弔詭的修辭所隱含的轉化力量以

展開另類的內在批判。[1]

　　任博克的《莊子》詮釋映射著尼采「視角主義」（Perspektivismus）的觀點，亦即否定普遍主義的批判理論。如果莊子思想確實如任博克所言，具有此一反諷[2]、弔詭的批判向度，便可充分展開其中與尼采的「視角主義」以及虛無主義（Nihilismus）相關的部分，深究莊子與尼采哲學的呼應關係。順著任博克的探究，可以發現莊子思想還有超越尼采之處：一方面可將莊子視為徹底的虛無主義者、批判的相對主義者，不僅質疑現存的終極根據、價值，另一方面則以反諷、弔詭的修辭，[3]內在連結又顛覆了其他各種形態的批判立場，弔詭地承

1　任博克，〈《莊子》批判之批判的若干模式〉，「老莊與批判──災難、自然、倫理、弔詭」工作坊。任博克關於莊子無待與逍遙的詮釋採用了尼采視角主義的觀點，參見Brook Ziporyn, *Ironies of Oneness and Difference.* Ch. 4, "Zhuangzi's Wild Card: Thing as Perspective," pp. 162-197. 本文中文節譯可參任博克著，郭晨譯，〈作為哲學家的莊子〉，頁33-41。

2　任博克特別對「反諷」提出說明。他表示自己用這個詞來解釋莊子，所對應的英文是irony而不是satire，因為satire是帶有批評意味的諷刺，而他認為莊子的「反諷」是一種不帶批判意涵的修辭方法，是用一個詞來表達跟這個詞相反的意思。例如「上德不德」，等於說：「真正的德正好是我們通常說的德的相反」。這句話的下句「是以有德」，也就是：「通常的德的相反才是真正的德」。「德」的效果正好是透過與通常所謂「德」的相反的行為來達成。「不德之德才是上德」，這就是「反諷」之德。任博克，〈《莊子》批判之批判的若干模式〉，頁11-12。

3　尼采慣常以反諷來凸顯某個主張的荒謬性，例如他對康德絕對命令、普遍法則的嘲諷，是要以反面的修辭帶出他對個體性的正面主張。尼采反諷的批判並未割斷他與康德的聯繫，一方面企圖發現對方用語的內在矛盾來顛覆對方，另一方面也要從不同側面來貫徹對方的基本立場。對於蘇格拉底、基督教、叔本華、康德的反諷都屬於這類的內在批判。至於莊子則是以反諷來撤消對立立場的對抗性、化解理想的自我中心態度。同時，尼采

認所有的批判在更根本的後設批判上有一互通、相忘於江湖的關係。尼采式的個體自由較難建立起與他人連結溝通的管道，莊子式的批判最後則通向相互承認的目標。尼采過於偏重個體的獨立性，莊子則既有「獨與天地精神相往來」的一面，又能「不遣是非而與世俗處」。

　　以後設的批判來詮釋《莊子》，表面看似無立場，實則隱含著未明言的規範——「感通」，[4]也就是以虛化自身立場的方式弔詭地連結了其他（可能彼此相反、矛盾的）立場，唯有如此有效的溝通（達人氣、達人心）與達成改變的行動（化）才有可能發生。雖批判其他立場，但並不排斥其他立場，而是承認所有的偏見、意識形態、批判性觀點無一法可去。任博克以他所深研的天台宗「不斷斷」弔詭相即之思，巧妙地發揮了莊子齊物之旨。以尼采虛無主義的現代性診斷為背景，進一步檢視任博克的莊子詮釋，莊子思想的當代意義將更加透顯出來。更重要的是，尼采哲學中隱而未顯的非主體（non-subjective）

　　與莊子皆承認矛盾的必要性，然而尼采是以矛盾的內在張力作為自我超越的動力，莊子則藉由「忘」讓對立的立場彼此在轉化中互通，承認矛盾本來就是自然變化的節律。任博克認為，莊子反諷之德的目的在於參與物化、相忘相通。「相忘於江湖」出自〈大宗師〉：「泉涸，魚相與處於陸，相呴以濕，相濡以沫，不如相忘於江湖。與其譽堯而非桀也，不如兩忘而化其道。」

4　感通並非預定和諧與統一而取消矛盾、拒絕衝突，而是承認現實中的不齊、非同一，以矛盾作為思考的基地，追求相互承認的可能性，並且持續讓矛盾成為推動理解與溝通的動力。以感通為理想的思考行動既批判現實的異化、不通，並且由思想內建的規範要求來推動莊子所謂的「物化」，亦即感通。因此，感通作為規範要求自身就內建了非同一性的矛盾力量與相互承認的可能性、理想性。相關討論可參本書第四章〈不齊之齊〉。

的思考與行動，[5]可望透過莊子思想的當代闡釋揭示出來。

　　莊子的弔詭較尼采的反諷更具轉化的潛力，他跟尼采一樣深入虛無的深淵──不提供任何意義與價值的根據，因為如此將失去環中與虛化的能力，而陷入自是非他的惡性循環。不僅如此，此一無立場的批判還要從虛無（無是無非）中轉出肯定的可能性，此一肯定並非定在、前定的規則或命令，而是不休止的「轉化」與「感通」。就像阿多諾（Theodor W. Adorno）的內在批判，[6]雖然不預取一肯定的立場，而是以否定性來展開思想的辯證運動，於是得以開放地面向「事物自身」（die Sache

---

5　《瞧這個人》有段彷彿神祕體驗的切身描述，最能展示此一美學活動中「非主體自由」之面向，請特別留意下段引文中既「沒有選擇」、「不由自主」又飽含著「幸福」、「狂喜」、「自由之感」這樣深具張力的感受之間的弔詭關係：「要是人帶著最少的迷信就很難否認，（靈感）這個概念單單是不可思議之強力（Gewalt）的化身（Incarnation）、代言人（Mundstück）、中介（Medium）。啟示（Offenbarung）此一概念在這個意義上道出了實情，亦即：某物突然以不可言說的確然與自由被看見、被聽見，它深深地搖撼與翻新了一個人。我們將聆聽，而不追尋；接受而不追問是誰給的；像一道閃電熠耀了思想，以必然性，以毫不猶疑的形式，──我完全沒有選擇。一陣狂喜，在它巨大的張力底下眼淚流洩而出，此際步履將不由自主地或疾或徐；某種完完全全的「不由自主」（Ausser-sich-sein），以最為本能的方式覺察到無數細微的戰慄與悸動周流全身；某種深刻的幸福，於其中最傷痛和最陰鬱的都不再與其對立，反而成為了條件與挑戰，在此一光之滿盈中散發出必然的（nothwendige）色彩；帶著律動性的本能，橫越了寬廣空間──它需要長跨度的律動，其長度幾乎是靈感之強力的尺度，某種對抗其壓力與張力的平衡……所有這些都以最高的等級不由自主地出現，然而卻像在一場飽含著自由之感、無條件者、力量與神性的風暴之中。」（KSA 6, pp. 339-340.）

6　阿多諾認為，批判的思想總是內在的批判（immanente Kritik）。Theodor W. Adorno, *Einführung in die Dialektik*, pp. 50-51.

selbst）。[7]批判封閉的「對偶性是非」，是為了以無立場的開放性來提取彼此是非的矛盾、衝突所蘊含的肯定性力量，藉此開啟相互理解、承認的溝通管道。尼采以身體為準繩、阿多諾以物（或客體）優先，立足於生成的、變化的具體世界，對於追求概念確定性與理性體系性的哲學傳統展開內在批判。[8]藉由兩位哲學家所提供的哲學批判與現代性反思，有助於重探莊子思想並開發其當代意涵，我們將關注莊子是否蘊含某種非主體式的自由，以及非主非客的心／物之間彼此互相轉化的關係。

任博克與當代新儒家的莊子詮釋，無論是否自覺，以較寬的認定來看都是從「跨文化哲學」的進路展開對於莊子的詮釋，本文則進一步將「現代性之克服」這個20世紀才愈來愈受到重視的哲學背景納入莊子思想的討論，以便讓莊子思想更能與當代哲學議題對話。「當代跨文化莊子研究」的視野並非忽視東西方文化各有其自身的脈絡（甚至力求深入其中），但也不拘執於封閉的內在連續性，而固著地堅持文化的差異性與不

---

7 阿多諾闡釋黑格爾的辯證法（Dialektik），但是拒絕將經驗的辯證運動封閉在概念體系及預先設定的肯定性結論，因為這將使經驗停止發展。阿多諾主張，思想的對象為「事物自身」（die Sache selbst），辯證法讓對象在它矛盾的必然運動中展開，設法理解在真實世界中客觀存在的種種矛盾。辯證法肇始於反抗世界的物化。Theodor W. Adorno, *Einführung in die Dialektik*, pp. 13-27.

8 尼采對康德的批評也可視為內在批判。尼采一方面徹底化康德自律主體，同時批評康德將個體的自主權讓位於摧毀個體性的普遍法則。Richard J. White, *Nietzsche and the Problem of Sovereignty*（Urbana and Chicago: University of Illinois Press, 1997），pp. 43-44. 尼采在《反基督徒》第11節批評康德抽象的、非個人的義務是對生命的戕害，嚴厲斥責康德以反對自然的方式建立的道德學說是德國哲學的衰敗。（KSA 6, pp. 177-178.）

可共量性。因此在跨文化哲學的方法上，愈是有能力看見文化
脈絡的差異性，奠定在堅實的認識基礎上，才有機會探索不同
文化間思想的深層聯繫。唯有如此，我們才能承認莊子在西元
前300年於〈齊物論〉、〈人間世〉所思考的「溝通與批判如何
可能」在當代哲學乃至實際的政治社會處境中仍有現實意義。
因此，我將莊子、尼采、阿多諾的哲學思考皆視為文化批判的
一環，並且在「自由」這個主題上發掘其共享的「批判」意
義，即「非主體的自由」。

　　本章除前言外的論述程序如下：第二節首先從尼采關於
「虛無主義」與「自由精神」的思考出發，探討他對於「主
體」與「意志自由」的批判是否指向某種「非主體的自由」。
尼采描繪了由「主體自由」通向「個體自由」的歷史路徑，然
而，「非主體的自由」仍未顯明，這有賴後文在《莊子》的當
代詮釋中逐步闡明；第三節則檢視當代新儒家以主客關係來
詮釋莊子心物關係所遭遇的瓶頸，藉此凸顯「非主體」的美學
進路為何得以突破困境；第四節進一步借鑑阿多諾美學中的
「中介理論」與「辯證的自由」，將莊子心物之間的「遊」與
「化」詮釋為美學的辯證活動；第五節則回到任博克《莊子》
詮釋中的弔詭批判，並且主張此一非主體、無立場的內在批
判，確實可以銜接尼采美學與阿多諾的辯證法，共同鋪設出某
種「非主體的自由」。

二、尼采「非主體的自由」

　　《快樂的科學》第125節，尋找上帝的「瘋子」（Der tolle

Mensch）宣告：「我們殺死了上帝，我們都是凶手！」（KSA
3, p. 481.）上帝已死、彼岸解消，若神聖性將降臨此世，難道
人得成為神？難道新的神是人類？若不再是唯一的神、單一的
規範，難道是「多神論」（Polytheismus）、「複數的規範」
（Mehrzahl von Normen）？對尼采而言，在多神論的時代將
不再有永恆的視野（Horizonte）與視角（Perspektiven），而
將誕生無數的自由精神，他們要創造自己的理想、真正屬於自
己的法則。（KSA 3, p. 490.）「上帝已死」就是「虛無主義」
的宣告，若上帝得死，而且得一再地被殺死，那麼新的神，無
論是科學、還是理性主體，都必須被殺死。在既有的真實都被
廢黜的虛無時代，尼采寄望「自由精神」能引導人類重新思考
出路。「自由」是「自由精神」的目標，他要能駕馭自身，
（KSA 2, p. 20.）而且即使在深淵之上還要能夠跳舞。（KSA 3,
p. 583.）

　　虛無主義殺死的不只是外在於人的超越神，還是內在於己
的普遍命令，尼采如此嘲諷康德的絕對命令：

　　什麼？你讚嘆內在於自身的絕對命令？你所謂的道
德判斷的「確定性」？其他人也都得跟我一樣，感受同
一個「無條件」的感受？倒不如好好讚嘆你的自我中心
（Selbstsucht）！還有你那自我中心所包含的盲目、渺小、
粗率！所謂的「自我中心」無非就是把他自己所感受到的
判斷當成普遍法則；之所以是盲目、渺小、粗率，是因為
這正透露出你尚未發現自己，你還未創造出單單屬於你自
己的理想：它絕不能是其他人的，更不要說會是所有人

的，所有人的！（KSA 3, p. 562.）

　　道德判斷既沒有絕對的確定性，也沒有普遍的必然性，若有，也只是人的「自我中心」作祟，希望特殊的感受得到普遍的認可。更可悲的是，這樣的需求來自於理想的欠缺，即欠缺「屬於自己的理想」，才會尋求普遍的認同。尼采呼籲我們成為自己之所是的獨特個體，[9]抵抗任何用普遍的概念與法則來界定自身。個體的自主權不應被納入任何法則之中。真正的「個體」（Individuum）意味著過剩、溢出，其義即涵不可區分、無法重複，必須自身就是例外、絕對目的，不能外於自身得到證成。換言之，尼采徹底化了盧梭與康德的自律與自我立法，連同語言與社群生活所伴生的主體、自我意識以及外於自身的給定規範，都在更嚴格的個體性要求中被當成是派生的而非首出的。唯一首出的是不可界定的個體性及其自主權——亦即「自由精神」。

　　否定主體的「自由精神」要如何理解？為何尼采要批判「自由意志」？「自由精神」若拒絕了主體與意志是否將成為沒有行動力的渙散存在？個體存在與人類的社群豈非落入了更加虛無的境地？或者，尼采正以前所未有的方式思考某種非主體的自由與行動方式？

　　對康德而言，「自由」一方面意味著從自然的束縛中解

9　尼采表示：「其實我們想要成為我們所是的自己（Wir aber wollen Die werden, die wir sind……），——新的、獨特的、不可比較的、自我立法的、自我創造的！」（KSA 3, p. 563.）

脫，不再受到自然法則的規定，[10]更積極的意義則在於當人採
取了道德行動，那麼他就是按著對所有理性存有者都有效的普
遍法則來行動。[11]若康德式的「自由」是典型的「主體自由」，
那麼後康德甚至反康德的「個體自由」根本反對從法則性的角
度來界定自由——不論是解除法則或創制法則。例如赫爾德
（Johann Gottfried Herder）就曾表示：「我們存在最深的根據
是個體性的。」或者如哥德（Johann Wolfgang von Goethe）的
名言：「個體是無法掌握的。」（individuum est ineffabile.）
拉丁語individuum（個體）的古希臘語源átomos的本義即「不
可分者」，就如古希臘原子論者德莫克利特（Demokrit）所稱
「個體」為最小、無限多、感知所無法觸及的元素，它們和虛
空共同構成了世界。不論從語言或哲學的角度來看，個體具有
不可共量性，拒絕將自身納入概念、法則的普遍性的統轄之
下，尼采因而表示，孤獨而非普遍連結造就了個體的「德性」
（Tugend）。（KSA 5, p. 232.）[12]

　　「自由意志」之說假設了作為原因的行動者與持存的自
我，人必須為自己的行動負責，因為人所完成的行動可以因為
不同的抉擇而有不同的樣子。尼采認為這只是幻夢，讓個體誤
以為他可以將自身的存在與活動理解為一連串原因與結果的系
列串。再者，基於統治的目的，為了合法化懲罰以便確保支

10　Immanuel Kant, *Kritik der reinen Vernunft*, Akademie-Ausgabe, Band 4, A 447/B
　　475.

11　Ibid., Band 5, p. 396.

12　Beatrix Himmelmann, *Freiheit und Selbstbestimmung. Zu Nietzsches Philosophie
　　der Subjektivität*（München: Alber, 1996）, pp. 153-154.

配、控制的有效性，臣服於統治者的行動必須具有可究責性。[13]
若人的行動是不可究責的，那麼我們不能再對任何人、任何行
為加以讚賞和貶斥。尼采表示，這樣的認知將是人類難以吞
下的苦果。善惡不再有本質的區分，頂多只有程度的差異。
（KSA 2, pp. 103-105.）上帝已死、不再承認「自由意志」與善
惡的本質界分，在虛無主義的時代豈不意味著所有的行動皆為
徒勞，不再能夠肯定任何更有價值的事物？

　　在《曙光》第552節，尼采卻描繪了某種在絕望與恐怖中孕
育出希望的圖景，它是建基於意志與創造的否定，解除了意志
主體作為自我決定的價值來源。（KSA 3, pp. 322-323.）一旦解
除了作為行動者的意志，那麼僅存的只有意願自由、解放的意
志。在虛無主義的背景下，尼采顯然呼籲某種全新的個體，但
仍未放棄個體的自主權。換言之，尼采既要貫徹康德的自律、
自我立法，又只意願此一意願解放、自由的本身，而不意願任
何特定的法則、內容。這等於弔詭地承認個體必須完全接納自
身之所是──成為你自己。

　　此一自我否定的弔詭式肯定，其實若從歷史的角度來理
解便可將思想的矛盾當成行動的條件。就如尼采在《善惡的彼
岸》第32節所述，在前道德時代是由行為的結果來決定行為的
善惡，到了道德時代則是由行為的起源與意圖來判定善惡，到
了超道德時代，則只有在無意圖的行為中才呈顯了行為的價
值。（KSA 5, pp. 50-51.）全新的個體就像蘇格拉底與尼采一

13　Richard J. White, *Nietzsche and the Problem of Sovereignty*, pp. 80-82. 尼采關於
　　意志自由與因果性的批判見《善惡的彼岸》第21節。（KSA 5, pp. 35-36.）

樣，既是當代社會文化的結晶，又必須以否定的方式超越社會
文化的常規。「個體」因此並非現成地由社會所決定，而是以
生成的、否定的方式超出社會而成為真正屬己的、獨特的社會
產物。真正的個體是社會的溢出、剩餘，因此雖來自於社會卻
又超出於社會，其孤絕的德性不被當代社會所理解與承認，然
而卻可能促發歷史性變革的行動力。

　　人作為「尚未確定的動物」（nicht festgestellten Thier）
（KSA 5, p. 81.）被自己所賦予的法則所驅動，在自我保存的
詭計與藝術中，不斷在命令與服從、自我提升與自我解消的鬥
爭中生成，最終出現了最危險而少見、最不可預測的生存類
型——個體。（KSA 5, p. 216.）繼發明良知與道德法則的「主
體自由」之後，非主體、去意志而且只單單意願自身的「個體
自由」出現了。「自由精神」以十分驚異的藝術和力量創造諸
神，而且搭建了屋宇讓自主主體得以培育、打造個體性。精神
主體只是身體自我的工具，抽掉自身感受的理性主體現在必須
重新肯定意志內在感受的多元性與差異性，「成為你自己」的
絕對命令這時以「愛命運」[14]的方式反諷、弔詭地肯定某種「非
主體的自由」。以下我們將檢討《莊子》的當代詮釋，從跨文
化哲學的角度來探索「非主體的自由」以及莊子思想中「非主
非客」或「既主也客」的心物關係。

14　《善惡的彼岸》第103節：「在幸福中的危險——『現在對我來說，所有
　　一切都是最好的，今後，我愛所有的命運——誰想成為我的命運？』」
　　（KSA 5, p. 91.）

三、心物關係是主客關係？

　　在當代新儒家的莊子詮釋中，跟任博克一樣特別強調莊子思想中弔詭與反諷面向的首推牟宗三。牟宗三順著郭象注莊義，深明莊周之譏孔實是反諷地崇孔。牟宗三表示，莊子正言若反的詭辭，不若孔子以仁體直下承接生化萬物的道體，而是以蒼涼悲感的藝術化境消極地、無可奈何地身受「不可解之天刑」。莊子假託堯與孔子，言內外相與為一冥、無有限隔。孔子能自認其「遊方之內」為陋，所以不陋，則是內外俱透。方外數子以內為陋，仍有內外對立之分。莊子玄冥內外的詭辭，則泯除內外，非絕跡而孤冥，而是跡冥如一，以不可解之方內之刑為方外之解。是以，名教不可免，桎梏刑戮不必免，遺物者必入人群，坐忘者必應世務。真俗之分弔詭地相即，圓融通透者，德充於內必應物於外。[15]

　　牟宗三就著郭注言莊子思想中的弔詭之境與孔莊關係，已究圓極，難再置一辭。然而，我們可以往弔詭之所以為弔詭的矛盾處再進一步追問其不可解者是否真需解開。莊子所「不可解於心」者，在牟宗三主觀境界說中，「不可解者」由於心之無待而超越了相互依待的限制，萬物在主體無礙、順物自然的

15　牟宗三，《才性與玄理》，頁219-223。莊子「天刑」說此一悲感，或可呼應於尼采早期藝術形上學階段對希臘悲劇英雄之理解，陶國璋也有一文述及莊子與尼采生命悲情彼此相呼應處。參見陶國璋，〈其一也一，其不一也一〉，收錄於他所記錄重構牟宗三講述〈齊物論〉著作《莊子齊物論義理演析》（台北：書林出版，1999），頁221-229。

修養工夫中，有待之物，即此無礙之心而一逍遙一切逍遙。[16]
「有待」與「無待」之間的矛盾性，在心的修養工夫中被解
開，「無待」成了無限的絕對性，「有待」成了有限的依待
性。莊子的玄智在牟宗三的理解中超越了西方知性思辨的有限
理性主體，而是無限玄智的直覺觀照。按此思路，是以無限化
解有限──無論是就主體自身抑或就主客關係而言皆是如此，
「無待」消融了「有待」，弔詭在主觀玄冥之境中也再無矛
盾、不可解者。

　　然而，在莊子玄冥內外的弔詭思考中「心」、「物」之間
真的是主客關係嗎？修養工夫的目的是要以作為主體的無限心
來涵攝作為客體的有限物嗎？化解玄冥內外之分的莊子（先不
論郭象），是否會同意無限／無待是有限／有待的超越？無待
可以等同於無限嗎？有待之身與物，是否能跟無待之遊弔詭相
即、同化相生？

　　就心物的關係來說，唐君毅則認為莊子要棄絕的是傷性
累德的成心，而復返一外於心知、自得自適的性命之情，如此
之靈台心便是能應萬化之神，為「更高級的心」，而能「與物
直接相遇」。[17]唐君毅區分兩種心，一是受感官耳目驅策，隨
順一般所謂的「自然之性」（對莊子實為不自然），而形成的
機心、故智之成心。更高級的心則是不思慮、不預謀，不以概
念思慮規定所感所遇，而能隨物同流、變化無方，則天地萬物

16　牟宗三，《才性與玄理》，頁172-187。
17　唐君毅，《中國哲學原論・原性篇》（台北：台灣學生書局，1989），頁
　　64。然而，唐君毅並未就此「直接性」與所遇之「物」的意涵進一步解
　　說，這正是筆者要進一步探究的部分。

在靈台靈府之光明所照中，一無隱遁。根據唐君毅的詮釋，其
心物關係其實和牟宗三旨趣相同，皆是以心之玄覽燭照幽黯之
物，修養的目的即在撤除向外逐物之心知，回歸生命恬愉之所
在，此即所謂以心復性，以復性命之情。[18] 然而，關鍵在於，若
心是能照，物只是所照，則心只是單向地照物，物只是單向地
撓心，那麼心物之間就失去了互相轉化的可能性，恐有違莊子
攖寧相即之說。[19] 就「自然之性」來說，耳目等感官也成為只能
向外驅馳的劣性，在修養工夫中耳目與心知之間的關係也未得
到更明晰的說明。但這卻是莊子工夫最為關鍵之處，即心物之
間的辯證關係。

　　關於耳目與心知的關係，唐君毅討論了〈徐無鬼〉：「以
目視目，以耳聽耳，以心復心」這段文句，他並且將「以心復
心」視為莊子工夫論的旨歸，可惜的是，在唐君毅的理解中仍
只偏重「心」的功能，認為心才具有能動性，耳目則是消極的
被動者。然而，莊子為何要言及「耳、目」，它們只有消極、
被動的意思嗎？又為何要讓耳目自我關涉？所謂「循耳目內
通」之旨，是否只是在心上做工夫？為何要讓耳目自聽、自
見？唐君毅心性修養之論深刻細密，但此處的分析似未中的，

18　唐君毅，《中國哲學原論‧原性篇》，頁51-64。
19　「其為物，無不將也，無不迎也；無不毀也，無不成也。其名為攖寧。攖
　　寧也者，攖而後成者也。」（〈大宗師〉）此段言造物之道有將／迎、成
　　／毀、攖／寧等可區分的環節，從靜態的對比結構而言雖彼此區分但互為
　　條件；從未定與生成的角度來看，則內在無法區分，但在成形之時，可
　　有或成或毀、或攖或寧的暫時樣態。「道」即是生成轉化之道，心／物的
　　關係也宜從此轉化之道在中介的環節中彼此區分、相待的條件與樣態來看
　　待。

而之所以錯失，當是太把工夫放在「以心對治物」這一側面，落失了「物能轉化心」（但並非讓心役於物，而是物物）的可能性。讓我們先引幾則與耳目相關的文句略明此一工夫所涉及的心物辯證關係：

> 無聽之以耳，而聽之以心，無聽之以心，而聽之以氣。（〈人間世〉）
>
> 徇耳目內通，而外於心知。（〈人間世〉）
>
> 吾所謂聽者，非謂其聞彼也，自聞而已矣；吾所謂明者，非謂其見彼也，自見而已矣。（〈駢拇〉）

　　這幾則文獻雖然消極來說都要外心知、黜聰明，但耳目等官能並非真的跟著一併廢黜。心知並非全然被解消，而是解除其隨順自我保存、權能擴張的意志活動模式，在逐漸反身內求的過程中，另一種感官、心知運作的模式同時啟動。這種另類的模式，可稱之為美學的活動模式。在美學活動中，由意志主體所驅策的概念性認知機能被閒置，非主體、去意志的感受能力更為敏銳而活躍。心仍在，但其所感所思只專注於身心、心物之間的轉化性力量。美學活動便是感受、接引作為內在自然的身體與外在自然的天地所具有的轉化力量作用於身心。[20]

---

20 從美學習練的角度有助於討論「心齋」如何卸除心知執定自我同一性，讓耳目官能在用無的工夫中以非同一性的美學活動鬆解同一性主體的主動性。「物」並非主體外在的他者，而是在「虛」的感通空間中的「內在他者」，「一」與「非一」在弔詭相即、雙向辯證中任讓感受在不確定中流變，以通向解放與自由。相關看法可參劉滄龍，〈自然、力量與自由——

　　美學活動遊戲於非道德的界域，既在於社會規範之中又超出於社會地挑戰著社會常規，莊子思想的遊戲性格與挑釁、反諷的風格向來便受到研究者的重視。徐復觀對莊子藝術精神的探究已成20世紀莊子美學思想的經典著作之一，他的論述和牟宗三與唐君毅的莊子詮釋一方面分享了相同的研究視角，但是也不可忽略某些有待進一步開展的理論特點。21

　　徐復觀在《中國人性論史（先秦篇）》指出，老莊思想為「上昇地虛無主義」，22他們懷疑現實的人生能真正有所成，一方面否定了人生價值，但又弔詭地承認了一種虛靜的人生價值。到了《中國藝術精神》這部著作，徐復觀更加確信，老莊

美學習練與社會行動〉，「老莊與批判──災難、自然、倫理、弔詭」工作坊（高雄：中山大學，2018）。另外，關於尼采「美學自由」可參本書第九章〈美學自由〉。

21 賴錫三評論牟宗三和唐君毅主張道家是「超人文」的立場是「以儒觀道」，他們的判教方式認定只有儒家才能穩立人文價值之源，道家則因其批判周文為虛架不免弱化了人文。賴錫三從「當代新道家」的立場為道家辯護，主張道家不宜被簡化為取消規範，而是以批判治療的方式重估了傳統禮文，並且運用質文辯證的弔詭思維活化了人文傳統。賴錫三還進一步反省了孔子文質彬彬此一儒家禮制思想的融合、平衡之道，蘊含著同一、宰制的危險，而主張在禮與情、禮與真之間持續保持弔詭辯證、互為他者的張力關係，既張力又兩行的動態非同一關係才更能彰顯美學的批判性，而且能讓「結構與非結構」之間生成彼此轉化的辯證運動。賴錫三對儒道關係、當代新儒家的評述以及莊子禮文基礎的重構，背後也帶有阿多諾否定辯證法的思考痕跡。請參賴錫三，〈禮與真、文與質的弔詭運動──《莊子》對「禮之真」的價值重估〉，「老莊與批判──災難、自然、倫理、弔詭」工作坊（彰化：鹿港文開書院，2018）。

22 徐復觀，《中國人性論史‧先秦篇》（新北：臺灣商務印書館，1969），頁415。

思想所肯定的人生，其實是藝術的人生。徐復觀在此用「上昇」來稱述莊子屬於一種特定的虛無主義形態，顯然要表明，若是下降的虛無主義是無價值、墮落的，而莊子思想則是一方面否定了人生價值實現的可能性，卻立足於此一否定的前提、虛無的根基翻越而上，得出一種另類的肯定，即以藝術修養工夫來成就人生，以藝術化的人生來肯定本無價值可言的人生。[23] 此一看法的確蘊含著藝術特有的否定與批判的社會功能，莊子、尼采、阿多諾在這個意義上當如徐復觀所言，是立足於虛無主義而以藝術弔詭地反轉人生的無意義。

　　然而，如何面對人生與社會的幽黯性，徐復觀的莊子詮釋則憑藉了黑格爾式的精神辯證法，在思路上則與尼采、阿多諾如何面對人生的黑暗與矛盾有根本上的歧異。

　　徐復觀認為，跟莊子的藝術精神最為切合的是黑格爾美學中的表述，他引述黑格爾的著作來表明，人的存在是有限的，常陷於不安、矛盾與痛若，藝術能使人從壓迫、危機中解放出來，恢復人的生命力，而在絕對精神的王國中，藝術則保有其位置。[24]至於由藝術精神所獲得的解放與自由，徐復觀則透過莊子的兩個觀念來表達：消極而言是「遊」，[25]它能從現實的實用

23　徐復觀，《中國藝術精神》，頁45-56。

24　同上注，頁61。

25　徐復觀或許是針對莊子之「遊」給予最早深刻哲學詮釋的思想家，紹繼而能超越者，要直到楊儒賓論「遊之主體」才轉從氣化交感主體論乘物遊心之道。參楊儒賓，〈遊之主體〉，《儒門內的莊子》，頁173-224。另外，較早從遊戲與身體思維的面向闡發《莊子》的大家則是吳光明，可惜他多冊以英文撰述的莊子思想鉅著少為中文學界的莊子研究者討論，參考其早期一篇中文譯著便可知其早發之洞見，參吳光明著，蔡麗玲譯，〈莊子的

中解脫，並且解開人生的矛盾與繫縛；積極來說則是「和」，
它能讓一切矛盾得到調和，藝術的和是化異為同，化矛盾為統
一的力量。[26]

　　徐復觀此一詮釋在《莊子》文獻中可以找到相當多的文獻
根據，闡釋的深刻性與豐富性，相較於牟宗三與唐君毅的莊子
詮釋難分軒輊，較之同一思路的後出者而言更有著不可取代的
典範性地位。然而，若我們對照著前文提及的阿多諾否定辯證
法的內在批判，便發現莊子詮釋若取用了觀念論的理論架構將
陷入一種難以閃避的理論陷阱，即同一性思想以一化異，以概
念預置的統一、和諧化解現實世界不可取消的矛盾性。[27]

身體思維〉，收錄於楊儒賓主編《氣論及身體觀》（新北：巨流圖書公
司，1993），頁393-414。

26　徐復觀，《中國藝術精神》，頁60-68。

27　除了觀念論，徐復觀也引德國浪漫主義的施列格（Friedrich Schlegel）「藝
術精神之無限性與宗教性」、謝林（Friedrich Schelling）：「美是在有限中
看出無限」，解說莊子既追求無限、超越的精神境界，同時又不謂是非能
與世俗處。一方面，藝術性的超越是由理論與實踐之擺脫而來，是無目的
的目的，然而並非捨棄世俗而能「與物為春」。他並且引李普斯（Theodor
Lipps）的話表示：「心是多數性中的統一，也是統一中的多數性。」認為
在「一」中有其超越性，在「多」中有其「即自」性。徐復觀一方面重精
神的超越性，但是也強調要在「能見、能聞、能觸中」發展出新的存在、
生命的活力，他跟牟宗三一樣主張「即有限而無限」，主張要超越世俗的
感官欲望呈現無限心的價值意義，但並未捨離具體的生活世界。徐復觀，
《中國藝術精神》，頁101、104、108。徐復觀似乎頗有反形上學的態度，
而跟牟宗三有所區別，當然牟宗三既有現象與物自身之區別，又以無限心
辯證地含攝有限心，體系精嚴、層次分明。唐君毅則具體而普遍、辯證而
融通，三人就莊子思想中「一與異」、「超越與內在」、「普遍與具體」
的詮釋差異還需進一步比對。

如何面對幽黯力量，是美學的關鍵課題，[28]精神主體的超越、創造模式恐將陷入難以克服的現代性危機之中。其實，尼采「權力意志」（Wille zur Macht）本來就是為了克服精神主體所招致的虛無主義而構思的超越之道，承認矛盾力量的內在差異性、以身體與自然為準繩，是為了主體哲學的克服。

尼采對西方主體的批判在「自然與自由」的關係上可以連結上莊子「物化」的觀點。西方理性主體對自由的理解包含著精神主體與物質客體的二元對立框架，自然與身體都被視為只有被動意義的對象性存在，只有理性主體才具有自由與能動性。尼采的「自由精神」也追求自由、自主，然而自由的實現則與身體與自然密切相關，自由的實現並非背離自然，反而要「回到自然」。從這個角度來看，當代新儒家對莊子的詮釋由於預設了理性精神主體的觀點，未能揭示出莊子自由思想的深義，即與自然相連的自由。透過與尼采思想的對照，我們將會發現，對莊子而言，自然生命的自我轉化對個體的自主性來說至關重要。肯定生命之所是，也就是自然的本義——自己如此，是自由實現的條件。

尼采「權力意志」的理論即包含著克服精神主體的內在動力，此一要求一方面在後來德法身體現象學的發展中得到充分的實現，另一方面，這也意味著非主體哲學已成為進一步的思想要求，這一步則可由跨文化哲學來啟動。

透過何乏筆的組織推動，海德格在1945年前後對於莊子思

---

28 關於幽黯力量（dunkle Kraft）的問題請參本書第九章〈美學自由〉，關於孟柯（Christoph Menke）對尼采美學的詮釋。

想的吸收，也開始在華語學界中有所討論，[29]相關的思考有別於以往莊子研究所呈現的去歷史或超歷史的研究進路，有意識地讓《莊子》詮釋與當代人類處境的反思有更多的關聯性。何乏筆有見於法蘭克福學派批判理論對古典資源的漠視，並且質疑阿多諾對海德格的批判為何陷入否定辯證法所批判的立場哲學的同一性之中，討論海德格對莊子「無用之用」的化用，一方面跟「困苦」（Not）、「必然性」（Notwendigkeit）等災難經驗相關，並且在跨文化語言與哲學交會處，梳理出海德格、阿多諾與莊子思想之間曲折的溝通關係。此外，仍得留意的是，何乏筆提醒德國與中國在百年前豐富的交流經驗如今再不可聞，除了海德格，布伯（Martin Buber）、衛禮賢（Richard Wilhelm）、布萊希特（Bertolt Brecht）和班雅明（Walter Benjamin）都曾經以獨創的方式吸收傳統中國文化資源，然而這段跨文化歷史經驗在當前卻陌異而難解，不過百年之間文化的歷史陳跡幾已湮沒無痕。[30]雖然本文並不直接涉入歐洲與中國的現代化經驗與歷史創傷，但是此一歷史經驗與當代莊子研究的關聯性仍有深入理解的必要。

　　當代新儒家面對中國的現代化危機，主張吸收西方的民

29　較近的一次即是2018年11月底12月初的「老莊與批判——災難、自然、倫理、弔詭」工作坊，本文所涉及的幾篇在工作坊發表的論文便以不同角度切入莊子思想，並且探討其思想如何與現代性的危機與災難經驗相關。

30　何乏筆：〈在無家可歸中歸家化？海德格、阿多諾與赫德林模式的跨文化啟迪〉，「老莊與批判——災難、自然、倫理、弔詭」工作坊（高雄：中山大學，2018年11月30日）。期盼這幾位德語世界的文學、哲學與漢學家與莊子乃至中國思想的跨文化交織能在21世紀再度浮現生成。

主與科學，同時堅定地立基於儒釋道三教建構一套足以與西方哲學抗衡的主體哲學，文化民族意識是在亡天下的「困苦」（Not）與「必然性」（Notwendigkeit）中激發出來的，愈是深入此一歷史脈絡愈是發現，當代中國哲學正是在面臨內外各種矛盾激盪的歷史境遇中發展出來的。如何面對西方的價值（民主、科學、哲學）及其強權（經濟、軍事），建立自身的主體性，絕不只是精神層次的思辨空想，而是克服民族文化生存危機的思想實踐。

　　以當代新儒家為代表的中國哲學詮釋，對精神主體、自由價值的追求的真誠性與巨大成就不容置疑，不可忽略的則是處身其中息息相關的時代脈絡及其內在限制。心是能思、能感者，物則讓心有所思、有所感，兩者間相互轉化的關係在莊子思想中具有豐富的資源。然而，當「心」被理解為不斷追求超越、無限的「精神」，而「物」與「身」則是有待超越的限制，此一當代哲學的趨向，一方面凸顯了人類精神超越性、創造性，同時也反映了現代人自戀主體式的權力意志的幽黯性，在政治、經濟生態上的種種攻擊性作為與互相毀滅的風險，可說是必然的徵候與後果。阿多諾所指陳的劣義的「物化」，正是深入現代人與自身、他人、自然的異化經驗，然而其中業已弔詭地隱含著莊子勝義的「物化」可能性。「心」如何深入此一「物化」的弔詭性，以美學的遊觀釋放心物之間的轉化力量？在回答這個問題之前，下一節將先引入阿多諾的觀點作為思考的憑藉。

四、阿多諾的「中介理論」與「辯證的自由」

　　阿多諾哲學的認識論批判關聯著實踐旨趣，借用他的辯證思維來探索莊子中的心物關係，有助於展示莊子哲學中尚待發掘的非主體自由。為了闡釋莊子思想中關於心／物與身／心之間的「轉化」關係，可以藉助阿多諾關於經驗的「中介」（Vermittlung; mediation）理論。阿多諾認為，在經驗的中介過程中，主體是「如何」（wie; how），客體是「什麼」（was; what）。在美學與辯證法的相關討論中，主體與客體的交互關係透過中介理論有了更深入的闡明，而且對於西方哲學傳統中關於經驗的思考提出了有力的批評角度。

　　在中介理論中阿多諾特別拈出「物」的「優先性」（Vorrang）。主體必須要超越、解消自身，才能經驗到客體。「事物自身」（die Sache selbst）並非可以直接、實證地經驗的既予物。阿多諾此一認識論意義的批判，首要針對的是主體哲學、傳統唯物論、實證主義、科學方法等，因為無論是主體哲學或經驗論者都天真地將主體與客體視為經驗中固定的兩端。阿多諾則認為，經驗應是透過中介而有的轉化過程，雖然唯物論與經驗論也主張客體優先，卻將此一優先性置於經驗的辯證歷程之外。然而，所謂事物或客體的優先性並非意味著要將過去放在主體上的王冠摘下，放在事物或客體之上。阿多諾意義下的唯物辯證法並非只是精神辯證法的顛倒，在思考形式上直接把主體優先性換成客體優先性而已。[31]

31　關於阿多諾辯證法的說明大部分參考了O'Connor簡明的引述，除非必要，

　　對阿多諾來說，作為中介的、行動的主體，恰只有如此才是真正理性的，即以客觀的方式回應客體，而非只是把預先設定的範疇加諸於客體之上。判斷並非僅僅是主體的活動，一個回應的、辯證的主體之所以是自由的，是因為當它主動地投身於經驗時，本身具有被轉化的能力。相反地，當主體以它自身所設置的規定性，用固著的方式操控世界，那麼轉化便無從發生。[32]

　　在現代性條件下的人類經驗已然「物化」──在此是指異化的經驗，而非莊子勝義的、具有轉化能力的經驗，亦即主客體的互動方式已經受到扭曲。[33]在物化的經驗中，主體採用的是

暫不一一注出Adorno原著出處。Brian O'Connor, *Adorno*, pp. 71-73. 阿多諾用「主體」、「客體」這一對詞語已經超出西方理性主義主客二分思維與形上學傳統，也批判同時期正在發展的現象學意義下的主客關係。然而，當筆者用阿多諾的主體、客體之間的辯證關係時，並不意味著可以直接對應於莊子的心、物之間的轉化關係。之所以借用阿多諾的語彙與思考方式，主要目的在於運用他對西方哲學傳統的內在批判，映照出20世紀莊子研究借用西哲理論範式時尚未清理的思想差異所隱含的理論限制。

32　Brian O'Connor, *Adorno*, p. 74.
33　本文在阿多諾的相關討論中先呈現他的劣義的「物化」（Verdinglichung），雖然他也可開展出跟莊子勝義的「物化」等具有轉化意涵的思考，但是此一問題得有專文處理。順著霍耐特（Axel Honneth）的承認理論可以進一步區分好的與壞的「物化」，請參本書第十三章〈承認自然──承認理論與氣的思想〉。至於阿多諾與莊子的「物化」對比，留待日後探討。關於莊子的「物化」思想請參賴錫三，〈差異、離心、多元性──《莊子》的物化差異、身體隱喻與政治批判〉，收入《道家型知識分子論：莊子的權力批判與文化更新》，第三章，頁117-169。另外，宋灝則指出歐洲哲學對於「物化」（Verdinglichung）的思想具有片面性，不能平等思考人與物之間的關係，他從雙向的跨文化思考脈絡，藉由列維納斯的回應來闡發莊子物化論對於歐洲物化論所能提供的啟發與突破。參宋灝，〈由列維納斯的回應思維

工具性的關係，而不是回應性的關係，來面對其他的人、事、物，甚至是自身。在物化的關係中，客體是固著、被限定的同一之物，容易受到主體的操控因而工具化。以這種方式跟物打交道，將無法開放地面對物豐富的可能性。當代社會中主體化和物化彼此交織，嚴重限縮了人類經驗的可能性。阿多諾批判性地診斷主體、客體間的物化關係，目的在於面向解放的、獨特的經驗。[34]

物化經驗將客體化約為可操控之物，主體自身則化約為操控者，批判地介入當代哲學對阿多諾而言，即是揭露物化經驗的真相。否定辯證法對於空談無限的第一哲學展開批判，強調主體和客體須在動態的交互關係中彼此轉化。所謂的「否定」，便產生於客體的經驗。唯物辯證法不將客體封存在體系之中，而是強調主體與客體開放的、非體系的關係，有別於黑格爾建構性、體系性指向的辯證法。主客關係對於阿多諾來說，除了互相建構、彼此轉化，還有一重要的意義即是相互區分、不能彼此同一。他堅持主體與客體必須批判地維持其二分性，將客體消融同化至主體，是主體對客體的同一性暴力。但是阿多諾並未否定直接性的經驗，而是主張它是中介、轉化的產物，而非自身同一者。沒有什麼是非中介的，中介是經驗的根本構造。恰當地理解經驗，是我們轉化的機會。阿多諾的中介理論讓他發展了一種具有轉化意涵的思考，面對具體經驗中

與日本石庭來談論《莊子》「與物化」〉，《臺大文史哲學報》，第87期，頁151-178，2017。宋灝用「與物化」來區別歐洲哲學較片面的「物化」思考，有助於區分勝義與劣義的「物化」。

34　Brian O'Connor, *Adorno*, pp. 54-56.

主體與客體的同一性與非同一性。[35]

　　然而主體若不同化客體，要如何面向客體並且受到轉化？這跟阿多諾美學思考中的模擬（mimesis）有關。模擬的美學活動就是主體在模擬的經驗中設法讓自己像客體一樣。如何掙脫主體強加給客體的同一性壓迫？阿多諾的方案是，在同一化中弔詭地非同一化。[36]模擬的美學因此有解放與自由的政治意涵。既然判斷即是針對非概念化的實在物——客體，加以概念化。指向非同一性個體、異質性的客體，讓主體的概念化、同一化超出自身，以通向不可化約的非同一性。[37]作為「概念運動」（Bewegung des Begriffs）的辯證法涉及兩個面向：1、「思考的方式」（die Art des Denkens）；2、「事物的形構」（die Gestalt der Sache）。在運動中展開的概念、思考，並非同一的，它自身就是「過程」（Prozeß）與「生成」（Werden）。因此，對阿多諾而言，辯證法是源自於「事物」（Sache）的基本經驗，而非「主體的理論」（Theorie des Subjekts），毋寧更是「客體的理論」（Theorie des Objekts）。辯證法本質上要在運動、生成中思考，面對世界的歷史性。前辯證、非歷史的思考則將必然性置身於事物的同一性與持續性；辯證法則將必然性理解為客體在真實世界中的矛盾，並要力抗其物化。[38]

35　Ibid., pp. 58-70.

36　用阿多諾自己的說法是，辯證法既是思想方法，但又不只是方法，而是嘗試克服方法的任意性，並且在概念中納入那些自身並非概念的事物。Theodor W. Adorno, *Einführung in die Dialektik*, p. 11.

37　Brian O' Connor, *Adorno*, pp. 75-80.

38　Theodor W. Adorno, *Einführung in die Dialektik*, pp. 19-20.

　　阿多諾在《否定辯證法》序言一開篇就聲稱：「否定辯證法」本身自相矛盾，它蔑視從柏拉圖以來辯證法所意指的「通過否定以達到肯定」。阿多諾想要擺脫此一從概念的同一性居高臨下地預置的肯定性，寧可讓幽黯的事實性成為唯一的準繩引導思想運動的方向。他引用班雅明的話：「人們必須穿越抽象的冰洋，才能明確抵達具體的哲學思想。」並表示這本著作打算依賴邏輯一致性進行反體系的內在批判，用不被同一性所支配的事物，取代概念至上的同一性原則。辯證法不只是以其方法，批判地闡釋現象，而是以思考介入行動，並且具有規範意義，阿多諾稱之為「辯證的自由」（Freiheit der Dialektik）。[39]

　　對阿多諾來說，辯證法不是立場，而是對非同一性的意識。雖然思維就意味著同一，但概念秩序會遮蔽它不能窮盡表達的事物，同一性只是思想的外貌，它與思想的真實糾纏在一起。唯有進行內在批判，按思維自身的尺度，面向矛盾與事實，思想才有機會令異質性衝破同一性的外殼，超越自身。因此，阿多諾希望用概念來超越概念，哲學反思的目的在於確保概念中的非概念物，否則概念將如康德所說是空洞的，最終由於不再是任何事物的概念而成了虛無。[40]

　　阿多諾透過美學活動所展現的辯證法的轉化力量來突破現代思維中的物化經驗，跟任博克藉由莊子的弔詭、反諷思維來

39　Theodor W. Adorno, *Negative Dialektik*, in: *Gesammelte Schriften*, Band 6, pp. 9-11.

40　Ibid., Band 6, pp. 23-24.

進行的後設批判與虛無主義現代性的反轉有異曲同工之妙。思想如阿多諾所說，只要有所言說、判斷就意味著同一，也就是莊子所說的「成心」。莊子的齊物批判便是取消「成心」的同一性的內在批判，因此任博克主張，莊子用弔詭、反諷的特殊修辭，透過這種間接的戰略，收回理想化的改革衝動，這使得莊子得以消解自以為是的控制欲。

五、任博克《莊子》詮釋中的弔詭批判

根據任博克的《莊子》詮釋，批判的動機必須完全收回，批判才可能成功。莊子批判的弔詭包容一切矛盾，而不插手干預，任由未加工的混沌發揮其轉化的力量。反諷之和的和不在亂之外，寧不在攖之外，唯有各種矛盾無所不容，才能讓矛盾所隱藏的祕密和諧、不通之通發揮作用。[41]此一反諷的和諧與感通，不去和諧化外在的矛盾，跟阿多諾否定辯證法將非同一性納入概念的運動中如出一轍，或許都能通向尼采想要實現的虛無主義的克服。唯有真正接納虛無的意義與價值，此一弔詭的承認，才具有默然轉化的力量。

任博克引〈德充符〉：「德之不形者，物不能離也。」說明無德之德作為反諷之德為何具有轉化的力量。德之不形，即德無德貌，此一反諷之德沒有外露之形，以未形、未定之德接物，並不干預矛盾，才能不和而和、與物為春。彼是、是非的矛盾就是事物自身的真實，它們必定互相矛盾，也彼此相生並

41　任博克，〈《莊子》批判之批判的若干模式〉，頁12、20。

存。不去控制、支配此一矛盾，將成就非寧之寧、無律之律，即無規定的規範性，任讓矛盾弔詭地同在。[42]若我們比配摻和阿多諾的否定辯證法，那麼「物」之所以不離於不形之德，正是因為心不僅不干預未形、未定的非同一性力量，而且將之納入思考的運動，讓同一性與非同一性成為互相轉化的力量，這正是心與物之間得以不和而和、休乎天鈞的關鍵。

　　已然明朗的是，心物之間不只是矛盾並存的弔詭，而且是相互轉化的辯證。無論是無意識的轉化過程，或者是一切存在的活動都涉及一種根本的運動——歷史性，宋灝將之稱為逆轉現代生活經驗的一種弔詭地在運動內部發生的反折。宋灝藉由海德格的歷史反思，探究此一存在的微縮式結構如何離開了大歷史的敘述，並且把自身存在收回、往回走的湧現活動。此一遜讓式的內在開端有別於向外擴張式的「運動」（Bewegung），而是在運動中讓有來「觸動」（Bewёgung）。[43]用莊子的話說則是「循耳目內通」的內感通，它是外感通的根基。唯有不斷返回自身，啟動能「觸動」的感受力，讓時間成其為時間，此一自轉之輪——尼采永恆回歸之喻，[44]或許可以與「命運之愛」共同詮釋為意志必須藉由否

42　同上注，頁21-22。

43　宋灝，〈逆轉收回、任讓與時間性：從《莊子》與海德格反思當代的越界精神〉，「老莊與批判——災難、自然、倫理、弔詭」工作坊（高雄：中山大學，2018）。

44　尼采的「永恆回歸」即是「未來已發生」，照理說已無自由可言。此一假說式的激進前提若是與「權力意志」的生成性合觀，仍可以弔詭承認某種「非主體的自由」。本文雖讓莊子、尼采與阿多諾的思想彼此交織以展開此一課題，但是如何將尼采思想中的「永恆回歸」、「權力意志」納入相

定自身以達到肯定，放棄主體性意志的擴張、超越，而是任隨運動中業已啟動的自我觸動之歷史性，則物我之間、人我之間的轉化力量才解構了「未」來，而真正「到」來。

　　任博克對莊子時間性關係的理解，則透過死亡此一必然的將來而展開。只有存在才能包含死亡，即存在的否定，也就是存在包含不存在，此一無不在的死亡、無在永不可知，但永遠離不開。[45]死亡是結束也是開端，是不知其誰的芒芴。「已我」是存在，「未我」是不存在，那麼業已的過去早已包含必死的將來，我者和他者之間的不和而和，具有彼此轉化、互通的內在他者性。任博克認為，莊子的反諷之德並非只停留在個人內心世界的不作為的虛，並非犬儒主義式的非行動、去政治，而是隨時與物為春，自己內在之德隨時能化，則此一自身之化必能感通、感化他人。他人之化也是隨時的，就如死亡的仍未到來卻也無時不在一樣，他人似在我外兩不相即，其實也一直都與我同在。任博克並刻意區分儒家之德與莊子反諷之德的不同。他認為莊子認同「先存諸己而後存諸人」（〈人間世〉）跟儒家的「修己治人」雖然一脈相承，但是不會以單一的道德標準去要求他人（「強以仁義繩墨之言術暴人之前」，〈人間世〉），而是強調自己之德的完全虛化，才能感化他人。要收回批判的衝動，才能發揮反諷、弔詭的效力。因此，心齋的「虛」其實是「虛而非虛」，因為自己虛化，所以能涵容他人。不以同一性的要求強加他人之上，非一之一才是真一。非

關討論仍待他日。

45　任博克，〈《莊子》批判之批判的若干模式〉，頁16。

虛之虛、非一之一、不德之德，才是真虛、真一、真德，也就是反諷的感化力量。[46]

反諷的和諧接納了不可知的他者，讓他者成為自我不可知但推動生存轉化的非同一性力量。再者，轉化力量之道，既然以自我觸動為中介，則已然是人我、物我之間的通道。任博克以「我中的未我」、「你中的未你」此一彼此的未形、未定來說明相互轉化的可能性。當我們在道德的群體認同與我群歸屬中看到小成的道德同時是非道德時，那麼道德只不過是作為未成之非道德的江湖之道的遺跡與拙劣的提醒。相濡以沫的口水道德既是社群生活的必需，又是江湖之非道德的相反與否定，江湖是口水的擴大與延續，兩者既相反也相成。其實口水之小成也是善、也有用，它之有害是因其不能通而化，所以小成無法通而化之通向相忘之江湖。任博克認為，善之所以成為不善，惡之所以惡，並非其內容（然），而是不能通而化，這才是其所以然。[47]此一後設的批判可說指向了莊子批判性思想的規範向度——感通能化，讓「我中的未我」、「你中的未你」得以在既成、有形的規範中，弔詭地解消規範的同一性，讓非同一性成為互相轉化的中介，彼此相忘、相遊於口水與江湖之間。

〈人間世〉開篇顏回的故事所暗含的「批判的意義」在任博克的詮釋中被顯題化了，本文進一步從跨文化哲學的語境追問：莊子能否提供一種「非主體」的批判模式？藉此避開尼

46　同上注，頁11-18。

47　同上注，頁32。

采式的質疑，即任何立足於主體及其普遍性觀點的有效性再也難以成立。任博克將莊子詮釋為「無立場的批判」，亦即以某種「弔詭的批判」以批判「批判的態度」。相較於主體以自身的確定性為基礎而展開的批判，「非主體」的批判模式則不以確定的是非標準來「批判其他立場的無效」，而是以正言若反的弔詭修辭來實現物我之間的往復溝通。任博克的莊子詮釋特別能使莊子思想與當代人類處境的反思關聯起來，尤其他的詮釋內含著尼采視角主義的觀點，使主體哲學、現代性的克服不再只是歐洲哲學的內部問題，而進入了跨文化哲學的脈絡。同時，立基於主體哲學、觀念論框架的當代新儒家的莊子詮釋也成了必須重新檢視的思想遺產。換言之，當代新儒學從「主體的精神自由」來詮釋莊子，將錯失莊子「非主體的自由」此一關鍵的面向，此一面向尤其可從「心物之間的關係」加以考察。在莊子的思想中「心」與「物」之間未必得是主客、上下的階層隸屬關係，而可以用美學向度所展開的自由辯證（物化）與交互承認（感通）的關係來說明。

　　任博克以「後設批判」來理解莊子式的批判，並非有意提供一更為優先性的「批判觀點」，而是為所有的「批判觀點」進行後設層次的考察，並且發現所有的「批判觀點」（即成心）即使互相否定，但沒有哪一種觀點可以被完全否定，也沒有哪一種觀點可以超越於其他觀點之上。於是，所有的觀點都在此一後設反思的基礎上（即「道心」）可以互相涵容也可以互相衝突，任博克稱之為「反諷的和諧」。

　　「後設批判」的運作方式是以開放性的態度承認所有觀點之間具有相互承認、彼此轉化與感通的可能性，但這並非意味

著此一運作模式具有內在價值或比其他的「批判」更值得被追求。當不同觀點、意識形態的衝突與僵局幾乎毫無出路時，為了將思考置身在自己之外，就必須設法提升到後設的層次，讓自己的觀點成為既要捍衛（因此也是成心）又可反對的觀點。唯有在自己反對自己時才能進入後設批判的層次，才有機會進入不同的脈絡去思考那本來難以思考的觀點與立場。因此，沒有一種絕對正面、積極、穩固的觀點或立場足以成為思想或行動的基礎。但「非主體」的感受、判斷不只是「反面」的解消式批判，「非主體」即是承認先在的脈絡與關係既形構也限制了主體，但同時也在哲學、工夫的反思轉化中具有「成為自己」（咸其自取）的自由與自主，但始終是以開放性與偶然性為前提而非同一性與確定性。「非主體的自由」是在非同一的思考、複數的身體行動中展開的美學自由，至於此一自由如何能在政治自由的層面發揮作用則非本章所能深入者。

任博克以「後設批判」來詮釋莊子的優點是具有最大的包容性可以接納所有異質的、激進的立場，缺點是較難提供有力的觀點駁斥帶有倫理、政治惡果的思想與行動。任博克深受天台宗「不斷斷」的啟發，此一圓教思想主張「除病不除法、無一法可去」。換言之，沒有哪一種思想與行動可以絕對地受到否定。關此，我認為需要對任博克的詮釋觀點略做一補充或調整，即使可以承認所有的暴力、罪行也仍然有其意義（如經驗教訓、歷史意義這種通行的說法），但不表示它們不必受到批判。這無非顯示，不必寄望人性或人類的社會可以根除罪惡，而得承認現實社會中難以見容的異質性正是反思與改造的前提，唯有設法理解那難以思考的、亟思排除的敗壞與罪惡，

才知道要採取怎樣的共同的行動努力克服人類自由所遭受的挑戰，這也是從跨文化的進路思考「非主體的自由」之意義。

六、結語

　　本章從「內在批判」的角度關聯莊子、尼采與阿多諾的哲學，探討「非主體的自由」。討論的出發點是任博克的《莊子》詮釋，他帶著尼采「視角主義」的觀點詮釋莊子的後設批判。以任博克的思路為背景，首先探究尼采的批判立場，追問主體批判為何指向個體的自由，並且思索此一自由是否能以「非主體的自由」作為「內在批判」的基礎。其次則剖析當代新儒家的《莊子》詮釋，特別關注的是他們用主體哲學中的「主客關係」來詮釋莊子思想中的「心物關係」，並且釐清此一進路是否遮蔽了莊子思想的特點。為了讓當代莊子詮釋走出主體哲學的詮釋框架，同時援引阿多諾的「辯證的自由」，藉由主客之間的辯證關係來探討莊子思想中的「心物關係」。雖然尼采、阿多諾都試圖超越主體哲學的限制，但仍有待關鍵的突破。任博克以「弔詭的批判」詮釋《莊子》深具啟發性，本章據此進一步提出「非主體的自由」，以揭示莊子思想不僅能銜接尼采與阿多諾的「內在批判」，而且具有開拓全新思想視野的可能性。

第二部

尼采

　　第二部所論集中在尼采哲學並未涉及莊子思想，主要透過隱喻、權力意志、美學自由的概念揭示尼采哲學如何反思西方主體哲學的限制，而提出「權力意志」的學說，進而在其美學的探究中發現其「非主體自由」的向度。

　　第六章〈從「隱喻」到「權力意志」〉：本章從尼采早期思想中「隱喻」概念的探討入手，引領我們進入後期的「權力意志」理論。順著「隱喻」與「權力意志」這兩個關鍵概念，追索尼采前後期思考脈絡的展開歷程。尼采於1873年寫就的未出版論文〈論非關道德意義下的真理與謊言〉在其哲學思想的成形歷程中占有特殊的地位，它展示了尼采早期思想中語言與詮釋、認識與真理、藝術與哲學的內在關聯性。該文主張：「隱喻」（Metapher）標誌著人類根本的詮釋活動，理性的認識能力也不外乎身體此一詮釋性的存在所引發的「構造隱喻的驅力」（Trieb zur Metapherbildung）。「隱喻」不僅是掌握尼采早期思想的關鍵概念，我們還可以它為線索來聯繫散布在尼采早期未出版著作中的相關見解，並把這些觀點與尼采思想成熟期所提出的「權力意志」（Wille zur Macht）的理論勾連起來，以說明貫穿前後期思想發展的內在理路。因此，本章主張「隱喻」是「權力意志」的理論前身。在早期思想中「隱喻」被當成語言與思考的運作機制，到了「權力意志」則擴展為更全面的生命詮釋原理，主體的內在多元性得到了完整的表達。

　　第七章〈權力意志〉：「權力意志」（Wille zur Macht）此一概念的提出，標誌著尼采哲學已臻成熟。尼采認為，叔本華將意志看成是一種熟悉自明的單純之物，只是一種流行的俗眾偏見，他主張意志並非單一的而是某種複雜的東西。意志包含

著許多的感受（Mehrheit von Gefühlen），除了複合性的感受之外，還包含著思想。在意志的各種內在多元的活動中，除了感受與思想，還有著一般被稱作「自由意志」的某種主體概念，它其實是發號施令的「優越感」（Überlegenheits-Affekt）。意志內部既有發號施令者，也有臣服者。為了說明此一構成意志內在張力，並且呈現其中感受與思考的多元力量之間動態的複合關係，尼采鑄造了「權力意志」一詞，它也是尼采哲學成熟期最為重要的概念之一。本章將分成以下四個小節梳理「權力意志」的基本哲學意涵：1. 感受的優先性，2. 力量的內在世界，3. 價值重估，4. 現代性危機。

　　第八章〈價值設定〉：在尼采宣告「上帝已死」之後，價值的絕對有效性再也難以證成。在「虛無主義」的後形上學時代，價值設定要如何可能？尼采的答案是「視角多元主義」。尼采哲學中的「價值重估」，其任務不僅在於靜態地重估西方現代性的歷史過程，而要從文化批判的角度啟動價值反轉。本章將透過詮釋尼采價值設定的方式來說明他對西方現代性的反思。

　　第九章〈美學自由〉：尼采寄望以美學化的活動解放道德化的身體與自然，肯定力的生成與積極的「權力意志」，讓超善惡的自然成為培育個體自由的主導性力量。探索美學、自然與自由的關係，將是掌握尼采現代性反思的重要關鍵。尼采承繼赫爾德對「美學」（Ästhetik）的理解，進一步開展美學與自由的關聯，藉由美學的進路實現「自然人」（Naturmensch），呼應盧梭「回到自然」的宣言。富含美學意義的「自然」以超善惡的非道德主義，要解放基督教式的禁慾身體。尼采頌揚文

藝復興式的教養（virtù），並以歌德的「高尚教養」與「體態靈巧」為例，將「善惡對立的道德」從美學的角度轉化為超善惡的「好壞」。高貴的人就像藝術天才一樣，善於調動身體的多元力量，不把壞的排除，而是肯定命運中的偶然性，在趨於毀滅的現代性生活中，開發矛盾力量的動能，讓足以裂解生命的衝突性力量成為創新生活風格的泉源。自由遊戲的力量是藝術活動的主要形式，也是生命活力的表徵。本章將從力量、自然與自由之間的關係作為討論線索探究以下課題：藝術的解放力量是主體權能的展現還是去主體化的過程？若藝術活動涉及個體解放的自由，是否也有政治自由的向度？尼采美學思想與啟蒙批判的關係為何？

第六章

從「隱喻」到「權力意志」

一、前言

　　「隱喻」（Metapher）在尼采早期思想中至關重要，尤其關於語言、認識與真理的相關看法都依隨此一概念而展開討論。對尼采來說，沒有隱喻就沒有認識，「構造隱喻的驅力」（Trieb zur Metapherbildung）是理性認識的身體基礎。尼采的語言觀吸收了當時包括洪堡（Wilhelm von Humboldt）在內的語言哲學家的看法，認為思考離不開語言，自我意識的萌發的當下，語言就出現了。經由語言人因此能夠共同思考，並與只能憑感覺而行動的動物有別。然而，即使是最純粹的思考，也一定得藉由感性（Sinnlichkeit）的普遍形式才能運作；只有在感性的普遍形式當中，我們才能掌握並確定事物。[1]尼采進一步指出，在人類的語言使用中，隱喻不僅比概念更為原初，而且概

1　Wihelm Humboldt, "Über Denken und Sprechen," in: *Schriften zur Sprache*, hrsg. von Michael Böhler, Stuttgart: Reclam, 1973, p. 3.

念也脫胎自隱喻。語言、認識活動都建立在由身體此一詮釋性的存在所提供的神經刺激、聲音對神經刺激的模仿的基礎上，概念認知等抽象的思維活動都得依賴身體（神經、發聲器官）的活動方得以運行，概念不過是淡化褪色的隱喻，只是我們忘了它們也是隱喻罷了。

「權力意志」（Wille zur Macht）是尼采思想成熟期最重要的理論，它的產生與尼采早期思想中對語言觀、認識論有密切的關聯。不論在年輕時所耕耘的古典語文學或者是成熟期提出的「系譜學」（Genealogie），都顯示出尼采吸收18、19世紀歐洲的語文學、詮釋學的思想痕跡，「權力意志」便是此一消化過程最終的理論結晶。本文將從尼采早期思想中「隱喻」這個概念的探討入手，藉此引領我們進入後期的「權力意志」理論。一般而言，所謂「隱喻」即是在語言活動中，透過想像力的作用，將不同領域的事物聯繫起來，用A置換（替代）B，以達成表達的目的。不論在日常語言或文學藝術活動中，「隱喻」均被大量地使用。我們往往利用相對來說較為熟悉的、具體、簡單的事物來理解、表達陌生的、抽象、複雜的事物。對尼采來說，「隱喻」不僅是作為表達與修辭手段，而是根本的語言與思維活動，沒有「隱喻」就沒有語言甚至思考。因此尼采所意謂的「隱喻」指涉一種在感覺、語言與思考中運行操作的語言與思維活動。除了語言與思考，尼采的隱喻理論也包含了他早期思想中對真理概念的批判、藝術與哲學、身體與詮釋的關聯，對這些課題的思索也一直延續到尼采思想成熟的階段。

順著「隱喻」與「權力意志」這兩個關鍵概念，將可以

追索尼采前後期思考脈絡的展開歷程。在此一發展歷程中，於
1873年寫就的未出版論文〈論非關道德意義下的真理與謊言〉
（Über Wahrheit und Lüge im aussemoralischen Sinne[2]，以下簡
稱為〈真理與謊言〉）占有特殊的地位，它表達了尼采早期對
真理及語言的基本看法，並依此界定了哲學本身所應擔負的任
務。〈真理與謊言〉雖是未出版的著作，卻是尼采早期思想中
除了《悲劇的誕生》之外最受重視的著作。相較於成熟期的思
想而言，〈真理與謊言〉具有過渡的性質，然而也正是因為其
中混雜包覆了尼采前後期思想諸多既連貫又變異的因素，使我
們得以一窺尼采思想在邁向理論成熟的階段，在汰濾、消融、
重塑的過程中仍被保留下來具有主導性的思想。我們將從〈真
理與謊言〉出發，探討隱喻／認識、藝術／哲學在前後期思想
中帶著思想調校痕跡的連續性觀點，最後則描述「隱喻」和
「權力意志」這兩個概念的內在關聯及其差異。

二、沒有「隱喻」就沒有認識

　　在《悲劇的誕生》（*Die Geburt der Tragödie*）中，尼采
仍保留了叔本華現象與本體二分的形上學架構，戴奧尼索
斯（Dionysos）作為根源的統一性原理是阿波羅（Apollo）
之所以具有表象能力與造型力量的創造性根據，因而也是

2　Kristen Brown對於〈真理與謊言〉有精緻的分析，請參見Kristen Brown,
　　Nietzsche and Embodiment: Discerning Bodies and Non-dualism（Albany: State
　　University of New York Press, 2006），pp. 93-120.

世界最終的真實。〈真理與謊言〉（1873）雖然與《悲劇的誕生》（1872）幾乎是同期的作品，但是卻隱然有意拋棄形上學的二元架構，根源的統一性被表面的多樣性所取代，隱喻活動就像被肢解的戴奧尼索斯在「假象」（Schein）中重生，不斷創造「假象」就是唯一的根源性活動，沒有表象背後的形上真實作為表象的根據，只有隱喻活動所虛構的「假象」讓我們誤以為真，至於何為事物自身的樣貌或世界真實的情狀則不可知。

「隱喻」活動雖然還是得面對一不可知的自然世界或事物自身，但不再如《悲劇的誕生》中預設了叔本華式的意志本體，以為透過某種形上性的認識（如音樂作為最高等的表象活動）可以接近形上實在。音樂的形上優先性被構造隱喻的主體所取代，在人類的認識活動中沒有正確的感覺、沒有可達至的真理，只有不斷進行的隱喻活動。於是〈真理與謊言〉便將戴奧尼索斯的創造性力量與阿波羅所提供的假象統合成隱喻的活動。[3]《悲劇的誕生》仍然帶有早期德國浪漫派的神祕主義傾向，以及對藝術、自然的崇拜，書中凝結了尼采早期藝術形上學的構想，希望透過叔本華的形上學架構與華格納藝術精神來復興希臘文化於當代德國。〈真理與謊言〉則是同時期尚在醞釀而未完全萌發的思想，尼采透過吸收當時的語言哲學、詮釋學出現了他的認識論轉向，慢慢地走出柏拉圖、康德、叔本華

3　Kristen Brown, *Nietzsche and Embodiment: Discerning Bodies and Non-dualism*, p. 99.

的二元形上架構，代之以更具經驗色彩的語言哲學。這篇論文標誌著尼采思想走向獨立的開端，也替《人性的、太人性的》（*Menschliches, Allzumenschliches*）這本充滿啟蒙精神的著作揭開了序幕。

在〈真理與謊言〉中，尼采主張「隱喻」是認識的根本活動，向來被認為要擺脫欲望與激情控制的理性認識其實也受制於「構造隱喻的驅力」，此一驅力表現了人類想要同化世界的控制欲望，它從屬於身體此一詮釋性的存在。在1873年的手稿中尼采表示：「每一個事物都在不斷地追求著，個體性格在自然之中極少是固定的，而且總是向外拓展著……如果我們往事物無限小的那面看，則所有的發展都會是以無限快速的方式進行著。」（KSA 7, p. 473.）此時尼采的認識論仍未完全脫離傳統再現論的真理觀，他認為認識提供給我們的表象僅僅是關於事物的「隱喻」，而非事物自身，從而預設了「隱喻」是加諸在不可知的事物自身之上的一種活動。字詞的產生並非來自於事物和概念之間明確的對應關係，而是基於人類彼此溝通理解的需要。自然世界中的事物是不可掌握的，人類只能透過「隱喻」非常片面、主觀地模仿他所置身的對象及世界。[4]而那些被認為是普遍有效的真理又是如何出現的呢？並不是因為它們確實地展現了事物客觀真實的樣貌，而是來自於想像力的內在驅力和社會的外在制約，而真理的目的其實是為了生命的需求而服務。很可能植物有植物的真理，蚊子有蚊子的真理，而人類

4　此一模仿之所以是主觀的並非可隨個人意志轉移，而須受生理條件與自然、社會、歷史的限制或影響，因此尼采也說它是必然的。

不過是將自己把握到的真理絕對化了，因此，真理不過是一種欺騙的意識，它來自於一種忘卻和自我中心的本能。

　　人作為認識的動物，有著追求真相的認識欲望。究竟什麼是認識呢？尼采說：「認識只不過是在那些最喜愛的隱喻中的某種工作，也就是某種不再被感知為模仿的模仿。」（KSA 7, pp. 490-491.）人類在不同的語言社群中發明出了區別音節的、可共同理解的聲音，藉此得以進行語言的溝通。從神經刺激產生了視覺圖像再到發出聲音的符號化過程尼采稱之為「隱喻」或「模仿」，[5]尼采認為語言便是將個人內在的感官覺受內容轉換替代為形諸於聲音文字的符號化過程。這是第一次的模仿，以共同可辨的符號模仿私有模糊的內在經驗。認識則是第二次的模仿，因為認識被認為是具有規範性的活動，亦即有真假可言，所以在認識的活動中，我們有義務說出不只能被共同理解而且要被共同接受的真理內容，因此，它們定然是人們「最喜愛的隱喻」。尼采此一對認識活動的界定也凸顯了他的認識論立場，首先，他已接受了18世紀後半到19世紀初包括了洪堡在內的語言哲學見解，認為人類的認識活動不只是抽象的理性思維活動，而是與語言（內含感性的作用）同步進行的活動。其次，認識所涉及的真理性質不再被當成客觀的普遍性，而是具有主觀色彩的「愛好」（即使此一主觀愛好也受社群決定）。

5　從神經刺激→視覺圖像→以音擬像，此一發生在不同領域（神經生理、視覺作用、發聲動作）之間，無意識及有意識的轉換替代的運作過程，尼采便稱之為模仿，整個模仿過程也稱為隱喻。因此，模仿和隱喻似乎對尼采來說是狹義與廣義的區分，但是尼采有時又將兩者視為同義詞混用，並未嚴格地區別。

　　於是「隱喻」便不只是詩人與其他文學、藝術活動的表現手法，而是人類認知的根本活動，即使是哲學家所運用的「概念」也脫胎自隱喻活動。沒有「隱喻」就沒有真正的表達與認識，至於「概念」則是「將印象（Eindruck）捕捉、限定之後，將其弄死、剝皮，然後用概念把它做成木乃伊保存起來」。（KSA 7, p. 491.）尼采直接宣稱：「哲學透過隱喻展開其活動。」（KSA 7, p. 473.）他認為哲學家並不追求真理，而是以人的形象為範式來塑造一個可以辨認與安居其中的世界。哲學家透過自我意識來追求對世界的理解、追求一種「同化」（Assimilation）：擬人化地設想事物總是使他感到滿意。像占星學家認為世界服務於個人一樣，哲學家把世界看作是人。（KSA 7, p. 494.）尼采還表示：「人總是以他對自身認識的程度去認識世界：亦即，世界就以人對自己和他的複雜性感到驚異的程度，來向人揭露自己的深處。」（KSA 7, p. 458.）我們在哲學活動中運用概念思維來闡明事物，對尼采而言都是受到「構造隱喻的驅力」的支配，在其中又以擬人化的隱喻使用最為根本，因為它最能表現我們同化世界的欲望。

　　尼采認為不論是科學還是哲學思考都開始於想像力所提供的「神奇圖像」（Zauberbild）。一個念頭驟然地突現，出現了某種「可能性」（Möglichkeit），想像力迅速地在不同的可能性之間發現了相似性，而後反思接著以概念檢驗此一可能性，將之確定下來成為了「確實性」（Sicherheit）──其實這不過是暫時被接受為確實性的可能性，想像力則繼續振翅飛翔，從一個可能性飛躍至另一個可能性，知性則在想像力所發現的相似性之後代之以因果性。（KSA 7, p. 444.）在此一描述中，

尼采試圖臨近我們認識事物的發生歷程，雖然他想要說明的究竟是個別事物的存在還是事物之間的關係抑或兩者皆有並不太能確定，但此一認識過程應當還是與尼采的隱喻理論有關。首先，想像力在驟然一念之間以某個圖像（表象）來模仿我們與世界遭遇的感受經驗，表象因為是一種模仿，所以只是「可能性」，它可以標指我們的經驗對象。由於每一個經驗對象彼此其實是不可等同的個別存在，但是我們會在其間發現其相似性，基於此一相似性，我們會運用第二次的模仿將相似簡化為相同，並用概念代替表象，將事物或其關係確定下來，於是根源於想像力的「可能性」在二次的模仿過程中被當成認識的「確實性」。無庸置疑，尼采此一知識發生歷程的說明，很明顯地包含了休姆對因果律所做的心理描述。

三、「造假為真」的藝術與哲學

　　如同浪漫主義時期的哲學家，尼采把藝術的價值抬到相當高的位階，他將藝術理解為所有精神活動乃至全幅生命的典範。海德格追隨尼采的思想步伐，將藝術家視為扭轉時代精神的舵手。華格納（Richard Wagner）之於尼采就如同荷德林（Friedrich Hölderlin）之於海德格。華格納在尼采心目中是能夠在當代德國復興希臘悲劇文化精神的真正意義的藝術家；[6]海德格則將荷德林視為後蘇格拉底藝術遺忘時代的終結者，他的詩

6　雖然尼采很快就修正了他對華格納的看法，不再對其懷抱希望，但是他對藝術作為生命本質的理解卻未曾放棄，他對華格納早期藝術理念的推崇也轉化成理想的藝術家原型。

為貧瘠時代投射了輝光。[7]

尼采早期的思想主張必須在藝術而非知識的基礎上建立文化，因此他認為哲學家的任務在於抑制知識驅力，並藉助藝術的創造來肯定生命。在1872年所寫的手稿〈論真理的激情〉（Über das Pathos der Wahrheit）一文中，尼采表示：

> 如果人真的只是某種認識的動物的話，這將會是人的命運。真理會將人推向絕望與毀滅之境，這是永遠註定是謊言的真理。但與人相稱的，卻只有對「可以達到的真理」的信仰，以及對「充滿信心地臨近著的假象」的信仰。他難道不是由於不斷地受騙而活著嗎？自然難道不是對他隱瞞了絕大多數、而且是最切身的事情，例如他自己的身體，使得他對之只具有虛幻的「意識」嗎？……人就好比靠在老虎的背上作夢一樣。
>
> 「讓他去吧！」藝術叫道。「叫醒他！」懷著真理激情的哲學家叫道，然而正當他以為是在搖醒沉睡者時，自己卻沉入了更奇異的夢境之中……藝術比知識更強大，因為藝術想要生命，而知識所達到的最後目標卻唯有——毀滅。（KSA 1, p. 760.）

懷著求真理的認識激情的哲學家陷入欺騙性的假象中，他偶爾或許瞥見了此一騙局正在誘使人類走入絕境，但是他仍糾

---

7 Günter Figal, "Nietzsche und Heidegger über Kunst," n: *Nietzsche-Studien*, Band 39（Berlin/New York: Walter de Gruyter, 2010）, pp. 235-237.

結在意識的狂想之中而遠離了生命。尼采認為真正的哲學家應該要與藝術家攜手合作，他說：「哲學家應該要認識什麼是必須的，而藝術家則應該要把它創造出來。」（KSA 7, p. 423.）換言之，在科學與哲學中的許多工作在尼采看來都是毫無節制的認識驅力，此一驅力的氾濫則是由於生命的貧乏。所以尼采心目中真正的哲學家篩選出必要的知識驅力，讓更高等的生命形式在藝術創造中重新獲得生命及文化的價值。此一文化圖景顯然是指向了古希臘的悲劇文化世界，尼采表示：「認識驅力在抵達了它的種種界限時，將會回過頭來對著自身，以便朝向知識的批判邁進。認識是為了最好的生活。人甚至必須想要假象，那悲劇性的東西就存在於此。」（KSA 7, p. 428.）他並認為不受抑制的求知欲和反對知識一樣都會導致野蠻化的結果。（KSA 1, p. 807.）尼采反覆想要說明的是：藝術才能真正地肯定生命，因為藝術肯定假象的必要性，而懷著求真理的認識激情則反對生命，並渾然不覺其實知識驅力受到想像力的支配。真正的哲學家則必須作為文化創造的裁判者，用藝術來限制知識驅力的濫用，因此哲學的價值來自於對生命存在的肯定，其目的則在於提供更為高等的存在形式。

　　在〈希臘悲劇時代的哲學〉（Die Philosophie im tragischen Zeitalter der Griechen, 1873）此一未出版的著作中，尼采從語源學的角度來說明「哲學家」作為「智者」（sophos）表明他具有特殊的品味，能夠辨察最值得認識的事物。他認為sophos這個詞可追溯至sapio（辨味），sapiens指辨味的人，而sisyphos則指具有最敏銳味覺的人。因此希臘人認為，智者具有獨特的藝術，即一種異常敏銳的品味能力。尼采認同此一對智者或哲學

家的語言界定，他表示哲學家並不是為了人類的好處而求知，也不會如科學家那樣，由於沒有敏銳的品味而毫無選擇、不計代價地被盲目的求知欲所支配。相反地，哲學家甚至重視無用的事物，他們揀選出的東西往往被認為是異常的、驚怪的、困難的、神性的，他們替「偉大」（Größe）立法。（KSA 1, p. 816.）尼采並且宣稱，只有創造而非認識才能拯救我們。至高的假象（Schein）與至尊的激動（Wallung）正是我們之所以偉大之處。（KSA 7, p. 459.）

　　在尼采看來，哲學不過是藝術創造的一種表現方式，而思維本質上也是藝術力量的展現。他說：「由於理智的表面性，我們一直生活在假象之中：換言之，為了要能活下去，我們無時無刻不需要藝術。」（KSA 7, p. 435.）理智作為生存的工具，其自然本性是由藝術的力量所支配，它主要的手段則是「省略、忽視與遺漏」。（KSA 7, p. 441.）哲學家像個造型藝術家或音樂家，一方面凝視與聆聽著世界，又懷著審慎的沉思透過概念像劇作詩人一樣將自身投射出來吹脹放大成一個巨觀的宇宙。（KSA 7, p. 442.）於是我們必須先在想像力中構造假象，這是理智所表現出來的藝術創造力量，反思才能進一步評判、選擇。所以思考始終是一種藝術的生產過程，它首先製造形式，然後我們在記憶中將形式凸顯出來。然而我們切莫以為藝術的創造力量是可以隨著意志而自由展現的，尼采認為自由的藝術創造是不可能的，因為它其實是由大腦的神經活動所決定的。尼采說：「藝術的過程是生理上地完全受到決定而且是必然的。」（KSA 7, p. 446.）又說：「相同的神經活動產生相同的圖像。」（KSA 7, p. 447.）所以構造隱喻並不像換穿衣服

那樣地隨心所欲，我們並不能自由地創造我們想要的圖像，圖像的產生是身體與其環境條件複雜交互作用的結果。對尼采而言，在思考過程中視覺圖像總是在概念反思之前，因此形象語言也比概念語言還要更為首出。這樣的想法在〈真理與謊言〉中以更為簡鍊的方式做了描述，尼采要強調的是隱喻語言對於概念語言的優先性。

〈真理與謊言〉一文開始於一則寓言，尼采藉之描繪人類理智的虛榮及其存在的卑微。在浩瀚的宇宙中，人類的生存是如此的渺小脆弱、轉瞬即逝，為了維護個體的生存，沒有獸類的犄角與利齒，人類的生存之道只有靠理智偽裝造假的能力。歸功於理智的欺騙，人類不僅得以存活下來，而且還自鳴得意地自詡為世界的軸心，於是知識的價值也被抬到至高無上的地步。除了在自然生活中的危險生存競爭，在社會生活中，人類也基於和平的利益而在語言的使用中按照普遍的約定來欺騙。正是在社會性的約束力中，有著共同利益的謊言被當成了真理。人類渴望有用的真理，倘若真正的真理是沒有效益的，人類其實對之漠不關心，而有害的真理更將被視如寇仇。於是只有忘記了我們是為了共同生活的利益而把謊言當成真理，真理才取得了它的崇高地位。因此尼采認為，說實話其實意味著使用通行的「隱喻」，它不過是「按照一種固定的約定並集體地以對所有人具有約束力的方式說謊」。（KSA 1, p. 881.）尼采在此所謂的說謊主要是知識論意義上的，也就是不知道自己正在說謊的說謊，因而是「非關道德意義」的。我們按照社會的約定集體地說謊並非是故意的，因為我們不再知道所謂的真理或事物的真相在本質上是隱喻的，因而與事物自身（即尼采所

認為的真理）相去甚遠。若我們不按社會的約定說謊，除非我們創造出另一種規範被社會所接受，否則我們可能會被社會排擠、冷落。若是我們自覺地不按社會的約定說謊呢？這是否有可能不說謊？尼采會認為，由於我們的語言首先必然是隱喻性的，縱使我們不按社會的約定說謊，我們還是只能說些與事物自身相關的隱喻，因而除了本質上還是在說謊，而且不會被社會認為說出了真相。

　　人們預見了互相說謊會導致嚴重的後果，將破壞共同生活的基礎，於是出現了真理（說實話）的要求，而真理（說實話）因此也成了一種義務。而只要謊言是令人愉快的，它將被允許；只要謊言是無害的，它甚至是美麗動人的。（KSA 7, pp. 451-452.）尼采更進而主張，出於溝通交流的需要，邏輯也應運而生，尤其當邏輯被當成了唯一主宰的女王時，謊言就產生了，因為邏輯並不是唯一主宰的女王。（KSA 7, p. 453.）於是人類在運用理智與生存搏鬥的過程中，透過「隱喻」製造假象不僅成了必要的手段，在歷史的過程中也成了具有道德價值的義務，私意造假的謊言成為集體固守的真理。所以，尼采認為真理不過是假象。然而，為了生存我們必須肯定假象。除非我們不加節制地要認識，並決意離開藝術的肯定性力量，狂妄獨走的理性認識自以為可以揭開所有的騙局，實則終將陷入否定性的絕望與毀滅。

　　在尼采描述了此一真理形成的歷史過程後，便接著具體說明了語言為何在本質上不外是一種隱喻的活動，其過程是：我們首先將關於事物所引發的神經刺激轉換為視覺形象，其次又

以聲音去摹寫視覺圖像，這兩段過程都是隱喻活動的產物。[8]
事物自身是不可知的，也沒有達至此一不可知事物自身的途徑
（如在《悲劇的誕生》中的音樂），藝術的驅力表現為「構造
隱喻的驅力」，沒有哪個感覺是正確的感覺、哪個隱喻是最好
的隱喻，也沒有感覺與隱喻背後的意志。理智的自欺性質便在
於預設了正確感覺的可能性，以為透過正確的概念可以準確地
模仿再現對象。對尼采而言，感覺是隱喻的活動，便意味著人
類（乃至所有的存在物）都是以同化的方式，扭曲地去改造世
界，所謂的「對象」從始點來說就是「隱喻」，換言之，沒有
原初的同一性。倘若「隱喻」在本質上帶有欺騙性，正是因為
「隱喻」並無可等同的指涉物，它只不過在不同領域間進行轉
借（Übertragung）的過程。[9]同樣地，概念語言的欺騙性也是基
於它本來就是隱喻語言的衍生物。此外，「構造隱喻的驅力」
從一開始就是身體而非意識的活動，[10]此一身體的活動，其首次

8　「聲音作為神經刺激的摹本」尼采此一對詞語的生理起源說參考了
　　Gustav Gerber的著作*Die Sprache als Kunst*，然而尼采和Gerber對語言的
　　生理學解釋仍有所不同，因為尼采更多地從隱喻與身體的角度切入，
　　而避免單一地從生理決定的觀點來解釋語言。除了Gerber，尼采的語言
　　觀和Herder及Humboldt的語言哲學有著相當多的共同看法。Josef Simon,
　　"Der Name 'Wahrheit', Zu Nietzsches früher Schrift 'Über Wahrheit und Lüge
　　im aussermoralischen Sinne'," in *Jedes Wort ist ein Vorurteil: Philologie und
　　Philosophie in Nietzsches Denken*, hrsg. von Manfred Riedel（Köln: Böhlau,
　　1999）, pp. 77-78.

9　Kristen Brown, *Nietzsche and Embodiment: Discerning Bodies and Non-dualism,*
　　pp.100-101.

10　尼采多次舉「咀嚼」為例來說明，所謂「有意的」行動，其實是在許多不
　　能被我們的意識所覺察到的「無意識」行動完成的。他說：「舌頭的聰

的隱喻構造就是將外在世界轉換為神經刺激。所以在人類的所
有基本活動中，包含了感覺的過程、行動、意識都是以身體的
隱喻活動為基礎，而人類作為認識與行動的主體其實根本說來
是個藝術創造的主體。

只有當人類忘記了自己是作為藝術主體的身分時才使得知
識可能，因為知識不過是人作為藝術創造的主體進行隱喻活動
的成果。尼采寫道：

> 那麼，什麼是真理呢？一支由種種隱喻、轉喻和擬人化
> 所組成的機動部隊，簡言之：由種種「人的關係」構成的
> 某種總和，它們被詩意地、修辭地提升，然後被轉借和修
> 飾，然後，經由長時間地使用後，對一個民族來說彷彿成
> 了固定的、典範的並具有約束力：所有的真理都是一些人
> 們忘記了它們是哪些假象的假象，是被磨損了並在感性上
> 失去力量的隱喻，是圖案已消失並且只被當成金屬而不再
> 被當作硬幣來看待的硬幣。（KSA 1, pp. 880-881.）

尼采認為真理不過是「假象」（Schein），因為我們所認為
真的事物其實並無語言可指涉的真實對象，就算有它們對我們
而言也不可知。先看Gorgias著名的論斷：[11]

明程度要遠遠超出意識。」（KSA 9, p. 445.）倘若我們的行動都要以「意
識」為前提，可以設想的是，我們的動作會多麼地笨拙、不協調，甚至大
部分的動作也將無法完成。

11　Hermann Diels & Walther Kranz hrsg., *Die Fragmente der Vorsokratiker*, Band 2,
　　10. Auflage（Berlin: Walter de Gruyter, 1960），pp. 279-283.

1. 無一物存在
2. 即使有，人也無法認識
3. 即使可以認識，也無法傳達

　　在存有論上尼采並未直接肯定Gorgias 的第一個命題，然而把Gorgias 在認識論上的不可知主義轉換成美學的版本：一切的「真」都是創造出來的「假」；哲學對真理的追求無異於藝術造假的活動。所謂的「真」是身體與語言協作模仿以及社會約制的結果，沒有獨立於身體詮釋活動的「真理」。到了後期「權力意志」則更明確地宣稱：沒有事實，只有詮釋。至於所謂的假象並非指純然的錯覺或幻想，而是指錯誤的觀念。「真理是假象」的意思是：我們以為是真的事物其實為假。這蘊含著尼采認為語言並無法指涉真實的存在，但尼采並未取消了外在世界的實在性，他只是認為我們對其一無所知，在關於事物的認識上，我們的感覺無法提供對於事物自身的認識，我們所擁有的僅僅是關於事物的「隱喻」。「假象」（Schein）是尼采所理解的唯一「實在」（Realität），它是所有謂詞可以加諸其上者，並且作為「邏輯上的真理」（logische Wahrheit）。「真理」[12]只是一個想像的世界。在這個意義上，「假象」並不與「實在」相對立，而是「假象」才是唯一的「實在」（Schein

---

12 其實尼采並未否定過「真理」的實用價值，他認為我們的確需要「真理」，就如航行在世界這個大海中，總是需要確定的航向，然而它卻不是在知識的整體中作為最後的真理，而只是「暫時的真理」（die vorläufigen Wahrheiten）。（KSA 11, pp. 132-133.）

als Realität）。此一「實在」用尼采後期的理論即名之為「權力意志」。[13]

在尼采思想成熟期的手稿中仍可見到與早期「假象」／「實在」、「真理」／「謊言」相當一致的思想。以下截取一段寫成於1885年5-6月的手稿：

> 生命該當要令人信賴，這個課題如此被提出來，相當不尋常。為了解決此一課題，人必定從天性上就是個說謊家，他必定比起所有其他東西都更加是個藝術家。而且他也是：形上學、宗教、道德、科學──這一切都是他追求藝術、謊言，追求「逃避『真理』」，追求「否定『真理』」的意志之種種畸形產物。該稟賦本身──多虧這樣的稟賦，他透過謊言強暴了實在，人的卓越的藝術家稟賦──他也還跟所有存在之物共同擁有。他自己就是一方實在、真理、自然，他又怎能不也是一方「謊言的天才」呢！（KSA 13, p. 520.）

我們所認為的真理不過是關於事物的「隱喻」，它們是一些長久以來通用的「隱喻」，只是時日一久這些原本可以勾起我們的想像力的「隱喻」早已喪失了其引發想像力構成圖像的能力，而成了概念語言，於是我們也忘記了所有的字面上的用法（literal usage）其實原初都是以「隱喻」的使用為基礎。[14]在

---

13 關於「假象」與「實在」請參KSA 11, p. 654.

14 Maudemarie Clark, *Nietzsche on Truth and Philosophy*（Cambridge: Cambridge

〈真理與謊言〉的末段，尼采呼籲回到古希臘的文化世界中，
讓藝術來統治生命：「偽裝、對貧乏的否定、隱喻直觀的絢
麗以及徹底直接的幻化將伴隨這種生命的表現。」（KSA 1, p.
889.）在藝術創造統領文化的時代中，直覺的人不考慮實在，
而理性的人則相信概念思考可達至實在。由於「隱喻」直覺停
留在假象中，把假象當作假象而獲得對生命的肯定，這也意味
著，只有假象可以被肯定，藝術作為真誠的假象傳達了唯一的
真實。

　　沒有普遍的知識，人類也不是普遍的認識主體，人們之所
以相信知識是客觀的，正是忘記了自己作為藝術創造主體的身
分。所以尼采認為，真理不過是「套套邏輯」，[15]真理發現的過
程就可比人們把事物放在樹叢之中，而後又尋獲了它。我們只
能認識世界向我們顯現那個樣子，真理只不過是人類虛構的，
而他卻忘記了。追求理論不知抑制知識驅力的人，在詮釋事物

University Press, 1990），p. 75.

15 Maudemarie Clark認為，尼采承認先天真理（a priori truths）的存在，但我
　　們對於其實在性並無任何認識，這基本上也是古典經驗論者的看法。休姆
　　便認為，所有的先天真理都是分析的，他們僅僅陳述了觀念之間的關係。
　　（Maudemarie Clark, *Nietzsche on Truth and Philosophy*, p. 84.）筆者可以同意
　　Clark的論點，但仍需有所補充。早期尼采應該會承認「真理」僅僅指涉觀
　　念與觀念之間的關係，就此而言，我們對「真理本身」與「外在世界的實
　　在性」雖無實質的認識，但我們的日常生活與科學知識卻仍得以運作，只
　　要我們不去徹底追究知識的有效性是否建立在可疑的形上學基礎上。顯然
　　尼采並不同意康德為知識的普遍有效性所作的形上學說明，因此，在早期
　　的隱喻理論中，尼采與休姆的懷疑論立場的確相當接近。到了後期「權力
　　意志」的階段，作為分析性真理的「外在世界的實在性」則已無任何說明
　　的作用，唯一的「實在」只是不斷進行詮釋的「權力意志」。

的要求中，暫時地被滿足的藝術驅力（構造圖像的驅力）從個人的、時代的支配中掙脫開來。曾經只是一次性的、個人的「隱喻」與詮釋，在共同生活的要求中成了通行的「隱喻」，在被固定下來的約定使用中，個別性的「隱喻」成了普遍概念，成了染上道德色彩的令式，要求一種普遍的遵守奉行。隱喻活動中本來只是個別地為真的事物，在「真理」作為一後設隱喻中被當成概念而固定下來，「真理隱喻」在長久通行的使用中，忘了它作為「隱喻」的本質，具有普遍意義的認識主體同時出現。偽裝（欺騙的意志）、遺忘（忘記自身是藝術主體）是普遍主體建構其自身同一性的必要條件。

　　然而世界的不可知正如自我認識的不可能，真理或因果必然性等普遍知識在尼采看來都是同一視角被廣泛接受而世代相傳的結果，它們的起始點卻是個別的與偶然的。科學要對一切施加解釋，理智厭惡混沌，它的控制欲望表現於架構世界的統一性原理，道德也是同一種簡化的控制類型，它讓我們以為自我認識具有明晰性。然而理智的統一性其基礎則來自身體所提供的多樣性，因為從世界到身體到理智其實是一連串不斷增長的簡化與控制，身體本能是一多樣性的瀑流，透過本能與欲望，身體透過隱喻活動建構與詮釋了實在，人類的理智與精神也來自於身體的詮釋活動。

　　創造「隱喻」以達至「認識」此一「假象」的人類，在通行有效的隱喻活動中建構了知識與道德的真理性。在尼采系譜學的考察中，此一真理性被揭露為否定性的「權力意志」對確定性、同一意義的需求。語言、歷史與真理是在否定性的禁欲主義本能中被固定下來。由概念語言所建構的真理體系是超越

歷史、遺忘語言隱喻性本質的結果，真理的語言性與歷史性因為局限於特定生命形式的意志表現而被掩蓋。系譜學的考察便是反溯此一真理的語言化、歷史化的過程。早期隱喻理論以靜態認識論的角度分析語言的隱喻性本質，在後期系譜學中，語言的考察被帶入動態的歷史分析中，成為尼采克服歐洲「虛無主義」（Nihilismus）的文化批判武器，「權力意志」理論的提出由於加入了歷史分析與文化批判的向度，早期則較著重心理的想像與藝術創造的部分，

四、「隱喻」與「權力意志」

　　「隱喻」的同化作用在尼采後期哲學中就是「權力意志」的簡化作用，在同化作用中未被考慮的是主體力量的提升以及此一提升所憑藉的方式，「權力意志」因而可說是「隱喻」理論的進化版。[16]在「隱喻」理論中未脫盡的形上學二元性到了「權力意志」則透過具有現象性質的力的詮釋活動來展現，戴奧尼索斯的隱喻也一再重現，它幾乎就是「權力意志」的意象性表達，但不再是形上的本體力量，而是造假為真的現象式的力量。[17]在此一逐步卸下形上二元論的思想歷程中，我們可以發

---

16 所謂的簡化是指，在「權力意志」所描繪的世界圖像中，所有的行動（不僅僅是人類的行動，還包括有生命、無生命的存在活動）只有一最終的「目的」，即是「權力的提升」。尼采表示：「從意圖來看，所有發生的事都可以還原至提升權力的意圖（die Absicht der Mehrung von Macht）。」（KSA 12, p. 105.）

17 從早期《悲劇的誕生》（1872）、〈真理與謊言〉（1873）到後期「權力意志」的理論階段，藝術的驅力分別以不同的方式來展現，基本上這是一

現尼采愈來愈凸顯出「身體是隱喻與詮釋活動的起點」此一主張，他認為身體並非形上學地作為自因的存在，而是非身心二元論地作為隱喻活動的詮釋性存在。理智與精神作用不過是身體在「構造隱喻的驅力」此一詮釋活動下的展現方式，然而我們不能輕易地斷定尼采是個還原論的唯物論者，他似乎想要把身體與心靈看成相似物的連續系列，身體與心靈只不過是此一系列首尾看來截然不同，實則都根植於身體的「隱喻」或詮釋活動。

　　在《善惡的彼岸》第10節，尼采用「權力意志」這個概念來表達早期思想中「隱喻」所進行的詮釋活動：「哲學總是根據自己的形象創造世界，它不得不如此；哲學就是這個專制的驅力自身，是追求權力，追求『創造世界』，追求第一因之最精神性的意志。」（KSA 5, p. 22.）[18]在同書第230節中，尼采表示精神專橫地想在外部與內部世界成為主人，它具有一種「將陌生事物掌握住的力量」、具有強烈的傾向「將新事物與舊事物相近、將雜多加以簡化，將完全矛盾的東西加以忽視或排除」。（KSA 5, p. 167.）然而此一內在世界的詮釋活動對我們而言卻是難以理解的，因為「語言以及由種種偏見所打造的語言，對於想要探究種種內在過程與驅力的我們而言，經常會造

個去形上學的發展過程，請參見Kristen Brown, *Nietzsche and Embodiment: Discerning Bodies and Non-dualism*, pp. 98-100.

18　在遺稿中有一則筆記表示了同樣的意思：「——將自然人化（die Vermenschlichung der Natur）——照我們的樣子闡釋（die Auslegung nach uns）。」（KSA 12, p. 17.）哲學家乃至科學家在詮釋自然時總是依照人類自己的形像來闡釋。

成阻礙：例如，基本上只有為了這些過程與驅力之最高等級的程度，才會出現語詞。」（KSA 3, p. 107.）我們的語詞太貧乏了，不足以用來說明那些詮釋活動的隱微的部分，只有極端的那些例外我們才找到了語詞來描述它們。對於外部世界亦然，我們的感官的習性織就了我們的感覺的謊言之網，這些感覺又成了我們全部判斷和知識的基礎，而通向真實世界的道路是完全封閉的，尼采說：「我們像蜘蛛一樣，置身於自己所編織的網中，無論我們在其中捕獲了什麼，我們所捕獲的都只能是那些我們的網所能讓我們捕獲的東西。」（KSA 3, p. 110.）這張「網」也就是由語言與身體所組構的認識之網。世界本身在尼采看來就是由「權力意志」所展開的詮釋活動，他如此說明一切存在現象的詮釋性意涵：「沒有什麼事件本身（Ereigniss an sich）。所謂的事件不過是，由詮釋性的存在所闡釋、掌握的現象群組。」（KSA 12, p. 38.）因此，即便是具有基礎性的「身體」，也仍只是詮釋活動發生的場域或起點，倘若有個主體在進行詮釋活動也是複數的力量主體，而非單一的精神主體。當然我們仍舊不免有所疑惑的是，尼采在現象主義的立場上是否陷入一詮釋的循環？他想用力的詮釋活動解消存有問題是否真能成功？這將涉及「權力意志」與「永恆回歸」是否足以克服虛無主義的問題，然而此一問題過大並非本文有限的篇幅能夠交代清楚，暫先擱置不論。

　　詮釋活動不是理智或精神朝向世界或文本的過程，而是在世界中的身體自身的詮釋過程，以概念的操作為主的小理性只是作為大理性的身體的工具。身體是理智作用此一衍生性的詮釋活動的根源，同時，身體作為「隱喻」活動本身也

意味著意義與詮釋的無限過程。尼采在手稿中表示：「同一文本允許無數次的闡釋（Auslegungen）：沒有「正確的」（richtige）闡釋。」（KSA 12, p. 39.）在同一時期的另一則筆記中則寫著：「什麼會是唯一的認識（Erkenntniss）呢？闡釋（Auslegung），而非說明（Erklärung）。」（KSA 12, p. 104.）[19]

　　尼采早期對科學的認識與說明採取不信任的態度，他認為事物本身是不可認識的，到了「權力意志」理論的時期則說：「沒有事實，只有詮釋。」[20]「權力意志」理論不否定真理，而是否定獨立於詮釋、不帶任何視角的真理的可能性。在1886-1887年的手稿中，尼采反對實證主義者（Positivismus）所強調不帶有「主觀的」（subjektiv）、堅持「事實」（Tatsache）本身在方法上的偏見。包括實證主義者質疑他人「主觀」（subjektiv），以及「主體」（Subjekt）這個詞都不是先在的，所謂的「主體」、「主觀」都已經是「闡釋」（Auslegung）的結果。況且，說詮釋一定得設定詮釋者這回事就已經是虛構與假設。倘若「認識」（Erkenntniss）這個詞語還有什麼意義，不過表示了這個世界可以被不同的方式去闡明，然而在世

19　「闡釋」和「說明」兩者在後來狄爾泰（Wilhelm Dilthey）的詮釋學中做出清楚的區分，他認為，針對自然界的經驗（Erfahrung），科學提出說明（Erklären），在心靈生活當中，我們對於生命的體驗（Erlebnis）則做出闡釋（Auslegung）或詮釋（Interpretation）。狄爾泰接續施萊爾馬赫（Friedrich Schleiermacher）發展出的詮釋學，而這兩位方法詮釋學家的接軌也與尼采的詮釋理論頗有淵源。

20　另外關於「權力意志」與「詮釋」（Interpretation）請參見KSA 12, p. 139; KSA 12, p. 149.

界的背後沒有什麼意義，有的只是無數意義的「視角主義」
（Perspektivismus）。（KSA 12, p. 315.）

尼采提出真理的視角性質，不再宣稱真理的絕對有效性。
將藝術的造假能力（「構造隱喻的驅力」）視為哲學與科學的
發源地，肯定謬誤作為真理的前提。尼采說：「感知究竟是什
麼？就是把某個東西當作真的：對某個東西說『是』。」（Was
ist denn Wahrnehmen? Etwas-als-wahr- nehmen: Ja sagen zu Wtwas.
KSA 11, p. 464.）哲學家追求真理以探求世界的形上實在性與
認識客觀性，在尼采「權力意志」的理論中於是轉化為詮釋活
動闡釋的結果。對尼采來說，真正的哲學家應同藝術家一樣是
「思索著的感受者」（die Denkend-Empfindenden），於是哲學
就如同藝術的活動一樣，是在從事那「尚未到來的」（das noch
nicht da ist），哲學思考因而兌現了藝術創造的要求，或者說哲
學家是真正的詩人。（KSA 3, p. 540.）

哲學雖未創造世界與生命，卻以思想的形式賦予其意義。
然而本質上作為藝術創造活動的哲學思想並不提供具有真理性
的意義，而只提供假象。對尼采而言，真實性在本質上是不可
掌握的、不確定的混沌，是「未經形塑的雜多」（ungeformte
Mannigfaltigkeit）亦即「權力意志」，假象並非缺損或不完
全的真理，而是在形式化、秩序給定的要求中「權力意志」
的「例示」（Manifestation）。此一「例示」的實現是透過語
言、圖像等創造性的精神活動，視角性地給出形式、秩序與可
能性。在假象中，「權力意志」作為無盡的多樣性被視角性地
賦予形式秩序，但是沒有全景式的觀照可以提供整全的形式秩
序，只有有限的可能性以特定的方式被表象。藝術作為哲學乃

至生命的範式，其意義便在於沒有一個表象是確定為真或絕對
地為真，生命與世界被不能絕對確證為真的表象例示出來，
哲學家因而是生命與世界的詩人及持續的虛構者（Dichter und
Fortdichter）。[21]

　　對早期的尼采來說，詩人代表著人類存在的更高形式。正
是唯有詩人，才將那原本總是隱蔽著的世界的本質，揭示為由
戴奧尼索斯神祇所幻化的偽裝把戲。在隱喻活動中，透過模仿
將他物同化、納為己有，此一同化的控制驅力在後期尼采思想
中濃縮為一簡潔的公式──「權力意志」。在「權力意志」的
理論中，早期思想中尚未被分析的控制驅力得以充分展開，作
為藝術創造與世界存在始原的唯一真神戴奧尼索斯，不再是超
越現世（meta-lebendige Welt）的真理自身，而是詩性的、藝術
的、此世的詮釋活動──「權力意志」：

　　　我們的物理學家們用「力」（Kraft）這個大獲全勝的
　　概念創造了上帝和這個世界，對此仍得有所補充：我們還
　　必須將某種內在世界判歸給它才行，我稱它為「權力意
　　志」，也就是標示為「施展權力」之永不厭足的渴望；或
　　者運用、施行權力，標示為具有創造性的驅力等等。……
　　人們必把所有的運動、「現象」、「法則」都僅僅當作是
　　某種內在歷程的徵兆來加以掌握，並且將人的類比貫徹到
　　底。在動物身上，我們有可能從權力意志當中，將牠所有
　　的驅力都給推導出來：同樣地，我們也可以由這一個源頭

21　Günter Figal, "Nietzsche und Heidegger über Kunst", pp. 238-239.

中，將所有有機生命的功能也都給推導出來。（KSA 11, p. 563.）

　　在以真理為根本隱喻的知識文化中，科學家與哲學家大量運用了擬人法此一人類的類比隱喻，尼采認為這不過是人類浮誇的自我投射。宗教因科學的發展而失去其說服力，然而宗教對真理的許諾卻被「科學」（Wissenschaft）[22]所繼承。尼采常常帶有批評意味地抨擊「科學」，然而他所關心的並非以數學、物理學為範本的「科學」（如康德），而是當時以自然科學方法論為典範的「語文學」。尼采批評語文學以及廣義的科學方法中，滲透著宗教、道德中的「良知」（Gewissen）意識，亦即嚴謹自律、節制有度、謹小慎微等為了追求客觀性、真理而奉持不失的精神品性。對反於科學所追求的客觀與絕對確定性，尼采將藝術的造假能力（構造隱喻的驅力）視為哲學與科學的發源地，肯定謬誤作為真理的前提。宗教因科學的發展而失去其說服力，然而宗教對真理的許諾卻被科學所繼承。

　　科學的主要信條是不帶任何個人信念與偏見進行探索，因此科學研究嚴密地組織著懷疑的精神，要去除任何可疑的偏私與主觀的判斷，「懷疑警察」時時督察著研究的進行。然而，尼采不認為存在著任何不帶前提的科學，甚至，科學最深的偏見就來自於對真理的虔敬，認為真理是無價的，其餘事物都得

----

22 尼采提到科學時通常意指19世紀盛行的幾種「科學的」立場，其中帶有批評意涵而且可以具體指名的包括：蘭克的歷史客觀主義、達爾文進化論、社會達爾文主義、英國聯想主義心理學。

臣服於真理之下。何來此一求真理的意志，尼采問道，真理不可質疑的神聖性從何而來？為什麼我們要真理而不是非真理？真理的發源地或許是道德的問題，換言之，我們該問：為何我們不能欺騙？不願受騙？在〈真理與謊言〉中尼采主張我們並不真的想知道真相，當謊言與假象是大家都可以接受的，只要它可以保護我們的生存、滿足我們的需要，我們寧可要有益的謊言，而不要有害的真理。於是道德的起源便成了非道德的生命、自然、歷史的問題。倘若我們真的想要追求真理而且願意為此付出包括生命在內的一切代價，這又意味著什麼呢？追求真理的意志因而是神聖的，因為它不在此世，它否定了生命的價值，是超越的價值自身。同時，那超越的神也是真理。然而，倘若我們變得愈來愈不虔敬了呢？假使神竟被證明是流傳得最久的謊言呢？（KSA 3, pp. 574-577.）

　　尼采認為，現存道德秩序並非建基於客觀真理，而是主人道德和奴隸道德歷史鬥爭的結果。《悲劇的誕生》談希臘古典文化的起源與重生，《論道德系譜學》則對「起源本身」也進行了再思考。尼采考察道德的自然歷史後發現：道德的起源是不道德的。那麼道德作為最終的價值，其價值為何呢？關於價值的價值問題，尼采的答案是：沒有價值本身，只有價值被產生的不同方式。於是道德並不因為它是真理而有價值，而是自然歷史中「權力意志」施行的結果，道德起源的歷史考察因而變成價值設定方式的考察與文化批判的任務。在《論道德系譜學》當中尼采從語源學（好壞、善惡）、經濟人類學（貴族、奴隸）的進路，對道德歷史提供了另一種「科學的」（語文學、進化論、病理學）假說，並由之嘲弄科學想要排除其假說

成分的妄自尊大。

　　在尼采的眼中，禁欲主義與否定生命不是科學家與哲學家真正的目的，而只是他們生存的工具，他們需要製造敵人，仇視生命以獲取最高的權力。科學雖批判宗教迷信，卻依然否定生命，是禁欲主義的最終表現形式。正是透過否定生命的方式，他們才精神昂揚地存活下來，成為科學家與哲學家，然而是不幸的、病態、悲傷的科（哲）學家。尤其對哲學家來說，標榜禁欲主義與德行毫無關係，而是他最佳生存之道並由之獲取最優秀成果的最基本、最原初的條件。尼采認為，長期以來，哲學家是把禁欲主義理念作為表現形式、生存前提而利用的，他們的生活必須表現出禁欲主義的外觀，如此哲學家就和庸庸碌碌的常人有別。否定塵世中的感性生活是創造一個更高等的生活形式與價值的手段，更重要的是，哲學家自身的存在也成了最高等生命的標準，他高高在上地評點分類其他的存在，劃定價值表格。

　　在《論道德系譜學》第三篇討論禁欲主義理想的論文中，尼采分別以華格納和叔本華為例來說明藝術家和哲學家為何不得不信仰禁欲主義，又如何以否定感性生命的方式來偽裝自己、攫取權力。叔本華否定意志的美學理論延續了康德美學「無興趣、無目的」的美學判斷，使無辜的感性生命成為憎恨的對象，而這一切不過是裝腔作勢地想掩蓋哲學家們不過藉由否定感性（Sinnlichkeit）以獲取意義（Sinn）的激情。哲學家們想要「證成道德」（Begründung der Moral），他們充滿自信地以為可以建立一門「道德科學」（Wissenschaft der Moral），然而尼采認為，道德充其量只不過是「情感的記號語言」

（Zeichensprache der Affekte）。換言之，道德哲學家們不過想要用自己所相信的「絕對道德（命令）」來掩飾自己逃避世界、否定生命，以追求一個更高遠、更強大的事物，而道德理性不正是他生命激情的表達嗎？（KSA 5, pp. 339-412.）

「權力意志」的理論貫徹了尼采早期藝術創造主體的立場，於是「力」的概念貫徹了擬人法的真理隱喻，但不再停留於外在的作用與關係，而是服從於自身內在的法則：永不厭足地要求展示權力。換言之，因果法則與其他對於力的外在表現的理解，都忽視了力的內在特性——「權力意志」。因此，「權力意志」可以不只是精神的同化作用，還可以是身體所展現的更為驚異的增長、抗爭、自我繁殖又自我毀滅的作用。精神的「權力意志」旨在保全個體的存在，但是卻付出了貧化生命的代價，身體的「權力意志」則以自我超越為職志，縱使在走向沒落的犧牲行動中都追求偉大的創造與肯定。查拉圖斯特拉（Zarathustra）說：

> 只不過，凡有生命之處，也就有意志：但卻非追求生命的意志，而是——我這麼教導你——追求權力的意志。
> 對於活著的東西來說，有許多東西會比生命本身得到更高的評價；但由這評價本身出發而說話的——則是追求權力的意志。（KSA 4, p. 149.）

以保存生命為價值標準的意志窄化了評價生命的方式，積極的「權力意志」追求生命更卓越的表現方式，只有從自我超越的標準來看才使得價值設定本身有了真正的依據。如此說

來，「權力意志」不僅標示出存在最根本的活動樣態，它也是作為詮釋與評價的根本原理。在尼采早期思想中，負有文化進化任務並設定生命價值標準的藝術天才或悲劇英雄，是以個體的身分被視為藝術創造主體的典範。在「權力意志」的理論中，不僅每一個體都具有此一藝術創造主體的身分，更重要的是，主體並不被設想為單一意志的主體，而是具有內在多元性的主體。此一主體意涵的確認，使尼采形上學的批判任務告終，現象世界的多元性不再作為外在對象而與單一超越普遍主體成為內外、主客的認識與存有架構，而是收攝為主體內部所提供的內在多元性，複數格的主體是被力的多元關係所建構。

五、結語

本章展示了尼采前期的「隱喻」與後期的「權力意志」內在的理論關聯，並描述在理論進展過程中尼采如何日益凸顯他最終的哲學立場。尼采在〈真理與謊言〉中指出，隱喻語言比概念語言更為首出，甚至人類的語言與思考的同化作用就是由「構造隱喻的驅力」所推動。再者，「隱喻活動植根於身體此一詮釋性的存在」也保留在後期「權力意志」關於簡化、差異、詮釋、身體等議題中，然而早期思想中「隱喻」主要被視為決定語言與思考的運作機制，在「權力意志」理論中則擴展為更全面的生命詮釋原理。從認識論的課題來看，尼采自提出「隱喻」理論之始，便揭露了真理概念的虛構性。人作為認識的動物，有認識真相的欲望，然而隱藏在此欲望之下的實則是提升存在的力量感的驅力，為了更精緻地表述此一驅力，分析

其表現形式、展示其目的與作用，尼采發明了「權力意志」的概念，也藉此實現其主要的哲學計畫。最後，尼采身為藝術性格最為強烈的哲學家之一，他的「隱喻」理論即主張真正的哲學家當以詩人、藝術家為典範。即使不論及哲學，在最平常的語言使用中都可顯示其運作機制所隱含的藝術主體的身分。「權力意志」的學說進一步主張，此藝術主體為複數的格式，早期帶有浪漫主義崇拜天才傾向的「隱喻」理論，在提出了「權力意志」之後，天才、甚至人，都不是「權力意志」的主體概念的主要意涵，而是在同化與差異的競爭性力量中展開詮釋，此一饒富吸引力的主體概念，在當代跨文化處境中亦將持續受到矚目與重視。

第七章

權力意志

一、前言

　　「權力意志」（Wille zur Macht）此一概念的提出，標誌著尼采哲學已臻成熟。尼采認為，叔本華將意志看成是一種熟悉自明的單純之物，只是一種流行的俗眾偏見，他主張意志並非單一的而是某種複雜的東西。意志包含著感受的多樣性（Mehrheit von Gefühlen），除了複合性的感受之外，還包含著思想。在意志的各種內在多元的活動中，除了感受與思想，還有著一般被稱作「自由意志」的某種主體概念，它其實是發號施令的「優越感」（Überlegenheits-Affekt）。意志內部既有發號施令者，也有臣服者。[1]為了說明此一構成意志內在張力，並且呈現其中感受與思考的多元力量之間動態的複合關係，尼采鑄造了「權力意志」一詞，它也是尼采哲學成熟期最為重要的概念之一。本章將分成以下四個小節梳理「權力意志」的基本

---

[1]　關於意志的內在多元性，請見《善惡的彼岸》第19節。（KSA 5, pp. 31-34.）

哲學意涵：感受的優先性、力量的內在世界、價值重估與現代性危機。

二、感受的優先性

早期身為語文學家的尼采完成了對古希臘羅馬文化的解讀工作後，開始以歷史學、心理學的視角考察歐洲的道德與宗教文化歷史。1885年夏天他本來打算再寫一卷《曙光》，後來放棄了此一計畫，隨即於1886年三月浮現《善惡的彼岸》一書的構想，並且自費出版。《查拉圖斯特拉如是說》以詩意的方式表達了關於「權力意志」、「永恆回歸」（ewige Wiederkehr）等重要思想，是尼采思想成熟的標誌，然而他也曾經表示，《善惡的彼岸》並非只是一本「評註」（Commentar）。（KSA 12, p. 234.）《善惡的彼岸》與《查拉圖斯特拉如是說》不僅風格迥異，而且更不吝於「自我重估」（Selbstumwertung）。[2]《善惡的彼岸》又可看成通向未來哲學，其實也就是未完成、最終放棄的《權力意志》的序曲。在早期著作中同樣考察了歐洲道德與宗教歷史的《人性的、太人性的》若可以看成是消極意義的人類病理診斷，那麼《善惡的彼岸》就是找到了積極診治的藥方，此一藥方便是「權力意志」。

在還未找到「權力意志」這個語詞來表達與思索價值問題時，尼采便屢屢表示感受是形成價值評斷的基準，例如在1881年所出版的《曙光》第104節他便主張，所有的行動都要回溯至

2　Andreas Urs Sommer, *Nietzsche und die Folgen*, pp. 63-64.

價值評斷（Wertschätzungen），而價值評斷則與它帶給我們的是「快或不快」（Lust oder Unlust）密切相關。只是大多數人在意的是自己的行動是否造成了他人的「快或不快」，只有絕少數的人直接訴諸於自己的感受，而不在意他人的感受及價值判斷。（KSA 3, p. 92.）

在《善惡的彼岸》第4節尼采將「判斷」（Urteil）聯繫上生命的條件，主張「真理」不過是習以為常的「價值感受」（Wertgefühle）。（KSA 5, p. 18.）第187節則表示：「道德只不過是情感的記號語言」（Die Moralen sind auch nur eine Zeichensprache der Affekte）。（KSA 5, p. 107.）尼采想要立足於生命事實，並且假設感受、情感都是原發的、根本的生命現象，道德與真理則是較為後起的。然而，這並不表示尼采否定了反思的意義，因為他隨即表示，要反對習以為常的價值感受，也就是要對所有的價值評斷加以考察，考察的標準就是檢驗它們究竟是促進還是抑制生命的條件。

不論是「快感」（Lust）、「情感」（Affekt）、感受（Gefühl）、感性（Sinnlichkeit）、感觸（Empfindung）、品味（Geschmack）、感覺（Wahrnehmung）這些意涵相近的詞彙都常在尼采關於價值判斷的討論中出現，尼采想要表達的是，由意識所決定的判斷與行動，都根源於無意識的「權力感受」（Machtgefühl）。「感受」較諸「判斷」（Urteil）、「意識」（Bewußtsein）、「道德」（Moral）等所謂人類的精神活動都有更為基礎性、決定性的地位。換言之，人類的精神活動都扎根於哲學思考尚未真正觸及的無意識活動領域，它們包括了種種難以索解的欲望、情緒、感覺等更為本能性的生理、心理等

身體活動。「身體自我」（Leibselbst）才是生命的主人，而不是我思（cogito）、精神（Geist）、理性（Vernunft）。

尼采曾表示「意識到（Bewusstheit）只是表象的一個偶然（Accidens der Vorstellung），而不是它必要的、本質的屬性（Attribut）」。（KSA 3, p. 598.）無意識的本能行動才是根源的，而意識不過是事後的詮釋、辯護，按尼采自己的說法是「所有的好事都是本能──並且，因此都是輕易的、必要的、自由的」。（KSA 6, p. 90.）另外還說「權力意志」是「自由的本能」。（KSA 5, p. 326.）一般所謂的「感受」是指可意識到的各種生理與心理的感覺內容，然而尼采所稱的「權力感受」卻不能直接意識到，表面上能意識到的種種生理與心理的感覺內容，則要經過哲學分析才能將深層的「權力感受」揭示出來。這種「權力感受」其實是尚未成為意識的前意識或無意識。尼采認為，表面上我們行善、行惡可能會帶給自己或別人快樂與痛苦，其實這些行為真正的目的不過是要讓人「感覺到我們的力量」。（KSA 3, pp. 384-386.）

三、力量的內在世界

從《查拉圖斯特拉如是說》的寫作及出版階段開始，「權力意志」於尼采思想的成熟期扮演愈來愈吃重的角色。「權力意志」在《查拉圖斯特拉如是說》中如是表達：「哪裡有生命，哪裡就有權力意志；即使是在僕役身上，也能發現想要當家作主的意志。」（KSA 4, pp. 147-148.）「權力意志」被表達為有權力下命令、能決定價值的主體的內在動力與活動方式，

它展現為支配者與被支配者間的統治關係。其實不僅人類社會關係由「權力意志」形構統治與支配的關係，尼采甚至認為在所有生命（其實也包括無機物在內的一切存在）的活動都根據「權力意志」的原則生成、毀滅。甚至關於「存在」為何，尼采也認為只有透過「權力意志」才能說明，沒有「權力意志」之外的存在。然而，與其將「權力意志」視為最終的實在，不如說，倘若真有所謂的「實在」，從力量的角度來闡釋，才能更恰當地理解「實在」的意義。

按葛爾哈特（Volker Gerhardt）的研究，從70年代中期開始，尼采就試圖說明構成生命的主導動力、根本驅力，並在80年代從「權力感受」的相關假設萌發出「權力意志」的思想。[3]在《人性的、太人性的》（*Menschliches, Allzumenschliches*）當中，尼采提出各種假說，想要闡釋生命的基本動力，有時說是「虛榮」（Eitelkeit），有時則說是「自我保存」（Selbsterhaltung）——無異於叔本華的「生命意志」（Wille zum Leben），或者呼應達爾文的進化論。然而他同時又認為，「自我保存」、「生命意志」都未觸及關鍵，於是最後主張「權力感受」作為某種「自我取悅」（Selbstgenuß）才是所有致力於成功者所要真正追求者。尼采設想，人之所以想要證明自己的能力與力量，是為了能在其中獲得自我肯認，由此獲致力量感受與自我取悅。（KSA 2, pp. 99-101.）到了80年代，尼

3　Volker Gerhardt, *Friedrich Nietzsche*（München: Beck, 1999），pp.180-182. 此處根據葛爾哈特在書中關於「權力意志」概念發展的綜述而展開相關討論，另參考Volker Gerhardt, "Wille zur Macht," in Henning Ottmann hrsg., *Nietzsche-Handbuch. Leben-Werk-Wirkung*, pp. 351-355.

采從自然科學的閱讀擴及心理學領域。同時，不只是探問人類行為的根本動機，而是一切生命的原初驅力。他更不願局限於物理的外在因果關係，而想追究包括有機與無機生命的一切內在、外在力量的動力根據。[4]

尼采認為，物理學家探究「力量」（Kraft）的作用以及物的各種「外在」關係，完全忽略了事物運作的「內在」環節。因此，在《曙光》第548節中，尼采在標題「戰勝力量」（Der Sieg über die Kraft）一節探究「力量為何會被戰勝」，他開始思考何以力量能被超越，能超越力量的會是什麼：「我們必須估量，在多大的程度上，力量會被某種更高者超越，而且自此之後便作為工具和手段為其服務。」（KSA 3, p. 318.）此一能超越力量的「更高者」（Höheres），自1883年開始便找到了表述的方式——「權力意志」。在1885年的筆記中，尼采表示，自然科學家用「力量」這個概念「創造了上帝及其世界」，但還需要做點補充：「我們還必須將某種內在世界判歸給它才行，我稱它為『權力意志』，也就是標示為『施展權力』之永不厭足的渴望。」（KSA 11, p. 563.）

雖然，物理學家用力學解釋世界的運動變化並未受到尼采的否定，然而，他所增加的「內在」向度以及看來頗有心理學意涵的「意志」觀點，彷彿構成一種泛心理學式的形上學。將所有力量運作與物質存在導回由「權力意志」此一觀念所詮釋的世界，其理論意義何在？

阿貝爾（Günter Abel）表示，從「由內而發」（von-innen-

4　Volker Gerhardt, *Friedrich Nietzsche*, pp. 180-181.

heraus）的力量運作方式重新理解實在，並且反對機械論的世界
觀，顯示出尼采「權力意志」學說的激進性。根據伽利略、笛
卡爾與牛頓的看法，運動是由一個堅硬物體碰撞另一堅硬物體
造成的，而造成運動的原因便是「力量」（Kraft）。萊布尼茲
則提出了不同於上述關於「力量」的理解方式，他主張力量並
非來自於外在的推動，而是來自於物體自身持續作動的環節。
尼采進一步貫徹了萊布尼茲此一「由內而發」的力量觀點，並
且不再認為有任何像原子、單子等持續存在的最終實體，不再
有固定、持續不變的存有論實體，只有不斷變化的力量之流。[5]

　　葛爾哈特則從實踐哲學的觀點理解「權力意志」學說的理
論意涵，主張它並非是一套思辨形上學，想要尋找存在或自然
的第一因，而是從實踐的角度著眼於文化藝術的創造活動，而
將一切精神與物理的力量歸諸於共同的根源，尤其訴諸那些具
有創造性的天才人物的文化自我創造。[6]由此看來，「權力意
志」最好限縮於文化哲學的領域，主要在人的實踐活動中有其
意義，其形上學意涵只有假說的性質，欠缺有力的理據。

　　就如之前已引述的《曙光》第548節〈戰勝力量〉一文，
其中即表示只有少數的天才具有衡量力量的尺度，而且自身就
是力量的劇場。（KSA 3, p. 319.）對尼采而言，活生生的力量
總是要求超越現狀、自我提升，只有在其中才會因為「優越」
（Überlegenheit）的情感與「權力感受」，並且由之體驗到「意

5　Günter Abel, *Nietzshe. Die Dynamik der Willen zur Macht und die Ewige Wiederkehr.* 2., um ein Vorwort erweiterte Auflage, pp. 16-18.
6　Volker Gerhardt, "Wille zur Macht," in Henning Ottmann hrsg., *Nietzsche-Handbuch. Leben-Werk-Wirkung,* p. 351.

志的解放」（Freiheit des Willens）。（KSA 3, p. 118.）[7]準此而言，1881年出版的《曙光》已然可見力量、意志與權力之間的緊密聯繫。關於「權力意志」就是活生生的力量的說法，詳見尼采在《查拉圖斯特拉如是說》卷2中的〈自我超越〉一節。（KSA 3, pp. 384-386.）尼采認為一切生命的本質與祕密就在於「不斷地自我超越」，有生命的地方就有「權力意志」，即使是奴僕也有當家作主的意志。生命包含著服從與命令，而生命在下達命令時，會有嘗試與冒險，甚至會以自己的生命為代價。因此，生命為了獲得權力，總是在鬥爭、生成之中要求自我超越，而且不惜以生命作為賭注。

　　「意志」（Wille）對尼采而言是「下命令的情感」（Affekt des Befehls），是自我作主和「力量」（Kraft）的標誌。（KSA 3, p. 582.）「權力」（Macht）即是「主人」擁有的優越力量，能對自己與他人下命令——能對自己下命令可說是對他人下命令的前提，而「奴僕」則需要信仰，因為他缺乏此一「權力」，其實就是沒有自主性、「力量」（Kraft）虛弱的緣故。愈是不知道如何下命令的人，就愈是迫不及待地需要一個下命令的人。人的自主性和自由思想，就展現在享受這種擁有「權力感受」的「權力意志」。至於「權力」和「力量」這兩個相近的概念，尼采並沒有嚴格區分。按我的理解可以如此略加分別：「力量」是泛稱一切能發揮作用、具有影響力的，不論是

7　Freiheit des Willens雖然也可以譯為「意志自由」，但這會讓人混淆，因為尼采向來反對有所謂來自意識主體的自由意志。在此Freiheit是指力量在意志的施展中得到釋放，因此譯為「解放」，當然也有「自由」之意。

物理性、生理性、精神性的作用與效能；「權力」則尤其指涉
具有支配與控制的力量，也就是尼采認為本質上跟「下命令的
情感」這種「意志」有關的力量。雖然對尼采而言，「意志」
並不是只有人才有，而是一切有機的生命、無機的物質，只要
存在，就會處在力與力相互作用的關係之中，因此他認為「權
力意志」是詮釋存在現象最適合的一種哲學表達。

　　由於尼采所看重的是超凡人物在其創作活動中的力量釋
放，力量在此關乎的不是機械論意義下的物質力量的因果關
係，而是統合著精神性與物質性的力量。因此精神性的力量必
然關乎身體感受，而身體的力量也不只是物理性的力的作用，
而與「意志」有關。於是關乎「意志」的「力量」，後來就被
尼采代以「權力」。葛爾哈特便表示，每個真實的意志總是
會被視為權力的施行，而權力的作用自身也被理解為意志的化
身。所謂的權力，總是意味著「會有作用發生」，權力彷彿內
建了意志，隨時準備展現其影響力。然而，所謂的「意志」卻
非來自於某個作為原因的意識自我或思考主體，而毋寧是跟身
體相關的自我。種種的「想要」（wollen）都是原初驅迫的感
受，只要有驅力、需求出現，有所恐懼、喜悅、傷痛，受到吸
引或感到厭惡，凡此皆為「權力意志」以多樣化的方式現身。[8]

　　科學的認識活動也無非是「權力意志」獨斷的自我取悅活
動。《善惡的彼岸》第24節，尼采表示，為了享受生命，人類
得保持無知，簡化、偽造這個世界。在無知的基礎上，才創造

8　Volker Gerhardt, "Wille zur Macht," in Henning Ottmann hrsg., *Nietzsche-Handbuch. Leben-Werk-Wirkung*, pp. 352-353.

了科學知識。求知的背後懷抱著更為強悍的求不知、求無知、求不真的意志。最好的科學，因為熱愛生命，所以把我們固定在一個簡化的、人為的、編撰好、偽造好的世界上，並且既自願又被迫地喜愛這謬誤。（KSA 5, pp. 41-42.）

至於想為道德奠基的康德式的「道德形上學」或替道德做出科學解釋，尼采則認為時機尚未成熟。《善惡的彼岸》第186節，尼采認為歐洲已發展出非常精細敏銳的「道德感觸」（die moralische Empfindung），但是才剛萌芽的所謂「道德科學」又太過稚嫩。想要為道德奠基的人太過高傲與無知，他們以為道德是某種「給定」的東西。相較於「道德科學」更合宜而謙遜的是為「道德的類型學」做好準備，也就是得比較不同民族、不同時代的道德觀，並且對從未質疑過的道德價值提出懷疑。所謂的「道德奠基」不過是以學術的方式對於自己所信奉且居支配地位的道德換個新的表達手段而已，並且不容許對它的信仰加以檢驗、拆解、置疑、解剖。（KSA 5, pp. 105-107.）因此，針對有關道德的感受能力進行分析，評斷它跟生命條件的關聯，便是尼采式的「道德形上學」，但其目的並非為道德奠基，而是以道德歷史的考察，來檢視道德跟歐洲生命史的關係。

四、「價值重估」

「權力意志」的提出，就是尼采據以思考本能的活動如何決定了人的價值判斷，他並且考察歐洲歷史，探討本來崇尚本能行動的希臘羅馬文化，如何經歷了價值的反轉，並且逐一盤

點歐洲的哲學、宗教、科學、政治，尋思歐洲文化為何自願削弱生命本能，在衰敗的歷史走向中，探究價值評斷為何從自我取悅走向了自我憎恨，若要重新反轉價值評斷的方式，該如何克服此一意願軟弱、虛無而非強大、豐盛的思維與感受形式。「權力意志」的相關思考，便跟尼采哲學後期的「一切價值重估」（Umwertung aller Werte）、[9]虛無主義的克服等書寫計畫有關，它們並且共同匯聚成尼采的現代性批判。

重估「一切」價值的宣稱可謂野心勃勃。尼采在《善惡的彼岸》廣泛地就歐洲的哲學、道德、宗教、藝術、政治提出了若干歷史的考察與批評性的診斷，或許便可視為此一價值重估的暖身活動。但是，斷簡與格言式的體裁以及充滿各種挑釁嘲諷、互相矛盾的宣稱的確令人懷疑是否足以勝任此一考察與診斷。因此，尼采在隨後出版的《論道德系譜學》便以更加嚴肅的態度，用論文的形式先把焦點集中在道德價值之上，嘗試進行了道德價值的重估。

「重估」（Umwertung）本身並非目的，而是作為手段。當標的物的價值被認為低估或高估時，便有必要進行重估，以重新確立其合理的價值。市場流通中的貨幣與貨物，都得不斷經受價值重估的過程。尼采常用「偽幣」（Falschmünze）或「偽幣鑄造」（Falschmünzerei）[10]表達劣品如何混充高價品而流通

9　本文有時以較簡約的「價值重估」或「價值反轉」代表同樣的意思。在《善惡的彼岸》中，尼采認為必須針對柏拉圖主義所設定的彼世的「永恆價值加以重估（umzuwerthen）及反轉（umzukehren）」。（KSA 5, p. 126.）

10　例如在《論道德系譜學》第27節，尼采表示他正在著手準備「權力意志」

上市，諷喻高尚、健康的生命本能經歷了價值反轉，被低劣、
衰敗的生命本能所取代。尼采自認找到了重新鑄造良幣的哲學
鐵錘，要翻轉被顛倒的文化視角。

「權力意志」可說是尼采藉以重新估價歐洲歷史文化的
概念工具、評價尺度。倘若如此，「權力意志」本身便有必要
受到先行評估，檢視其作為評價工具是否恰當，否則很難聲稱
價值重估的有效性。因此，在價值重估之前得先對重估的工
具——「權力意志」進行一番「重估之重估」（Umwertung der
Umwertung），亦即對於「重估」之可能性條件進行批判的考
察。

根據康德對「形上學」任務的重新界定，即是人類認識的
條件及界限的批判性評價，葛爾哈特認為，就此而言，尼采所
從事的哲學工作，也是形上學，只是他否定了將人類認識範圍
之外的「物自身」作為一界限概念存在的合法性。[11]準此而言，
尼采「權力意志」的學說無非是對生命活動的條件及其界限展
開批判性的評判，或可稱之為「生命形上學」。此一形上學的
範圍限定在生命現象，其方法則是語文學的詮釋與精神病理學
的分析。價值重估也可從康德批判哲學的意義來了解。

根據尼采在《善惡的彼岸》第三章第62節對基督宗教的批
判的相關描述，已可看出「權力意志」是評斷價值的尺度，基
督宗教則顛倒了價值，讓有價值的生命（強大的本能）受到貶

這部作品，並且為了表示其中沒有任何的虛偽造假時用了Falschmünzerei這
個詞語。（KSA 5, p. 409.）

11　Volker Gerhardt, *Friedrich Nietzsche*, pp. 179-180.

抑，沒有價值的生命（衰弱的精神）受到讚揚。宗教精神支配
歐洲文化的結果便是：強大的本能一再被削弱，感性世界被揚
棄，生命受到自我憎恨所扭曲。在尼采眼中，人這個「尚未定
型的動物」（das noch nicht festgestellte Tier），即使在良好的
培育過程中也不易茁壯成長。更不幸的是，透過基督宗教的價
值反轉——把一切價值評估顛倒過來，「強者、征服者、統治
者」這些在尼采眼中本是展現「權力意志」的有價值的生命，
在顛倒錯亂的價值反轉當中，不再熱愛而是憎恨培育生命的大
地，並且用「去世界化」（Entweltlichung）、「去感性化」
（Entsinnlichung）的方式想要培育高等的人，事實上卻造成了
歐洲人的低劣化。（KSA 5, p. 81.）

　　在1884年的遺稿中，尼采替一本從未寫就的書《永恆回
歸的哲學》（*Philosophie der ewigen Wiederkunft*）訂了一個副
標題「價值重估」（Umwerthung der Werthe）。[12]從1886年夏
天到1888年8月，尼采一直構想著一本書《權力意志》，副標
題則是「重估一切價值的嘗試」（Versuch einer Umwerthung
aller Werthe）。（KSA 12, p. 109.）時至1888年9月，尼采最終
放棄了《權力意志》這個書名，作為副標題的「重估一切價
值」一躍成為主標題，它將由四卷構成，分別是「反基督」
（Antichrist）、「自由精神」（Der freie Geist）、「非道德主
義者」（Der Immoralist）、「永恆回歸的哲學」（Philosophie
der ewigen Wiederkunft）。[13]

---

12 KSA 11, p. 218.
13 Andreas Urs Sommer, "Umwerthung der Werthe," in *Nietzsche-Handbuch.*

　　在1887年所出版的《論道德的系譜學》，尼采更加確信「權力意志」要作為籌劃中的著作的主題，書名是「論歐洲虛無主義的歷史」，他明白表示正在著手準備的作品為：「權力意志，重估一切價值的嘗試。」（Der Wille zur Macht, Versuch einer Umwertung aller Werthe）（KSA 5, pp. 402-405.）雖然以「權力意志」為主題的書在尼采生前並未出版，他本人最終也放棄了此一出版計畫，但是「權力意志」在尼采後期思想所具有的重要地位殆無疑義。

　　尼采把價值追求的內在動因繫屬於「求真理的本能驅力」。在《善惡的彼岸》中，尼采認為「真理」不過是習以為常的「價值感受」（Wertgefühlen），而認識的目的是為了服務於生存本能。人類用邏輯與數學、物理去丈量這個世界，其實是為了培育、推進人類這個物種的生存壯盛。尼采寄望哲學還有別的可能性，不只是固化既有的價值，而是敢於冒險反對習以為常的價值感受。因此，新品種的哲學家得是誘惑者，誘惑人們勇於嘗試。依照此一標準來看，「重估」當是哲學活動的本質，它便要求不斷嘗試發展別的可能性，形成新的「價值感受」，也唯有這樣的哲學才能超然立足於善惡的彼岸，也就是《善惡的彼岸》副標題所冀望的「未來哲學」。（KSA 5, p. 18.）然而，不斷自我超越、不斷價值重估的「權力意志」如何能自我證成？「權力意志」若限縮於人類的文明、文化實踐活動，如何能說明由「權力意志」所展開的人類文明有其價值？若「權力意志」無法自我證成，只是「原事實」，那麼「權力

Leben-Werk-Wirkung, hrsg. Henning Ottmann, pp. 345-346.

意志」的價值仍未得到說明。作為「原事實」的「權力意志」莫非只是觀念的虛構？以尼采的企圖心會容許意在啟用價值反轉的「權力意志」只是觀念虛構、現象描述與詮釋，而不能肉身化為寫上新價值標準的「立法者」與「自由精神」？

　　在《論道德的系譜學》中尼采認為，不論是觀念論形上學，或者是唯物論的原子觀，只要設定了表象與本質、現象與物自身的區分，而且將真理歸諸於實在、存在、實體或原因，不過都是「禁欲理想」（asketische Ideale）的虛構。尼采自己希望「權力意志」能跟「禁欲理想」的虛構區別開來，並且說表現為求真理意志的無神論是禁欲理想的最後發展階段，「權力意志」以自我否定的形式──虛無主義，獲得自我救贖。（KSA 5, p. 409.）《論道德系譜學》第三篇論文第11節，尼采自許為「禁欲理想」的對手，要探問的與其說是支持他們理想的信仰，不如說是他們的意志、權力、利害。（KSA 5, pp. 361-363.）換言之，禁欲者透過其「理想」形象想要昭顯（更恰當地說是表演darstellen）為「信仰」的內在動力，透過「權力意志」的分析，才揭露出所謂的「內在」不過是演員的面具，更為隱祕而真實的統治欲、權力感。作為生命條件的「權力意志」則非關道德，展現為不斷自我超越的真誠無偽。

　　此一真誠性是否能揭露出任何超越歐洲道德與真理的事實性呢？尼采在《善惡的彼岸》第36節提出「權力意志」作為一種「假設」：除了生命驅力，沒有什麼是被給定的實在。一切都是生命驅力的意志，所有起作用的力，都是意志之力對意志之力的作用，即權力意志。（KSA 5, pp. 54-55.）尼采在此並未用查拉圖斯特拉先知般的口吻宣告「權力意志」無例外的法

則性，而是帶著實驗性的態度稱之為假說。然而，《善惡的彼岸》第22節一方面嘲笑物理學家的自然法則不過只是一種低劣的文本詮釋技藝，卻同時宣稱「權力意志」本身才是真正無例外、無條件的，然而作為必然的、可計算的「權力意志」，並不受到任何規律支配，有的只是「權力意志」的闡釋——每個權力都在隨時得出其最新的後果。（KSA 5, p. 37.）

　　「權力意志」既是實驗性的假說又是無例外的規律，語文學家尼采有意挑戰自然科學的知識客觀性，但不免自相矛盾。消極而言，哲學家應該謙卑謹慎地就生命現象此一原初文本提出假說性質的詮釋，並且允許進一步的闡釋來調整、豐富或推翻舊說。積極來說，哲學家更是要對自己所進行的哲學闡釋展開內部批判，「權力意志」也可說是對於哲學家的精神活動此一文本進行詮釋與分析。「權力意志」自我指涉將落入一種惡性循環，即：自身的同一性要求（無例外），同時又具有自我解消的非同一性（假說、自我批判）。尼采對此從未尋思調解之道，或者，最終仍走向了「同一性」哲學的死巷，也是哲學家未能卸除的自我認同之路。

　　哲學家何以可能？「求真理」、「愛智慧」此一典型的哲學家自我認同，被尼采認為是一種自我標榜的包裝與演出，至少是種自我誤解。他說，哲學家不夠坦誠，其實是先有念頭，再設法經由辯證法、邏輯與數學形式來為自己所宣稱的真理狡辯，實則是偽善地隱瞞了自己的成見，並以愛智慧來包裝自己。（KSA 5, pp. 18-19.）看似客觀的理性認識，內在的動力其實是專斷的權力欲望與本能驅力。尼采表示，哲學家總是按照自己的形象創造世界，哲學即是暴君的驅力自身（tyrannischer

Trieb selbst），是某種精神意志，它要求權力、創造世界、第一因。（KSA 5, p. 22.）

　　以禁欲形象現身的哲學家如何獲得統治、立法的權力？像禁欲的隱士一樣遵守貧窮、貞潔和服從的戒律，終身不婚（蘇格拉底則反諷地成為例外）並剝奪感性享受的禁欲，哲學家才得以「贏得自己對自己的恐懼和敬畏」（KSA 5, p. 359.），這才有利於調動一切力量讓他的偉大作品受孕。每個哲學家若想要「打造自己的星空，都得在自己的地獄中獲致權力」。（KSA 5, p. 360.）受苦的哲學家以蒙受地獄之苦為自身贏得統治的權力。至於標誌著現代精神進步性的科學家是否在「禁欲理想」的對立面且戰勝了他們呢？尼采要拆穿此一誤解，認為他們其實也與「禁欲理想」祕密結盟，只是相較於哲學家的刻意演出，科學家則是無意識地演出同樣的戲碼。（KSA 5, pp. 402-405.）禁欲理想的虛構證明了推動宗教、哲學、科學都是基於「權力意志」此一根本事實。

　　「權力意志」作為「原─事實」（Ur-Faktum）[14]莫非只是觀念上的根本事實，或者只是對於人類生命活動的現象分析？或者我們不妨將之命名為「後─事實」（Meta-Faktum），都不過只是詞語（Wörter）罷了。就像尼采對「主體」（Subjekt）的批判所揭示的，哲學家受到語法的誘導而懷抱著對「主體」和「自我」（Selbst）的迷信，「自我」這個單詞掩蓋了它內在的張力與多重性。換言之，「權力意志」不過是對作為原初事實的人類活動、文化現象所展開的心理分析與現象描述，它揭

---

14 KSA 5, p. 208.

諸身體與精神力量內在的多元性，及其互相掩飾以促進生長、
獲得統治的運作方式。若是將「權力意志」視為一種形上學，
無非是採用力量與生成的觀點來詮釋世界，但是其範圍恐怕只
能限制於人類的文化活動，或者仍是以人為中心的存有論。

五、現代性危機

　　尼采有時稱現代的歐洲陷入了半野蠻狀態，[15]而歐洲人則
自豪他們的現代理念帶來了「進步」（Frotschritt）、「文明」
（Civilisation）或「人性化」（Vermenschlichung）。（KSA 5,
pp. 182-183.）早在1874年出版的〈論歷史對生命的好處和壞
處〉（Vom Nutzen und Nachteil der Historie für das Leben）一文，
尼采便從生命力量究竟受到激發或是削弱的視角來評價現代生
活。在當代的歷史學者高唱「科學要開始統治生命！」的讚頌
中，尼采看到了頹敗的時代精神，認為現代人為知識奴役，受
苦於被削弱的個性而失去了創造性，衰頹的歐洲文明將難以逃
脫崩解的命運。（KSA 1, p. 279.）在1882-1883年的手稿中尼
采還曾表示，生命的價值（der Wert des Lebens）表現於價值評
估（Wertschätzungen）的活動之中，而且價值評估本身就是創
造的活動。被創造的事物總是會被毀滅，並且讓位給新的創造
物，但是價值評估本身不會毀滅，它就是生命。（KSA 10, p.
214.）

　　尼采曾以帶著譏諷的口吻說人是「能評價的動物自身」

15　如《善惡的彼岸》第224節。（KSA 5, p. 158.）

（abschätzendes Thier an sich）。（KSA 5, p. 306.）在《論道德系譜學》中，尼采稱奴隸道德表現為否定型態的創造性行動，是「價值設定目光的反轉」（Umkehrung des wertesetzenden Blicks）。基督教道德在歐洲的興起被尼采視為一種「道德上的奴隸起義」（KSA 5, pp. 270-271.），它開始於怨恨（Ressentiment）本身成為具有創造性的，而此一自我否定式的價值與生命表現形式也就此在現代歐洲孕育發展。

　　至於形上學家則「相信價值的對立」（KSA 5, p. 16.），柏拉圖主義建立了二元對立的世界圖像，否定感官世界的生成變化並創造了虛構的價值自身——理型（idea）。對尼采來說，柏拉圖主義的形上學家和基督教道德都是以反應的、否定的方式進行價值評估的活動，顯示出衰敗的生命徵象，是歐洲虛無主義的源頭。到了啟蒙時代，科學理性取代了形上理念與唯一真神，成為唯一的價值尺度與永恆視角。理性主體所提供的形式普遍性，充分彰顯出「權力意志」的簡化與同化作用，其代價則是讓生命失去真正懷疑的能力，能激發旺盛精力的多元視角則受到減縮。因此，尼采試圖以積極、自我肯定式的「權力意志」重估西方現代性，想要透過再一次的價值反轉扭轉歐洲文明的病態發展，冀望希臘羅馬的高尚自由精神重新形塑歐洲文明。

　　然而，「權力意志」能否走出與主體哲學相關聯的現代性危機？即使以感受為優先性的價值判斷，能避免抽象的理性同一性反思，然而是否真能展現身體主體的內在差異性？尼采菁英主義式的「超人」（Übermensch）學說，尤其凸顯出只有少數的「自由精神」才足以承擔人類的解放與文明的創造，其他

人則沒有權利享有自由，只是「超人」的僕役。「權力意志」並未真正肯定權力與意志內在的差異性，以展開身體與精神／同一性與非同一性之間的辯證，最後仍不免訴諸暴力更激進地貫徹他想要反思的啟蒙理性的同一性，對啟蒙理性的批判也跟著落空。

「距離的激情」（Pathos der Distanz）這個概念也說明了「權力意志」以貴族的階級統治為典範的暴力性格。尼采認為，更完滿的人──不論是在身體或精神力量都更強大的人，是統治階層透過暴力的征服過程，不斷壓制較柔弱的種族才能在血跡斑斑的歷史中發展出來。更完滿的人因此也是更完滿的野獸。人的典範的出現與提升過程，只有不斷地克服更虛弱的人才能實現。（KSA 5, pp. 205-206.）

尼采棄絕民主政治，主張奴隸制度的合理性，認為具有強大生命本能的自我立法者──暴君（Tyrannen）才有真正的統治權。（KSA 5, pp. 182-183.）若是「權力意志」唯一的目的就是要施展權力、取得支配、同一化所有異己的力量。此一控制欲在政治上的結果豈非便是法西斯主義？權力的邏輯終點就是絕對的權力，二戰期間的納粹政權莫非就是「權力意志」的政治肉身？

歐洲自文藝復興、市民革命、工業革命所構成的世俗化、理性化、工業化以及民族國家體制，逐漸成了全球化時代具有普遍意義的「現代性」（modernity）。此一現代性既宣揚個人主義的自由、平等，卻也弔詭導致了20世紀國家主義與法西斯主義，此一急遽的擺盪、鬥爭可謂餘波盪漾，置身於21世紀的人類社會仍屢逢崩解的險境。19世紀末的尼采似乎便預示了此

一現代性的墮落性質與毀滅傾向，他雖然試圖提出驚天動地的解決方案，但其思想更隱含著他自己無力反思克服的內在張力與困境。

　　事隔一百多年，尼采身後的人類歷經兩次世界大戰、集中營、種族滅絕等慘絕人寰的人性倒退，如今是否能藉由重估尼采的現代性克服方案得到一點啟示？「權力意志」對「現代性」頂多提供了有限的現象詮釋，難以有效地自我證成並且構成對現代性的有力批判，它甚至可能是現代性的危機與災難的源頭之一。21世紀的人類回首上個世紀的歷史災變，環視當下愈加窘迫的生態環境危機，能否以後見之明繼續思索尼采價值反轉的企圖？重估尼采的「權力意志」或許能提供若干思考線索。

　　尼采試圖克服理性主體同一性所造成的虛無主義危機，「權力意志」恢復了感性身體的內在多元性，但仍以同一化的暴力凝結成「暴君」式的主體，一方面既是人類社會的統治者，另一方面則未走出人類中心主義。「人」或「高貴的主人」仍是宇宙的中心、自然的支配者，尼采終究未能走出自我中心式的自戀主體。即使尼采嘗試以「權力意志」克服柏拉圖哲學、基督宗教乃至啟蒙理性的同一性，但是他深入歐洲文明所展開的深刻自我批判，並未讓他真正走出歐洲中心主義。這不僅是19世紀尼采的困限，當代歐洲哲學大體仍在歐洲語言與文化視角來思考現代性的危機。歐洲哲學迄今仍舊封閉，尼采曾試圖打開的跨文化視角並未發揮積極的作用，歐洲文明並未如尼采所冀望下降至徹底的虛無主義。唯有讓「權力意志」所蘊含的兩種力量運作形式——同一性與非同一性彼此互相轉化，歐洲現代性的價值重估或許才有機會真正啟動。

第八章

價值設定

一、前言

　　本章藉由尼采對歐洲「虛無主義」（Nihilismus）歷史的反省探究尼采如何思考「價值設定」此一問題。在道德系譜學的考察工作中尼采發現：歐洲的道德發展史是一部價值設定方式反轉的歷史，也就是從主動的（aktiv）轉換成反應的（reaktiv）價值設定型態，此一轉變也造就了歐洲虛無主義的歷史。罹患虛無主義文明病的現代人，由於忘記了理性與歷史是為生命服務的，因此過度標榜科學的分析精神，使得人類的存在淪為追求普遍效益的工具，失去了主動設定價值、創造價值的能力。尼采因而宣告「上帝死了！」（Gott ist tot!），並指出虛無主義是「頹廢的邏輯」（die Logik der décadence），歐洲文明必須替自身設定一自我超越的目的，因此，迄今為止的最高價值必然得自我貶值。至於如何具體施行尼采所構想的文化自我超越的計畫──「重估一切價值」（Uwertung aller Werte）以克服虛無主義，換言之，如何再度從反應的價值設定型態反轉為主動的

價值設定型態，在尼采的著作中缺乏一系統性的說明。本章的
目的就在於說明尼采價值設定的原理，作為尼采價值重估學說
的一種詮釋。

　　本章共有五節。第一節在於說明為何尼采要進行「重估
一切價值」的計畫，並藉之超越虛無主義的現代文明病症；第
二節則澄清何謂價值設定，並說明價值設定的兩種型態，即否
定的（反應的）與肯定的（主動的）價值設定方式；第三節進
一步展示尼采所讚許的肯定的價值設定的型態，並且透過「距
離的激情」（Pathos der Distanz）這個概念來說明價值設定的
方式；第四節則解釋為何必須從普遍主體中抽身出來回歸身
體和個體化，主動的價值設定方才可能，作為「自由精神」
（Freigeist）的個體才能真正展開在歷史中的創造性行動；第五
節作為結論，我們將看到視角主義的提出為何對於虛無主義的
克服有其必要性，而「價值設定的個體化」就是以視角主義作
為理論背景所發展出來的文化超越方案。

二、虛無主義與文化的自我超越

　　在〈論歷史對生命的好處和壞處〉（Vom Nutzen und
Nachteil der Historie für das Leben）[1]一文中，尼采慨嘆現代人喪
失了遺忘的能力，一直在抵抗著不斷加諸在他身上的歷史積澱
的重負，所以無法像獸類一樣「非歷史地」（unhistorisch）活

1　這篇文章首先於1874年2月底出版，後收入《不合時宜的考察》
　　（*Unzeitgemässe Betrachtungen*），作為該書的第二篇，以下簡稱此文為
　　〈論歷史〉。

著、並能由此獲致幸福之感。（KSA 1, p. 249.）太過理性的現代人迷失在追求真理的意志狂潮之中，捲入了歷史的漩流，無法自過去抽身，他每個此刻的存在因而都是蒼白委頓、毫無生機的。[2]

　　在〈論歷史〉一文中，尼采對「歷史」（Historie）[3]抱持著某種懷疑的態度，彷彿它對於人類的行動乃至生命總是弊多於利。就一般的理解來說，行動之所以可能賴於有意識地設定行動目的，還需要記憶來持續一有目的的行動。尼采質疑此一流行見解，他認為比起記憶來說，遺忘在行動之中所扮演的角色更為不可忽略。尼采提醒人們遺忘的正面意義：「所有的行

2　對尼采來說，不管是一個人、一個民族還是一個文化都像是一個有機的生命個體，它必須替自己劃定一個視域（Horizon），換言之，它得有能力判斷什麼時候該遺忘、什麼時候該記憶。尼采認為，沒有遺忘地活著根本是一件不可能的事，要是一個人想要持續地歷史地感覺著（historisch empfinden），就好像強迫他不去睡覺一樣，這樣他將會在所有的事物中唯有看到「流變」（Werden），並將不再相信自身的存在、不再相信自己，所有的事物將在流變之川中飛逝消散。（KSA 1, pp. 251-252.）

3　在〈論歷史〉當中，「歷史」常常可以泛泛地理解為「記憶」或「關於過去事件的知識」。在該文當中「歷史」常被帶有貶義地使用，主要的原因是來自於尼采對強調科學方法的「歷史主義」（Historismus）的批評態度，他旗幟鮮明地反對以蘭克（Leopol von Ranke）為首的「歷史主義」對科學客觀性的鼓吹提倡。尼采同時也反對黑格爾式的歷史哲學以及在政治上有影響力的進步主義的歷史觀，他批評這些以為歷史不外是一種目的導向的發展歷程的想法是一種形上學的建構。在尼采中後期的著作中則開始提出了自己正面的「歷史性思維」（historisches Denken），並藉之展開其形上學批判及道德批判。參見Katrin Meyer, "Historie," in Henning Ottmann hrsg., *Nietzsche-Handbuch: Leben, Werk, Wirkung*（Stuttgart: Weimar, 2000），pp. 255-256.

動都需要遺忘，就像所有的有機生命不只需要光線也需要黑暗一樣。」（KSA 1, p. 250.）。他在《論道德系譜學》（*Zur Genealogie der Moral*）第二篇的開首表明他的觀點：「遺忘並不是如膚淺的人們所想的那樣，只是一種慣性，它其實更是一種積極的、從最嚴格的意義而言正面的攔阻能力，只有那些我們所體驗過的、經歷過的、被我們所吸收的才會判歸給它。」（KSA5, p. 292.）換句話說，遺忘並非總是如表面看來的那麼負面，表示記憶的缺失等消極而被動的意義；相反地，它代表著生命主動攔截、阻卻的能力，以免意識承載過多不必要的負擔。尼采並重申他在〈論歷史〉中同樣的看法：「沒有遺忘就不可能擁有幸福、歡樂、希望、驕傲與現在。」（KSA5, p. 292.）唯有獸類才能真正地活在現在而擁有幸福，因為牠們能夠非歷史地活著。由於人類無法完全活在非歷史的狀態，所以必須平衡地駕馭歷史感和非歷史感，以吸收過去，將之轉化成使生命健康、強壯的力量。

　　尼采將此一文化生命賴以自我更新的力量稱為「形塑的力量」（die plastische Kraft），它是一種「全憑己力的獨特的生長力量，能將過去的和陌生的加以改造和『併入』（einzuverleiben），[4]可以癒合傷口、彌補損失，將被破壞的形式加以重塑」。（KSA 1, p. 251.）突出遺忘的重要性，是為了

4　尼采用「併入」這個詞語來表示在我們下意識的精神活動中，有一種能力可以統整吸收那些外在於我們自身的東西使之成為我們所屬的一部分，就好像消化器官吸收營養的能力一樣。筆者將此一不定式的動詞轉化為名詞，稱之為「併入」（Einverleiben），並用此一概念來指稱身體性的思維活動。

強調歷史的真正目的在於為生命服務，而過度氾濫的歷史感將
會淹沒了生命主動創發的本能。尼采甚至相信，只有當歷史轉
化為藝術品時才能保存或激發本能，這無疑和當時舉標分析、
非藝術的史學風尚背道而馳。當歷史學家在勝利的歡呼中大
喊：「科學要開始統治生命！」之時，尼采看到的是一種頹敗
的時代精神，人們將依照時代的需要被豢養，並在還未成熟之
前送到「普遍效益的工廠內工作」（in der Fabrik der allgemeinen
Utilitäten arbeiten）。（KSA 1, pp. 298-299.）如此一來，過度
饜飽的歷史將使得生命不再以主動的方式創造價值，「現代人
因其貧弱的個性而受苦」（der moderne Mensch leidet an einer
geschwächten Persönlichkeit）（KSA 1, p. 279.），缺乏想像力的
現代人眼中只有效益，生命的形塑力量受到過度膨脹的知性的
抑制，歐洲文明因而難逃價值崩解的歷史命運。

　　尼采藉著瘋子之口喊出「上帝死了！」（Gott ist tot!），[5]
要世人正視價值崩解的虛無主義文化危機。虛無主義並非描
述一實然的歷史現狀而已，它對尼采而言更是一必然的歷史邏
輯。[6]此一「邏輯」的規範性並不是知識意義的，而是一種文化

5　「上帝死了！」的宣告第一次出現在《快樂的科學》（*Die Fröhliche
　　Wissenschaft*）標為〈瘋子〉的一節當中。（KSA 3, pp. 480-481.）當最高
　　價值自我貶值之際，生命存在的終極意義為何？查拉圖斯特拉的答案是：
　　「超人」（Übermensch）。在1882-1883年的手稿中，尼采表示：「我不
　　願此生再來一次。我怎能忍受這樣的事呢？進行創造。是什麼讓我得以暫
　　且堪受？唯有對那肯定生命的超人的企盼。我嘗試著自己去肯定生命——
　　啊！」（KSA 10, p. 137.）若「永恆回歸」（die ewige Wiederkehr）是悲劇
　　性的生命真相，那麼只有對之肯定才能超克命運。

6　尼采認為虛無主義具有歷史的必然性，它是「頹癈的邏輯」（die Logik der

的、歷史的規範性。上帝、第一因、終極目的等最高價值最終
必然要自我貶值。因此虛無主義並非僅是偶然的歷史事件，它
一方面是歐洲文明病弱的症候，更重要的是它顯示出歐洲文化
必須克服虛無主義文明病此一自我超越的規範性要求。[7]

　　然而，尼采是否曾經提出任何文化超越的方案以克服令
人喪氣的虛無主義文明病？無論是早期〈論歷史〉中所提及的
「形塑的力量」或「批判的歷史」（kritische Historie）[8]等文
化批判的觀點，或者後期「重估一切價值」（Umwertung aller
Werte）的計畫，無疑都是尼采為了克服虛無主義而提出的正面
主張。根據尼采對歐洲文明所下的虛無主義歷史診斷，以理性
為核心的歐洲文明對尼采而言已經是窮途末路，而需要對柏拉
圖主義所設定的彼世的「永恒價值（ewige Werthe）加以重估

---

décadence）。（KSA 13, p. 265.）

7　尼采把文化與歷史視為有機的生命體，他說：「所有偉大的事物都會透過
　　自己自我揚棄的行動走向毀滅：生命的法則就是如此，這是生命本質當中
　　必然的『自我超越』。」（KSA 5, p. 410.）

8　從〈論歷史對生命的好處和壞處〉第2節開始，尼采區分三種對歷史的不同
　　需求，即「紀念碑的」（monumentalische）、「古董的」（antiquarische）
　　與「批判的」（kritische）歷史。尼采說：「如果一個人因著想要有一番
　　偉業而需要過去，他就會透過紀念碑的歷史來增強自身的力量；反之，如
　　果一個人喜歡維持常規和傳統，就會做一個古董的歷史學家來珍惜過去；
　　而只有當一個人為一種當前迫切的需要所壓迫，並想要不計任何代價地拋
　　棄重負時，他才會感到需要『批判的歷史』，即評價和審判的歷史。」
　　（KSA 1, p. 264.）很顯然，尼采自許為一個批判的歷史學家，他的任務即
　　在於對虛無主義的歐洲文明進行一種歷史的審判工作，並從根本上扭轉錯
　　誤的價值取向，而扭轉的方向就在於從虛構的彼世價值拉回現世的存在，
　　革除自我否定、自我矮化的文明習氣，恢復希臘羅馬貴族勇於形塑自我理
　　想典範的創造性文化力量。

（umzuwerten）及反轉（umzukehren）」。（KSA 5, p. 126.）按
照此一西方現代性的反思，尼采價值重估的主張在本章中將用
「價值設定的個體化」做一顯題化的詮釋，藉此說明尼采如何
透過此一價值設定方式的反轉，來診治以理性自豪的現代人個
性被削弱的文化病症，並超越虛無主義的歷史命運。

三、價值設定的型態

　　尼采以嘲諷的口吻表示，人因為能夠自己設定價值、衡量
價值，所以將自己評定為「能評價的動物自身」（abschätzende
Thier an sich）。（KSA 5, p. 306.）在1882-1883年的手稿中尼
采指出，生命的價值（der Wert des Lebens）便植基於價值評估
（Wertschätzungen）的活動之中。（KSA 10, p. 214.）對尼采
來說，在所有價值問題之中，與人類此一評價的動物最息息相
關的無非是道德價值的問題。因此在《論道德系譜學》的前言
中，尼采揭示此書所探討的主題：「在什麼條件之下人類替自
己發明了善與惡的價值判斷？而它們自身又有何價值？它們迄
今為止是阻礙還是促進了人類的發展？它們是否彰顯了生命的
困頓、貧乏與退化？或者與此相反，它們展現了生命的豐盛、
力量與意志，生命的勇氣、信心及未來？」（KSA 5, pp. 249-
250.）[9]

9　在《看哪，這個人！》（*Ecce homo*）當中，尼采回顧《曙光》
　　（*Morgenröthe*）一書寫作的目的，他表示這本書開始了他對抗道德的戰
　　役，並且說：「道德價值的起源對我來說是第一階序的問題（eine Frage
　　ersten Ranges），因為它關乎著人類的未來。」（KSA 6, p. 330.）

　　價值設定對尼采而言是一種創造性的行動，而不是某種被取得、被學習、被經驗的事物。（KSA 10, p. 214.）在《論道德系譜學》中，尼采稱奴隸道德之否定型態的創造性行動為「價值設定目光的反轉」（Umkehrung des wertesetzenden Blicks）。基督教道德在歐洲的興起被尼采視為一種「道德上的奴隸起義」（der Sklavenaufstand in der Moral；KSA 5, pp. 270-271.），它開始於怨恨（Ressentiment）本身成為具有創造性的，而價值也由此孕育而生。但是這種創造性的行動，不像高貴的道德是來自於由個體自身所興發的勝利的肯定，它其實是一種對「外在」、「他人」以及「非我」的否定。「奴隸道德」（Sklavenmoral）的形成首先總是依賴一個對立的外在世界，用生理學的說法來講，它需要外在的刺激方能有所行動——其行動則完完全全是種反應（Reaktion）。（KSA 5, pp. 270-271.）對尼采來說，價值的設定本來應該是自發的（spontan），之所以會有價值對立項的產生，也是出自於一種伴隨著歡快自得的自我肯定。[10]肯定的概念來自於那些能夠自我肯定為「高貴者」、「好人」、「優美的人」、「幸福的人」，而像「下等的」、「卑賤的」、「壞的」這些否定的概念都不過是後起的、黯淡

---

10 尼采讚嘆真正的道德必然出自於生命的本能，他說：「凡是道德中的自然主義者，亦即是說凡是健康的道德必然是由生命的本能所轄治。」（KSA 6, p. 85.）透過系譜學的考察工作，尼采發現歐洲人至今所深信的道德價值並非是一種來自自我肯定的生命本能、健康的道德，而是來自於畜群的本能對於強者的怨恨，並且透過知性的思辨這種創造性的活動建構了神聖領域和自在的價值，一旦這種虛假的價值意識被創造出來，強者也受其蠱惑，被誘向虛無的危險境地，道德因此也成了疾病和偽裝、成了刺激和毒藥，阻礙了人類的自我超越。

的對照圖像。（KSA 5, pp. 270-271.）

尼采認為形上學家的根本信念就是「相信價值的對立」（Glaube an die Gegensätze der Werthe）。（KSA 5, p. 16.）柏拉圖主義便建基於二元對立的世界圖像，以否定感官世界的生成變化來創造一虛構的價值自身——理型（idea）。因此，形上學家價值設定的型態和基督教道德如出一轍，都是以否定的方式來回應世界，從這種否定性的創造活動中，柏拉圖主義和基督教道德建立起虛無主義的價值階序，真理與謊言、善與惡的價值對立也應運而生。

按尼采的分析，這種否定的價值設定方式其實出自於特定的物種自我保存策略，在他早年的手稿〈論非關道德意義的真理與謊言〉（1873）當中，人類引以為傲的理智（Intellekt）被描述為個體為求保存性命的偽裝伎倆。理智作為個體自我保存的手段，它的主要力量發揮於偽裝之中。透過偽裝，較羸弱的個體可以保全性命。此一偽裝的藝術尤其在人類到達了高峰。尼采採納了契約論者的觀點，主張人類為了要以社會的、群畜的方式生存，透過和平協定來排除「所有人對所有人的戰爭」，某種型態的「真理」因而便被固定了下來：對於事物的規範性稱謂和普遍有效性被虛構出來，語言的法則形構了真理的條件。以群畜的方式過生活的人類所追求的因此是一種舒適的、可以保存生命的真理。因此，人們之所以憎恨謊言並不是因為謊言本身有什麼不對，人們憎恨謊言是因為不願由於被欺騙而受到傷害。（KSA 1, pp. 876-877.）

追求真理的人類開始以為自己是歷史的中心，歷史受到了普羅塔哥拉的原理（Protagorean Principle）所支配——人是尺

度。歐洲智性文化的發展歷史形成了一種有利於此一文化自我
保存的根本規律：封閉的真理斷言系統和開放的批判質疑辯證
地形塑了歐洲的歷史文明。尼采是現代哲學家中唯一慧眼獨具
地有見於此，並且據此洞見提供了文化自我超越的觸媒，他前
所未有地發現了哲學思考必然包含了一永恆的緊張性，即一方
面宣稱真理，另一方面又得批判所有這樣的宣稱。因此，哲學
史成為一部誤解的歷史，哲學家往往以曲解、否定他之前的哲
學家的方式建立他自己的論斷。尼采因而認為，幾乎所有的哲
學家都未能體認到，哲學史是一部徒勞無功的歷史。哲學家對
於真理和確定性的宣稱都顯示了傲慢和浮誇，凡是此類宣稱的
失敗都證明了蘇格拉底式的反諷是正確的。因此，尼采的任務
就在於如何面對此一徒勞無功的思想歷程，不再尋求真理和確
定性的根據，而是轉向為克服歐洲虛無主義歷史的文化超越工
作。11

---

11 筆者在此參照了郝大維（David Hall）的觀點，見David Hall, "Nietzsche and
   Chuang Tzu: Resources for the Transcendence of Culture," *Journal of Chinese
   Philosophy 11*（1984）, pp. 139-152. 郝大維主張，尼采洞悉了知識和無知
   之間真正的關係，使得他完成了蘇格拉底式的知識探求。對於真理的無知
   並非是由於知識的缺乏，而是知識的過剩。我們知道得太多，但是我們對
   確定性卻一無所知。蘇格拉底的無知來自於「尚未有知」（no-knowledge-
   yet）；尼采則是「不會有知」（no-knowledge-ever）。蘇格拉底知道他並
   未認識；尼采則以為根本就不能認識。對郝大維來說，蘇格拉底體現了一
   種無知的智慧。柏拉圖的蘇格拉底對話錄沿用了古典希臘喜劇中兩個對立
   的人物形象：eiron、alazon。在喜劇中，eiron喬裝成謙遜的樣子來掩飾他的
   企圖和算計，alazon則因為他的高倨、自命不凡、假冒為智者而總是落敗，
   並成為希臘觀眾取樂的來源。蘇格拉底是個eiron，他和獨斷且自負的談話
   者的對談顯示了任何真理宣言的限制。但蘇格拉底之後的哲學家，包括了

　　因此，柏拉圖主義的形上學家對於真理所做的絕對有效性宣稱必然在文化自我超越的要求之下瓦解，然而尼采在打破獨斷論式的宣稱之後又如何能夠不落入相對主義與徹底的懷疑論之中？為了避免走入此一困局，尼采選擇了視角主義（Perspektivismus）作為貫徹康德批判哲學的一條出路。德國學者Kaulbach將康德的批判哲學詮釋為視角主義哲學的先驅，視角式的理性並不表現為對於客觀事物的認識，它想獲取的毋寧是意義的真理。康德的視角主義因而從客觀世界認知的獨斷宣稱的桎梏之中解脫了出來，而邁向了自足的、根於理性的世界意蘊的自由之路。理性將不再從客觀世界來確立其自身，而是完全依於自身來確保意義實現的必然性。[12]

　　尼采的視角主義可以理解為康德理性批判的徹底化。德勒茲（Gilles Deleuze）認為，尼采把意義（sense）與價值（value）的概念引入了哲學，而意義和價值的哲學必須是一種批判。他表示，尼采哲學工作的主要意圖之一便在於指出，康德並未真正地完成批判的工作，因為他未能從價值的角度來提出批判的問題。由尼采所構想和建立的價值哲學是批判的真正

　　他的秀異的學生柏拉圖卻不再像eiron一樣懂得以反諷的方式來保持對此一限制的警覺，藉以避免獨斷地做出確定的宣稱。尼采並不僅只是跟著蘇格拉底亦步亦趨，去扯下那些獨斷思想的浮誇面具，而是藉由嘲諷蘇格拉底來使他顛覆了eiron-alazon的兩極，把蘇格拉底看成哲學的呆瓜，藉以超越在文化母體中封閉系統和批判性質疑的雙重要求，也藉以超越了文化自身。

12 Friedrich Kaulbach, *Philosophie des Perspektivismus, 1. Teil. Wahrheit und Perspektive bei Kant, Hegel und Nietzsche*（Tübingen: Mohr〔Paul Siebeck〕, 1990），p. 214.

實現，唯有透過此一途徑，徹底的批判方能實現，「用錘頭作哲學」（mit dem Hammer philosophiert）才可能。[13]

然而康德的批判哲學所根據的理性主體在尼采看來是受到我們的語法結構所誤導而有的虛構之物，它不能提供知識確定性的基礎。理性主體所提供的形式普遍性對尼采而言其實是「權力意志」（Wille zur Macht）的一種簡化與同化作用。這個世界被我們邏輯化了，它變得更易於操控、更適合生存，這是生命本有的強大本能。理性只是為生存服務的工具。尼采關於「權力意志」與「假象」（Schein）的學說也是在取消了康德「現象」與「物自身」的區分之後的必然結果。尼采認為只有視角、只有詮釋，沒有「一個」體系完備的真理世界，而是由許多不同的、對立的視角與詮釋構成了這個世界，單單宣稱某一視角為最後真理是錯的，[14]真理無疑是多樣性的，世界只是我們視角投射出來的外觀鏡像，在這外觀鏡像的背後並沒有一個獨立自存的本體世界，世界的存在是詮釋的結果。

只有詮釋，此外別無所有。德勒茲指出，尼采用意義

---

13 Gilles Deleuze, *Nietzsche and Philosophy*, translated by H. Tomlinson（New York: Columbia University Press 1983），p. 1.

14 在《善惡的彼岸》序言中，尼采表示獨斷論的真理觀即是否認了那種「所有生命的根本要件的視角的東西」（das Perspektivische, die Grundbedingung alles Lebens）。（KSA 5, p. 12.）至於視角式的真理觀的正面表述，則出現在《論道德系譜學》第三篇第12節：「只有一種視角式的看（perspektivisches Sehen），只有一種視角式的『認識』；而我們愈是讓更多的情感在一件事物上呈顯出來，我們愈是懂得用更多的眼睛去看待一件事物，那麼我們對於此一事物的『概念』及『客觀性』就會愈完全。」（KSA 5, p. 365.）

（sense）與現象（phenomenon）的關聯取代了表象（appearance）
與本質（essence）的形上學二元性以及科學的因果關係。[15]尼
采告誡哲學家們不要再用「純粹理性」與「絕對精神」來禁錮
我們主動的、詮釋性的力量，而是應該讓「人們知道正是視角
（Perspektiven）和情感—詮釋（Affekt-Interpretationen）的差異
性（Verschiedenheit）使得認識成為有用之物」。（KSA 5, pp.
364-365.）「無視角」的看、「無情感」的詮釋不過是理性的詭
計及騙術，它真正的目的並非達到認識，而是誘使我們以麻痹神
經系統的方式陶醉在虛無的幻境之中，於是無能者得以征服強大
的戰士，生命被否定的本能所統治。

　　「意義」（Sinn）若不再被看成是純然精神性的、由主體
自發性的活動所創造的產物，難道只是可以用語言加以詮釋
的、確定的「東西」（Sache）、「對象」（Gegenstand）？還
是無法確定的「某物」（etwas）？是主觀、客觀的抑或是主客
交涉的結果？對尼采而言，「意義」只是「權力意志」在支配
與征服的詮釋歷程中現身的符號（Anzeichen），是連帶著身體
本能的運作——即「權力意志」的詮釋，優勢的力量在歷史中
占得上風而連帶地伴隨著的現象。有先驗的主體作為支撐最終
意義來源的詮釋主體，也沒有處於「權力意志」的詮釋歷程之
外等待被闡明的客體或任何的某物X，一切都是「權力意志」，
此外別無所有。[16]

　　尼采批評康德「物自身」的概念是範疇誤用的結果。若

15　Gilles Deleuze, *Nietzsche and Philosophy*, p. 3.
16　關於「意義」和「權力意志」的關聯請參見KSA 5, pp. 313-316.

「物自身」被理解為「現象」的原因,那麼就是把只能運用於現象界的因果範疇,逾越了經驗的使用界限,應用到了超越的領域。(KSA 2, p. 38.)在道德哲學方面,尼采則承續了康德「自律」的概念,但拒絕透過普遍化的操作程序將道德形式化、去個體化,而是回歸每個個體的特殊視角出發來重建道德的自我立法,以實現具有創造性意涵的個體價值。(KSA 3, p. 563.)倘若貫徹視角主義的立場,那麼以追求普遍真理為職志的價值設定方式必然得改變其型態,康德式的先驗主體必須經過一種身體化和個體化的轉換工作,因此我們將透過尼采「距離的激情」(Pathos der Distanz)這個概念來說明「價值設定個體化」如何調轉價值設定的方式。

四、「距離的激情」(Pathos der Distanz)

在《論道德系譜學》第一章第2節,尼采直指那些「道德的史學家們」[17]背離了歷史精神,在錯誤的地方尋找「善」(gut)的概念的起源,他說:「善的判斷並不來自於善行(Güte)所顯露的地方,而是來自於行善的人(die Guten)自身,也就是高貴的人(die Vornehmen)、強健的人(die Mächtigen)、高等的人(die Höhergestellten)和高尚的人(die Hochgesinnten),他們將自己的行為界定為善的,也就是說自認為優越等級的人,他們相對於那些低賤的人(die

---

17　這裡主要是指《道德感的起源》(*Der Ursprung der moralischen Empfingungen*)的作者Paul Rée以及其他包括休姆(David Hume)在內的英國道德哲學家們。

Niedrigen）、心靈低賤的人（die Niedrig-Gesinnten）、下層階級（die Gemeinen）、粗鄙的人（die Pöbelhaften）。」（KSA 5, p. 259.）尼采認為善的判斷並不源自於「受到善意對待的人」的身上，它毋寧來自於「行善之人」本身。但是道德系譜學家們卻誤認了「善」和「無我的行動」（unegoistische Handlungen）之間的必然關聯，沒有發現其實「自我的」（egoistisch）和「無我的」（unegoistisch）這組對立概念的出現其實是由於「貴族式的價值判斷」（aristokratische Werturteile）的沒落，它們植根於一種「畜群本能」（Herdeninstinkt）。（KSA 5, p. 260.）

　　「距離的激情」（Pathos der Distanz）是高貴的人所特有的一種具有「等級差別的感覺」的貴族意識，它首先並不表現於外在的一種對下層階級的鄙視，而是一種對內在自我超越的迫切要求。[18]此一「距離的激情」使得價值階層的設定有其意識

18 西梅爾（Georg Simmel）也持類似的看法，但更偏重它的內在結構性而減弱了「距離的激情」的外在統治的意義，他說：「此一高貴理想的結構並不向外操作，而是在人封閉的存在中決定它的等級。」見：Georg Simmel, "Schopenhauer und Nietzsche," （1907）in *Gesammtausgabe,* Band. X, Frankfurt a.M. 1995, p. 383. 葛爾哈特（Volker Gerhardt）在《哲學歷史辭典》（*Historisches Wörterbuch der Philosophie*）中「距離的激情」一詞條中提出這樣的分析：「在激情中那後來被尼采所批評的區分被超越了，如行為者和行為、（內在）動機和（外在）結果。激情是純粹生發事件的當下，它既內在又外在。它本身就是內在（心靈的）狀態之直接產生作用的（身體的）表達。而「距離的激情」則可視為結合了尼采兩個本質的道德批判之對立的構想：激情作為行動概念的替代概念，距離作為貴族式道德的基本要件。」見：Volker Gerhardt, "Pathos und Distanz," in Joachim Ritter u.a. hrsg., *Historisches Wörterbuch der Philosophie* 7（Basel: Schwabe-Verlag,

結構的基礎，它是一種「內在於靈魂自身的不斷擴大距離的要求，要建構更高、更不尋常、更遙遠、更大的張力、更無所不包的狀態，簡言之即『人』之典範的提升，以獲取一超道德意義之下的道德準則」。（KSA 5, p. 205.）「距離的激情」作為一「超道德意義的道德準則」是一種充滿張力的感覺的意識，它既產生道德又超出道德，本身無所謂善惡，但卻是善惡的判斷所源發的價值設定之動力結構。高貴的人擁有一種極少數人的自由精神——這是強者的特權。他就像「進入一座迷宮，把生命本已具有的危險增大了千倍之多」。（KSA 5, p. 48.）強者的生命充滿強大的內在張力，所以不斷要求「擴大距離」。對自由精神來說，他的精神高度超乎常人，因此，對常人來說是有害的、會侵蝕生命的毒物對較高等級的靈魂來說反而是玉液瓊漿。（KSA 5, p. 48.）尼采之所以反對「普遍的道德法則」其實是基於一種反對平庸化的生命態度，也就是基於「距離的激情」對生命提升超越的必要性。他期許未來的哲學家保有他們的驕傲和特權：「我的判斷是我的判斷，別人不容易享有對它的權利。」他必須戒除那種和眾人一致的低劣品味，因為「好東西倘若被別人咀嚼過，就不再是好東西了。怎麼可能有普遍的善呢！這個詞是自相矛盾的，凡普遍適用的東西都沒有多大價值。」（KSA 5, p. 60.）

　　「距離的激情」彰顯了「權力意志」的主動性形塑力量，它表現為自我肯定式的價值設定型態。「權力意志」本質上是力量與力量之間的擷抗關係，作為主體的力量意志並不是一種

1989），p. 200.

先驗性的存在，而是某種優勢性的力量在鬥爭活動中將其它抵抗性的力量當成客體，以遂行其詮釋的活動。因此，「權力意志」的詮釋活動是力量作用於力量之上的征服過程，在這個過程中力量既自我分裂又彼此纏結為一。「權力意志」以自我取消的方式來施行向外的統治與征服，它必須簡化內在於自身的多樣性，使自身呈現一單一的表象形式，因此創造了一個外觀鏡像的世界來完成征服的過程。[19]

　　在《快樂的科學》卷5第354節尼采表示，意識的發展和藉由語言達成的溝通行為兩者之間有密切的關聯。透過意識和語言的合作，人類的共同生活得以進一步發展。人類作為「發明符號的人」（der "Zeichen-erfindende Mensch"）只有成為社會的動物才學會意識他自己。對尼采而言這種基於共同生活的需要而出現的「普遍意識」（Allgemeinbewusstsein）只具有工具性的意義，生命其實更根本地是在前語言和無意識的有機活動層次建構存在的活動。

　　尼采認為「思考法則」（Denkgesetze）不過是「有機發展的結果」（Resultate der organischen Entwicklung）。（KSA 11,

---

19　「力量」（Kraft）並非是意志的作用，它就是意志。沒有「擁有」力量的主體，而是主體就是以力量的形式存在，並發揮其作用，此外無它。因此，尼采「權力意志」學說究其實是一套「力的形上學」。只是「力量」並非一超越的存有論根據，它就是在流變世界中的那些不斷引發詮釋與更新過程的「驅力」（Trieb）、「意欲」（Wollen）、「作用」（Wirken）。尼采並且認為生命的本質就是其「權力意志」，它是一種自發的（spontan）、進擊的（angreifend）、侵犯的（übergreifend）、重新安排（neu-auslegend）、重新定向（neu-richtend）、造形的（gestaltend）的力量。參見KSA 5, p. 279; KSA 5, p. 316.

p. 536.）意識所提供的「思考法則」其實是一種最為簡化、素樸的思考，但它有益於減輕有機體的負擔。從演化的角度來看，「思考法則」是一種對分類、範疇運用的偏好，或者是一種驅力，它偏好將複雜多變的現象世界按照相似原則予以歸類和切割以利物種的自我保存與壯大。因此，「思考」（Denken）在尼采的眼中與「器官」（Organ，和「工具」一語雙關）無異，思考法則在人類的演化歷程中稱職地展現其職能。但這並不意味著尼采贊成生物決定論的觀點，而認定概念思考可以還原為生物或生理的機能。他想表達的毋寧是「思考」並不是無條件的，它作為「器官」其功能是為了滿足特定物種的生存方式。因此，意識使得反思性的概念活動與思考法則得以可能，而這又是為了人類共同生活中的溝通行動之目的而發展出來的。然而，對尼采來說，意識活動彰顯的其實是人類畜群本性（Herden-Natur）的一面。意識發展的目的不過是為了服侍人類的畜群本性以達到物種保存的目的，它是「權力意志」自我弱化的一種型態以使人類得以營造群居的生活。而畜群本能是一種較低等的生存型態，若任由其過度發展只會弱化物種的本能。

　　價值設定作為「權力意志」創造性的活動，在道德上表現出兩種價值設定的型態，即「主人道德」（Herrenmoral）和「奴隸道德」（Sklavenmoral）。（KSA 5, pp. 270-271.）「主人道德」基於「距離的激情」自我超越的內在要求，建立了理想自我的典範，表現了主動性的價值設定型態，善的準繩就來自於對自身的肯定，善惡的價值二元性只是由於「距離的激情」在自我超越的歷程中被映照出來的判斷形式。「奴隸道德」則

以表象性思考的方式設定價值，並以否定性的價值判斷為首出，創造了形上學的二元對立價值項，善惡的二元性必須得到確然的保障，而「距離的激情」在本質上根源於自我超越的要求而來的善惡二元性，也同時在奴隸的怨恨情感中被實體化、普遍化。尼采想要透過再一次價值設定的反轉來扭轉歐洲文明的病態發展趨向，重拾希臘貴族「距離的激情」中肯定性的形塑力量來取代柏拉圖—基督教的群畜本能。此一文明自我克服的計畫對尼采來說是一個弔詭的歷史迴圈，他認為虛無主義雖是否定性的，若能對虛無主義的起源與發展有恰當的認識，歐洲文明宿命般的自我認識也將包含著自我超越的可能性。我們將在接下來的兩節說明此一弔詭。

五、自由（Freiheit）、行動（Handeln）與個體（Individuum）

在1862年春天，16歲的尼采寫下一篇少作〈命運與歷史〉（Fatum und Geschichte），[20]其中透露出早熟的哲人對於人類必然要陷入的歷史僵局有一直覺的洞悟。少年尼采把歷史設想為鐘錶機制（Uhrwerk）中的發條（Triebfeder），人類在這個被歷史所不斷向前推動的時間鐘盤上到底只是中介還是就是目的呢？尼采惶惑地自問著。他在同一時期所寫的另一篇文章〈意志自由與命運〉（Willensfreiheit und Fatum）繼續探問著相同的主題。他初步的結論是：意志自由和命運的對立最後將統合於

---

20 Nietzsche, "Fatum und Geschichte," in *Beck'sche Ausgabe Werke*, Band 2, hrsg. H. J. Mette（München: Deutscher Taschenbuch Verlag, 1994）, pp. 54-59.

「個體性」（Individualität）這個概念之上。早慧的少年認為，意志自由和命運是兩個彼此互相限定的概念，兩者都密切地關聯著個體的每一個自覺與不自覺的行動。意志自由使得個體能夠自相續的事件鎖鍊的整體當中抽身孤立開來，而命運則又將人納入一個整體發展的有機聯繫之中。尼采這樣歸結他的討論：「如果人是沒有命運的並擁有絕對意志自由，那他就成了上帝；而人若全然受宿命原則所支配便成了一部機器。」[21]

　　從基督教的觀點來看，人作為上帝的肖像並分享了上帝的實存性和自主性，因此人的自由是上帝創世活動的極致表現。基督教的神學人類學將人置於受造實在世界的中心，人類的高位價值被進一步凸顯，徹底改變了古代以諸神存在為中心的世界圖景。人憑藉自身的才智和自由天性將一切受造物的價值收攝到了自身之上，成為自然界的頂點與創世的目的，人性的尊嚴也由之建立。近代主體哲學則進一步以人類作為理性主體的身分確立了人的價值與尊嚴，主體自由也成了現代性的根本原則。然而，不論是神學人類學還是哲學人類學對人類自由的理解都受到尼采強烈的批判。

　　上帝死了！人類被拋擲到沒有天堂的世界。不是上帝按照自己的肖像創造了人類，而是人類按照自己的圖像虛構了「我」（Ich）這個概念，並將之擬想成世界的原因。尼采所終結的不僅只是基督宗教對人類價值的意義理解，他所終結

---

21 Nietzsche, "Willensfreiheit und Fatum," in *Beck'sche Ausgabe Werke*, Band 2, hrsg. von H. J. Mette（München: Deutscher Taschenbuch Verlag, 1994）, p. 62.

的是人類迄今為止被奉持的最高價值。[22]「主體」（Subjekt）
則是「地球上迄今為止最好的信條，因為它使得多數會死的
人、弱者及各種被壓迫的人藉此得以遂行精巧的自我欺騙，
並把自己的軟弱詮釋成自由，把自己種種的存在樣態詮釋為
成就（Verdienst）」。（KSA 5, p. 281.）尼采指出，弱者為了
自我保存因而堅決地相信在所有「作為」（Tun）、「影響」
（Wirken）及「生成」（Werden）的背後都有一個「基底」
（Substrat）或「存在」（Sein），但其實這不過是語言的誤
導。[23]在「作為」之後添加上的「行為者」（Täter）完全是虛

22　在《論道德系譜學》卷3第27節中，尼采認為歐洲歷史在長期發展後，絕
　　對的無神論最後戰勝了基督教的上帝，而此一勝利根本上並不來自於外在
　　的攻擊力量，而是內在於基督教自身。另外，在《歡快的科學》卷5第357
　　節，尼采甚至表示，是基督教自己所奉持的「真誠性」道德紀律辯證性地
　　成了自我終結的原因：「人們可以看出，到底是什麼戰勝了基督教的上
　　帝：基督教的道德性自身，其愈來愈趨嚴格的「真誠」之概念，以不計任
　　何代價的方式將基督教良知中神父精微的告白轉譯、昇華成科學的良知、
　　智性的清晰。將自然看成是神的善性和呵護；把歷史詮釋成神的理性的榮
　　耀以作為對於一道德的世界秩序和最終目的之永恆見證；就像長久以來那
　　些虔誠的人們所做的那樣，把個人的體驗的一切都當成是天意、啟示及為
　　了靈魂的拯救而設想出來的。」（KSA 3, p. 600.）
23　尼采認為道德和形上學的根本信念都植根於印歐語系主謂形式的語法結
　　構，主語—謂語的語法形式限制了人們的思考邏輯，使得人們以為必然
　　有一個使得「作用」（Wirken）得以發生的「作用者」（Wirkendes），
　　也就是作為原因的主體使得作為結果的行動可能產生。尼采稱這些哲學概
　　念的系統性和親緣性顯示出哲學活動最為極致地表現了一種「返祖性」
　　（Atavismus），他說：「所有印度、希臘、德國哲學之間驚人的家族相似
　　性充分說明了這點……由於共同的語法哲學——亦即透過相同的語法功能
　　的無意識的轄治和引領——從最初開始所有那為了一種同樣發展序列的哲
　　學體系的事物就已經準備妥當了；而其他種說明世界的可能性的途徑看來

擬的，只有「作為」沒有那「　無差別的」（indifferente）、
「能自由抉擇的」（wahlfreie）主體。（KSA 5, pp. 279-280.）

　　尼采把弱者和意志自由的信念關聯在一起的說法並不容易
理解。相信「主體」的存在和「意志自由」為什麼能夠達至弱
者自我保存的目的呢？首先，相信自身是一個「無差別的、能
自由抉擇的主體」，就是想像自己是一個能夠獨立於因果系列
之上並完全地主宰自己行為的主體，以為自己能夠在同一個情
境之下有不同的選擇。弱者藉由這樣的信念來使他的生活變得
足堪忍受。[24]弱者用意願取代了行動，是我意願我的無能、無
力、不行動，並且宣稱這樣才是善的。因此，弱者虛構了一個
可以自由抉擇的主體，既顯露了自身的無能並掩蓋了意志活動
真正的事實，乃至刻意否定主動行動的意義。

　　對尼采來說，「意志」的本質是多元的、異質的力與力之
間的鬥爭活動，將「意志」視為某種單一之物是俗眾的成見。
所謂的意志自由本質上是一種相對於那必須臣服的「優越之
感」（Überlegenheits-Affekt），這種「優越之感」的潛台詞就
是「我是自由的，他得服從」。換言之，「優越之感」（也就

也就此封閉了……一切特定語法功能的魔力說到底即是生理學的價值判斷
和種族條件的魔力。」（KSA 5, p. 34.）在《曙光》第116節標題為「主體
這個未知的世界」（Die unbekannte Welt des "Subjekts"）當中尼采表示，
相信「我知道我要什麼、我做了什麼以及我是自由的、須為自己的行動負
責」是亙古以來人類的迷思，而人們卻深陷於此一謬見仍不自知，還以為
自己能夠準確地知道行動是如何產生的。（KSA 3, pp. 108-109.）

24 可參Scott Jenkins, "Morality, Agency, and Freedom in Nietzsche's Genealogy of
Morals," *History of Philosophy Quarterly*, Vol. 20, No. 1（January 2003）, pp.
64-65.

是前節所說的「距離的激情」）具有一種「命令—服從」的內在二元結構。不過，意志活動這種具有張力的「命令—服從」的結構特性，卻被曲解為作為實體的「自由的主體」（原因）與作為實體之活動的「行動產物」（結果）之間的因果關係。「意志自由」被某種特定生活方式的族類奉為信條，它其實是貴族價值設定方式受到扭曲變形而衍生的產物。弱者相信單單是意願（Wollen）就足以完成行動，並在其中享受著權力感的增長。（KSA 5, pp. 32-33.）

　　在《論道德系譜學》第一章第13節尼采說明了弱者如何透過「主體」作為「無差別的基底」（indifferentes Substrat）這樣的概念建立起弱者的道德。尼采說：「羔羊會埋怨大的猛禽是一點都不奇怪的事，然而去責怪大的猛禽捕捉小的羔羊卻沒有道理。於是羔羊之間便流傳著：『這些猛禽是邪惡的；要是誰盡可能地不要作一隻猛禽而是牠的對立面羔羊——這樣牠不就是善的嗎？』」（KSA 5, pp. 278-279.）要求猛禽不再兇猛地捕食羔羊有違本性，雖然弱小但聰明的羔羊因此虛構了中性的、無差別的「主體」概念，牠能自由地做選擇以決定自己的行動。憑著「主體」這個概念，責備猛禽掠食羔羊才有依據，要求猛禽表現得像羔羊一樣溫馴、不傷害弱小者才有說服力。於是羔羊取得究責猛禽的權利，並建立起善惡的普遍價值標準，他們說：「我們不要像邪惡的人一樣，讓我們表現善吧！善就是凡是不強暴、不傷害別人、不攻擊、不報復，把復仇讓渡給上帝的人⋯⋯」（KSA 5, p. 280.）[25]弱者建立善惡價值標準的

25　在1887年秋天所寫的筆記手稿中尼采描述了自由如何在「權力意志」三個

模式是一種否定型態的創造活動，他們並不首先設想自己是自發的、能負責的主體，並以此來自我界定為善的，他們是出自於對有主權、有行動力的人的怨恨，設想他們其實可以表現得軟弱無能、不對他人造成傷害，才因此將強者的反面界定為善的，這純粹是出自於一種自我保護的本能，而他們設想自身其實也可以不是軟弱的也成了一種昇華的自我欺騙。

　　但是我們不要被尼采批評「主體」的說詞所迷惑，尼采所批評的其實是一個超越於自然因果系列之上作為「自因」（causa sui）的先驗主體，他所反對的「意志自由」也是繫屬於此一先驗主體之上的先驗的自由。尼采是不是真的就告別了主體、不談自由了呢？其實尼采既反對具有先驗哲學意涵的意志自由，也反對機械論世界觀的決定論。[26]Jenkins摘引尼采在〈漫遊者及其影子〉（Der Wanderer und sein Schatten）第11節的段落說明尼采心目中「真正的」世界圖像，我們把Jenkins沒引的前一句話也引出來參考：「事實上我們所有的行動和認識並非是由相續的實物和空的間隔所構成，它們其實是一個不斷的川流（ein beständiger Fluss）。而意志自由的信念則正是和這個不斷的、奇特的、未分割且不可分割的流動概念不能相容：它（筆

階段的遞嬗當中出現：「在第一個階段，人們向擁有權力的人那兒要求正義，到了第二個階段，人們所說的自由無非是意味著想要從擁有權力的人那兒脫身（loskommen），到了第三個階段，人們說要有『相同的權利』，也就是說人們即使尚未取得優勢也要阻止競爭者增強其權力。」（KSA 12, p. 495.）尼采在此所描述的無非是一個墮落的道德史，在第二個道德發展的階段，弱者設想出了自由這個概念藉以自我保存並伺機奪權。

26 Scott Jenkins, "Morality, Agency, and Freedom in Nietzsche's Genealogy of Morals", p. 66.

者按：意志自由）預設每一個個別的行動是孤立且不可分的；在意願與認識的領域它是個原子主義（Atomistik）。」（KSA 2, p. 546.）在《善惡的彼岸》第21節尼采說明「意志自由」與「不自由的意志」（der unfreie Will）如何成為人們的迷思。尼采認為，不論是「意志自由」還是「不自由的意志」都是沒有認清因果概念的虛構性的結果，原因與結果不過是一種為了稱謂和理解的目的而有的約定性的擬構，是我們（或者說我們用語言）虛構了法則性，才在它們之間強加上了必然的聯繫，[27]把原來只具有記號性質的稱謂當成在其自身的東西加諸於事物之上。相信「意志自由」的人其實透露了他們決計要自己承擔責任的想法，而相信「不自由的意志」的人則出於一種內在的自我輕蔑盡可能地想推卸責任。（KSA 5, p. 36.）然而此一對「意志自由」的說明和尼采在《論道德系譜學》第13節中的說法有所出入，在《論道德系譜學》中，相信「意志自由」的人是弱者自我保存的策略，並不是一種出於積極承擔責任的意願。從這個表述的差異中我們可以發現，尼采心目中其實想要建立起

---

27 在《曙光》（Morgenröte）第121節小標為「原因與結果」的段落中，尼采把人類的理智（Intellect）描述成一面鏡子，有某些在上面規律地顯示為前後相續的事物，我們就會將它們命名為原因與結果。但其實我們所看到的不過是這些所謂「原因與結果」的「圖像」（Bilder），從這個「圖像性」（Bildlichkeit）當中除了前後相續之外，我們根本不可能得出任何本質的聯繫。（KSA 3, p. 115.）相同的觀點另見《快樂的科學》第112節。（KSA 3, pp. 472-473.）尼采對因果性的批評反覆地出現在他的著作及手稿之中，這些批評也總是關聯著他對意志、主體與自由的討論，最集中的討論在《偶像的黃昏》（Götzen-Dämmerung）「四大謬誤」一章。（KSA 6, pp. 88-97.）

一種真正的「意志自由」，亦即是一種由於積極承擔責任的意願而來的創造性的自由，但這種自由不能引申自錯誤的因果論的哲學詮釋，也就是說自由並不是來自於擺脫了決定論式的自然因果鎖鍊，也不是一種超感官的先驗存在。

　　尼采想要開展出的是一種身體化和個體化的主體，此一回歸肉體身分的主體，承認身體的自發性力量，對於概念思考的普遍性與自主性則心存警惕。[28]「自由精神」（Freigeist）追尋的是超道德意義的自由：意志自由和命運的對立最後將終結於「個體性」（Individualität）這個概念之上。尼采到1881年出現了「永恆回歸」的「體驗」與想法，他在經過了將近20年的精神探索之後再度成為了他自己。在《看哪，這個人！》這本自傳性質的著作中，尼采回顧了自己的生平及著作，用「命運之愛」（amor fati）這個律令來表達他所追求的命運和自由的統一，他說：「我用來衡定一個人之所以崇高的準則是命運之愛：人不要求其他什麼，既不前進也不後退也不追求任何的永

---

28 Jenkins所引的一段《曙光》的話也可以說明這點，小標是「對於懷疑論者的安撫」：「『我完全不知道我做了什麼！我完全不知道我應該做什麼！』——你說得沒錯，但是不要懷疑的是：你會被做（du wirst getan）！且是每時每刻！人類一直以來總是把主動和被動弄反了，對他們來說這是永恆的文法錯誤。」（KSA 3, p. 115.）參見Scott Jenkins, "Morality, Agency, and Freedom in Nietzsche's Genealogy of Morals", p. 66.單看這段話會給人尼采是決定論者的印象，但這樣會片面化、簡單化尼采思想的啟發性。雖然就上段的引文來說，尼采對懷疑論者的安撫看來的確是空洞的，雖然懷疑論者不知應該要做什麼，他還是會「被做」，或者說他不能真正自主地行動。但這只是尼采思想中具有懷疑論色彩的一部分，不能表現尼采思想的全貌，我們將在下文解釋，尼采如何能夠說明人仍然具有價值設定的能動性，這關聯著尼采對「個體」與「自由精神」（Freigeist）的說明。

恆。對於必然性不單單只是忍受，遑論去隱瞞——所有的觀念論都在掩飾必然性——，而是要去愛。」（KSA 6, p. 297.）

六、視角主義與虛無主義的克服

在《快樂的科學》第143節〈多神論最大的好處〉中，尼采藉由對多神論的推崇來宣揚個體性，他認為豎立個人理想、建立個體的法則對於物種存在而言並非是一種威脅與罪行，相反地，它是一種創造性的力量，使得物種得以提升擴大自己的視域並完成物種進化提升的任務。一神論則執迷地相信只有單一的物種、單一的神，並想藉由單一、普遍的規範來護持其實只是特殊物種的生存形式及價值尺度。人類若是執迷不悟死守一神論的教條，終必要墮落退化喪失生命進化的本能。第143節涵義豐富，茲錄全文如下：

> 要是一個人豎立起他自己個人的理想，並從中導出了他自己的法則、享樂和權利——這將或許被視為是人類迄今為止最為可怕的逾越脫軌，並被當成是把自己偶像化的舉動；事實上，少數膽敢如此的人，總是要替自己找個辯護的理由，這常常是：「不是我！不是我！而是一個神以我為中介！」多神論是一種創造諸神的神奇的藝術與力量，藉此得以釋放創造的驅力，並純淨化、完善化、尊貴化他自己：因為這原本是一種粗鄙且見不得人的驅力，它和任性、乖張、嫉妒難脫關係。這種對豎立自身理想的敵意曾經是所有常規的常規感的準則。那時僅有一條

規範：「人」（der Mensch）——而所有的民族都相信他
們得有這一條最終規範。但若是將自己抽離開來置身於遙
遠的世外，人們將可以看到眾多的規範：一個神並不會
否定與褻瀆了其他的神！在此人們首先被准允成為一個
個體，人們首先推尊個體的權利。去塑造各式各樣的神
祇、英雄與超人，以及派生的、尚未進化的人（Neben-und
Untermenschen）、地精、女妖、半人馬、人羊神、惡靈與
魔鬼都是很寶貴的先前鍛鍊，藉此來證成個人的自我關愛
（Selbstsucht）與洋洋自得（Selbstherrlichkeit）：那賴以
對抗其他諸神以捍衛自己的神的自由，使人們最後得以對
抗律法、常規及鄰人。一神論則相反，它呆板地認為只有
一種正常人類的學說——也就是相信一個正常的神，除此
之外的都是被捏造的騙人的神，這或許是人類迄今為止最
大的危險：因為這將使他們提前遭受停滯的危險，就如我
們所見，大部分其他的動物物種長久以來便處於此一停滯
的狀態；因為牠們都相信牠們的物種只有一種正常的動物
類型及理想，而所有常規的常規感都已深入骨髓之中。在
多神論中則預置著人類的自由精神與豐饒精神：是一種力
量，它能創造新的和自己的眼光，而且是一再地更新和更
為屬於自身的：如此方使得人類有別於其他動物，不會停
滯在永恆的視域和視角上。（KSA 3, pp. 490-491.）

　　人類的歷史從多神論退化向一神論的結果將是：「人類」
成為一個純粹而單一的物種被正當化，然而這意謂的其實是某
種特定物種的生存形式奪權成功，特殊的人成了普遍的人。此

一單一的物種亞思建立一種預設了二元論形上學的普遍道德法
則來確保特定的生存形式，他們創造出唯一一個至上的神作為
此一價值設定的最終規範根據。人類的歷史因而像其他的動物
一樣將停滯在由特定的視角所詮釋的世界，失去了推動物種進
化的歷史力量。尼采關於物種進化與文化進化的觀點後來被美
國的實用主義哲學家杜威（James Dewey）繼承發展，杜威主張
生物或文化突變唯一的正當性在於，此一突變有益於一個更為
複雜而有趣的未來物種的存在。正當性永遠是從存活者與勝利
者的角度來看，並沒有高過於它之外的其他觀點可以被假定。
因此，杜威所說：「成長本身是唯一的道德目的」，恰恰是尼
采文化進化論的古典實用主義版本。作為新實用主義者的羅蒂
（Richard Rorty）則進一步主張用「希望代替知識」（replacing
knowledge with hope）來演繹尼采的價值多神論，並袪除了包含
在尼采及杜威哲學中的達爾文主義的色彩。羅蒂想要貫徹古典
實用主義的真理觀，把哲學的注意力從永恆不變的必然性轉到
使哲學成為推動未來進步的實踐手段，也就是用希望代替確定
性、重視或然性與多元論甚於必然性和單一性。實用主義的真
理觀放棄了知識是再現實在的唯一途徑，轉而主張不再存在著
精確再現的真理之途，而是存在著許多的行動策略來實現人類
對幸福的希冀。29

　　為了再度扭轉價值設定的型態，視角式的多神論則將目
光放在如何培育出能夠樹立個人理想、建立個體法則的「自由

---

29 Richard Rorty, *Hope in Place of Knowledge: T he Pragmatics Tradition in Philosophy*（Academia Sinica, Taipei 1999）, pp. 1-34.

精神」。尼采說：「去培育出一種可以做出承諾（versprechen darf）的動物──這不正好就是自然在「人」身上，為自己所提出的一項弔詭的任務嗎？」（KSA 5, p. 291.）也就是說，在人類的進化歷史中，自然一方面培育出了一種雖然是可預測的、被規訓化的動物，但它卻不是真正能夠自我負責的、有主權可以做出承諾的動物，它只是藉助於「常規的常規感」（Sittlichkeit der Sitte）以及社會的強制性被制作成了可預測的（berechenbar gemacht）罷了。」（KSA 5, p. 293.）尼采真正期待的是，自然最後終能擺脫之前錯誤的歷史階段，培育出能夠自我負責的人類：

> 相反地，如果我們將自己置身到這巨大的歷程的終點上，在那裡，這棵樹終於結出了它的果實、社會性（Societät）及其「常規的常規感」（Sittlichkeit der Sitte）終於揭露了它（筆者按：社會性及「常規的常規感」）只是達到某一目的的手段：我們將會發現在樹上最為成熟的果實便是那主權式的個體（das souveraine Individuum）、那只跟自身相同的、那再度從「常規的常規感」掙脫開來，那自主的並且超出常規的個體（autonome übersittliche Individuum）（因為自主和常規是不相容的）。簡言之，就是那具有自己獨立而恆長的意志，可以做出承諾的人（der versprechen darf）──並且在他之中有一種自豪的、在全身肌肉中震顫著的意識，意識到自己終於抵達了並且在身上成為有血有肉的東西，某種真正的「權力─與自由的─意識」，某種人類完滿實現的感受（ein Vollendungs-

Gefühl des Menschen）。這個可以真正做出承諾的、成為
自由之人，這個自由的意志的主人，這個主權者——他怎
麼會不知道，他藉此而在哪一種優越性方面，勝過一切不
可以做出承諾、並為自己本身說「好」的東西，他引發了
多少的信任、害怕與敬畏——他「值得」（verdient）這一
切——並且，他是如何以此一「對自己的支配」而也取得
對種種狀況、對自然以及所有「意志較短淺並且較不可靠
的受造物」的支配權的？這個「自由的」人，這個擁有恆
長的、堅定不移意志的人，也在此一占有中有其價值標準
（Werthmaass）：當他從自己出發而看向他人時，他尊敬
著或者蔑視著；並且，就像他必然地會尊敬那些跟他相同
的人、那些強大的與可靠的人（這些都是可以做出承諾的
人）那樣，……（KSA 5, pp. 293-294.）[30]

一個有權可以許諾的「主權式的個體」或「自由精神」並
不是真理的擁有者，他並沒有比別人更明智、更正確的見解，
他只是從傳統的信念之中掙脫開來，他要求的是新的視角、其
他的信仰。（KSA 2, p. 190.）尼采把「自由精神」的品性標誌
成懷疑的精神，他能從普遍價值規範與實體性倫常的強制當中
掙脫開來，只依憑他個人所制定的法則來界定他自己、成為他
自己，尼采說：「強大是透過懷疑展現出來的，它是從精神滿

---

30 本段譯文要特別感謝審查人所提供的寶貴修改建議。其中，Sittlichkeit der
　Sitte之前一直未能想到適合的翻譯，審查人建議「常規的常規感」應當頗能
　表意。此外有多處先前未盡正確的理解與翻譯，也有賴審查人慷慨提供逐
　句翻譯意見，方有豁然開朗之感。

溢的力量中萌生的自由。」（KSA 6, p. 236.）尼采認為「主
權式的個體」或「自由精神」必須掙脫外在的、具有社會強制
性的普遍規範，個體才具備條件完成一種自足的、自定法則並
自我負責的行動。準此而言，尼采這種激進個體主義的自由思
想一方面凸顯了個體在自我超越之中創造性行動的根據，另一
方面也對於超個體性的普遍行動規範採取了敵視的態度。從這
個角度來看，尼采所要進行的文化超越計畫固然富含洞見，但
是也因此埋下亟待超克的文化危機。然而「自由精神」並不只
是展現他自身豐盈的力量於形上學、宗教與道德的批判之中，
他更要求人類在一追求不斷自我超越的歷史中肯定價值多神論
的必要性，並從此一肯定當中確立價值設定的視角化與個體化
對於歷史開展的必要性。唯有如此，個體才能夠在視角化的價
值尺度當中自我負責地推進歷史的創造性工作。換言之，尼采
雖然告別了理性求真理的意志以及與此相關的柏拉圖形上學，
並摒斥了與禁欲主義理想有著同樣根源的科學，但也在藝術精
神的創造活動中發現了生命真正足以自我肯定的方式——回歸
「身體理性」[31]及「黃金大自然」（die goldene Natur）。[32]

31　「身體理性」（Leibvernunft）源自於尼采的用語「身體的大理性」（die
　　grosse Vernunft des Leibs），為求表達上更為簡鍊於是筆者自鑄此詞來強
　　調：只有「循著身體這條線索」（am Leitfaden des Leibs）我們才能探及
　　人類自我認識的核心，才發現理性與「權力意志」的關聯。（KSA 11, p.
　　282.）

32　尼采認為在藝術的創造活動中最能表現「權力意志」作為「追求欺騙的意
　　志」（Wille zur Täuschung）。因為藝術取法自然，它的真誠不表現在虛幻
　　地維持自我同一的表象（Vorstellung），而是尋求具有謊言性質的假象
　　（Schein），在不斷尋求新的自我詮釋的可能性中修正、改造、破壞並形塑

　　尼采的身體哲學並非單單具有反傳統的意義，其目的不是為了「反」理性主義，成為理性的對立面來取代理性，而是看到了理性主義及其標榜的禁欲主義如何將自身封限成一「意志、目的及詮釋的封閉系統」。（KSA5, p. 396.）視角主義的提出有其積極的治療意義，即一方面為了克服虛無主義——以「貧化生命」（Verarmung des Lebens）、否定生命的價值設定方式來構想生活；另一方面則向我們展示了以「身體理性」為基準、提升生命強度、積極肯定生命的價值設定方式的理想生活方式。視角主義所肯定的生命、自然和歷史的世界允許我們不只從一種哲學與一種信仰當中找到一種方向、一種意義、一種界限、一種方法、一種存在的權利，我們不再阻止自己去發現其他為自己生命辯護的方式，不再用殘酷的訓練手段來自我麻醉並啜飲權力的滋味，而是勇於在生命的「自我實驗」[33]之中作為一個不可征服者以爭取幸福的權利。

　　虛無主義的必然性有二個意義，首先它意味著歷史的必然性，亦即作為西方文明源頭的柏拉圖——基督教二元論形上學將在文明的歷史開展過程中逐漸顯露其價值設定方式的否定性、虛幻性，因而最高價值必然要自我貶值。虛無主義除了此

　　了自己，藝術和自然都是藉由自我毀滅的方式得以自我完成。所以對反於生命誣蔑者柏拉圖的是崇尚「黃金大自然」的荷馬，他認識到了生命和自然在流變歷程中無邪的、高貴的本質。（KSA 5, p. 367.）

33 尼采認為人一方面比其他的動物還更加地病弱、不確定、多變、尚未確定的（unfestgestellter）；另一方面又比所有其他的動物加起來還要更加地無畏、創新而倔強地要挑戰命運，因為如此，尼采將人界定為偉大的「自身實驗者」（Experimentator mit sich），他要與動物、自然及諸神爭奪最後的統治權。（KSA 5, p. 367.）

一消極意義上的歷史必然性，還另外具有一層積極的意義。積極的虛無主義之所以不再只是否定性的，是因為從視角主義的立場來看，就在虛無主義自身我們將會弔詭地發現謊言的真理性質。因為視角主義主張卸除上帝之眼的最終裁判權，一切神祇的真理宣言在得到承認的同時也意味著一種自我褻瀆的必要，因為唯一真神才是最大的褻瀆，任何真理的宣稱都不可免地必得自我蔑視，然而也正因為如此，絕對真理的宣稱不僅是謊言，也由於這種對於自我欺騙行動的自我認識，最終將迫使我們承認謊言的意義及其必要性。真理的出現並不在謊言被揭發之後，真理就在謊言之中。因此，克服虛無主義的唯一方式就在於，從絕望性的極限意識中看到虛無主義在最徹底的毀滅力量中所具有的積極意義。因為文明的創造之所以可能只在於它仍然具有對於歷史自我淘洗及重整的能力。唯有經歷過了意義真空的歷史階段，被詛咒的人類生命才得以在悲劇性的自我認識中重拾對生命的熱愛，並從最深沉的痛苦中激發出歡愉的肯定性力量，藉此獲得無所肯定的肯定，即「命運之愛」。

　　綜上所述，我們可以把尼采文化超越的構想勾勒如下：西方文明透過理性的自主行動讓個體得以從非歷史的存在狀態走進了歷史，並藉此完成了西方文明的現代化。然而西方在邁向現代化的歷程中也同時陷入了虛無主義的泥沼。從「非歷史的個體」進入「歷史的理性主體」是西方文明得以躍升的關鍵，但也迫使西方文明的可持續發展性受到強烈的質疑。面對西方文明自我認同的危機，尼采提出了「重估一切價值」的要求，想要透過再次的價值設定方式的反轉，亦即透過「價值設定的個體化」，使普遍的理性主體進入超歷史的階段，重新發現

「形塑的力量」以完成文化生命的更新活動。為了實現文化的自我更新，價值設定的活動同時必須循身體為線索，亦即個體必須以身體化、返回自然的超歷史行動才能再一次肯定文化的正當性。西方文明現代性的癥結就在於理性主體和自然生命的背離，這種背離造成了西方的現代性在為自身取得合法性的基礎時，不僅背離了傳統也背離了使文明創造得以可能的身體與自然，此一背離在根源上是生命自身和自身的解離，也使人喪失了自由、意義與價值。

最後需要一提的是，在超歷史的根源性文化創造活動當中，尼采所讚許的價值設定方式明顯帶有菁英主義色彩，強大個體的表現主導了文化的進化，他將理性主體與普遍的行動規範視為只是虛構性的自我欺騙與自我保存的策略，不具有積極的、本己的性質。然而若是超歷史的創造性活動並不能真的從歷史之中逸離開來，它恰恰得置身於歷史，如此才有可能平衡地駕馭歷史感和非歷史感。（KSA 1, p. 251.）換言之，每一個個體縱使在最終極意義的生命實現活動中都還是得保有其社群的身分，個體在歷史性、社會性的創造活動中也需要跟他人與自然有深層的連結，才不至於陷入單子式個體的孤獨狀態，這是尼采所鼓吹的價值多神論尚需補充的部分。

第九章

美學自由

一、現代性批判

現代化是以理性化的方式克服自然、實現自由，然而現代性加諸在人身上的強制性卻壓制了個體，真實的自由與主權的個體尚未誕生。尼采寄望以美學化[1]的活動解放道德化的身體與自然，肯定力的生成與積極的「權力意志」，讓超善惡的自然成為培育個體自由的主導性力量。因此，尼采要回到的「自然」，是提升人的生命力的、能更新文化而具有美學意義的自然，而不是把自然視為主體克服的對象。探索美學、自然與自

---

1 關於「美學」（Ästhetik）與「美學化」（Ästhetisierung）的討論主要得自於孟柯（Christoph Menke）的尼采詮釋，他認為：「美學是美感經驗的哲學。作為美感經驗的哲學，美學對於實踐進行美學的反思，並且經由美學化（Ästhetisierung）讓實踐能力得以轉化為幽黯力量。但是美學是以哲學的方式來轉化，而不只是美學的經驗或作為美學的批判。美學並不只是展現為美感活動（ästhetische Ereignisse），而是對美感活動進行思考。」請參 Christoph Menke, *Kraft: Ein Grundbegriff ästhetischer Antropologie*（Frankfurt am Main: Suhrkamp, 2008）, p. 104.

由的關係，將是掌握尼采現代性反思的重要關鍵。[2]

尼采主張以藝術的目光觀看自身，人才有機會像希臘的悲劇英雄一樣以英雄之眼探尋平凡生命中的超凡之處，或者以高貴的主人道德特具的「距離的激情」獲得自我超越的生命動能。美學化的身體要克服道德化的身體，超善惡地面對身體及自然，讓人再度自然化，更好地理解自然、琢磨天性，在藝術性的自我肯定中解除對身體的蔑視、對自然的怨恨，實現現代性的批判及超越。超善惡並不是否定道德（常規的常規感）的價值，而是肯定外部的強制是習練內在自由的必要過程，肯定「權力意志」亦即肯定此一生命內在的他者性。美學活動不能取代知性的探究、道德的實踐，乃至政治社會的法權施行，然而它或許是以最為關鍵的方式讓個體在美學化的身體中，釋放自然的活力，為現代自由文化開闢新局。

尼采自稱是徹底的虛無主義者，「虛無主義」（Nihilismus）此一著名的尼采現代性診斷在其身後不僅已然是歐洲人的經驗，在21世紀的今天更是全球化的經驗。徹底的虛無主義標誌著某種關鍵的時刻，現代文明趨於巔峰之際也行將毀滅，然而

2　「美學」（Ästhetik）一詞在本文的脈絡中並非狹隘地討論尼采對藝術、藝術作品的理解，而是關注美感經驗與哲學活動的密切關係，尤其藉此探討美學中的自由問題為何涉及尼采的現代性診斷及現代性危機的克服之道。將德語Ästhetik譯為「美學」，其實看不出它詞義上跟「感受」的直接關係，除了德語的Ästhetik，包括英語aesthetics、法語esthétique，它們共同的希臘文詞源都是aisthêsis，也就是「感受」的意思。其實將Ästhetik譯為「感受之學」或許更能傳達其較根源性的意涵。不過，中文學界已經習慣了「美學」此一譯名，即使古典美學與藝術哲學還是會涉及「美」的課題，但在本文的語境中，提到「美學」或「美感」時，「美」並非關切所在。

此一危機同時激發出強烈的批判改造意識及力量，現化人得開
始反思自己的至福為何與殘酷、野蠻相關。現代文明值得擁有
嗎？為此要付出什麼代價和訴諸何種野蠻呢？[3]

在現代生活中，人已不成其為人，為什麼現代人[4]要過著
不是人該過的生活呢？尼采說他自己的思考是「不合時宜的」
（unzeitgemäß），意即他「試圖把我們這個時代引以為榮的
東西——歷史文化——理解為我們這一時代的損害、疾病和缺
陷」。（KSA 1, p. 246.）現代人必須扭轉他的目光，理解人需
要的不是裝飾性的文化，也不該透過道德來掩飾和偽裝，而
要把文化當成新的和更好的「自然」（physis），[5]發展新的德

3　Keith Ansell-Pearson認為尼采和盧梭兩人對現代文明的批判是最強而有力且
　　最令人不安的，他們是體現了現代經驗的思想家，也揭示出我們自己的焦
　　慮。他認為，盧梭的反叛精神透過法國大革命的血腥和恐怖流傳給我們，
　　尼采則是透過納粹的罪惡。「現代文明值得擁有嗎？為此要付出什麼代價
　　和訴諸何種野蠻呢？」這是Keith Ansell-Pearson的話，很精準地表達尼采
　　和盧梭對現代性的質問。Keith Ansell-Pearson, *Nietzsche contra Rousseau.*
　　A Study of Nietzsche's Moral and Political Thought（New York: Cambridge
　　University Press, 1991）, pp. 1-2.
4　所謂的「現代人」究竟何所指尼采雖未明言，統括來說是從文藝復興、宗
　　教改革、啟蒙運動以來，終至法國大革命爆發此一標誌性的歷史事件所匯
　　聚而成的新的人的自我理解。現代人積極追求個性解放、世俗幸福、發展
　　理性到生活的各個面向，宗教建制受到巨大挑戰，市民階層的自由主義、
　　資本主義以及無產者的社會主義運動在19世紀相繼發展為形塑現代社會的
　　意識形態。尼采用一句宣言來表達此一後基督宗教的世俗化現代生活，即
　　「上帝死了！」。（Gott ist tot!）
5　尼采藉由回溯古希臘語physis與其他家族語詞phyein/phyesthai（使它生長／
　　生長、出現）來表示，自然界的存在內蘊一使其生長、出現的能動性。若
　　如尼采所嘗試說明的「道德是人類透過偽裝以自我保存的策略」，觀乎自
　　然界中動植物的模擬，其偽裝、擬態是人類道德行為的「自然」根源，那

性。因此，尼采克服現代性方案的計畫就跟克服歐洲道德有
關。（KSA 1, p. 334.）讓人活得更有生氣，就必須卸下歷史文
化加諸在人身上的重擔，看看現代文明如何從自然引出力量造
就其偉業，又如何不加節制地濫用智巧而背離了自然。尼采主
張以超歷史的批判力來解消歷史的重負，使文明重新擁有形塑
自身的活力，讓超歷史與歷史這兩種力量互相作用，也就是回
到古希臘人所擅長的，在自然與文明、直覺與知性之間展開美
學化的辯證作用。在《查拉圖斯特拉如是說》中，最後的人即
現代人的化身，他們驕傲地宣稱自己找到了至福，這些如同
「幸福的奴隸」的現代人，是沒有個性的「人類畜群」。每個
人都欲求相同的東西，誰要是異類就得進瘋人院。宣揚自由的
現代文化最大的諷刺之一便是，表面看來要促進的是個人主義
的社會形式，最終卻產生了社會的齊平一致，偉大的人和真正
自我統治的個體卻完全缺席。[6]

　　要克服現代文化既追尋自由又被奴役的狀態，為何與美學
有關？尼采的美學思想與自由文化的關係，在孟柯的研究中有
深入的闡明，他並且描述了從赫爾德（Johann G. Herder）到尼
采美學思想的承繼關係。孟柯主張，「美學」（Ästhetik）的

麼揭露出道德的模擬本質，便能說明人的道德性源自於動物性、自然性。
將道德連結上自然生長的能動性，而不是超自然的形上存有，是尼采克服
歐洲形上學、道德、宗教的主要工作之一。關於physis與phyein/phyesthai的
字源學解釋參考Christoph Horn, Christof Rapp hrsg., *Wörterbuch der Antiken
Philosophie*, Artikel "physis"（München: Verlag C. H. Beck, 2002）, pp. 345-
346.

6　Keith Ansell-Pearson, *Nietzsche contra Rousseau. A Study of Nietzsche's Moral
and Political Thought*, pp. 2-3.

意涵在赫爾德中得到更新，它成為人的自我認識，亦即認識人是如何成為了主體此一形成的過程，因此也可以說是系譜學。[7]赫爾德將主體形成的根據或開端稱之為「Natur」（德文此詞兼有「自然」與「天性」、「本性」之義），他認為人從此一自然本性發展成為主體的過程即是美學的。[8]美學政治則透過「回到自然」讓人再度成其為人，而人的「自然性」則與「身體」有密切關聯。16、17世紀既是藝術天才發揚感性身體的時代，也是基督新教禁欲的身體在世俗理性生活中成為「職業文化」（Berufskultur）的基礎。[9]

尼采在《歡快的科學》中引用《悲劇的誕生》中著名的話並略帶嘲諷地加入道德的元素，他說：「對我們而言，作為美學現象，活著總還是可以忍受的，而且透過藝術，我們的眼、手，更重要的是我們的良心，便有了一個用處：可以讓我們自身轉化成美學現象。」（KSA 3, p. 464.）生命在背離自然的「良心」中愈發難以忍受。尼采在此可能暗指康德，[10]我們身體

7　孟柯的說法如此：「哲學成為美學，導向美感經驗，並且對哲學思考的形式自我質疑。透過美學，哲學的『概念』（Begriff）改變了。此一改變，上承赫爾德、肇自尼采，可描述如下：透過美學，哲學嘗試展現的不只是美感活動經驗或批判性的揭示，而是以系譜學的方式進行思考。」Christoph Menke, *Kraft: Ein Grundbegriff ästhetischer Antropologie*, p. 104.

8　Christoph Menke, *Kraft: Ein Grundbegriff ästhetischer Antropologie*, pp. 48-49.

9　關於基督新教的禁欲精神（Geist der christlichen Askese）與資本主義精神中「以職業觀念為基礎的理性的生活經營」（die rationale Lebensführung auf Grundlage der Berufsidee）的關係，可參考張旺山，〈作為「凝結了起來的精神」的機器與機械：論韋伯的「時代診斷」的一個核心構想〉，《思想史》，第1期，頁139-186，2013。

10　在《曙光》第3節，尼采說：「康德信仰道德，不是因為自然和歷史證明

的職能（主要由眼、手所標示）與意識（例如良心的活動）都成了道德實踐的能力。尼采認為，我們需要不一樣的觀看與行動，他說：「我們有時候必須讓自己休息一下，這樣，我們才能自由地觀看自己，才能為自己笑，為自己哭。」（KSA 3, p. 464.）美學化的身體超臨於道德實踐的身體行動，抽離於一切有目的的意識與行動。只知謀利與追求幸福的現代人不肯「讓自己休息一下」，即使休息也是有目的的，只為了再度投入工作，以便提高自己在勞動市場上的價格、多賺點錢，乃至於追尋個人或所謂最大多數人的幸福等功利性的目的。無目的性的美學活動，具有轉化的力量，讓我們斷離於功利性的外在目標與實踐性的道德行動，回到生命內在價值自身的探求中，獲得自由遊戲的能力。

在《歡快的科學》一書尼采一再呼籲要跟藝術家學習，第78節中他說：

> 只有藝術家，而且尤其是戲劇藝術家才幫人們安設了眼睛和耳朵，讓人愉悅地看和聽：每個人自己是什麼，體驗了什麼，想要什麼；只有他們才教導我們辨識出每個平凡

了道德，而是無視自然和歷史一直反對道德。」（KSA 3, pp. 14-15.）對康德來說自然的歷史從善開始，因為自然是上帝的作品，而自由的歷史從惡開始，因為自由是人的作品。康德安慰我們，人是為了要成為善的，才作惡。因此，雖然歷史不能證明並實現善，但人應該背負此一歷史的重擔，耐心承擔起艱難的道德任務。此處參考Keith Ansell-Pearson的解釋。Keith Ansell-Pearson, *Nietzsche contra Rousseau. A Study of Nietzsche's Moral and Political Thought*, p. 34.

的人內在藏而未露的英雄。他們教給我們一種藝術，讓我
們能從遠方觀看自己，而且是既簡明又清晰地看，這是一
種把自己「放上舞台」的藝術。只有這樣，我們才能從身
邊瑣碎的事物擺脫開來。（KSA 3, pp. 433-434.）

　　透過藝術，我們得以將自身視為藝術現象。[11]藝術家教我們
以不一樣的方式看和聽，而且是以一種奇異的眼光看自己——
從遠方觀看，並且能簡明清晰地看。這如何可能呢？尼采說我
們需要戲劇家，讓我們在看戲時化身為舞台上的英雄，藉由英
雄之眼探尋自己的生命，問「自己是誰？體驗了什麼？要什
麼？」從自己的平凡猥瑣之中脫身而出，或哭或笑地觀看自己
不凡的生命。這便是超歷史的眼光，讓我們擺脫知識性的歷史
材料，不從近處而從遠方觀照生命，於是回到希臘古典世界成
為古典語文學家尼采的方法，以遠方的過去遙視當下的歷史，
美學活動便是此一超歷史批判力量的來源，藉此提升轉化生命
力萎縮的現代人。
　　在戲劇的觀看中，除了發現自己是英雄還得看到自己是
個傻子。尼采說：「為了讓我們的智慧保持愉悅，偶爾還必須
取悅我們的愚蠢。」（KSA 3, pp. 464-465.）因為過於嚴苛的
道德要求，我們太過嚴肅沉重，以至於不能獲得超臨的自由，
因此尼采接著說：「我們怎能缺少像傻子一樣的藝術？若是你

11　關於如何向藝術家學習並將自身視為藝術現象，孟柯（Christoph Menke）
　　在他的書中即引用了《歡快的科學》提出精采的詮釋，參考Christoph
　　Menke, *Kraft: Ein Grundbegriff ästhetischer Antropologie*, pp. 108-115.

們仍然對自己感到羞恥，便不是我們的同路人！」（KSA 3, p.
465.）不對自己感到羞恥是尼采認為自由人的精神標記，[12]他
甚至因為自己顯得笨拙、稚氣、可笑而感到驕傲。愚蠢醜陋可
說是美學不可或缺的構成要件，煥發風采的英雄或許還只是陪
襯，因為它通往自由之路。

二、美學化的自然與身體

　　美學化的生命要克服現代文明的道德問題，以超善惡的評
價超越偏頗的道德視角，[13]練就如何把善的看成惡的、把惡的
看成善的觀看能力，也運用此一視角轉換的技藝克服怨恨的道
德，透過遺忘持續地肯定生成的無辜，從中汲取力量為偉大的
人的類型的誕生創造文化條件。此一美學化的生命政治與「回
到自然」有關，但是尼采自認他的計畫和盧梭迥然有別，他表
示：

> 　　我也說「回到自然」，儘管這實際上並不是「退回去」
> （Zurückgehen）而是「向上升」（Hinaufkommen）——上
> 升到高度、自由，甚至是這樣一種可怕的自然與自然性，

12　在《歡快的科學》第275節，尼采以一句斬釘截鐵的話結束第三卷：「什麼
　　是獲得自由的標記？——不再對自己感到羞慚。」（KSA 3, p. 519.）
13　《曙光》第333節從動物的視角質疑「人性」（Menschlichkeit）與「道德存
　　在」的概念：「我們以為動物不是道德的存在。難道你們認為，動物會把
　　我們看成道德的存在嗎？——要是有隻動物能夠說話，牠會說人性是種偏
　　見，至少我們動物沒有這種偏見。」（KSA 3, p. 234.）

它玩弄著、可以玩弄著種種偉大的任務……打個比方，拿破崙就是某種「回到自然」……但是盧梭他到底要回到哪裡呢？盧梭這第一個現代人，集觀念主義者與賤民於一身的人；亟需道德的「尊嚴」（Würde）來忍受自己……（KSA 6, p. 150.）

尼采想要「返回」的自然，不是盧梭式的淳樸和樂並帶有人性美善等道德意義的自然，而是自由遊戲的美學化的自然，它可以平靜美好，但更可能狂暴恐怖。「自然」對於人的道德與特定目的漠不關心，它只關心自己的「偉大任務」，因此對人來說它是模稜兩可、充滿矛盾的，若說人性是與自然有關，那麼尼采認為人要回到這種不可預測的、超善惡的自然本性，它帶領人通向更高的人的類型的實現。尼采在此舉了拿破崙為例，在遺稿中則希望綜合拿破崙與歌德，既有戰士的勇敢和力量，又有詩人、藝術家美化和提升的自然。（KSA 12, pp. 456-457.）

在《偶像的黃昏》第49節，尼采便以歌德為理想的人類典型描繪一個與盧梭式「回到自然」截然對反的美學化自然，並認為他是與康德對蹠的典範，跨出了德國而成為歐洲歷史的偉大自我超越。在尼采眼中，崇拜自然的歌德以文藝復興式的自然克服了18世紀。他是康德的對反，被康德以經院哲學的方式支解的理性、感性、情感、意志，歌德以最強大的本能將相對的力量予以統合，他創造性地將它們打造成一個整體。尼采這麼推崇這位他最為崇拜的德國人：

　　歌德塑造了一個強大、有高尚教養、體態靈巧、具自
制力、敬畏自己的人，他大膽地將所有自然領域中豐沛的
財富歸諸自己，要足夠強大的人才有這種自由；他如此寬
容，但不是由於軟弱，而是因為強大；因為他懂得把那會
造成平庸的人滅亡的東西轉化成有利自身的優勢；這樣一
個不再有任何禁忌的人，除了軟弱，不管現在該稱它為罪
孽或德性⋯⋯這樣一個轉化為自由的精神，心懷愉悅與信
賴宿命一般地立足在宇宙與信仰的中央，只有個別者可厭
棄，在整體之中的一切都得到拯救和肯定──他不再否
定⋯⋯然而，這樣的信仰在所有可能的信仰中層次最高：
我用戴奧尼索斯之名為它舉行洗禮。──（KSA 6, pp. 151-
152.）

　　在這段洋溢著崇拜熱情的文字中，用鐵錘要擊碎所有超
時代偶像崇拜的尼采，在他思想的最後爆發階段裡，竟然讓歌
德化成戴奧尼索斯信仰的肉身。然而要留意的是，這個塵世中
的詩人，是透過自己的技藝將他的肉身練就成自由之神。在這
段引文中，尼采一直使用「把自己塑造成⋯⋯」這樣的語法，
意味著歌德調動轉化了他的所有天賦、遭遇，生命本來具有毀
滅性力量的自然本能都成了他力量的泉源。這段頌揚歌德的
文字，兩個觀念密切相關，即「自然」（Natur）和「自由」
（Freiheit），而將兩者聯繫在一起的是超善惡的非道德主義。
歌德的「高尚教養」與「體態靈巧」與基督教式的禁欲身體絕

不相干，在此具有支配性的是文藝復興式的virtù。[14]

關於超善惡的「自然人」（Naturmensch），尼采說：

對所有強大和自然的人來說，愛與恨、感激與復仇、溫和與憤怒、肯定的與否定的作為，彼此之間都相互歸屬。人之所以是善的，其前提是他知道如何作惡；人是惡的，否則他就不能理解如何才能為善。（KSA 13, pp. 471-472.）

「自然人」之所以強大，是因為他以漠不關心的態度平情看待發生在自身上的一切，同時予以絕對的肯定。他的文化教養便是模擬自然的無情，無情便是自然的公平與正義，「自

14　Keith Ansell-Pearson主張，virtù不能譯為英語的virtue，因為它帶有太多道德意涵。在《善惡的彼岸》尼采列了四種美德，即勇敢（Mut）、洞察（Einsicht）、共感（Mitgefühl）、孤獨（Einsamkeit）。（KSA 5, p. 232.）Ansell-Pearson表示，virtù這個詞來自羅馬的vir（「人」或「男人」）和virtus（適合於人／男人的東西），它可以涵括勇氣、堅毅、敢作敢為、技藝嫻熟、公民精神等，甚至可說它包含了整個古典希臘羅馬和文藝復興關於人與文化的思想。Keith Ansell-Pearson, *Nietzsche contra Rousseau. A Study of Nietzsche's Moral and Political Thought*, p. 41. 尼采對文藝復興的理解受到他的朋友布克哈特（Jacob Burkhardt）的影響。在他的名著《義大利文藝復興時期的文化》中，布克哈特主張文藝復興在各方面都表現出個人主義。義大利人首先將宗教信仰的面紗揭開，人因而認識了客觀世界也認識了自己。同時，15、16世紀個性發達的極致就是達文西等天才人物的出現，古典希臘羅馬文化的復興與天才人物的創造力共同造就了文藝復興。布克哈特探討的個人主義與天才論深深影響了尼采的文化思想，但在思想風格上，布克哈特的古典主義和尼采偏浪漫主義的調性則截然不同。尼采和布克哈特的關係可參Alfred von Martin, *Nietzsche und Burckhardt. Zwei Geistige Welten im Dialog*（Basel: Ernst Reinhardt, 1945）。

然人」擁有強力，超越人的道德而且以生機勃勃的方式製造美德。「自然由於想要隱藏自己，會揭露與自己本性相反的東西。」（KSA 1, p. 471.）尼采認為現代文化之所以衰敗無力，正是失去了自然的本能，失去運用對立性的力量生活的能力。

「自然人」以充滿生機的多元力量創造了自己的價值標準，現代人則是病態的、退化的，只追求普同的利益而欠缺真實強大的個性。在《查拉圖斯特拉如是說》〈贈予的德性〉一節，查拉圖斯特拉表示，最高的德性「非比尋常」（ungemein）、「沒有用處」（unnützlich），所以像金子一樣擁有最高價值，它總是在贈予。查拉圖斯特拉認為，最壞的東西就是退化，凡是無法贈予者便開始退化。強健的生命則不然，從自己的物類出發，還要進化至「超物類」（Über-Art），此一超升進化之路，是由身體所展開的鬥爭歷史，善惡只是比喻而無實指。（KSA 4, pp. 97-98.）查拉圖斯特拉說：

> 我們感覺往上飛翔：這是我們的身體的一個比喻，一個提升的比喻。這類提升的比喻是德性的名稱。
>
> 身體穿越了歷史，它是生成者和戰鬥者。而精神——對身體來說意味著什麼呢？它是身體在戰鬥和勝利時的信使、同志和呼應。
>
> 所有善與惡的名稱都是比喻：它們沒說什麼，只是暗示。笨蛋才會想要從中得到知識。（KSA 4, p. 98.）

對尼采來說，身體是真正的實在，或者可說是力量的生成戰鬥，精神則為身體所驅使，或者可以作為策應他的同志，戰

鬥中的主帥仍是身體。這場戰鬥應是指新德性對基督教道德的
戰鬥，在贈予的德性中，沒有施受之間的同情、回報，不是基
於互相保護的計算考量而有的善惡。超善惡的新德性像金子，
它超越了使用價值，稀有但又無目的，就像珍稀的藝術品一
樣，挑戰了常規與實利，不受任何目的或普遍規則所約制。舊
道德則只是在類推中得到的比喻，沒有自身的價值，因為它不
能自主地決定自己的價值標準，而是要得到認可，依附於他者
才能存在。因為自身沒有內容，所以只是在表象上成立，是空
洞的比喻。反之，新德性則透過「贈予」的行動，顯示自身的
自主與完足，它力量充盈不假外求，顯示了強大的自由力量。[15]

　　超善惡的身體不在生理性的欲望中追求滿足，不在道德行
動中獲得相對性的肯定，而是在美學活動中獲得絕對的自我肯
定。尼采在1887年的遺稿中稱之為「我的新肯定之路」（Mein
neuer Weg zum "Ja"）。這條路通向更高等的物類存在，它按既
有的標準來看是「不道德的」，如同歷史上異教的諸神與文藝
復興時期的理想一樣。（KSA 12, p. 455.）

　　然而現代社會卻以各種方式壓制身體走向個體自由之路，
尼采在《曙光》第173節以現代人的「勞動」（Arbeit）為例，
生動地描述了這樣的實景：

　　　對勞動讚揚的人——在對勞動的一片頌揚聲中，在關於

---

15 Annemarie Pieper, "Ein Seil, geknüpft zwischen Thier und Übermensch,"
　 Philosophische Erläuterungen zu Nietzsches Also Sprach Zarathustra von 1883
　 （Basel: Schwabe, 2010）, pp. 343-344.

「勞動的幸福」的喋喋不休中，我看到它背後的思維與人
們對於那些追求公益的無私行動的讚頌是相同的：對於任
何「個體性存在」的恐懼。所謂勞動，總是意味著高強度
和長時間的勞動：人們現在感到，這樣的勞動可說是最好
的警察；它給每個人都戴上一副沉重的鐐銬，強力壓制理
性、欲念和獨立自主的發展。由於勞動幾乎用盡了全部的
精力，不給反思、籌劃、夢想、憂慮、愛和恨留下任何餘
地，人只盯著勞動為他樹立的眼前的短程目標，享受著勞
動提供給他的容易的和經常的滿足。因此，一個充滿不斷
的緊張勞動的社會也是一個更安穩的社會，而安穩現在正
被奉為最高的神明。──現在！可怕！正是「勞動的人」
變得令人可怕！到處充斥著危險的個體！在他們的身後站
著最大的危害者──真正的個體。（KSA 3, p. 154.）

現代人把辛勤勞動當成一種美德，就如同對無私的道德行
動的讚賞一樣，背後有著相同的思維，人不該有主體性，要禁
絕個體。不停歇的勞動馴服了現代人的身體，囚禁了個體性。
勞動表面上保障了人的生活，讓人滿足於虛幻的現世安穩，持
續高壓的勞動禁止任何夢想與熱情，個體性的發展沒有生存的
條件，每個認真投入勞動的人都成了沒有個性、沒有面貌的
人。失去工作的人成了沒有價值的人。在一切講求供需關係的
現代工商社會，人們只在意自己在勞動市場上值多少薪水，看
似為了追求更好的生活，身體異化為賺錢的機器，瘋狂追逐外

在價值，失去對內在價值的探求意願。[16]尼采身處的19世紀歐洲
已經讓人的身體成為生產線上的機器，到了21世紀已然是全人
類的共同命運，人快要被智慧型機器所取代，失去生產力的身
體將成為廢棄物。

尼采描述人類如何在自然歷史中戰勝了動物，並且透過
不斷地改造內在的自然性，把自然看成或是惡的或是善的，養
成了第二、第三種天性，懂得溝通學會承諾並締結契約、成
立國家，在法律與道德的規範中，用更為省力而有效的方式
保存了人類，但人仍然是「尚未確定的動物」（das noch nicht
festgestelle Tier）（KSA 11, p. 125.）。之所以「尚未確定」，
用《查拉圖斯特拉如是說》的隱喻，人是懸在深淵上的一條鋼
索，若不能自我超越便會退回動物的狀態。但是滿足於現狀的
現代人，像廣場上看走鋼索表演的觀眾，不認為自己該走上這
條危險的「自我超越」（Selbst-Überwindung）之路，甚至還訕
笑查拉圖斯特拉關於「超人」（Übermensch）的演說。（KSA
4, pp. 16-18.）尼采把物種的生存看成一場生死的戰鬥，靜態
的「自我保存」是不切實際的幻想，只會弱化生命的動能，現
代人若是相信了這樣的幻想只會退化衰敗。「真正的個體」則
是走上「自我超越」之路的人，對現代人來說這是一條無用之
路，對他們來說願意冒生命的危險投入無用之事的人令人感到

16　《曙光》第206節呼應「工作的人」的被奴役狀態，他們成了非人，是「人
　　的不可能性」（eine Menschen-Unmöglichkeit），該節還有兩句話同樣指陳
　　現代人的普遍境況：「人們給自己制定一個交換價格，使自己不再是人，
　　而是變成了螺絲！」（KSA 3, p. 183.）「在這樣一種對外在目標的瘋狂追
　　求中，內在價值受到了多大的損失！」（KSA 3, p. 184.）

恐懼，對於一個安穩的社會來說也是危險的。

　　人的命運如今已走在現代性這條鋼索之上，墜落即是致死的深淵，立足其上並無停駐不前的可能，唯一的生路便是堅毅地走向這條孤獨的自我超越之路。這條超越之路，首要克服的是道德問題，即如何擺脫「畜群道德」（Herden-Moral）的困限，服從的「奴隸道德」得扭轉為命令的「主人道德」。這同時意味著，立基於形上學二分的善惡對立，要經過美學式的轉化，重新評估好壞與善惡之分。好壞評價的標準是「力」（Kraft）或「權力」（Macht）。現代人之所以衰敗，就是因為無「力」提升自己，不再嚮往偉大，只想安穩活命，不知何為價值。「善惡對立」的道德，會固化生命，尼采接受了黑格爾邏輯學中的看法，同意「矛盾推動世界，一切事物都是跟自己本身相矛盾的」。（KSA 3, p. 15.）而所謂的天才，便是「身上存在著一種生理矛盾：一方面感到許多野蠻的、混亂的，和不由自主的驅力，另一方面，又感到強烈的合目的性的驅力——他有了一面鏡子，藉此顯示出兩種驅力間相互並存、彼此交織，但也常常衝突的關係」。（KSA 3, p. 210.）尼采認為藝術天才都是善於利用這種矛盾的力量來創造，以合目的性的方式調動他的盲目驅力。將「善惡對立的道德」美學化為超善惡的「好壞」，高貴的人就像藝術天才一樣，善於調動身體的多元力量，不把壞的排除，而是肯定命運中的一切，在趨於毀滅的現代性生活中，開發矛盾力量的動能，讓足以裂解生命的衝突性力量成為創新生活風格的泉源。

三、古典美學教養與現代自由文化

身體處在多元的力之爭鬥中是一件再正常不過的事，然而尼采抱怨道，基督徒卻將在爭鬥中不得不限制與清除的東西稱之為「惡」，他認為這是庸俗之見，就像把敵人看成是惡的一般未經深思。尼采說：「怎麼可以把愛慾（eros）看成是敵人！性愛、同感、戀慕的感受有共同的本質，都是透過自己的享樂讓別人也感到舒服──以這樣的方式讓人舒服的事情在自然界中並不多見！」（KSA 3, p. 73.）

尼采認為每個時期的人類都活在「常規的常規感」（Sittlichkeit der Sitte）的壓力下，有些離經叛道的思想或價值觀會在我們的內心世界或某些時地湧現出來，但更重要的是：「幾乎無論何處都是由瘋狂（Wahnsinn）為新思想開路，它打破了受到奉持的舊俗與迷信，你們可知，為何一定只有瘋狂才能辦到？」（KSA 3, p. 26.）只有瘋狂才能打破禁欲身體的囚禁，並且讓新思想的降臨引發敬畏和恐懼，天才在瘋狂的身體中成為新思想的靈媒，尼采引用柏拉圖的話說：「透過瘋狂，最偉大的事物降臨了希臘。」[17]為了衝決「常規的常規感」的枷鎖、創造新律法，需要瘋狂的神聖性「才能讓我終於能相信自己！」（KSA 3, p. 28.）尼采像書寫神祕體驗般地寫下這樣的呼告。

---

17 *Phaedrus*, 244a-b. Platon, *Sämtliche Werke in Zehn Bänden*. Griechisch und Deutsch nach der Übersetzung Friedrich Schleiermachers, ergänzt durch Übersetzungen von Franz Susemihl und anderen, hrsg. Karlheinz Hülser（Frankfurt am Main und Leipzig: Insel Verlag:, 1991）, p. 55.

　　在1886年為《曙光》這本出版於1881年以格言體裁寫成的
書的新序言中，尼采以古典語文學家的身分對他的讀者發出這
樣的命令：

　　　然而最後：是什麼緣故讓我們有必要如此大聲和鄭重
　　地說出我們是什麼，我們想要什麼，我們不想要什麼？讓
　　我們更冷靜、更遙遠、更聰明、更高遠地觀看，讓我們能
　　以一種靜默的方式輕輕地在我們之間說出來，以至於只有
　　我們聽得到，世界上再無別人聽得到！最重要的是，我們
　　得慢慢地說⋯⋯這樣一本書，這樣的問題根本急不來；更
　　何況，我們這兩個（我和這本書）都是慢板（lento）的朋
　　友。曾經身為一個語文學家是不會白當的，而且至今仍是
　　語文學家的人會稱自己為緩慢閱讀的教師：——結果連寫
　　作也慢了下來。現在緩慢已經不僅成為我的習慣，也成
　　了我的品味——或許是帶有敵意的品味？——不再寫作，
　　以便不要讓匆匆忙忙的人陷入絕望。語文學是一門可敬的
　　藝術，對於它的景仰者首先得提出的要求是：走到一旁，
　　空下時間，安靜下來，慢下來——它就像詞的鍊金術及其
　　鑑定術，它需要純淨精細謹慎的勞動，若是不以慢板的方
　　式來完成，便會一無所獲。正因如此，這樣一門技藝在現
　　今比起任何時代來說還要更不可或缺，它也由此而更有吸
　　引力更讓我們著迷異常，尤其當我們置身在一個「勞動」
　　的時代：在窘迫、無理而讓人喘不過氣來地要求一切都得
　　火速完成的時代，面對舊書與新書亦然：——這門技藝是
　　不可能以這樣的方式可以輕易成就的，它教導我們善於閱

讀，也就是緩慢、深入、帶著保留和謹慎、帶著隱蔽的想
法、敞開大門，用靈敏的手指和眼睛來閱讀……我耐心的
朋友，這本書所希求的只有完美的讀者和語文學家：教我
好好地讀！——（KSA 3, p. 17.）

古典語文學家慢下來的閱讀技藝對尼采而言似乎不只是要
面對古典文獻，而是要用來面對以理性來經營生活的現代人。
理性教現代人征服了外在與內在的自然，然而只要不夠快，在
優勝劣敗的生存競爭中便會成為失敗者。提倡緩慢閱讀、書寫
的語文學家是否太不合時宜，是否又是另一個要被淘汰的落伍
者？緩慢的技藝難道可以打破現代生活節奏的瘋狂？或者不過
是狗吠火車般的空想？又或者緩慢閱讀的技藝是說給像尼采一
樣看到現代人的非人狀態的「慢板」友伴聽，這樣的人才願意
用這樣的技藝重新打造自己的生活風格，這門技藝需要長時間
的習練，如同尼采在《快樂的科學》第290節中的描寫：

　　給個性「賦予風格」（Stil geben）是偉大而稀有的藝
術！一個人要全面省視天性（Natur）中所有的長處及短
處，並且施加藝術性的規劃，直到一切都顯得藝術和理
性，甚至連短處都能令人著迷。某處增加了許多的第二天
性，某處則減少了一點第一天性：——無論哪種情形都須
長期鍛鍊，每天都要花費工夫在上頭。（KSA 3, p. 530.）

生活風格的打造需要長時期的投入，也就是不斷地琢磨自

己的內在自然（天性），[18]然而，這卻不是宗教或道德的禁欲工夫，也不是為了營利而管制自己的身體與情欲，而是超善惡的美學技藝，這時古典文化教養便可能派上用場，而且非它不可。對早期的尼采而言，「迷醉」（Rausch）是力量自由運作的狀態，在酒神祭典中展現的是去個體化、不由自主的神聖性狂迷，這是不可修養的。但在逐漸擺脫華格納與叔本華的藝術形上學影響後，尼采愈來愈重視自主的身體主體如何透過美學的技藝達到自我創造的自由，而且通往另一種善的實現。

解除道德的實踐行動和美學的自由和諧遊戲之間的區分，尼采想要完成的是歌德的計畫，亦即讓「能夠肯定」（Ja-sagen-Können）的美學技藝展現「自由精神」。[19]從《悲劇的誕生》時期，尼采便在思考「音樂劇的倫理政治意涵的考察」，一直到他自己所出版的最後一部著作《偶像的黃昏》仍在鑽研「悲劇和自由精神」的關聯。[20]古典語文學、希臘悲劇、現代自由文化的反思，這三者間的關係貫穿了尼采終其一生的思考線索。美學的自由如何可能，身體與自然在其中具有怎樣的關鍵意義，也是尼采留給現代人克服當代困境的一條思想出路。

---

18 在《曙光》第540節尼采表示，像拉斐爾、米開朗基羅這樣的藝術天才也需要學習，米開朗基羅誤以為自己比拉斐爾有天賦所以不必學習，尼采斥之為謬見。尼采認為天賦和學習之間有密切的關係，他主張學習就是「學著使自己有天賦」（lernt, begabt sich selber）。（KSA 3, pp. 308-309.）

19 在《偶像的黃昏》中尼采稱歌德為「已然自由的精神」（freigewordenen Geist）。（KSA 6, p. 152.）

20 Christoph Menke, *Kraft: Ein Grundbegriff ästhetischer Antropologie*, p. 128.

四、力、自然與自由

尼采思想成熟期的重要標誌便是「權力意志」（Wille zur Macht）的提出，也就是以超善惡、去除目的論的「力」（Kraft）／「權力」（Macht）[21]的角度來解釋「生成」（Werden），而且除了力的生成世界，別無所謂「存在」（Sein）。「生成」不再有最終的目的可加以評斷，所有當下的評判都有其正當性，因為「權力意志」就是賦予解釋的力量意志，除了解釋，別無意義。當前目的的正當性，便是最終目的。在1887-1888年的遺稿中，尼采寫道：

> 要是世界的運行有個最終目的，那麼它一定已經達到。然而唯一的根本事實是，沒有最終目的……不能用最終的意圖來解釋生成（Werden）：生成的每一刻必須顯得是正當的（gerechtfertig）（或者是不可朝向單一目標來評價）；絕對不能用未來評斷當前的正當性，也不能用現在來評斷過去。「必然性」不能被設想為越界的、支配性的全權強制力，或者某種第一動能；更不是有價值事物成立的條件。（KSA 13, pp. 34-35.）

沒有最終的全權者可以必然地支配一切的力的運作，因

---

21 「力量」（Kraft）和「權力」（Macht）尼采並未嚴格界分，本文也未嚴分其不同意義。但在行文脈絡上，單詞的中文「力量」對應於德文Kraft，取其較寬泛的、跟自然相連的意義；「權力」則對應於Macht，通常會涉及擁有權能的主體所施展的力量及其意志，也能延伸向政治。

此，自然不能被設想為由某種具有自由意志的動力機制所發動
的整體運動。換言之，不能以人來設想自然，應該反過來，從
力的角度出發，以自然來設想人。自然是力的生成運動，人類
的文明並不外於此一自然的力的運作世界，即便道德的意義也
是如此。尼采在《論道德系譜學》（*Zur Genealogie der Moral*）
當中，追溯了道德語言（例如「罪疚」）如何從物質語言（例
如「負債」）發展起來的過程。在物質交易的社會關係中，人
第一次遇到了他人，並且意識到自己本質上是「估價的動物」
（abschätzendes Tier），懂得「在權力與權力之間比較、衡量、
計算」。（KSA 5, p. 306.）[22]人這種「尚未確定的動物」，被
培養為有責任感和能夠承諾的動物，被馴化為政治與社會的動
物。人為的制作（machen）和創造（*poiein*），啟始於質樸粗糙
的物質世界，在道德化的人文世界中，權力意志向內倒轉，自
然進擊的本能臣服於倫理的紀律，力的運作貫穿在人的歷史之
中。[23]

尼采所期盼的是勇敢的「靈魂的顯微觀察者」（Mikroskopiker
der Seele），去探究那「素樸的、酸澀的、醜陋的、不幸的、非
基督教的、非道德的真理」。（KSA 5, p. 258.）顯微鏡所要直

22　在《論道德系譜學》第二篇論文，尼采追溯道德概念的起源跟法律義務
　　領域的關聯，他舉「罪疚」（Schuld）為例，發現它其實是在「負債」
　　（Schulden）這個物質領域中發展起來的。起初人做出承諾，是基於債權人
　　與債務人的關係，人不得不創造出記憶，並從民法的契約關係衍生出正義
　　與懲罰的道德秩序。KSA 5, pp. 297-306.

23　Keith Ansell-Pearson, *Nietzsche contra Rousseau. A Study of Nietzsche's Moral
　　and Political Thought*, pp. 119-126.

視的並非是善或惡的靈魂本質、自然本性，而毋寧是追究好／壞的價值設定、善／惡的道德起源，換言之便是現代人如何成為現代人的自我認識：求認識的主體如何獲得了真理意志，並在否定「權力意志」的道德意識中墮入了虛無主義。

什麼是正當的？誰有「權利」（Recht）決定價值？道德的價值有什麼價值？倘若沒有正當性自身、沒有最終價值，這些問題的探究，不再能夠根據必然性真理作為判準，而必須回到歷史找尋思考的線索。雖然當時也有英國哲學家用歷史的方法探究了道德起源的問題，但是尼采不滿意英國功利主義哲學家以「有用性」（Nützlichkeit）為判準，來考察善的行動的正當性及其價值，他主張「距離的激情」（Pathos der Distanz）才讓人有了「價值創造的權利」（das Recht, Werte zu schaffen）。（KSA 5, p. 259.）

表面看來，尼采只是用「距離的激情」取代「有用性」來決定道德行動的正當性，但是細究尼采的分析會發現，重要的是「誰有權力」界定好／壞、善／惡，「界定價值」的「權力」從誰的手上轉移到誰的手上，道德的價值問題不能離開權力的分析。「距離的激情」並不比「有用性」更能證成道德，它只是另一種道德起源的解釋。然而不同的道德系譜的假說與結論卻讓我們發現，道德的自我證成已經愈來愈困難，系譜學家揭露的不是道德唯一的起源，而是不同的道德會塑造不同的人的類型。若「有用性」可以作為評價道德行動的判準，尼采追問，所謂「有用」是「對誰有用」？有助於哪種類型的人？會妨礙哪種類型的人？

以「有用性」來解釋善，首先意味著某種行動替行動接收

者帶來好處，於是「無私的行動」被標榜為善的行動，因為它
有利於行動的接收者，而對行動者來說並無好處。這種解釋方
法，明顯地是從被動地納受行動的角度來評價行動，因此，行
動者不重要，重要的是行動接受者的感受、想法。無私的行動
因此對被動的人來說是有利的，被動的人習於不採取行動，若
是普遍地褒揚無私的行動，便是鼓勵行動者不要替自己著想，
而得為他人著想。於是，為自己著想的人是不道德的、邪惡
的；無私的人是道德的、善良的。

　　其次，「善的行動」除了關乎行動的納受者，而且是以
「行動」為著眼點來考慮善從何而來，而不是以「人」為中
心。這種思維方式還預設著，行動是來自於行動者。人被理解
為具有「自由意志」的主體，行動是主體的產物。然而根據
「權力意志」的原則，在行動和生成的背後並沒有存在，「主
體」與「行動者」的設想都是現代人受到語言的誤導而衍生的
虛構物，它是奴隸道德的想像與發明。弱者為了建立自我認同
而虛構出「主體」，由怨恨的力量主導，把他們的軟弱解釋為
自由，否定強者的行動力，他們無能行動，只能反應，於是很
聰明地發展出了自我否定式的「偉大復仇政治」（große Politik
der Rache）。（KSA 5, p. 269.）

　　盧梭的契約論與民主政治構想預設了「自由意志」，然而
在成為政治動物之前，人得先成為道德動物。尼采認為，恰恰
是「自由意志」是需要解釋的，它的出現意味著怨恨與復仇的
政治將相應而生。至於復仇政治的道德基礎，正是人類在長期
的文化「馴化」（Zucht／discipline）中，力量受到抑制，道德
歷史就是「強制」（Zwang／compulsion）的歷史，人這種捕獵

的野獸在文化的馴化與培育（Züchtung／cultivation）中，退化
為溫順的、社會化的家畜，養成了反應與怨恨的本能，「權力
意志」由主動的行動力衰退成被動的反應力，高貴德性被奴隸
道德推翻，文化的強制造就了道德，政治的強制造就了法律，
考察現代人的政治與道德的生成歷史，便是力的表現形式被翻
轉的歷史。[24]

　　「距離的激情」來自於「力＝高貴」此一等式，現代人
的道德在尼采的眼中之所以是道德的衰退徵兆，是因為它不再
肯定力，而是要否定力。從肯定力的高貴德性，衰退為否定力
的貧弱道德，歐洲的道德歷史經受此一來自下層賤民的價值翻
轉，現在若要再翻轉，必須再次肯定「力＝高貴」的等式，以
「距離的激情」作為道德歷史的評價標準。

　　「距離」（Distanz）對尼采而言是高貴的精神品性，青年
時代的尼采尤其頌讚先蘇期的哲學家，認為只有他們是真正夠
格的哲學家，因為他們全然被「真理的激情」所驅動，而且此
一哲學激情讓他們與其時代與世界必然地拉開了距離。他們傲
然地踽踽獨行，不寄望對俗眾產生影響，也不希求同代人的歡
呼掌聲。尼采說，像赫拉克利特（Heraklit）這樣的哲學家並不
需要人們，而人們也不需要他所知的，他不被人所信仰。赫拉
克利特說：「我尋找並探究自己。」（KSA 1, p. 758.）然而，
對生活與人群保持距離，並不表示欠缺熱情。不論是先蘇期哲
學或希臘悲劇，在尼采眼中都誕生自「激情」（Pathos）。藝
術家尤其需要從尋常的視角偏移開來，厭惡「那我們所不得

24　Ibid., pp. 133-136.

不吸取的該死的濁重的塵世空氣」，沉浸在「國王的自豪」
（königliche Selbstachtung）此一孤獨感中。（KSA 1, p. 758.）
成熟期的尼采把藝術家的「激情」與哲學家的「距離」結合起
來，用來表達他所要推崇的超善惡的道德律令──「距離的激
情」。25

五、自由的主權個體

對尼采而言，迄今為止的歐洲道德歷史出現了一個弔詭的
情境：一方面不再以「距離的激情」作為德性的準繩，高貴的
主人道德下墮為平庸的群畜道德；另一方面，傳統常規、基督
教禁欲理想卻以殘酷的強制性，在歷史的反覆操練中培育出了
「有權許諾」（versprechen darf）的自由個體。因此，在《論
道德系譜學》第二篇論文的一開始，尼采便提出了這個關鍵的
矛盾：「培育出一種有權許諾的動物，難道這不是自然在人的
身上所提出的一個弔詭的問題嗎？這不正是關於人的根本問題
嗎？」（KSA 5, p. 291.）

自由的個體不是人的本性，它既是自然的培育成果，也
是社會的強制性對人的意志馴化的歷史產物。要讓人成為「有
權許諾的動物」，首先要克服自然所賦予動物主動遺忘的力
量，讓人活在記憶中失去幸福生活的能力，於是人類愈來愈虔
敬地服從傳統的誡命，俾便改造人的自然性。其次，在手段與

---

25 以上關於「距離」、「激情」、「距離的激情」的關係，參考Volker
　　Gerhardt, *Pathos und Distanz. Studien zur Philosophie Friedrich Nietzsches*
　　（Stuttgart: Reclam, 1988），pp. 5-7.

目的、現在與未來、原因與結果之間，人類必須將自身理解為可以貫徹其意志的行動者，而這是社會反覆馴化人的意志才可能，即透過「常規的常規感」（Sittlichkeit der Sitte）此一加諸在人身上的「社會緊身衣」（Zwangsjacke），讓人變得「可以預測、有規律、有必然性」。（KSA 5, pp. 292-293.）透過對自然力的克服，人擁有記憶與意志，成為可以為自己行為負責的個體。自然人成了有道德的社會人，有意思的是，在這個關鍵的歷史時刻，人透過殘酷的紀律鍛鍊，讓自己更服從，卻也為自己掙得了前所未有的自由，有權利為自己的行為負責。這也意味著，人有權利說不，理當有意志能夠否定，用查拉圖斯特拉的隱喻，人從駱駝變成了獅子。下一步則是，人如何成為小孩？然而，啟蒙運動之後的歐洲是否已經克服了「常規的常規感」的束縛？人是否已然超越善惡？能夠自己頒布命令成為自主的個體？似乎對尼采來說，啟蒙運動哲學家不論是盧梭還是康德，都不能說已然從奴隸道德中掙脫開來，人成為「有權許諾的動物」仍然是個弔詭的問題。換言之，人成為了道德動物，開始「有權利」為自己負責，但仍未成為真正的「主權個體」（souveraines Individuum）。

　　面對這個弔詭的歷史處境，是否應該採納尼采在《歡快的科學》中的呼籲：「但我們想要變成我們所是的那些人。」（Wir aber wollen Die werden, die wir sind），而且我們便是那「新的、獨一無二、不可比較、為自己立法、創造出自己的人」。（KSA 3, p. 563.）立足於此一自我肯定的角度，我們彷彿既具有獅子的力量意志，也有孩子自由創造的遊戲能力。然而，自我立法的個體必須從常規中解放出來，因為在常規中成

為個體是種懲罰而不是獎賞，必須將被動的道德怨恨本能翻轉為主動的超善惡肯定本能，也就是意願自己成為「自主的、超常規的個體」（das autonome übersittliche Individiuum）。（KSA 5, p. 293.）成為自由、負責的個體為何是超倫理、超善惡的？對尼采而言，人的目的便是在自然歷史的終點上越過善惡二分的倫理，成為自主判斷的、超倫理的主權個體，他是肉身化的權力意志，能全權為自己負責，以超善惡的「距離的激情」為自己頒布命令。此時擁有的自由是肯定自然的生成之力、享受力之提升、令全身肌肉震顫的自由。主權個體不再受常規也就是外部命令的支配，他是實現自由的主人，他知道自己比那些無法做出承諾的人更有資格發號施令，他的意志便是價值的尺度。

尼采系譜學的寫作承繼了《曙光》、《歡快的科學》、《善惡的彼岸》等著作中以美學的力的角度來考察人的自由問題。根據孟柯的研究，從包姆嘉登（Alexander-Gottlieb Baumgarten）開始，所謂的「主體」（Subjekt）指涉的是擁有或大或小的力，亦即有多大的能力去實現某事，擁有力量便使人成為主體。然而這並不是說，主體擁有一種神祕的原因在自身之內，由之可以解釋某種行動。主體的權能是在紀律性的勞作、反覆的習練中獲致的。紀律與習練的目標在於獲得實踐能力，在反覆的操練、習作中我們擁有力量，並且逐漸有能力按自己的尺度去決定價值、施展權能。成為主體和擁有權力是同一回事，從美學的角度來看（而不是從善惡的道德角度來看），主體就是指有能力的人。要解釋主體的行動，不能從其

動機和認知出發，而得從力的關係與其實現著眼。[26]

　　在「認知的原因」、「道德的動機」此一求真理的意志的探索中，力的生成被虛構的本質所否定，美學活動的權能主體被抑制。然而，主權的個體的解放卻弔詭地在此一自我否定的歷史中超越自身，解放以壓制為代價、個體的成熟是在殘酷的懲罰中被打造而成。超善惡並不是否定常規的價值，而是肯定外部的強制是習練內在自由的必要過程，肯定「權力意志」亦即肯定此一生命內在的他者性。尼采以藝術的眼光看待生成的世界，他認為生命與世界就是「自我生育的藝術作品」（sich selbst gebärendes Kunstwerk）。（KSA 12, p. 119.）生命意願自我的否定以獲致再生的力量，求真理的意志自身不是目的，而是被藝術性本能所驅動，要在虛構的本質中自我保存，然而這是消極的權力意志的徵兆。對尼采而言，現代人以消極的權力意志在宗教、道德與政治領域中追求表象性的自由，生命力將日趨衰弱。他寄望以超善惡的美學化活動替代宗教信仰、理性主導的道德與政治，在肯定積極的權力意志中提升生命的權能。

六、理性主體與美學主體──孟柯的詮釋與對話

　　以美學的自由來克服啟蒙所製造的文化與自然的對立，其目標將指向某種新型態的文化，且文化與自然的關係也會有新的意義。尼采將文化這個概念「看成某種新的、更好的自然」

26　Christoph Menke, *Kraft: Ein Grundbegriff ästhetischer Antropologie*, pp. 33-35.

（als einer neuen und verbesserten Physis）（KSA 1, p. 334.），他
想藉由回溯古典希臘對自然的理解，讓人的自由與自然成為既
聯繫又有內在張力的關係，人的自由因此離不開自然，但又與
自然形成一弔詭的來回往復歷程，這展示在前文所述《論道德
系譜學》對於自主個體的誕生的歷史分析中。若理性主體的自
由建立在背離自然的基礎上，是沒有生命力的虛幻的自由。尼
采設想的是植基於自然的自由文化，然而此一文化除了希臘式
的英雄主義、羅馬式的貴族統治，如何在當代社會構思一種美
學化的活動，並藉此展開具有對治現代性的生活文化？

　　對尼采而言，政治的目的不只是為了共同生活而已，重要
的是為更高遠的文化理想創造條件：

> 如果在善惡的彼岸有著天上的女神，那麼請讓我偶爾
> 瞥見一眼，哪怕只讓我瞥一眼——完美的、究極的、幸福
> 的、強大的、勝利的，在他身上有著令人恐懼的東西！
> （KSA 5, p. 278.）

　　尊貴的人類典型是自然培育的理想，也是政治文化的目
的，也只有偉大的個體才為人的存在提供了正當性的基礎。高
貴的個體證成了人類存在的目的。然而也正是高遠文化理想的
誘惑與利用，在不同時代掀起血腥的政治鬥爭與國際戰爭，尼
采的預言曾經在二次世界大戰中應驗，他的預警或期待是：

> 小政治的時代已然逝去：下個世紀將要到來的是為了
> 爭奪地球統治的戰爭——強迫進入大政治（den Zwang zur

grossen Politik）。（KSA 5, p. 140.）

　　超善惡的美學力的原則──「生成的每一刻必須顯得是正
當的」。（KSA 13, pp. 34-35.）真的能夠成為評價人類歷史的
尺度？非人性的大屠殺悲劇是否也將因而被輕率地正當化？雖
然阿多諾已然對啟蒙的自我神話化展開批判，但是啟蒙的批判
並不意味著要走回前批判，而是得進行更深刻的啟蒙與批判。
換句話說，只有不斷形成新的啟蒙，不能放棄啟蒙與批判。然
而，無論是尼采或阿多諾對啟蒙主體的反省，「自然」在美學
進路的啟蒙批判當中如何發揮作用，意義仍不明朗。孟柯對力
量美學的思考接續了啟蒙批判的工作，他並且進一步思索理性
主體與美學主體之間的關係，以說明理性實踐的能力與美學活
動的力量之間來回往復的歷程與其間弔詭的順逆關係。[27]
　　孟柯所構想的理性主體與美學主體的關係可以勾勒如下：

---

27 Christoph Menke, "Der Weg, der bloßes Können überschreitet.
　Nachbemwerkungen zu einer Disskussion."未刊稿。在何乏筆的邀請與籌劃
　下，2014年9月22日孟柯於中央研究院中國文哲研究所「力量的美學與美學
　的力量──孟柯（Christoph Menke）美學理論工作坊」發表演講〈力量的
　美學與主體的習練〉（Ästhetik der Kraft und die Übung des Subjekts），並在
　與台灣學者對談後撰文回應，〈力量的美學與主體的習練〉即該回應稿，
　演講稿與回應稿均由羅名珍譯出並將收錄於由何乏筆、翟燦與筆者合譯之
　《力量：一個美學人類學的基本概念》（Kraft: Ein Grundbegriff ästhetischer
　Antropologie）中譯本之中。孟柯的回應稿吸收了台灣莊學研究者對氣與自
　然的理解，這改變了他原本認為力量無法習練的觀點，在回應稿中，他以
　相當深邃而明析的方式剖析了力量如何與主體有關，又超出主體之上。本
　文接下來引述孟柯回應稿之相關想法時，均簡稱為〈回應稿〉（羅名珍譯
　為〈道也，進乎技矣：一場討論後記〉）。

無意識的幽黯力量[28]作為理性實踐能力所從出，在同一化、個體化行動中成為理性的主體，這是力量順向成為實踐能力的主體化行動；美學活動則打斷、暫離意識主體的實踐行動，讓自身成為無目的的自由遊戲的活動之場，在去主體化的逆向活動中成為美學的主體。（如圖一）

力量　順

逆　能力

力量

圖一

　　根據啟蒙思維，知識上的真假、道德上的善惡均得導回至主體才能裁斷，因此主體是一種能區分的能力（Vermögen），此一使主體得以成就知識與道德的能力或權力亦即主體。啟蒙即是以主體為最終根源的同一性思維，主體能確保知與行之「成就」（Gelingen）之必然。「成就」（Gelingen）是孟柯在《力量：一個美學人類學的基本概念》所使用的概念，指主體憑藉其理性能力所展開的知識、道德實踐。相對於「成

---

28 尼采曾在早期的著作〈論歷史對生命的好處和壞處〉中形容「生命」（Leben）為「幽黯地、驅動著、永不厭足的自我渴求的權力」。（KSA 1, p. 269.）

就」的是美學的「活動」（Tätigkeit），孟柯引述康德對美感
活動的界定：「美感的反思激活了想像力及知性能力，並引發
了不確定但卻共通的活動（unbestimmter, aber doch einhelliger
Tätigkeit）。」[29]自康德之後，美感活動作為一個獨立領域，
它涉及主體的自我感受，其愉悅並不來自於有意識的理性行
動。孟柯並且指出，尼采的主體批判便是將理性的「行動」
（Handlung）和美學的「活動」（Tätigkeit）加以區分，他第
一次試圖區分這兩者是在標為「非道德的世界觀照的一次嘗
試」的遺稿中，這個想法不久之後便發展成了「權力意志」
（Wille zur Macht）。尼采認為此一「非道德的世界觀照」得是
美學的：它一定是「用藝術家的眼光來看」（unter der Optik des
Künstlers）。（KSA 1, p. 14.）

　　孟柯在〈回應稿〉中修正了他原來的立場，轉而同意力量
是可以習練的。只是我們得進一步追問，在美學力量與實踐能
力之間，主體運作的模式除了要考慮順向（力量受到規訓的主
體化）與逆向（任讓力量解捆的去主體化）兩種模式，還要涉
及既作用於主體又超出主體的力量在習練前後的變化，習練後
的力量已非原始的蒙昧自然，而是具有文化意義的自然。我把
習練前的力量稱為自然力量，習練後的力量稱為生命力量，並
以下圖（圖二）示之。

29　Immanuel Kant, *Kritik der Urteilskraft,* Akademie-Ausgabe, Band 5, § 9; B 31.

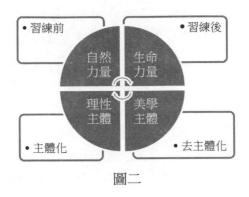

圖二

　　孟柯根據阿多諾所說的「藝術是針對社會所提出的社會性反題」，他表示「藝術是在文化中展開著文化之他者」。[30]人類的社會實踐是由理性主體所擔負，藝術活動雖然也是社會實踐的一部分，然而卻是以逆向的、去主體化的力量運作方式，成為作用於社會實踐又反思社會實踐的一種「反題」與「他者」。只有逆向地返回理性主體所植基的自然力量，汲取其動能，由理性主體與美學主體所共同構成的弔詭關係，才能更好地理解藝術為何能為啟蒙批判扮演關鍵的角色，批判啟蒙錯誤的同一性宣稱，並且肯認主體在自我轉化中所引動的主體內在的他者之間具有差異與矛盾的變化運動。啟蒙批判的成果是，要將所有社會實踐導回主體或者不可能，或者是災難。「力量」即是孟柯用來說明，一切社會實踐的成果，都得奠基於一

---

30 Christoph Menke, "Der Weg, der bloßes Können überschreitet. Nachbemwerkungen zu einer Disskussion."以下所述孟柯力量美學與力量習練的想法均出自此文，因是未刊稿無出版資訊與頁碼，不一一註明。

種不可導回於主體的權能。「力量」是在主體內而異於主體者，既是內在於主體的他者，也是捨棄或超越於主體而作用於主體的權能。

要如何理解此一主體內部的差異？孟柯助台灣書法家林俊臣的演示與說明，來描述在力量的習練中所展開的自我轉化。書法家運筆於紙上，感受到來自於筆尖與紙面上的粗澀之「反力」（Gegenkraft），是一種物質性的反向之力，力量作為反力乃是自然的，但它不僅是如啟蒙思維所理解的外在的自然的阻抗，有待主體克服，而是主體將外在的阻抗理解成內在的條件，此時自然之反力成為主體的力量，主體的自我轉化同時是自然的轉化。迎向反力的主體，收納反力，將之轉換為自我之力量，這是對力量之習練，在此習練中，作為反力的自然力量成為主體自我轉化的開端，但它也同時是目的，因為自然力量即可轉化為構成主體內在條件的生命力量。自然是在自我轉化中，即美學活動中成為主體實踐所設定的起源，在力量的習練中，主體不再只視自身為主動的創發者，而同時是納受自然的反力的承受者，在任讓自然力量的美學活動中，自然甚至成為使自我轉化所以可能的開端與條件。

孟柯在《力量》的姐妹作《藝術的力量》（*Die Kraft der Kunst*）一書的扉頁引用了瓦雷里（Paul Valéry）《泰斯特先生》（*Monsieur Teste*）中的詩句，很能表明主體內部的差異如何形構了主體內在的超越力量，即使孟柯在此書中仍未承認力量習練的可能性，我們仍可以這首詩來詮釋主體內的差異與力量的習練：

含藏在我自身之內的未知者，

正是它才造就了我自己。

我所擁有的笨拙與茫然，

那就是最真實的自我。

我的缺點，我的脆弱。

我的不足是我的出發點。

我的無能是我的泉源。

我的力量出自於你們。

我的運作是從我的軟弱到

我的強大。

我現實的貧困創造了某種想像的

豐盈：而且我是此一對稱；

我是那消滅了我的願望的行動。[31]

31　Christoph Menke, *Die Kraft der Kunst*（Frankfurt am Main: Suhrkamp, 2014）.
　　引自書中扉頁德語譯出的詩作，德譯中為筆者所譯。德譯如下：
　　Was ich mir selbst Unbekanntes in mir trage,
　　das macht mich erst aus.
　　Was ich an Ungeschick, Ungewissem besitze,
　　das erst ist mein eigentliches Ich.
　　Meine Schwäche, meine Hinfälligkeit.
　　Meine Mängel sind meine Ausgansstelle.
　　Meine Ohnmacht ist mein Ursprung.
　　Meine Kraft geht von euch aus.
　　Meine Bewegung geht von meiner Schwäche zu
　　meiner Stärke.
　　Meine wirkliche Armut erzeugt einen imaginären
　　Reichtum: und ich bin deise Symmetrie;
　　ich bin das Tun, das meine Wünsche zunichte macht.

　　自然力量既內在於人的主體，是未知的陌異他者，然而也是它得以造就主體的實踐，是實踐得以可能的條件。主體擁有權能得以實踐，能規訓力量以為己用，但也常感無力、匱乏、軟弱、無能，面對此一無法掌控、規訓的力量，面對那不確定、無法規定的自然，我們得習練如何將此一無能、不確定性納受為實踐的出發點，學會不能是能的條件，讓美學的主體中斷權能的理性能力，讓自然力量作用於理性能力。於是，我們得以理解，理性的不足正是自由遊戲活動的場域，我們得以從理性主體的不足處出發，從自身的軟弱出發，汲取力量的動能，轉化為美學主體，並藉由美學活動的習練，從軟弱轉化為強大，讓陌異、不可知的自然力量轉化為生命內在的他者。生命的強大始自於：理解主體自身對稱的內在差異，在此差異中自我轉化。主體內在的差異是豐盈生命的開端，主體將設定自身為理性的權能主體與力量的美學主體，並且在主體化與去主體化的順逆運行中實踐與轉化，此一差異與對稱造就了人的想像與行動，造就了人的強大與自由。

第三部

自然與自由

　　第三部以「自然與自由」為討論的核心，尤其借重法蘭克福學派的批判理論從跨文化的角度反思儒道思想與東亞現代性。十、十一兩章反思儒家思想在東亞現代化的過程中所遭遇的挑戰，並且借鑑霍耐特「社會自由」的構想探索儒學的當代潛力，第十二、十三兩章則從「氣」的角度進一步思索「自然與自由」的關係，結合尼采哲學、批判理論、莊子與王船山氣的思想，以跨文化哲學的進路反思現代性。

　　第十章〈東亞現代性──從島田虔次、溝口雄三談起〉：本章從島田與溝口的論述中，特別揀出「自然」、「分理」等概念，結合戴震「以情絜情」之說重構情理相連、交互承認的共通體，以探究東亞現代性的規範意涵。首節勾勒島田虔次與溝口雄三的現代性考察，探尋明清思想的現代意涵，並且收束於明清時期「自然分理」的思想，作為與西方現代性區辨的思想環節。在歷史的考察之後，特別以戴震思想為例盤整相關思考，並且援引當代德國法蘭克福學派哲學家霍耐特（Axel Honneth）的承認理論，從情感與承認的關係來討論戴震「以情絜情」的思想。透過此一對比性的考察，有機會讓儒家思想經由霍耐特「社會自由」的政治哲學構想獲得新的詮釋角度，也藉此探索跨文化哲學對於現代性反思的潛力。

　　第十一章〈牟宗三論政治自由和道德自由〉：牟宗三主張，儒學歷經先秦與宋明兩期的創立與開展，在現代社會第三期的時代任務即是根據前兩期所奠立的內聖之學，開出新外王──民主、科學，也就是依循儒家傳統內聖外王的架構來吸納西方的民主、科學。本章將要討論牟宗三此一構想，藉此省察儒家思想為何不僅可與西方民主政治相容，而且還能進一

步據以批判西方個人主義政治自由的流弊。主要討論的問題包括：儒家思想中的道德自主性與自由平等有何內在關聯？政治自由為何必須預設道德自由？牟宗三所論的「儒家式自由」跟西方政治思想在何處可以接軌？在何處顯其特殊性？它與「消極自由」、「積極自由」的關係為何？最後將透過霍耐特「社會自由」的理念作為例示性的參照，探討牟宗三所論的「儒家式自由」在當代是否能有新的反思角度。

　　第十二章〈自然與自由──莊子的主體與氣〉：本章援引孟柯（Christoph Menke）承接赫德與尼采的美學觀點所討論的「幽黯之力」（dunkle Kraft），為莊子的身氣主體找到一個與歐洲哲學對話的節點，此一詮釋進路呼應台灣當代從身體現象學的角度切入的相關莊子研究成果，共同形成一種新的論述取向，以對照當代新儒家（徐復觀、牟宗三、唐君毅）借重康德的我思主體或德國觀念論的精神主體來詮釋莊子思想的差異。

　　第十三章〈承認自然──承認理論與氣的思想〉：本章的主旨是「霍耐特社會哲學中的承認理論如何納入自然」，為了探究這個可能性，先鋪墊第一代法蘭克福學派關於「氣韻」的討論，再從而銜接王船山氣的思想以與「氣韻」對話。本章並非平行地比較霍耐特和王船山的思想，而是以霍耐特社會哲學中的「交互承認」為探究的起點，進一步討論「承認自然」的可能性。此一可能性，一方面可以透過回溯至班雅明、阿多諾的「氣韻」來展開，另一方面則經由「氣的思想」的跨文化的對話來實現。

第十章

東亞現代性？
從島田虔次、溝口雄三談起

一、前言

「現代性」這個概念不只是歷史的，同時是規範的，重點不是從哪個時間點、歷史事件開始，「現代」成其為「現代」，而是從什麼樣的規範意涵來檢證歷史的合理性。從這個視角來看，文藝復興、啟蒙運動、明治維新、辛亥革命、共產革命固然可以是探尋歐洲或東亞現代性的歷史標幟，然而它們的內在思想條件卻可以返回（不論是以繼承或批判的態度）古希臘哲學、先秦或宋明清思想來探究其規範性內涵。

島田虔次與溝口雄三兩位具有敏銳歷史眼光的日本學者，追溯思索中國現代性的發展（或挫折），並且不讓此一歷史理解束縛於歐洲現代性的規範內涵，試圖闡釋中國近代倫理的萌芽及其獨特性。順著島田與溝口的探究我們可以追問：中國的現代性到底是誰的「現代性」？若不以歐洲為標準，從中國、

日本等亞洲內部或亞歐互動的曲折歷史與現代化辯證過程，是否能提煉出某種尚未得到闡明的「現代性」？除了歷史的溯源，當代社會據以批判地反思「現代性」的思想根據究竟何在？本文將從島田與溝口的論述中，特別揀出「自然」、「分理」等概念，結合戴震「以情絜情」之說重構情理相連、交互承認的共通體，以探究中國現代性的規範意涵。在明末清初混融性的思想中，或許已經孕育了某種未完成的現代性，甚至它們的中挫正是讓有缺陷的西方主體主義現代性失去批判性對照的機會。同時，「更好的現代性」不可能不面對西方現代性，只有深刻地把握並在充分認識其限制性時，才有可能超越西方現代性走出一條未來人類社會的可行之道。因此，無論古今東西的思想資源皆可平等地視為重構具有未來性的現代性環節，其規範效力也更有機會是普世的，但又要盡可能地回到各自歷史脈絡去找到屬己的現代性開端，以開放多元的方式重構自己的現代性。

首節我將勾勒島田虔次與溝口雄三的現代性考察，從他們的假設出發探尋明清思想的現代意涵，並且收束於明清時期「自然分理」的思想，作為與西方現代性區辨的思想環節，藉此發展出具有批判潛力的「既獨特又普世」的規範性概念。在歷史的考察之後，特別以戴震思想為例盤整相關思考，並且援引當代德國法蘭克福學派哲學家霍耐特（Axel Honneth）的承認理論，從情感與承認的關係來討論戴震「以情絜情」的思想。霍耐特基於「情感優先於認知」的看法提出「交互承認」的理論，後來更進一步提出「社會自由」的概念發展社會主義觀點下的政治哲學。以霍耐特的承認理論作為參照的角度，可以顯

示戴震看待「情禮關係」的特殊價值。戴震根據禮學的古義，也強調社會規範的情感向度，並且主張要「以情絜情」，亦即讓情感與欲望走出自我中心，朝向社會性的公同價值。透過此一對比性的考察，有機會讓儒家思想經由霍耐特「社會自由」的政治哲學構想獲得新的詮釋角度，也藉此探索跨文化哲學對於現代性反思的潛力。

二、島田虔次和溝口雄三論中國近代思想

島田虔次受到內藤湖南的啟發，以史家的洞識審視王陽明及其後學的思想，追溯中國現代性自身的根源，他有意識地將中國14、15世紀以來的思想發展與歐洲的近代（modern age）並行對照，主張在宋代以後的中國肯定也有歐洲文藝復興同樣的現象。島田虔次這麼做的目的，一方面是以歐洲的現代性特徵作為參照的指標以呈現現代性的普遍性，另一方面，是要找到屬於中國現代性的特殊性。[1]按照島田自己的說法，他所要描述的中國近代思維的展開和挫折，是從王陽明開始，論及陽明

1　島田虔次著，甘萬萍譯，《中國近代思維的挫折》（南京：江蘇人民出版社，2005），頁208。島田虔次與溝口雄三是用「近代」來對應英文的modern，我在行文時一方面順著他們的使用方式，但也用「現代」這個詞，指涉同樣的意思。這是因為中文已慣用「現代」來表示modern、「現代性」則指modernity。島田虔次延續內藤湖南的說法，考察中國宋明以來的近代性，並把焦點放在明代的陽明學。溝口雄三則將太平天國以後稱為「近代」，他把陽明學看成遠的近代思想的淵源，探尋中國近代思想的萌芽，至於中國現代性的開端溝口認為是辛亥革命。

後學尤其是泰州學派以迄李卓吾。[2]島田引述內藤湖南的講法
表示，中國近代（宋、元、明、清）的成立，具有平民的發展
與政治重要性的衰退這兩個根本特徵。島田的研究起點是陽明
學，它既是宋學進一步的發展，至心學末流又被定調成明亡的
根源。但是陽明學移入日本後，卻有很高的評價，而且推動了
日本現代化關鍵的明治維新。令島田感到吃驚的是，同樣是陽
明學為何有兩種截然不同的評價，一者導致亡國，一者開啟了
現代化進程。他因此提出一個假設，陽明學在中國現代化歷程
中扮演了重要角色，但是此一中國的現代精神發展到明末，內
在於自身產生了悖論，其尖銳化到了極限而幾乎快要毀滅自身
的地步。[3]島田在他的名著《中國近代思維的挫折》所要證明的
是，陽明學的確為中國現代性的推進提供了內在動力，現代市
民意識由此萌芽，然而這些新生事物尚欠缺足夠的社會條件，
因而過早出現隨即中挫。

　　島田用黑格爾精神辯證法的邏輯架構來看待中國如何走
出古代至漢唐的「禮教」精神，此一未分化的「在己的」（an
sich）的精神是固定不變的社會精神，他主張進入宋代之後，
「在己的」的禮教精神在理性主義的自主與分析中得以分化發
展，此一自主性要求就如同西歐文藝復興以來的現代精神。[4]島
田表示，宋學的根本精神是將人視為與天地萬物一體的、與生
生不息的道相連結的根本能動性，它根據自己的內在力量讓自

2　島田虔次著，甘萬萍譯，《中國近代思維的挫折》，頁204。

3　同上注，頁1-2。

4　同上注，頁1-4。

然和人倫成立。陽明又進一步將宋學尚未完成的格物致知之學
又徹底化其吾性自足、不假外求的規範性，島田甚至認為，由
陽明思想所完成的人之形象是中國儒家思想的極致，它的理性
主義、啟蒙之樹可惜卻未結果就枯萎，在清代被強權所鎮壓而
終未完成。[5]

島田並非天真地認為，中國會根據自己的內在動力，就自
然能發展出如同歐洲的機械文明、資本主義與市民社會，他對
中國現代思想的譜系考察想要破除如丸山真男等學者亞洲停滯
論的歷史見解，此一思考路線後來被溝口雄三所繼承，而且溝
口又想進一步超越島田的歐洲框架，試圖更加著重內在於中國
自身現代性的獨特性來評價中國。

島田考察的焦點是由陽明及其後學所引動的庶民力量以及
敢於挑戰權威的個體批判精神，此一考察顯然是以歐洲擺脫中
世紀神權統治，近代以來的人文主義、個體自主意識與市民階
層的崛起為參照背景。陽明學以講學的魅力進入民間，印刷資
本主義的興起讓閱讀活動不再被知識階層壟斷，庶民生活的水
準提高連帶也開拓了俗世文學與相關的娛樂活動，來自商賈、
農樵的庶民學者也成了陽明後學的重要標誌。立足於活潑潑的
具體性和能動性並且向自然人回歸的庶民意識，使明初的朱子
學發展為陽明學，陽明學開展為泰州學派，最終產生了具有代
表性的人物就是李贄，他敢於挑戰六經論孟，又讚揚西廂水滸
為天下至文。島田認為，明代思想吸收了新興社會的能量，是
中國近代精神的高峰與極限。但是島田也提醒，新的學風的興

5　同上注，頁14-15、20-21。

起並非有一反抗士大夫的庶民階層，而是內在於明士大夫中潛存的庶民性能量中開展出來。他認為，中國社會的本質仍是屬於士大夫的，庶民只不過是作為「不完全的士大夫」。因此，李贄不是新興階級的代言人，作為具有挑戰性的市民階層在中國並未成熟，庶民力量的展現仍然是環繞著士大夫的周邊現象而已。李贄作為批判性的「個體」，表面看來是時代精神推動了具有敢於反抗的個體的誕生，但是島田具有洞見地論斷，這不過是個時代錯誤，並非是歷史必然的產物。[6]

　　雖然中國的近代精神因為庶民社會尚未真正成熟到具有反抗的力量，但陽明學說具有不為社會所容的自信與其煥發的傳道熱情也愈來愈明確化、尖銳化，此一內在的矛盾要回歸到陽明學說中來理解。島田虔次敏銳地把握了陽明思想中看似對反的兩面，即主觀絕對的理想主義和客觀平實的自然主義——這不是島田自己的用語，而是我的理解與概括。島田歸結陽明良知學的要點是：聖人無非是人的「自然」而已，學做聖人就是學習回歸到人的自然狀態。因此，復歸本體不再是孤立地冥契一高妙懸絕的超越本體，而是回復到人本有的自然美善狀態。理想主義具有超越現實的批判性，陽明學「吾性自足、不假外求」去偽存真而無一毫假借湊泊的風格昭然可見。同時，陽明也拒絕將聖人偶像化，聖人必須是人的自然，因為是人的自然，才能是人的理想。聖人即以自然為起點而透過學以通向理想的人，這是陽明「聖人可學而至」的信念。於是，聖人是歷史性的存在，是人而不是神，陽明透過理性的批判發現了聖人

6　同上注，頁132-156。

的歷史性、屬於人的複數性，此一想法見諸於《傳習錄》上的
「聖人成色分兩說」之中，茲不贅引。陽明甚至揚言，孔子也
未必是最終的權威，真正足以成為終極判斷依據的是自己內在
固有的良知本心，人性善美完全的自然本性。[7]

　　我認為，根據島田的論斷可以進一步推論，陽明主觀的理
想主義，後來流衍為李贄形態的文化批判，他的客觀自然主義
的部分則為不欣賞陽明思想的戴震弔詭地繼承並發揚光大。理
想主義和自然主義可以弔詭地相即，當是理解中國現代性不可
或缺的環節，這一點也可見諸溝口雄三對明清思想的研究，而
且他認真看待戴震所具有的關鍵意義，彌補了島田的缺漏。

　　溝口雄三作為戰後已然擺脫歐洲啟蒙史觀的中國學研究者
主張以亞洲固有的概念重構近代，不再以歐洲的現代性標準來
看亞洲和中國，他的研究試圖在中國自身內在的概念脈絡中發
現屬於自身的現代性根基，更重要的是，也唯有此一格局才有
機會據此批判西方現代性。溝口對中國倫理思想懷抱著跟島田
同樣的熱情，他希望透過挖掘中國現代性淵源的同時一方面重
構中國的現代性，另一方面也能對於喪失人間互愛、德性紐帶
的利己資本主義與破壞自然生態的市場經濟有所警戒，讓更好
的現代性在當代萌芽。此一史識確乎有著深刻的關懷，如溝口
自己所期待的「使世界成為真正的世界、使自己成為真正的各
個自己」。[8]

7　同上註，頁14-31。

8　溝口雄三著，索介然、龔穎譯，《中國前近代思維的演變》（北京：中華
　　書局，1997），頁7。

　　對溝口雄三來說，中國現代性的開端是帝制崩潰，孫中山建立了共和政府，但其基礎並非資本主義與市民階層。地主、農民的經濟矛盾一直在宋、明末清初，甚至可說在20世紀的中國一直存在，並且不斷透過改革或革命的手段來因應。溝口分享了島田的看法，認為李卓吾所代表的明代思想該當由商人和城市市民階層來繼承，而此一繼承沒有實現，於是中國的近代化歷程只能中挫。同時，溝口進而主張，中國前近代思想的承擔者幾乎都出身於地主階層，他們也是皇帝專制體制中的官僚，從經濟史的角度來看，中國近代化歷程並未出現歐洲的市民資產階級。然而，經濟主體日益成熟，社會階級（地主與農民）的矛盾加劇，此一情勢的發展讓士大夫再也無法用一己的修身作為手段來消除現實的惡。[9]甚至士大夫獨斷的（以意見當理）、扭曲的善成為壓迫的來源。由上而下的一體之仁、施恩之惠已不符社會需求，亟需體制性的變革。不論是島田的李贄中挫說，或溝口的戴震萌芽說，其終局都顯示中國現代性雖包含一自身的內在動力，但是在來不及累積完足時，就不得不接受被西力所拗折、扭斷的噩運。若說現代性有其自身的規範性理念，這可稱之為理，那麼其現實中的發展卻需勢來落實，而勢的形成則與力的強弱有關。西方現代性未必完全以理勝，而是以勢凌駕東方的規範性，如今該當重新評估此中的理勢關係，以超越既成的現代性。

　　溝口雄三認為，明末清初把宋學看作負面的「私」、「人欲」的概念翻轉過來，對欲望和私己的肯定此一概念坐標的轉

9　溝口雄三著，索介然、龔穎譯，《中國前近代思維的演變》，頁261。

向具有重要意義。但是溝口提醒，「欲」與「私」由負轉正，
並不意味著「理」與「公」就被貶到負面的坐標。毋寧是說，
作為自然欲望的「欲」與「私」被納入了封建與身分秩序中的
「理」與「公」。「欲」與「私」中含著的私有財產等市民權
利得到確立，但是並不表示，有一價值坐標的真正翻轉。為了
深入闡明此一不易解釋的轉位，溝口引用黃宗羲和顧炎武的說
法來討論，「人欲中的公」或「恰好處的私」的社會基礎究竟
是什麼。

　　先看黃宗羲《明夷待訪錄・原君》所說：

　　有生之初，人各自私也，人各自利也。……後之為人君
　者……使天下之人不敢自私，不敢自利，以我之大私為天
　下之大公，……然則為天下之大害者，君而已矣。向使無
　君，人各得自私也，人各得自利也。[10]

顧炎武《日知錄・言私其豵》則說：

　　而人之有私，固情之所不能免矣，……世之君子必日有
　公而無私，此後代之美言，非先王之至訓也。[11]

　　溝口雄三認為，宋學中公私二律背反的關係到明末清初已

10　〔明〕黃宗羲，《明夷待訪錄》，收入《續修四庫全書》，第945冊（上
　　海：上海古籍出版社，1995），頁466-467。

11　〔明〕顧炎武，《日知錄》，收入《景印文淵閣四庫全書》，第858冊（新
　　北：臺灣商務印書館，1983），頁452-453。

經開始崩潰，由皇帝一己在上位者所壟斷的既有秩序（公），其實只是用來包裝掩蓋自己的私（以我之大私為天下之大公），黃、顧等人認為真正的公應是人民各自的私，天下人的土地、田產得到合理、均平的滿足才是公的實質。島田和溝口都認為，盧梭在歐洲所完成的任務，黃宗羲在中國以不同的形式完成了。12

溝口再引比黃、顧稍早的呂坤來說明公與「私」和「平」的關係：

> 世間萬物皆有欲，其欲亦是天理人情。天下萬世公共之心，每憐萬物有多少不得其欲處。（《呻吟語・治道》）13
> 私則利己徇人而公法壞，⋯⋯公法壞則豪強得以橫恣，貧賤無所控訴而愁怨多。（《呻吟語・治道》）14

明末所肯定的「私」並非我執、利己的負面的私，而是讓天下人皆有之欲得到滿足的公共的大私。溝口進一步討論，

---

12 同時，溝口又特別強調要以中國自身的獨特性來看待自身與歐洲，因此，不能說中國的近代性是片斷、扭曲、駁雜的，相較於歐洲的近代性來說是不完備的，因為，若反過來以中國的標準看，也可以說，歐洲的近代性同樣是不完備的。溝口雄三著，索介然、龔穎譯，《中國前近代思維的演變》，頁28-29。對此，筆者幾乎完全認同，但要補充上一句。不論是歐洲或中國的現代性都是不完備的，這已經不僅是從歷史的角度來評價，而是帶著規範性的眼光。從規範性的視角來說，既成的現代性相較於更好的、尚未實現的現代性是不完備的。

13 〔明〕呂坤著，王國軒、王秀梅整理，《呻吟語》，收入《呂坤全集》（北京：中華書局，2008），頁839。

14 〔明〕呂坤，〈呻吟語〉，《呂坤全集》，頁866。

包括呂坤、馮從吾等士大夫所說的公、公貨公色其實都是為了穩定地主階級統治。公法之「公」，與太平之「平」，看似是要消除貧富之間的不均，但是呂坤並無抹除身分階級差異的齊平思想，而是強調尊卑、貴賤、大小各守其分、維持差等，由此天下才能平安無事，公法之所以立，就是為了能實現此一公平、平安的共同體。溝口認為，士大夫所說的天下人是以地主和商人等富民階層為主體，一方面雖主張要抑制豪強的橫恣，但是對於地主和農民的不平等卻從未提及。富民階層向皇帝要求的是他們在鄉村的階級統治，顧炎武所說的「合天下之私以成天下之公」的言論並非使天下人各自的田產都得到滿足，而是讓富民階層的統治權得到承認，這些思想不過是專制權力下的地主制結構的再編與補強。東林派士人的郡縣論、田制論、學校論都是某種專制分權的政治觀的表現，不可比擬為歐洲的民權思想。對欲望的肯定以及新的公私關係的主張，是要求一個新的分權的專制體制，以確立富民階級的經濟主體性。[15]

　　溝口的論斷主張，中國近代思想是出自共同體式的大同思想，而「天」、「理」、「自然」、「公」則是表現此一大同思想的概念，而在此一思潮中，並沒有西方意義的作為「個體的我」的「個我自立」的思想的出現。相對於島田虔次將李卓吾看成「個我的確立」，溝口雄三則直指李卓吾這位看似突出於時代之上的大異端，仍是是積極主張「忠」、「孝」的人。李卓吾因而不是近代意義上的啟蒙主義者，而是要以不容已的自然之真情、不自以為聖來達到真聖人的境界。這也近於王龍

15　溝口雄三著，索介然、龔穎譯，《中國前近代思維的演變》，頁9-21。

溪的無善無惡、無是無非之說。李卓吾的真空、無我之說一方
面觸及一種個體的、具體的普遍性，又通向大同無我的公共
性。這種真空的我、自然的理是容認常民百姓、排除士大夫預
先置定的本質的定理，而以「無」和「空」為中介，在明末展
開了承認個體之間的交互主體性，這是在無己之中說真己，在
條理之中說禮的普遍性，是自然的天理，而非朱子式的作為定
理的、人為的、非自然的天理。16

　　溝口雄三關於中國近代性的討論，最關鍵性的是，作為自
然的人欲如何開始具有社會性與共同體的意義。這也是中國現
代性最為獨特的部分，亦即沒有西方乃至日本具有超越的神的
意義的自然法，而是連結著人情自然之分的天理自然。此一可
以上溯到郭象「不為而自然」之「自然如此」、「本來如此」
之意，在明末清初由呂坤、王夫之、戴震所完成的從「一己之
欲」到「社會之欲」的思想發展歷程，在世界歷史上具有重要
意義，這既是中國現代性的獨特意義，或許也有其普遍的規範
性價值。

　　溝口雄三也是引呂坤的話來展開此一「天理自然」的申
論：

　　　物理人情，自然而已。聖人得其自然者以運天下。……
　　然拂其人欲自然之私，而順其天理自然之公。故雖有倔強
　　錮蔽之人，莫不憬悟而馴服。則聖人觸其自然之機，而鼓

16　溝口雄三著，索介然、龔穎譯，《中國前近代思維的演變》，頁51-90。

其自然之情也。（《呻吟語‧治道》）[17]

溝口特別申明，此處的自然是出於自己、本來如此之意，通於郭象的自然說，即萬物沒有外部作用使其如此，沒有造物主等超自然的力量使其如此，而是自己如此、本來如此。因此，從自然和「本來如此」的相通來看，從「本來如此」化為「應該如此」，後來又與「天理」結合，成為「天理自然」就是很順當的發展。[18]溝口主張，呂坤此處所言的人欲與自然的關係，是前所未見的，人欲開始轉為正面的意義。人欲固然有其不合理的私的部分，但也有其本來的、合理的，有待矯正並回歸的自然的本來。溝口表示：

> 基於「人欲」不單是個體之生理的、本能的一己之內的欲，還包括物質、占有等外向的社會之欲。個體之欲的「本來」可內求於一己之內，而社會之欲的「本來」則作為欲望相互間的問題而被社會化了。矯正之道不僅要克服一己之內的欲，還要調整欲望相互間的「私」（egoism）。[19]

私欲的克服因此有了兩個面向，一是克服不合理的個人欲望，讓它恢復其本來的、合理的欲望，二是克服自我中心的個

17　〔明〕呂坤，〈呻吟語〉，《呂坤全集》，頁854。
18　溝口雄三著，索介然、龔穎譯，《中國前近代思維的演變》，頁22。
19　同上注，頁23。

人之欲，而向外通向具有交互主體性的社會性的、物質性的欲
望的協調過程。欲望之所以能克服其內外的矛盾而走向調和，
關鍵在於「能使天下萬物各止其當然之所」、「各安其分」
（《呻吟語・治道》）。[20]溝口雄三認為，此處的當然之「所」
與「分」是指性分、職分等當時所規定的身分秩序之「分」。
上下之「分」並非所要打破的對象，而是彼此之間有其各應得
之「分」，同時也要求某種上施惠、下無求之「均」。無論如
何，「理」已經不是某種在一己之內求中靜態地感悟的內容，
而是在動態的協調中作為個別多樣的關係而被承認的「在欲中
之理」。[21]

　　從宋儒「去人欲的天理」到明清之際「存人欲的天理」
並非一直是對立的兩種理學觀，溝口雄三以兩股交纏的繩子來
比喻它們的關係，認為一者為父一者為出自於父的鬼之子（不
像父母的孩子）。溝口將前者稱為固守上下身分秩序（忠、
孝）的體制儒學，後者則稱之為儒理學。儒理學意指包括朱子
在內──他也在宋代扮演著批判性的地位，其後學才被納入科
舉的體制之中，尤其是陽明學之後以否定與改造體制儒學的角
色──包括李贄、呂坤、王船山、顏元、戴震等人，最後到清
代中葉以後，上下秩序的框架被打破，其發展末端就是由清末
民初的康有為、譚嗣同、孫中山以反專制的批判理觀（也包含
著種種內外夾雜的思想與文化因素，如基督教、歐洲思想、馬
克思主義、公羊學、諸子學、佛教等），中國的「近代」於焉

20　〔明〕呂坤，〈呻吟語〉，《呂坤全集》，頁819。
21　溝口雄三著，索介然、龔穎譯，《中國前近代思維的演變》，頁24-27。

成熟。[22]

　　溝口雄三特別聲明，他所謂的「近代」和多數人一樣斷在太平天國。他的理由是，自太平天國之後，「均」、「平」的近代的「平等」意義才開始在歷史上起了本質的作用，並且在孫中山的政治、經濟思想與革命行動中表現出來，而共產革命則讓中國的現代化開花結果。溝口的論述顯然是帶著對社會主義的高度同情而展開的，他認為在此一發展中占有哲學關鍵意義的是戴震，因為他所說的「自然之分理」是使人我之間的欲望得以互相認同、彼此協調的道理。戴震的分理說一方面繼承了呂坤所說的「分」，但又有重要區別。呂坤的前提是要鞏固「上下之分」，性分、職分是預先規定的；戴震的「分」則已經轉化為人與人之間平等地相互分有、分界的共同體式的「分理」。溝口認為這已經打破了朱子學以來的理觀，而為清末的公理觀開闢了一條前所未有的道路。[23]證諸後來梁啟超、胡適等人對戴震思想的看重，溝口此一判斷誠非妄矣。但是康有為與孫中山是否在共同體的思想上和戴震之間有間接的繼承關係尚待探討，至少較直接的關係並不明顯，但從歷史作用來說確實是思想的必然性所致，並非得由戴震一二人之說來證明此一關聯性。

22　同上注，頁43-46。

23　同上注，頁42-44。

三、通民情之理

在宋儒，天理與自然、人情，即使不是對立的也不可能是連貫的，然而歷經明中葉以來的思想發展，理／欲的二元對立不僅被打破，其間的實質聯繫也被愈趨成熟的理論反思與文化批判而建立起來。純粹的道德要求不再是只對名教的形式性規範的重視，而是一方面愈發真誠地要求貫徹內在的道德性，另一方面理性的邏輯性、實效性也愈來愈受重視，本來是完全內在的道德性要求，現在一併地要求客觀外在的真實性不能是虛偽乃至壓迫人的。此一思想趨向在島田虔次與溝口雄三論陽明到泰州以迄戴震已然明朗，歸結來說，即使如島田所主張的陽明是宋學的進一步發展，也不能否認明代反程朱理氣二分的思想背景愈來愈激進而達至完熟，最後在戴震達到巔峰。

溝口雄三認為，從明末到清末三百年的中國思想史有其一脈貫穿的概念線索，不論它們是天理、仁或大同，而且這些概念雖然各自有其時代的局限，但是愈發展到後來其內容愈趨向於完全的平等，溝口於是認定，中國近代思想的淵源從一開始就是共同體式的，也是社會主義式的，他認為這是中國近代思想的一個特徵。溝口並且引用了戴震在《孟子字義疏證》卷上，〈理〉的兩段話來印證這樣的看法：「天理云者，言乎自然之分理也；自然之分理，以我之情絜人之情，而無不得其平是也。」「人之生也，莫病於無以遂其生。欲遂其生，亦遂人之生，仁也；欲遂其生，至於戕人之生而不顧者，不仁也。」[24]

24　溝口雄三著，索介然、龔穎譯，《中國前近代思維的演變》，頁487-488。

　　以下我們將根據戴震的文本脈絡來疏解「通民情之理」如何成為中國現代性的規範要求。戴震在他一封書信中提到「以理殺人」的說法，廣為學者引用討論，這段話不是空頭地對宋儒指控，而有其背後的理據與思路，茲整段引錄如下以見其完整脈絡，並順此展開本節的探究：

> 　　聖人之道，使天下無不達之情，求遂其欲而天下治。後儒不知情之至於纖微無憾，是謂理。而其所謂理者，同於酷吏之所謂法。酷吏以法殺人，後儒以理殺人，浸浸乎舍法而論理，死矣！更無可救矣！〔人各巧言理，視民如異類焉，聞其呼號之慘而情不相通。〕25
> 　　聖賢之道德，即其行事。釋、老乃別有其心所獨得之道德。聖賢之理義，即事情之至是無憾。後儒乃別有一物焉，與生俱生而制夫事。古人之學在行事，在通民之欲，體民之情，故學成而民賴以生。後儒冥心求理，其繩以理，嚴於商韓之法，故學成而民情不知，天下自此多迂儒。及其責民也，民莫能辨。彼方自以為理得，而天下受其害者眾也。26

　　並不是所有的「理」都會殺人，而是不通「民情」的理，且是比商韓之法還嚴酷的「離情之理」。對戴震來說，「理」

---

25 校注者表示，此句之後原有22字後被刪去，但該句所涉意旨跟本文討論至為相關，特別補上並加方括號以作識別。〔清〕戴震，〈與某書〉，收入《戴震全書》，第6冊（合肥：黃山書社，1995），頁496。
26 同上注，頁496。

在本質上必聯繫著情，所以他表示：「情之至於纖微無憾，是謂理。」當然並非所有的情皆是理，而是無偏私障蔽之情，達到無一絲一毫的錯失差誤，才是真正的理（天理）。學者之所以求理，為的是能以聖人之道治世，為學的目的在於行事，以求「達情遂欲」。然所達遂之情欲，並非一己之私欲，而是生民之情欲，所以說「學成而民賴以生」。[27]但宋儒則受佛老影響，理之求不為通民情，而是冥契一捨情無欲之理，以己之理強斷行事，而「事情原委隱曲」則未得。自以為得理，實則是把持獨斷意見，苛責於無辜不能抗辯之常民。聖賢之道德求「化民之德」，後儒則離民情而別求一無欲之理，因此禍害深廣，不得不闢斥其論，以歸返六經孔孟之道。戴震所批評的後儒，帶著士大夫階層的傲慢，出言精巧但不通情理，甚至視民如異類，因而對其悲慘處境疏離無感。戴震則要把理拉回常民百姓的日常之道中，所以屢引《詩經》：「天生烝民，有物有則；民之秉彝，好是懿德。」他強調：「理也者，天下之民無日不秉持為經常者也，是以云『民之秉彝』。」[28]理不是離開生活中的情欲，而是在情欲中求其不易之則。學者求理，當於人倫日用中求其自然不失、純美精好者，而非離開生活常道，另求一離情絕欲之天理。[29]

27　溝口雄三則表示，從李塨以來批評宋儒以「克私欲」之名害人，到了戴震，「欲」的客觀意義已經成熟，而且被安置在「生養」的根源的地位，同時也是道德的根源。溝口雄三著，索介然、龔穎譯，《中國前近代思維的演變》，頁269。

28　〔清〕戴震，《緒言》，卷上，收入《戴震全書》，第6冊，頁89。

29　根據溝口雄三的歸結，朱子的克己和無私是以縱貫的方式完成修身平天下

　　然而，本是追求道德仁義的儒者何以竟至為禍斯民？戴震在給他的學生段玉裁的書信中對此作出進一步回答。[30]他舉孟子闢楊墨之例為證，主張言論與政治有密切的關聯，認為古今治亂之源均在「語言」，明顯繼承了孔子「正名」的傳統。戴震認為，宋儒的言論是「率天下之人而禍仁義」、「生於其心，害於事，害於政」。[31]宋儒輕忽語言文字，不講究字義、制度、名物，因而不能通六經孔孟的語言，於是無法上接聖王之道，離百姓公同之欲日遠。再者，宋儒論理摻入佛老無欲之說，以為理欲相對，乃至無法體民情、遂民欲，渾然不知欲是「相生養之道」。[32]戴震主張古聖王所憂所謀均為人欲之事，只求無私而非無欲，甚至應有欲有為，他說：「夫堯舜之憂四海困窮，文王之視民如傷，何一非為民謀其人欲之事！」[33]執守理欲之辨，以絕情欲為理得，則理成為殘殺的工具，且使君子難以全其德行，反而逼迫天下盡成欺偽之人。

　　那麼戴震所相信的理又如何與情連結呢？他用《大學》

的工夫，而戴震則是不脫離人的自然實存，所謂的「克己」並非無欲，而是使氣質欲望在社會相關性中得到普遍妥適的安排。因此，所克之「己」是不隔於天下的、和他者相關的公共性，而所復之「禮」則是在己者、他者之間的社會相關性求其至當不易之則。「克己復禮」之解在朱熹處是縱貫的、由在一己之內完成的，到了戴震則轉為政治社會、人我關係的橫向的公共性。溝口雄三著，索介然、龔穎譯，《中國前近代思維的演變》，頁270-275。

30　〔清〕戴震，《與段茂堂等十一札・第九札》，收入《戴震全書》，第6冊，頁541-543。

31　同上注。

32　同上注。

33　〔清〕戴震，《孟子字義疏證》，收入《戴震全書》，第6冊，頁216。

絜矩之道申明古人之理為何與宋儒不同。因為絜矩之道不過是
「所惡於上，毋以使下」，以及其他「所不欲」、「所惡」等
「人之常情不堪受者耳」。這意味著，理只存於「以己絜之
人」，是在人我最基本的好惡之情的溝通理解之中，並無其他
高妙深遠之理，只有「己所不欲，勿施於人」等常情之理。
用現在的話來說，就是常人皆有的同理心，具有換位思考的能
力。即便是愛好財色的齊王，戴震認為孟子對他的肯定並非權
假之辭，而是真實的肯定，只是要齊王走出自我中心的享樂主
義，能「與百姓同之」，則王政自在其中。因此，絜矩之道即
是以同理心協同彼我之情，這既是人之常情、普遍之理，而王
道的理想政治也不外乎此。

　　「以情絜情」之說在《孟子字義疏證》正式被提出來，而
且就在〈理〉第一條的問答當中，可見具有關鍵性的意義，引
出如下：

　　　問：古人之言天理，何謂也？

　　　曰：理也者，情之不爽失也；未有情不得而理得者也。
　　凡有所施於人，反躬而靜思之：「人以此施於我，能受之
　　乎？」有所責於人，反躬而靜思之：「人以此責於我，能
　　盡之乎？」以我絜之人，則理明。天理云者，言乎自然之
　　分理也；自然之分理，以我之情絜人之情，而無不得其平
　　是也。[34]

34　同上注，頁152。

理的出發點是情，由情之不爽失而得理。情如何能不爽失？其途徑為思，所思者何？曰：「以我之情絜人之情」。因此，得理之情是突破一己私情的公同之情，也就是能以恕道推己及人的普遍之欲。君子與小人之別不在欲之有無，而在能不能將一己私情推擴而出。視人猶己者，為盡己之忠的君子；以己之所惡施加於人者，為受私欲障蔽的小人。特別要留意的是，忠恕之道，並非以一己私見強加於人，而是在自我與他者間建立一相互承認的關係，這是與「以意見當理」最大的區別。[35]例如當有所施於人之前，先問：「別人以如此的方式施加於我，我願意領受嗎？」或當有所責於人時則問：「別人以如此的方式責求我，我能做得到嗎？」之所以將他人自我化、將自我他人化，背後預設的是自我與他者之間平等的倫理態度，才會將他人與己身置於相互協調的關係之中。因此，將他人自我化同時也把自己陌生化，此一交互主體的反思有助於克服自我偏私，走出自我中心，追求人我友愛的關懷之情，對戴震而言，這是古典儒家倫理的起點也是政治的基礎。

承前所論，君子能「以情絜情」來反躬自思，亦即承認我與他人應該平等友愛，人我之間不能強凌弱、眾暴寡。天理即是人我之間的好惡得以協調——情得其平，這也是自然之分理。戴震預設理想的自然狀態作為道德與政治的基礎，在此狀態中，所有人的欲望都得到適當的滿足、一己的好惡以合乎節

---

35 以意見當理者，是理仍未明猶雜有偏私，卻自以為智、任其意見，執之為理義。〔清〕戴震，《孟子字義疏證》，收入《戴震全書》，第6冊，頁153。

度的方式和所有人相調和。從這個角度來說，理即是情的合理
調配狀態，此一合理狀態是天理之則，也是人所普遍共認之
理。戴震引孟子之言：「心之所同然者，謂理也，義也；聖人
先得我心之所同然耳。」[36]聖人便是能照察事情之分理不謬，但
其性善則與常人無異，只在能推擴其惻隱、羞惡、恭敬、辭讓
之心知，不惑於行而已。

　　戴震言理，喜言其「分」，故言「分理」。所謂分，可有
二義，一為條分縷析，讀作紛；二為職分，讀作份。理與禮相
通，禮對戴震而言正有此兩義，他說：「條理之秩然，禮至著
也。」[37]此取禮秩然有序，條理之禮，通理之第一義。第二義的
禮，如「禮得則親疏上下之分盡」，[38]通理之第二義。戴震認為
禮的功能在於「治天下之情，或裁其過，或勉其不及。」[39]此說
紹承「禮以節情」的傳統。他也明白老子之所以去禮，本意在
「還淳反樸」，但恐怕不必能讓天下人盡歸淳樸，反而讓淳樸
之人「直情徑行」，而惡薄者則「肆行無忌」，那麼人將與禽
獸無異。[40]因此，戴震主張禮的社會教化功能絕不可少，不可憑
恃忠信之美質，而有待學與禮，使過與不及皆得裁成教化。

　　「以情絜情」因而不只是主體內在的反躬自思，更是交互
主體的雙向承認，但這並不能只是主觀的道德反思，而必須落
實在客觀的倫理體制上，古代聖王之禮便是戴震所依歸的倫理

36　〔清〕戴震，《孟子字義疏證》，收入《戴震全書》，第6冊，頁153。
37　〔清〕戴震，〈讀易繫辭論性〉，收入《戴震全書》，第6冊，頁348。
38　〔清〕戴震，〈原善上〉，收入《戴震全書》，第6冊，頁344。
39　〔清〕戴震，《孟子字義疏證》，收入《戴震全書》，第6冊，頁206。
40　同上注，頁206-207。

體制。然而，戴震也明白「古禮之不行於今已久」，流俗雖不
用禮，但士君子不能不講。只是君子行禮，要達到化民變俗之
效，已不可強求，但期「無所苟而已矣」。[41]

　　此一交互承認的主體，對戴震而言不再是離欲的道德主
體，而是根連著欲、情、知的「血氣心知」，楊儒賓稱之為
「氣化的身體觀」用以取代程朱的「性理的身體觀」。[42]人的反
躬自思，有賴於理性的自我反思，此一反思又關乎人與人之間
共感的能力，因此，戴震才會如此強調「通人情」。對戴震來
說，程朱理學雖然追慕聖賢之道，所論仁義禮智也是孔孟思想
的內容，但是卻在人的自我理解上出現嚴重的偏誤，導致實踐
上的異化。關鍵就在於「離情言理」，使得人不論在自我理解
與相互理解上，缺乏了情感的涉入、參與態度，於是在面對自
身與他者時，只以抽離情欲之理裁斷是非，欠缺同情共感之理
解能力。

41　〔清〕戴震，〈答朱方伯書〉，收入《戴震全書》，第6冊，頁369-370。

42　楊儒賓還表示：「他（戴震）這套學說將人的本質置放在一種交感性的血
　　氣心知上，並在此血氣心知上建立一種絜情的人倫之道。血氣與人倫的雙
　　重性不但構成了人的本質，它也構成了群體共享的道德基礎。戴震認為這
　　種雙重公共性的設計可以避免先天論之流弊，而且，它根本就是人的本來
　　面目，孔孟思想之意義不外乎是。」楊儒賓，《異議的意義：近世東亞的
　　反理學思潮》（台北：臺大出版中心，2012），頁270-271。楊儒賓將明清
　　的反理學思潮稱之為「相偶性」的倫理，用以對比於「體用性」的理學思
　　維，他對宋明清儒學的反思，可說是踵繼於島田虔次與溝口雄三對近世儒
　　學的探討。楊儒賓「相偶性」之說出自戴震後學中的阮元，溝口雄三也提
　　到了相偶之仁從上下一體的、被上下秩序所規定的自己之內的相互性，轉
　　向為同是互為對方客體的主體的相互關聯性。見溝口雄三著，索介然、龔
　　穎譯，《中國前近代思維的演變》，頁315。

四、從「交互承認」看「以情絜情」

　　本節將引用當代法蘭克福學派的代表性學者霍耐特（Axel Honneth）關於「承認」（Anerkennung）的理論對照性地參較戴震「以情絜情」之說的現代意涵。之所以有此對照，跟島田與溝口的社會主義式眼光有關。島田與溝口雖然在立論框架上有些差異，但他們都認同陽明學以來的中國近代思想之所以具有「現代性」，與西歐自文藝復興、啟蒙運動以來所追求的自由、平等思想確實有其呼應之處，溝口並且主張中國的天理自然有其自身的思想脈絡，跟西歐對抗神權爭取人的自主性，以及有超越的神的意味的自然法思想性質絕不相同。將這兩位帶著社會主義視角的近代中國思想史學者的研究與德國當代社會主義的代表性思想關聯起來，並且進一步以戴震的思想為例，考察中國現代性思維的普遍性與特殊性何在，或許也是繼續推進他們思路的一種方式。

　　霍耐特承繼的是德國法蘭克福學派開創者霍克海默與阿多諾的社會主義批判思想，在第二代的哈伯馬斯（Jürgen Habermas）交互主體性的溝通行動理論之後，作為第三代的代表性哲學家，霍耐特以「承認理論」擴展了批判理論過去較未著墨的情感向度，也繼承了早期馬克思物化批判的路線，對於當代社會的病態現象提供了批判的哲學基礎。

　　根據霍耐特的承認理論，人作為行動者，最初是以一種與自身無隔、關切投入地參與自己與世界的互動，這種聯繫自我與世界的原初形式，霍耐特稱之為「承認」。人類的自我理解及其與世界的關係，最初都和一種承認他者的態度密不可分，

只有在這個基礎，其他派生而出的情感中立的認識與行動才能
發展出來。[43]霍耐特所要批判的對象主要是針對現代資本主義社
會生活中的物化，人失去了身為人的主體相當重要的「情感之
參與」、「情感相互感染」的品質，愈來愈極端地把他人當成
工具，最後自身也趨於物化而不自知。[44]雖然霍耐特等法蘭克
福學派哲學家著眼的是現代社會中人類理性的異化與物化，此
一來自於資本主義生產交易所造成的制度性扭曲，探究自由的
理念如何落實於當代民主社會，此一關注焦點、文化與時代脈
絡當然和戴震截然不同，然而在關於人的自我理解此一關鍵的
問題上，也就是人身為一能感的交互主體這個身分，兩人應當
頗有共識。戴震的「以情絜情」說和霍耐特「交互承認」的理
論，[45]在倫理學與政治哲學上應有若干可以相互呼應之處。

　　霍耐特對黑格爾法哲學進行了當代的重構，冀望藉由「交
互承認」的理念來進一步發展由哈伯馬斯所開關的以交互主體
為基礎的溝通行動理論，當代法蘭克福學派試圖融合康德的道

---

43 Axel Honneth, *Verdinglichung. Eine Anerkennungstheoretische Studie*
（Suhrkamp: Frankfurt am Main, 2005）, p. 42.

44 Axel Honneth, *Verdinglichung. Eine Anerkennungstheoretische Studie*, pp. 57-58.

45 霍耐特認為「交互承認」（wechselseitigen Anerkennung）是黑格爾自由理
念的關鍵，他說：「由於個人對自由的追求，只能在機制內部或通過機制
的幫助才能相應地實現，對黑格爾來說，「『主體間』就又一次擴展為自
由的『社會』概念：『自由』單單是主體在機制性實踐的框架內與作為對
方的他人相遇，在那個作為對方的他人的目標中，他看到了自己目標實現
的條件，而與對方形成一種交互承認關係。『在他人中保有的自我』的形
式，因此一直以來就被視為社會機制的關係……」請參Axel Honneth, *Das
Recht der Freiheit. Grundriß einer Demokratischen Sittlichkeit*（Suhrkamp:
Berlin, 2013）, p. 86.

德哲學與黑格爾倫理學與政治哲學的優長，讓道德主體突破反
思的主觀性限制，落實在倫理體制的客觀性中。因此，霍耐特
所揭櫫的「社會自由」（die soziale Freiheit）的理念，正是力圖
解決康德與黑格爾在道德與倫理的衝突問題。[46]

　　若用這個角度來思考戴震和宋儒的差異，可以將戴震所
重視的「以情絜情」的禮制倫理對應於黑格爾的客觀倫理，宋
儒不論是理學或心學，則接近康德道德哲學的思路。牟宗三會
選擇康德而非黑格爾詮釋宋明儒學，看來也有思維方式對應的
必然性。從康德／道德與黑格爾／倫理的對比來理解宋儒／心
性與戴震／情禮的關係，那麼霍耐特既然有意調解康德與黑格
爾，並以「交互承認」的理念來綜合兩者，我們是否能從中得
到啟示：讓「以情絜情」的交感主體，吸納宋明儒學發展出的
道德主體，一方面補足戴震在修養主體的內在反思與超越體證

---

46 霍耐特引《法哲學原理》（*Grundlinien der Philosophie des Rechts*）中黑格
　　爾關於「友誼」和「愛情」的說明，作為自由在社會外在領域中的例證：
　　「在此，人不是單單在自己之中，而是願意讓自己限制在與他人的關係
　　之中，然而卻明白，即使在限制中仍能保有自己。在這種確定性中，人
　　不會覺得自己被決定，反而因為把他人看成是別人，才擁有了自我感受
　　（Selbstgefühl）。」霍耐特認為，黑格爾在此所使用的表達「在他人中保
　　有的自我」（Bei-sich-selbst-Sein im Anderen），包含了「社會自由」的關
　　鍵概念。社會是自由的中介或實施條件，因此必須將自由建立在社會機制
　　之中，例如「友誼」或「愛情」這類社會機制讓主體置身於交互承認的關
　　係之中，能夠將所遭遇的人看成是在自己之中的他人。Axel Honneth, *Das
　　Recht der Freiheit. Grundriß einer Demokratischen Sittlichkeit*, p. 85.本書其中
　　一位審查人建議，Bei-sich-selbst-Sein im Anderen應該譯為：「在他者之中
　　在自己本身身上」或「在他者之中而停留在自己本身身上」，提供給讀者
　　參考。

方面的不足，另一方面藉由禮的重構讓交感主體得以展開宋明儒相對來說較欠缺的政治社會向度。荀子認為「聖也者，盡倫者也；王也者，盡制者也」（〈解蔽〉），[47]若我們把孟子和荀子視為儒家分別向道德性和倫理性兩個不同側面的強調，荀子較重王者之制，孟子則重聖者之倫，這也是戴震和宋儒的異趣之處。但總體來說不論孟／荀或戴震／宋儒都以聖王為師，盡倫盡制兩者不可偏廢。

　　「以情絜情」是以情感交涉為根基，追求交互承認的倫理。人因而首先要破除封限在私己的情欲滿足狀態，再者，也不能只是道德主體的普遍性認識，而得更進一步讓自己以交互主體的身分限制在與他人的關係之中，「在他人中保有的自我」並且將所遭遇的人看成是在自己之中的他人。欲、情、知進入社會性的協調機制之中，便從「興於詩」進入「立於禮」或由道德性至倫理性的途程。個己的情欲滿足必須接受法的限制，道德的自主性與普遍性則要落實在社會性的倫理體制當中，政治共同體的協調統整方有真實的基礎，才可能達到「成於樂」，也即是〈禮運〉所期盼的天下為公的理想。

　　西方源自文藝復興以來的政治自由傳統，既是當代民主社會的重要根基但也屢遭挑戰，利己主義的自由觀雖然保障了個體的權益，但也侵蝕了政治自由的德性與文化基礎，社會愈

---

47 〔清〕王先謙著，沈嘯寰、王星賢點校，《荀子集解》，頁407。有趣的是，戴震「以情絜情」之說在荀子也有類似的說法，他的用語是「以情度情」，意思相通。荀子說：「聖人者，以己度者也。故以人度人，以情度情，以類度類，以說度功，以道觀盡，古今一度也。」〔清〕王先謙、沈嘯寰、王星賢點校，《荀子集解》，頁82。

趨多元但也更加分裂，社會整合愈來愈困難。霍耐特「交互承認」的政治哲學，希望引入黑格爾法哲學中對主體間自由的理解，擴展自由的社會基礎，尤其從情感的角度切入尋求社會整合，正是企圖對當代西方政治社會提出診斷。回首溝口雄三對中國前近代思想萌芽的探討則結穴於戴震，「以情絜情」的情理思想立基於由親及疏的仁愛關懷，以及節情的禮與合宜的義，可說兼具當代西方政治哲學的兩大原則——正義與關懷。從明末以來中國現代性的研究視角來回顧、重構戴震「以情絜情」的共通體，或許有機會突破法治社會只能保障個體基本人權，欠缺以情感參與為基礎的社會倫理來實現人我的連結與互助。古禮的恢復，在戴震看來已無可能，如今恐怕也無必要。然而，重構「以情絜情」的共通體所連結的情理紐帶，對於充實當代法治社會落空的文化內蘊仍有不可忽視的潛力，此外，由「自然天理」所開啟的文化批判與環境倫理也是個尚待開發探析的課題，仍有待來日。

第十一章

牟宗三論政治自由和道德自由

一、前言

　　1954年牟宗三在國立臺灣師範大學[1]所舉行的人文講會第二次講會中表示：「我們現在聚會講習，唯一與現實有牽連的，即是針對共黨的魔道，與自由世界之灰色，這是時代精神的墮落。」[2]牟宗三認為儒家學術第三期的任務是要撥亂反正，即一方面力抗共產黨毀棄傳統中國文化的魔道，另一方面批判「自由世界的灰色」，以儒家式的自由精神為據激濁揚清。所謂「自由世界的灰色」既指英美崇尚個人主義的自由主義思想，也針對殷海光、張佛泉等當代中國自由主義學者的反傳統思想。

1　當時為臺灣省立師範學院，隔年即1955年6月改制為臺灣省立師範大學，1967年改隸為國立臺灣師範大學。

2　上引人文講會這段文字，是我讀了彭國翔的新著才留意到的，出自牟宗三，《人文講習錄》，收入《牟宗三先生全集》（新北：聯經出版公司，2003），第28冊，頁10-11；彭國翔的書則是《智者的現世關懷：牟宗三的政治與社會思想》（新北：聯經出版公司，2016），頁344。

　　在1950年代，徐復觀為《民主評論》發行人，也是當代
新儒家在香港的言論基地，透過此一刊物捍衛中國傳統文化的
徐復觀、唐君毅與牟宗三等人，與殷海光等自由主義者的刊物
《自由中國》，針對傳統文化與民主政治的關係，有過激烈的
論戰。這也讓當代新儒家與當時的國民黨與蔣氏政權的關係，
引起若干的聯想與誤會。當代新儒家學者雖然明確主張儒家與
民主的相容性，卻與國民黨以儒家為掩護遂行蔣介石的黨國統
治有本質上的區別，當代新儒家明確主張儒家思想與民主政治
不僅不相背離，而且有實踐上的必然關係。

　　然而，當代新儒家卻因為優先看重傳統文化，彷彿跟當時
以繼承儒家道統自居的國民黨政府同聲一氣，未曾直言批評蔣
介石獨攬政軍大權，而與反傳統的自由派學者意見相左。[3]牟宗
三在文化上反共，將中共視為中國文化的頭號敵人，因而對於

3　《自由中國》是胡適1949年初在上海和國民黨內自由派人士所籌辦，同年
　　11月在台北發行創刊號，胡適任發行人，實際社務則由雷震領導。經費一
　　開始由教育部與黨務機構提供，後來則能自給自足，成為獨立的民間刊
　　物。《民主評論》則為徐復觀創辦，受到蔣介石支持在香港發行，經費來
　　自總統府，編務則由香港新亞書院的三位創始人負責，主編為張丕介，錢
　　穆和唐君毅從旁襄助，牟宗三也是《民主評論》的基本作者。余英時對兩
　　刊物之間爭論的關鍵過程有扼要的說明，請參氏著，〈《民主評論》新儒
　　家的精神取向——從牟宗三的現世關懷談起〉，收入彭國翔，《智者的現
　　世關懷：牟宗三的政治與社會思想》序，頁11-35。更深入的思想爭辯意涵
　　參見李明輝的相關著作，如〈徐復觀與殷海光〉，收入氏著，《當代儒學
　　之自我轉化》（台北：中央研究院中國文哲研究所，1994）；另有專書中
　　的二章也有涉及如〈性善說與民主政治〉、〈徐復觀與社群主義〉，收入
　　《儒家視野下的政治思想》（台北：臺大出版中心，2005）。

國民黨並不直言批評——當也心知國民黨成立「孔孟學會」是
為政治而服務，反而冀望此一唯一的反共力量。因此，同樣持
反傳統立場的自由派學者，對牟宗三而言也跟中共一樣是「時
代精神墮落」的象徵，在策略上擱置蔣氏獨裁之弊，當是不得
不的選擇。然而此一歷史機緣也導致當代新儒家始終遭受台灣
自由主義者批評，未在台灣民主化進程中扮演過積極的角色。
當代新儒家的思想與台灣民主化歷史的關係此處無法探析，跟
本文有關的論題是，牟宗三為何主張儒家思想能夠提供「政治
自由」必要的哲學理據，尤其當代中國的民主化不能不接上儒
家文化的傳統。

　　對牟宗三而言，政治自由必須預設道德自由，政治上的自
由才有保障，民主政治必須具有道德基礎，否則如英美的政治
自由主義與資本主義市場經濟，只從政治層面上主張自由與人
權，久缺理想主義的根據，不足以證成政治的道德基礎，因而
也不足以破斥共產黨的專制政權。[4]因為政治自由必須以具有理
想性的精神自由（或道德自由）為根據，欠缺理想性的自由，
既不能克服共產主義，也無法因應相對主義的挑戰，而有虛無
主義的危險。牟宗三認為服膺英美自由主義思想的人，心思圍
限於政治經濟的範圍，固著在政治上的民主制度與經濟上的資
本主義，在實踐上落於被動消極、散漫無力，喪失精神的根
據。反觀共產黨則以強有力的組織、浪漫的口號鼓動青年並自
鳴進步與理想，因而取得主動權。[5]可見牟宗三當時首先要對抗

4　牟宗三，《人文講習錄》，收入《牟宗三先生全集》，第28冊，頁10-11。
5　牟宗三，〈自由主義之理想主義的根據〉，《生命的學問》（台北：三

的思想論敵是中國共產黨及其專制政權，而至少在表面上要維護中國傳統文化的國民黨蔣氏政權，雖然也是威權體制卻非頭號大敵，即使國民黨政府退敗到台灣，仍是唯一能與中共周旋的政治力量，不得不寄予希望。

　　共產中國在牟宗三看來，即便科學也能有所發展，但尚未真正完成清末民初以來的現代化進程，因為現代化真正的關鍵及其本質意義在於民主政治。牟宗三表示，民主政治是現代化的形式條件，科學則是材質條件，沒有民主政治所涵攝的自由、平等、人權，沒有法律的保障承認人格尊嚴，就沒有獨立人格可言。儒家所要求的內聖，即在於挺立人的道德人格，根據道德實踐的要求，則在理想上即本其內在的目的要求知識與事功，因而對科學與知識的發展有實踐上的要求，民主政治則是實現儒家新外王的形式條件或必要條件。因此，儒家思想與民主政治不僅對牟宗三來說是相容的關係，而且是儒家本於內聖外王在中國現代化的時代任務中實踐上必然的要求。[6]

　　中國大陸自80年代開始雖然已經走上市場經濟的道路，

民書局，1991），頁207-215。牟宗三另引用英國新黑格爾學派的鮑桑奎（Bernard Bosanquent）的話：「非批判的個人主義一轉即為暴民政治或極權專制。」他申述其意主張，個人主義的自由只有現實的自私的特殊性，而無理性上的正義的普遍性。見牟宗三，〈黑格爾與王船山〉，《生命的學問》，頁171-172。英美的古典自由主義者由洛克開其端，在思想上歸宗於經驗主義，後來的實證主義與多元主義都反形上學，因而與歐陸以盧梭為首，康德繼之的啟蒙理性主義哲學路徑大不相同。當代胡適以降的中國自由主義者走的是英美經驗論、實證論的自由主義，正與牟宗三等當代新儒家借重康德、黑格爾的理性主義哲學取徑相殊。

6　牟宗三，《增訂新版政道與治道》（台北：台灣學生書局，1987），頁1-16。

在科技工程方面也有飛躍的進步，但仍拒絕政治現代化，不放棄馬列主義教條，不接受憲政與議會民主、自由競爭的政黨政治模式，宣稱要走一條具有中國特色的社會主義道路。1989年六四之後的政治控制一再緊縮，自由派知識分子、維權律師受到打壓迫害，言論出版乃至網路的控制未見鬆動反而有加強的趨勢，強人威權統治再臨，政治民主化依然無望。如今中共官方不僅不排斥甚至相當歡迎儒家思想，新的孔家店隨著孔子學院在全球開張，90年代後的國學熱延燒至今，民間讀經班、書院講學、學術研究都可見到儒家文化復興的大好勢頭。但國學熱與儒家文化興起，卻依傍著強大的民族主義思潮，中國的政經崛起若伴隨著文化民族主義的浪潮，儒家再度成為捍衛專制統治的門面，當代中國的自由主義者憂心儒家思想與專制政權的聯姻並非空穴來風的想像。中國共產黨無意以憲政民主來落實政治自由，援引儒家的目的很難令人相信不是要利用儒家，將之意識形態化來替鞏固政權而服務，很難期待是真心要實現儒家文化理想。眼下唯一可盼望的是，中國崛起既然倡言儒家的王道思想，便應如孟子所言對外不再「以力服人」，[7]對內則「以不忍人之心」承認人格尊嚴、維護人權。

孟子的政治思想，充分反映出儒家德治的政治理想是以民為貴，且政治的基礎在於道德。當今中國之崛起，若不走向西方帝國主義的政治經濟乃至軍事侵略行動，當以儒家的王道與

7　《孟子・公孫丑上》有言：「以力假仁者霸，……以德行仁者王。……以力服人者，非心服也，力不贍也。以德服人者，中心悅而誠服也，如七十子之服孔子也。」再者，行王道的王者之政是「以不忍人之心，發為不忍人之政」。

仁政思想為根據，批判地反省西方自由主義結合資本主義植基
於自利的主體所招致的實踐困境。北美與西歐雖然發展出珍貴
的民主制度與福利國家，以及人權、女權、勞權等權利意識與
社會公義之追求。然而在強調個人主義的自我實現與多元發展
的社會解放進程中，卻忽視反思的道德主體此一重要的啟蒙遺
產，反思性不足、道德性脆弱的民主與人權正陷入民粹與社會
分裂的危機。

二、儒家的道德自主性與自由平等的內在關聯

　　先不論牟宗三以形上學式的道德本體，作為政治自由的規
範基礎此一哲學架構，可能遭遇到的質疑與挑戰，單就道德與
統治正當性的關係來看，肯定儒家的道德自主性和民主社會所
追求的自由平等具有內在的關聯性，[8]是牟宗三政治哲學仍然值
得探索且有現實意義的部分。香港學者周保松在他的《政治的
道德》書中自序一開頭便有一段話，可以說明道德與統治正當
性之間的關聯，其中呼應了牟宗三的觀點，也反映出香港在中

8　何信全便從西方當代政治哲學的角度論述儒家價值理念與自由、平等
　　具有內在關聯，他引用桑德爾（Michael Sandel）「公共哲學」（public
　　philosophy）的觀點，主張政治是儒家的志業，現代意義的儒家的政治志業
　　是一種「公共哲學」。儒家民主理路的建構，除了在制度面如選舉制度的
　　實踐外，價值理念及生活方式才是民主制度的倫理基礎。他認為儒家強調
　　道德自主性，蘊含了平等、不能役使他人的價值理念，這是自由的基礎，
　　並透過公共制度的安排，來實現政治法律意義下的自由、平等。何信全，
　　〈儒學作為現代立國之道──民主、正義與多元差異議題〉，「中國再起
　　與兩岸儒學半世紀的省思」學術研討會（台北：臺灣大學社會科學院，
　　2016）。

共統治下知識分子對時局的憂心及其價值信念：

> 每個公民，每個自由平等的公民，都有要求得到國家公正
> 對待的權利。這是人作為社會成員最基本的道德權利。這不
> 是乞求，也不是施捨，而是國家對待公民的基本責任。人一
> 旦意識到這項權利並努力捍衛這項權利時，國家便不能只靠
> 暴力來統治，而必須訴諸道德理由來向公民證明其統治的正
> 當性。……政治的道德性，來自我們視自身為道德存有，並
> 堅持站在道德的觀點去理解和要求政治。[9]

　　周保松這段話正好說明現代公民所具有的兩種身分，道
德主體與政治主體，這兩者均對民主社會中的政治文化有重要
意義。公民必須自覺到自身的政治權利，於是傳統君權時代的
政權才能由君主轉移到公民身上，公民不再是隸屬於君主的臣
民，而是具有獨立政治人格與權利意識的現代公民。由選民同
意的過程理性化地取代天命的神聖權威來保障政權的正當性，
政治也不再寄託於聖君賢相的吏治，而可以落實到客觀的政治
與法律制度之中，現代意義的國家乃能成立。公民權利與國家
權力之間的關係是依道德原則而平等往來，公民將自身的權力
透過憲政體制的保障與民主選舉的程序交託給政府（包括行政
與立法機構），並由政府透過公權力的施行，在法律的規範下
來保障公民的基本權利不受侵犯。一旦公民受到國家不合法的

9　周保松，《政治的道德：從自由主義的觀點看》（香港：香港中文大學，
　　2014），頁XIII。

暴力對待，國家權力的正當性便受到質疑，因每個公民的人格
尊嚴之不可侵犯正是國家成立的重要目的，也是憲政體制國家
的道德基礎。

　　儒家思想與民主自由的關係，對當代新儒家來說，如前
所述是體用的關係，它們之間的關聯性，並不像反傳統的五四
等自由主義者所認為的是互斥的關係，兩者之間反而具有一種
「實踐的必然性」或「辯證的必然性」。所謂「實踐的必然
性」，依1958年由唐君毅起草，牟宗三、張君勱、徐復觀共同
署名的〈為中國文化敬告世界人士宣言〉中所主張，民主是中
國文化傳統的「內在要求」，換言之，傳統文化並非是中國現
代化（民主與科學是兩大主要的目標）的障礙，基於它自身的
要求便能開出民主（與科學）。至於「辯證的要求」，是指儒
家的道德主體要成為政治主體，必須自身退隱，用牟宗三的理
論術語來說，即是「自我坎陷」（self-negation）。[10]

　　此一「自我坎陷」之所以必要，因為對牟宗三而言，人
的道德身分不是直接作用在政治領域當中，而必須經過一層轉
折，讓道德自覺的主體轉成政治自覺的主體，民主政體才能出
現，中國歷史上打天下的革命與暴亂才能終結於制度化的理性

10　李明輝認為，民主政治與儒家的道德主體之間具有一種特殊的必然關係。
　　雖然儒家心性論在中國過去的歷史中，並未直接發展出現代意義的民主，
　　但這不表示儒家文化與民主政治不相容，只是欠缺外在的歷史機緣，而非
　　內在障礙。此一歷史的因果關係可以承認，但在精神層次上，儒家文化開
　　展出民主政治，則具有在辯證歷程中的實踐必然性。在這種必然性中，道
　　德主體必須先有一層轉折（自我坎陷），才能發展出民主政治。「實踐的
　　必然性」與「辯證的必然性」見李明輝，《儒學與現代意識》（台北：文
　　津出版社，1991），頁8-12。

安排。自覺到自身的政治權利與公民意識，是民主化過程的必
要環節。[11]我們可以問當代華人社會的民主跟儒家傳統資源的關
係為何？牟宗三此一間接轉出的方案對於要進一步鞏固、深化
民主政治的臺灣社會來說，是否能夠提供若干有力的支援？相
關問題的答案除了訴諸公民個體的政治自覺，儒家資源與政治
主體的連結與關係，在理念與制度層次的討論都有賴更具體的
分析。

　　彭國翔在《智者的現世關懷：牟宗三的政治與社會思想》
中，充分展示了牟宗三貫穿一生學術發展的政治與社會思想，
詳人所略、迭有新見。該書運用全集未收入且由彭國翔在哈佛
圖書館所發現的《共產國際與中共批判》此一久已被遺忘的新
材料，分析牟宗三對共產主義的批判，尤足珍貴。關於共產黨
的部分不是本文的重點，彭書第五章〈自由主義的追求與檢
討〉，對牟宗三政治自由與道德自由問題的區分有清楚的梳
理，我們可以在這個基礎上進一步探討政治上的自由主義與儒
家思想之間的關聯，並剋就當前的政治現況揭示牟宗三相關反

11　牟宗三固然重視在政治領域中人的道德身份仍有意義，但並未宣稱要從超
　　越的道德主體開出政治自由，而是得從道德心「自我坎陷」才能建立三權
　　分立的制度，也不認為每個人都得修心養性才能實現民主自由。換言之，
　　牟宗三並不主張能由「道統」直接開出「政統」。所謂「道統」，按牟
　　宗三自己的說明即中國（尤其是指儒家）本有的「德性之學」。至於「政
　　統」則是牟宗三自鑄之詞，指「政治形態」或政體發展之統緒，並不單指
　　民主政體。牟宗三認為，當代中國在客觀實踐中該當由君主專制必然地轉
　　至民主政治，以及現代化的國家政治法律之建立。此一客觀實踐前有所
　　承、後有所繼，有其垂統不斷的端緒，所以稱之為「政統」。以上關於
　　「道統」與「政統」關係，請參牟宗三，〈略論道統、學統、政統〉，
　　《生命的學問》，頁63-64。

省的現實意義。

　　牟宗三對政治自由和道德自由的區分及其關係，彭國翔有如下的歸結：

> 　　依牟宗三之見，精神性的自由是「體」，自由主義的自由包括民主政治和資本主義是「用」，前者是「內」，後者是「外」，後者是前者的客觀形態。要論輕重的話，則不得不說前者是「本」，後者是「末」。如果對自由的理解僅局限於社會制度的層面，則會有僵化之弊。這一點也正是牟宗三對於19、20世紀西方自由主義發展的批評所在。正如他在1954年1月28日給唐君毅的信中所說：「蓋亦由他們的學術傳統，始終對人性無善解。故自由亦終於只落在政治上找安實處。」[12]

　　牟宗三認為中國傳統政治只有治道而無政道，政道與治道此一區分來自於孫中山政權與治權的區分。[13]「政道」即安排政權之道，也就是追問政權的正當性基礎從何而來的問題。牟宗三認為，傳統中國打天下得來的政權是非理性的，因此並不是理性的安排政權之道。他主張，要把寄託在個人身上，也就是由取得天下的人占有天下的政治形態透過制度性的安排，使之理性化，不必再透過暴力與爭奪來取得政權。因此，由全民所

12　彭國翔，《智者的現世關懷：牟宗三的政治與社會思想》，頁356。
13　牟宗三，〈通向新外王的道路（三）〉，《人文講習錄》，第23講，收入《牟宗三先生全集》，第28冊，頁132。另可能也受到張君勱政治／吏治的區分。

共有的民主政權，而且以制度保障之，才是理性的政權安排之
道。政權於是從具體的個人身上，轉而寄託在抽象的制度上。
這一步轉化，是依賴於公民的政治自覺，自覺為一具有獨立性
的政治存在。[14]根據當代政治思想尤其是憲政民主的共識，牟宗
三若根據康德道德自我立法的意涵來重構儒家式民主政治，正
可以銜接民主政治透過民選程序，讓人民成為政治共同體的主
人，每個具有政治自覺的獨立公民個體，基於對憲政體制的認
同，經由民選的代議政治讓每個人都成為立法者，也就是法律
的作者，實現政治上的自我立法、自我服從的政治自主實踐。

三、「消極自由」與「積極自由」

　　英美自由主義傳統下的政治自由，著重在「消極自由」，
也就是限制政府權力，個體的自由權利受到國家與法律的保
障，當代自由主義政治哲學家柏林（Isaiah Berlin）根據價值
多元論立場，捍衛「消極自由」並批評「積極自由」將扼殺個
體自由、差異的多元開展可能性。[15]此一自由傳統若以牟宗三
的政治思想來看，當是民主社會的必要條件，但非充分條件。
換言之，單論「消極自由」，不足以透入個體生命內在的反思
與精神層次，也就是牟宗三所強調的理性或理想主義精神，
從當前西方政治思想的發展來看，過度偏斜向個人主義的自
由思想——如右翼自由主義（libertarianism）諾齊克（Robert

14　牟宗三，《增訂新版政道與治道》，頁53。

15　Isaiah Berlin, Isaiah, *Liberty: Incorporating Four Essays on Liberty*, ed. Henry
　　Hardy（Oxford: Oxford University Press, 2002）, pp. 212-213.

Nozick）的看法，個人是牢不可破的堡壘，個體和群體之間壁壘分明，國家並無道德上的正當性可以強制進行財富重分配以解決由於貧富差距過大所導致的政治與社會困境。[16]

　　儒家式的自由該當承認「消極自由」是民主社會的必要條件，但若缺乏「積極自由」此一另一充分條件，則無法鞏固民主政治。我們可以從當代社會的道德虛無主義現象來省思，為何資本主義無限制的擴展能夠一再侵蝕自由社會的道德基礎，讓民主成為金權政治的溫床，最後連民主自身的合法性也受到質疑。因為單靠保障個人自由，包括經過自由交易所得的財產也應予保障，法律將構築出一個原子論式的個人自由空間，人人不得互相侵犯其界限，人與人之間的情感聯繫與道德責任都可能在此一法律與制度性保障的機制中異化，其後果將導致無可彌補的社會分裂。

　　我們可以僅舉言論自由的保障為例，看看當今網路上的社群媒體，一方面成了政治與社會革新甚至革命的契機，同時也成為製造仇恨的工廠。言論自由若沒有道德底限，攻擊性的言詞在社群媒體快速與大量散播的效應中，正假借著自由、平等與正義的名目，成為扼殺人格尊嚴的武器。自由主義本來蘊含對於每個個體均視為具有人格尊嚴不可侵犯的道德界限，卻在言論自由的空間中受到凌遲。牟宗三表示Liberalism此一詞本來包含寬容的詞義，然而在「自由主義」此一譯語當中引生出許

---

16 關於個人主義的政治自由所面臨的限制，及儒家思想何以能提供道德上的正當性來解決經濟正義的問題，參見何信全，〈儒學作為現代立國之道──民主、正義與多元差異議題〉，頁6-9。

多誤解與流弊，隨著反傳統主義者的詮釋方向而往自由放任、漫無界限的劣義而趨。他認為，liberal的精神主要表現為寬容，這是因為在西方「有宗教上的壓迫，干涉人的信仰、學術自由；有階級上的不平等、有特權；有專制暴君的侵害與壓迫。到處都是拘禁、是封閉，所以才有人權運動、才有民主政治，才有個體主義，亦因而有liberalism一詞之出現，這都是相連而生的」。[17]自由必須包含對每一個個體均視為目的自身，也就是自由必須與平等互相支持，才能讓個體的權利保障與群體的共同生活相互協調。這也是牟宗三所主張的，自由必須是以個體負有道德責任為前提。[18]

李明輝認為，台灣的自由主義者所理解的自由主義繼承的是帶有冷戰烙印的英美自由主義傳統，他們承接五四以來反傳統的遺緒，將儒家傳統視為中國現代化的障礙。有意義的是，英美自由主義的傳統擁護「消極自由」，正與歐陸傾向支持所謂「積極自由」的傳統迥然有別，而當代新儒家的自由觀又深受德國觀念論影響，被台灣的自由主義者劃歸於對立面，甚至視為極權主義的幫凶。[19]明瞭此一背景，儒家思想與政治自由之

---

17 牟宗三，《時代與感受》，收入《牟宗三先生全集》，第23冊，頁39-40。

18 牟宗三雖然是在批評共產黨統治下沒有自由可言的脈絡下說以下這段話，但獨立地看也有其意義：「因為人們有自由，法律上保障人的獨立人格，承認人的尊嚴。有了自由，人即須負責任。」牟宗三，《增訂新版政道與治道》，頁7。

19 李明輝，《儒家視野下的政治思想》序言，頁vi-vii。殷海光、張佛泉等自由主義者認為，政治自由不需要以意志自由（道德意義的自由）為基礎，並且認為讓意志自由等形上學問題涉入政治理論，會模糊道德與政治的界線，極權主義將有可乘之機。反之，當代新儒家從歐陸的民主傳統出發，

間的關係倘若真有對立，是立足於不同哲學構想上的差異。倘若肯定「積極自由」是政治自由的充分甚至必要條件，那麼儒家思想中的仁（仁愛）與義（正義）的確與僅僅將自由限縮在個體的「消極自由」的右翼自由主義者的立場不同，但可與歐陸啟蒙理性傳統相呼應。

　　牟宗三援引黑格爾的哲學資源批判個人主義的自由，主張欠缺理性支持的自由將無普遍性，而且所要維護的個體性也將一併落空而無實義。他認為，黑格爾學派一方面想要救住個體性，使個體有其真實的意義，另一方面則要救住普遍性，「使理性、理想、正義、組織、全體等」成為可能，並具有真實的意義，「成為一真實的整全或統一，而不只是虛浮無根的，或貧乏無內容的，只是武力硬壓下來的整全或統一。」[20]牟宗三這段話中「虛浮無根」批評的是英美派的自由主義者（也包括承其緒的殷海光等學者），「武力硬壓下的整全或統一」則批評的是共產集權專制。至於把黑格爾學說視為抹煞個性自由、助長極權的幫兇，牟宗三認為是不相干的誤解。當然他也深知，黑格爾學說正與英美經驗主義、實證主義、唯名論、多元論相對反，英美派的自由主義者對此反感，是哲學趣向的不同所致。然而此一異趣是否只是學風之別而無法評斷其間優劣得失呢？「消極自由」與「積極自由」之間是否有調和之道？根據牟宗三對「政治自由」與「道德自由」的構思與安排，是否有

主張民主政治體現了道德價值，堅持政治自由必須以道德自由為基礎。見李明輝前揭書，頁33-35。

20　牟宗三，〈黑格爾與王船山〉，《生命的學問》，頁172。

一種「儒家式的自由」？

四、「儒家式自由」

牟宗三所論的「儒家式自由」看來的確與康德、黑格爾等德國哲學家或啟蒙理性傳統所論的理性主體、精神自由甚為相契，於1950年代所論「政治自由」與「道德自由」的關係，也在他後來體系構造的過程中予以深化，尤其是在「道德自由」的部分以康德自律道德哲學來重構儒家思想。然而也有學者質疑，牟宗三是否真的成功地在哲學上證成了連康德也只是預設的「道德自由」？[21]本文無法在此檢討牟宗三對「道德自由」的

---

21 Kai Marchal（馬愷之）便在他的論文中詳細地檢討了牟宗三「儒家式自由」與康德「道德主體」、「道德自由」概念在使用上的出入。馬愷之認為，牟宗三並未提出有效的論證來證成康德自己奮鬥一生也無法證成的「道德自由」。見Kai Marchal, "Paradoxes and Possibilities of 'Confucian Freedom': From Yan Fu（1853-1921）to Mou Zongsan（1909-1995），" *Philosophy East and West*, Vol. 66, No. 1（January, 2016），pp. 218-258. 這背後還有另一問題即是，到底儒家倫理學是否適宜用康德自律道德來衡量，馬愷之便從亞里斯多德式的德性倫理學的角度，討論朱熹的道德情感學說與精神自由的關聯，考察覺知、知等概念在德性人格中的理論意義，作者對朱熹的道德哲學的闡釋顯然有別於牟宗三式的康德理解架構。參見氏著，"Moral Emotions, Awareness, and Spiritual Freedom in the Thought of Zhu Xi（1130–1200），" *Asian Philosophy*, Vol. 23, No. 3（June, 2013），pp. 199-220. 至於為學界所熟知，正面承接牟宗三康德自律道德哲學，並予以哲學證成的是李明輝一系列精嚴的研究成果，參見以下專著，《儒家與康德》（新北：聯經出版公司，1990）；《當代儒學之自我轉化》（台北：中央研究院中國文哲研究所，1994）；《康德倫理學與孟子道德思考之重建》（台北：中央研究院中國文哲研究所，1994）；《孟子重探》（新北：聯經出版公司，2001）以及前文引用過的《儒家視野下的政治思想》。

論證究竟是否成功，而想要在較大的理解框架上檢視重「儒家
式自由」經由牟宗三的詮釋被接軌到歐陸啟蒙自由傳統，尤其
是康德與黑格爾的哲學系統，對於「政治自由」的理解有何特
殊意義？面對當代較新的理論發展與現實情境中是否也可有新
的重構方式？

　　「消極自由」主要是依據「不傷害原則」（harm-
principle），[22]只要他的行動不會損害其他公民的權利，都有權
利依他個人的愛好去行動，法律將保護此一行動不受到外在性
的強制。從古典的英美自由主義者洛克、彌爾開始，以迄20世
紀之後的柏林、諾齊克都捍衛此一個人權利，而且主張民主社
會可以涵容多元價值，不該干涉個人內在的行動動機。然而，
牟宗三顯然不能認同，「政治自由」可以僅憑不受到外界強
制，而不涉及內在動機，他主張「政治自由」不能離開「道德
自由」。牟宗三此一主張的合理性何在？

　　牟宗三所認同的自由觀念，承自盧梭、康德以來的歐陸
啟蒙傳統，認為一個人若單單只是被自然的欲望所驅動，那麼
他仍然是不自由的。換言之，一個人即使未受到任何外在性的
壓迫、強制，而僅憑個人的意願行動，但若此一意願只是遵行
自然的生理、心理欲望，那麼他就不是真正自主的、自由的。
康德便是根據盧梭發展出了道德自我立法的原理，此一原理認
為，一個人只在他服從自己加諸在自己身上的法則而行動時，
才是真正自由的。但受到自然法則支配的自然欲望不能顯示人
由反思而來的真正的自主性，因此並不是真實的自由。此一具

22　John Stuart Mill, Über die Freitheit, Leipzig/Weimar, 1991, p. 88.

有反思性內涵的自由，柏林稱之為「積極自由」，當代法蘭克
福學派哲學家霍耐特（Axel Honneth）則稱之為「反思自由」
（die reflexive Freiheit）。「消極自由」保障的是不受別人的干
擾去改變自己的生活，這種自由受到法律的保護，霍耐特因而
稱之為「法律自由」（die rechtliche Freiheit）。然而，「政治自
由」應該涉入一個人主體性的反思層次嗎？

　　霍耐特便認為「反思自由」高於「法律自由」。「政治自
由」關切的是透過國家的強制可以實現正義的國家秩序，而從
霍布斯到諾齊克，我們看到這種「法律自由」中的人成了原子
式的存在，人與人之間成了互不相干的個體。最極端的便是如
諾齊克的想法所示：只要不傷害他人，所有的生活目標不論它
們有多不負責任、自我毀滅或怪誕奇異，都必須視為自由實現
的方式。[23]

　　霍耐特不僅認為當代偏重「消極自由」的政治自由之理
解有其偏失，主張反思性的自由有其不可或缺的重要性，而且
還更進一步看到反思性的自由倘若單單停留在個人獨白式的反
思，會無法往外延伸至客觀性的領域。因此，霍耐特承繼法蘭
克福學派第二代的哈伯馬斯與阿佩爾的道路，主張在反思自由
的階段其實已經邁向了具有社會性自由的概念指向。與獨白式
的反思自由相區別，對話倫理學提出的命題是：只有在對話的
交互主體的共同作用中，才能構成理性自主最為內核的部分。
換言之，「社會」不再是單子式主體的外部構成添加物，而是

23　Axel Honneth, *Das Recht der Freiheit. Grundriß einer Demokratischen
　　Sittlichkeit*, p. 51.

反思的自我決定要實現自由的中介或實現條件；單個的主體只有在與他人共同行動的社會建制中才能發展其反思的性能。霍耐特據此提出「社會自由」的概念，並且重構了黑格爾《法哲學原理》來確立社會機制如何成為「反思自由」的中介。[24]

霍耐特一方面延著康德、黑格爾以來的自由傳統，走出「消極自由」與「積極自由」的內在限制，並以「社會自由」綜合兩者；另一方面則以交互承認的概念進一步推展交互主體，並且剝除先驗哲學與觀念論體系的特性，徹底化哈伯馬斯以來去先驗化的道路，並且透過米德（Mead）的社會心理學式的表述，將道德主體置入溝通社群的對話語境中，讓每個人作為自主的個體，都必須受到別的參與者的尊重。在康德那裡獨白的反思主體，其自我立法的自主性，現在不僅是「自我」，而是「我們」，換言之，只有在社會現實的機制中才有主體自由可言。

參照霍耐特對康德以來自由傳統的繼承發展與反思重構，我們可以順著他的路徑與啟發來回顧牟宗三所建立的「儒家式自由」。康德和牟宗三都同意道德原則是政治原則的基礎，然而「儒家式自由」是否一定得是康德式的反思主體呢？

李明輝認為，無論先秦儒學（荀子除外）、宋明儒學乃至當代新儒學，都建立在康德式的實踐概念之上。「儒家式自由」肯定道德主體獨立於歷史情境與社會條件，而有其自身充分的實在性，並且是其他人文活動（理當包含政治活動）的基

24　Axel Honneth, *Das Recht der Freiheit. Grundriß einer Demokratischen Sittlichkeit*, p. 81.

礎。根據這樣的看法,「儒家式自由」為社會實踐超越地奠定
其普遍性與絕對性,藉此避免道德的相對主義。為了堅持道德
規範的理想性格,李明輝拒絕哈伯馬斯與阿佩爾用溝通行動理
論的程序合理性作為民主政治的正當性原則,來取代道德法則
的普遍性。他主張保持道德規範的超越性張力,在理想主義的
基礎上來吸納溝通倫理所要求的現實實踐問題。[25]

　　李明輝堅定地走康德主義的道路,並且認為儒家式自由
不能取消其規範的超越意涵與理想主義,否則無以面對相對主
義。他既然否認溝通倫理學的去先驗化進路,恐怕也難以接受
霍耐特更具經驗性的規範重構。霍耐特要為構成政治自由的正
義原則尋求其社會條件,不論是在個人、家庭、市場經濟與政
治共同體,他都要在社會現實當中探究那些已經機制化的規範
價值。但這並不意味著,霍耐特的規範重構,就落入了亞里斯
多德式的倫理範疇,而是要從那些對現代社會仍然起著重要作
用的生活方式,闡釋其在既存現實中的實踐潛力,並且發掘其
普遍價值。從這個角度來說,更具經驗性的「社會自由」未必
就不具有超越性的規範意涵,倘真如此,它便喪失批判「消極
自由」與「積極自由」的可能性。但本文的目的不在於為牟宗
三的「儒家式自由」找到康德版本以外的重構方案,只是藉由
霍耐特的例子來省思,在當代歐陸政治自由思想的較新發展
中,是否能為儒家「政治自由」與「道德自由」的關係,找到
新的反思角度。

25　李明輝,《儒學與現代意識》,頁28-39。

第十二章

自然與自由
莊子的主體與氣

一、前言

　　尼采（Friedrich Wilhelm Nietzsche）在《歡快的科學》
（*Die Fröhliche Wissenschaft*）卷3寫下了兩則格言，分別是
§270的「你的良心說什麼？——你應該變成你所是的那個
人。」（KSA 3, p. 519.）以及§275「什麼是那已經獲得自由的
印記？——不再羞愧地面對自己。」（KSA 3, p. 519.）這兩則
格言具體而微的呈現了尼采思想邁向成熟期的標誌，他終於可
以立足於身體的、自然的自我，展開自由的思想。

　　尼采呼籲要「回到自然！」，但是並非僅僅是回到盧梭式
的浪漫主義的自然觀，在此與身體密切相關的自然，既不再是
被貶斥或要操控的機械論意義下的對象性自然，也不是有機整

體主義、目的論意義的自然。[1]在《歡快的科學》第109節論及
自然世界時，尼采提醒我們既不要把它當成是「某種活生生的
存在」（lebendiges Wesen），也不要以為它是一台機器，是為
了什麼目的而被打造出來，他說：「別在背後說它無情、不理
性，或者它們的對立面：它既不完滿、不漂亮，也不高貴，也
不想變成這一切中的任何東西，它根本就不想要模仿人類。」
（KSA 3, p. 468.）尼采的自然理想與人的自由密切相關。歐洲
現代化把人作為主體的身分推到了最高峰，並且認為這個成果
是人類自身的偉業，愈來愈能被人預測控制的自然即將被人所
馴服，人取代了造物者上帝，成為自己的主人，上帝的死亡宣
告同時也意味著被壓制閹割的自然將無再生之能。尼采一方面
批判現代人追求理性的普遍化，無異於弱化、貧化人來自於自
然的生命力；另一方面，他也想貫徹啟蒙理性的自由精神，以
另類的方式來實現康德（Immanuel Kant）在第三批判的計畫，
批判地重構自然和自由的關係。

　　美學作為感受力的科學，對尼采來說是「歡快的」科學，
它向藝術家學習如何擺脫罪疚意識重新看待自己和身體、自
然的關係，並且在古希臘抒情詩人品達（Pindar）的頌歌中找

1　尼采對自然的看法可以呼應孟柯（Christoph Menke）對「幽黯的力」
　　（dunkle Kraft）的相關討論，雖然在孟柯的著作《力》（*Kraft*）中，「自
　　然」（Natur）並未被顯題化，然而其思路卻和尼采的自然觀有相當大的
　　交集。例如孟柯在界定人生命所內含的「幽黯的力」時，用了三重的否定
　　來說明它。即它1、不是「主體的」（subjektiv）：不具有「規範性內涵」
　　（normativer Gehalt）；2、不是「機械性的」（mechanisch）：不臣服於外
　　在的法則；3、不是「生物學的」（biologisch）：無意實現有機的目的。請
　　參閱Christoph Menke, *Kraft: Ein Grundbegriff ästhetischer Antropologie*, p. 57.

到新的絕對命令，即：「你要成為你自己！」，它是跟自然
的重新和解，也是重獲自由之道。尼采說：「我們何時才能
完全去掉自然的神性！我們何時才能開始：用那純粹的、剛
被發現的、剛被救贖的自然，去將我們人類加以『自然化』
（vernatürlichen）！」（KSA 3, p. 469.）

　　尼采上述自然思想跟當代生活的關聯是：現代人為何還需
要自然？身體和自然雖有根本的聯繫，然而在當代科技文明世
界，標榜著科學可以預測控制自然的世界觀當中，我們對於身
體自身與自然世界的感受力產生了什麼改變？存在著感受力被
剝奪的問題嗎？感受力隨著科技的進展、自然的破壞變得更豐
富多元、還是單一貧乏？我們需要在意人與人、人與自然的通
感聯繫嗎？為什麼？美學的「感受力」問題和政治社會文化中
的「自由」是否有關？若是歐洲自啟蒙以來所追求的「自由精
神」是現代政治文化的核心理念，以上諸問題是否可以共同構
成一美學與政治的問題？若是從跨文化哲學的視角來看，莊子
和尼采的思想和上述問題可否產生有意義的關聯，並且提供具
有啟發性的思考？

　　尼采在《教育家叔本華》（Schopenhauer als Erzieher,
1874）一書中第一次出現了「自由精神」（freie Geister）這個
詞，這也意味著他自認已擺脫早期藝術形上學仍未免除的柏拉
圖與叔本華哲學本體與現象的二元框架，揮別近代理性哲學追
求主體確定性的思想。尼采認為，由理性主體所設定的「自
由」（Freiheit）是虛構與幻想，那麼他所崇尚的「自由精神」
為何並非虛幻，具有真實的意義？「自由」這個概念在尼采哲
學中存在著歧義性，而且與「主體」的問題相關。要探討尼

采對「自由」的看法，除了涉及「主體」，還可以從尼采對「自然」（Natur）的理解入手，從而可以發現，不同的主體範式——如康德式的「我思─主體」（Ich-Subjekt）與尼采式的「身體─自我」（Leib-Selbst），將導致對「自然與自由」關係的不同理解。在精神主體的觀點下，身體與自然基本上是被動的，沒有自主性因而沒有自由，只有精神主體的主動性才能展開特屬於人類文化活動的自由，而內部自然的身體與外部自然的世界則遵從機械論的必然性，與文化對立的自然並無自由可言。從笛卡爾到康德、黑格爾，歐洲哲學的理性主體一直要面對理性精神的主動性／感性身體的被動性，以及人作為主體／自然作為客體的二元論世界觀的分裂問題。此一由意識哲學所主導的理性主義思考格局，到了赫德（Johann G. Herder）、叔本華、尼采始有突破，當代德法身體現象學亦有許多的進展。

　　然而，在此關注的重點並非尼采思想內部的主體批判，以及此一批判對「自然與自由」的理解造成的後果，而是發現當代中文學界對莊子哲學中「自然與自由」關係的理解已經隱然形成了兩種詮釋的典範，此一詮釋典範的差異同樣蘊含著主體範式的轉移，我們將思考此一主體範式的轉移是否只是橫向移植西方主體批判的思想成果，還是已然提出某種足以反向回饋歐洲哲學的新的主體，例如既可連結尼采或現象學式的身體主體，加入「氣」的向度後的「身氣主體」或許具有某種新意，可以銜接突破尼采對現代性批判的計畫，相關的探討都將順著對「自然與自由」的詮釋來展開。

　　我將援引孟柯（Christoph Menke）承接赫德與尼采的美學觀點所討論的「幽黯之力」（dunkle Kraft），為莊子的身氣主

體找到一個與歐洲哲學對話的節點，此一詮釋進路呼應台灣當代從身體現象學的角度切入的相關莊子研究成果，共同形成一種新的論述取向，以對照當代新儒家（徐復觀、牟宗三、唐君毅）借重康德的我思主體或德國觀念論的精神主體來詮釋莊子思想的差異。當代新儒家的莊子詮釋，既未採納赫德以降的反省，也對現象學思路有所保留，連帶使得歐洲哲學對身體／自然的相關討論不在他們的理論視野當中，我們如今已有較好的條件可以超越前賢的時代限制，提供另類的理論視角來思考相關的問題。尤其在「自然／自由」的議題上，以身體現象學為進路的台灣當代莊學研究因為預取了不同的主體思維，形成了相當殊異的詮釋方向。當代新儒家在理性主體的詮釋框架中，以精神主體的「自由」來詮釋莊子的「自然」。於是，身體及由之引動的身手技藝成為支援性的場域，真正作主的仍是意識或精神的工夫。「自由」的獲得，是以擺脫「與物相刃相靡」的「物累」為條件，得到的是精神主體的獨立不倚，心靈境界的融通無礙。「自然」成了境界義，即是在虛靜之心的美學觀照中主體所達至的自由，然而卻是「遺脫世務」的個體逍遙，原則上無涉於人間世的政治實踐。

　　然而，哲學說明要如何介入理性能力與實踐主體不能照澈、非反思可及的生命幽黯向度？美學是否只能繫屬於非政治化的個體？此一工作正是赫德、尼采、孟柯以降的德國哲學家著力之處。為了探究在理性主體詮釋進路下較難觸及、闡發的「芒」、「不知」等莊子所言及的生命底層的幽黯維度，身體性的工夫習練及其轉化效能至為關鍵。借重歐洲身體主體（不論是尼采式或現象學式）的研究取徑，對於思考莊子的氣、身

體的確能開拓論述的空間。此外，還要更進一步探究此一原則
上雖然「芒」、「不知」的生命，是否能透過工夫來提取轉化
此一幽黯力量的生命動能，這似乎是歐洲哲學未嘗思及，而莊
子身氣思想仍然值得深究的緣由所在。本章從「自然與自由」
作為討論切入與論述展開的焦點課題，一方面可以呈現莊子的
主體與氣的思想在不同詮釋範式下的差異，另一方面，還希望
被主體設置的對象意義下的自然得以解放出來，重獲其活潑的
生機甚至批判的動能，並且讓我們得以思考，是否有種與自然
有關的自由可以在新的主體理解基礎上展開。此一解放，關
鍵之處則在「氣」介於「身／心」、「物／我」、「不知／
知」、「不一／一」之間的遊化主體是否能在工夫中實現。此
一「氣的工夫」，卻非山谷之人、江海之士的避世個體所習練
者，而是「入遊其樊無感其名」的美學化政治主體在遊世的入
室操戈中鍛鍊養成，從而得以擺脫舊有詮釋路向的窠臼，即將
莊子局限在去政治化的個體，成了離群獨居、遊於山林江海的
隱逸高士寄託慰藉的精神依據。

二、從「精神主體」到「身氣主體」

　　以牟宗三、唐君毅與徐復觀為代表的當代新儒家，在詮釋
莊子思想中自然與自由這兩個概念時，基本上將它們視為相通
的概念。在莊子思想中的「自然」，跟當代中文所習於對應的
英文nature（或德文Natur）基本上有很大的差異。這點牟宗三有
充分的意識並且做出清楚的說明。對康德來說，人作為自然界
的一員，仍得服膺自然法則，並未使自身超出自然界享有不受

自然法則支配的自由。當人意識到自己是道德的存在，以道德的行動「證明」自己可以獨立於自然世界的因果法則，成為自己的主人，而不再只受自然法則的支配。先不論康德以道德來證成自由是否成功，人作為道德的存在即使獲得了自由，然而此一由道德而來的自我意識使自然和自由成為對立的概念，衍生而來的難題是如何溝通自然和自由兩界，也成了康德哲學的重要課題。康德在自然和自由之間劃下了二分的界線，於是有如何溝通的問題。從當前自然生態的問題來看，人類的經濟開發與自然生態之間顯然是互相抵制的關係。透過人為技術人類開發自然資源，施展了人的權力，自然成為被支配的對象，人類於是高居自然之上成為宰制的主體。從這個角度來說，當代資本主義消費社會的生活方式是以更戲劇化的方式坐實了康德哲學以理論方式呈現的自然和自由對立的格局。倘若對莊子來說，自然和自由確實是相通的，我們如何開發出其中豐富的意蘊來回應當代的處境？重新思考莊子的「自然」是否可以找到與當代西方哲學對話、匯接乃至突破之處？莊子的「自然」與當代人關心的「自由」問題究竟有何關聯？透過對當代新儒家莊學詮釋的回顧，並考察近年來台灣莊學研究的啟發所產生的新的討論方向，我們不僅可從「自然與自由的關係」繼續開拓莊學研究的議題，也希望此一考察有助於省思當代人類生活跟自然生態之間的緊張關係。

　　老子主張「道法自然」，[2]「自然」如果不是道家思想最

2　《道德經》第二十五章：「有物混成，先天地生。寂兮寥兮，獨立而不改，周行而不殆，可以為天下母。吾不知其名，字之曰道，強為之名，

重要的概念或原理，至少也是綱領之一。作為老子思想後繼者的莊子如何理解「自然」？和老子是否有差異？有差異的話，新的創發何在？如果「自然」是道家思想的關鍵概念，為何在《莊子》只出現了八次（兩次內篇，六次外雜篇）？它們只有附帶的意義？還是對莊學研究來說具有不可忽視的重大意義？莊子的「自然」義是否如當代許多華語學者所理解的與「自由」有關？用「自由」來理解莊子的「自然」是否已涉入了特定西方思想的理論框架？不同角度的涉入方式會有什麼詮釋上的差異？對「自由」倘有不同的理解，「自由」和「自然」之間的關係，又會有何變化？倘若莊子的「自然」的確跟「自由」有關，那麼是個體的自由還是政治社會的自由？

　　《莊子》內篇中出現「自然」僅兩處，其一在〈德充符〉是莊子和惠施的對話。莊子解釋他所謂的無情是「不以好惡內傷其身，常因自然而不益生也」。[3]此處的「自然」當可通於

曰大。大曰逝，逝曰遠，遠曰反。故道大，天大，地大，王亦大。域中有四大，而王居其一焉。人法地，地法天，天法道，道法自然。」本章講的是道的原初混成之始，是天地人的生成之源。末句「道法自然」則說明「道」的內在原理是「自然」。王弼注「法自然」為：「在方而法方，在圓而法圓，於自然無所違也。自然者，無稱之言，窮極之辭也。」見王弼注，樓宇烈校釋，《老子、周易王弼注校釋》（台北：華正書局，1983），頁63-65。

3　惠子謂莊子曰：「人故無情乎？」莊子曰：「然。」惠子曰：「人而無情，何以謂之人？」莊子曰：「道與之貌，天與之形，惡得不謂之人？」惠子曰：「既謂之人，惡得無情？」莊子曰：「是非吾所謂情也。吾所謂無情者，言人之不以好惡內傷其身，常因自然而不益生也。」惠子曰：「不益生，何以有其身？」莊子曰：「道與之貌，天與之形，無以好惡內傷其身。今子外乎子之神，勞乎子之精，倚樹而吟，據槁梧而瞑。天選子

老子的「道法自然」，只是不從天地之道著眼，而論人道，或
人的養生之道。這也可顯示出老子和莊子的言說方向的差異，
老子常從天道說及人道，莊子的下手處則直言人道，再說人道
當取法天道。內篇中第二次提及「自然」則在〈應帝王〉，內
容是關於天根向無名人問「為天下」之道。無名人的回答是：
「汝遊心於淡，合氣於漠，順物自然而無容私焉，而天下治
矣。」此則當是最能表現莊子自然思想的關鍵文句。[4]治天下
之道與修養工夫有關，工夫的要旨是心氣須遊合於淡漠，方能
「順物自然而無容私」，而得治天下之道。在此可以注意的
是，「心」和「氣」的密切相關性。對照〈人間世〉中的「心
齋」[5]也是由「心」到「氣」歸於虛靜或淡漠，那麼合看〈人
間世〉與〈應帝王〉要解答回應生活世界與政治社會的課題，
最後都訴諸於「氣的工夫」，此一工夫則與「虛靜」、「淡
漠」、「自然」有關。從這個線索來看，要理解莊子的「自
然」，在文意與思想的脈絡上均與「氣的工夫」如何全養個體
生命、回應政治社會有關。

　　王充《論衡》有〈自然〉一篇，可見在漢代道家自然觀已
受重視。漢代是氣化宇宙論流行的時代，王充所稱的道家主要

之形，子以堅白鳴！」（〈德充符〉）

4　另一可跟此呼應的則是在外篇〈繕性〉的「莫之為而常自然」，藉由描述
　　古之人處世心氣澹漠、陰陽和靜，在混芒之中有知而不用，天下自能至一
　　安順。後世有聖人出，始「為天下」，愈為愈衰。「自然」在莊子文本的
　　脈絡中，既是心氣的內在原理，又是治世的回應法度。

5　回曰：「敢問心齋。」仲尼曰：「若一志，無聽之以耳而聽之以心，無聽
　　之以心而聽之以氣。聽止於耳，心止於符。氣也者，虛而待物者也。唯道
　　集虛。虛者，心齋也。」（〈人間世〉）

指黃老有關，未必與莊子有關，但從漢代以來將「自然」視為
道家的重要觀念已經形成。即使《莊子》一書未必把「自然」
當成一個主要的概念，但是不妨礙後代莊學研究者認為《莊
子》包含著某種自然的思想。本章的焦點著重在莊子的「自
然」和作為當代觀念的「自由」之間的關係，就不再一一考察
魏晉以來莊學史中的自然觀，[6]而直接從當代重要的莊子思想
研究著手。刻意略過「自然」概念的歷史發展與注疏中的詮釋
史，是希望更能貼近當代的問題意識，而「自由」之所以會成
為當代莊學研究的關鍵詞正表現了某種當代問題意識。以下我
們將先回顧當代新儒家尤其是徐復觀與牟宗三如何理解莊子的
「自然」，[7]再對比近年來台灣莊學研究範式的轉移在理解「自
然」時所形成的差異。此一差異主要顯現在四個方向：1、西方
理論涉入典範的不同，從康德及觀念論到德法現象學；2、修養
主體從精神主體到身氣主體；3、「自然」的解釋是否與氣論相

6　關於「自然」一詞的使用以及與「自然」相關的魏晉玄學的重要問題，乃
　　至「自然」一詞的翻譯有關的玄佛交涉，蔡振豐做了非常細緻的考察。請
　　參閱蔡振豐，〈魏晉玄學中的「自然」義〉，《成大中文學報》，第26
　　期，頁1-34，2009。

7　其實除了當代新儒家外，仍有許多出色的莊學研究者也探討過「自然」與
　　「精神自由」的關係，如方東美、陳鼓應、劉笑敢，但是或者只是零星地
　　引述或泛泛地說，顯不出特色。例如劉笑敢便認為莊子在現實世界中消極
　　被動，無所作為，在精神世界中積極主動，追求自由。此一見解不過重複
　　莊子遁世的流行看法，在思想上也沒超出當代新儒家的理論格局。見劉笑
　　敢，《莊子哲學及其演變》，頁195。目前看到在思路上有顯著差異與特色
　　的是梅廣的研究，他從宗教與神話的進路解釋老莊的自然哲學，很有參考
　　價值，見梅廣，〈從楚文化的特色試論老莊的自然哲學〉，《臺大文史哲
　　學報》，第67期，頁1-38，2007。

關；4、個體的自由與政治社會的自由之間或鬆或緊的關係。

三、「精神主體」中的自由與自然

　　徐復觀認為：「形成莊子思想的人生與社會背景的，乃是在危懼、壓迫的束縛中，想求得精神上澈底地自由解放。」[8] 在徐復觀的莊子詮釋中，「自由」幾乎占了最重要的地位，而「自由」指的是「精神上的自由」。[9] 以「庖丁解牛」為例，徐復觀認為當庖丁「以神遇而不以目視，官知止而神欲行」時，不僅庖丁的手與心的距離獲得解消，而且「技術對心的制約性解消了。於是他的解牛，成為他的無所繫縛的精神遊戲。他的精神由此而得到了由技術的解放而來的自由感與充實感；這正是莊子把道落實於精神之上的逍遙遊的一個實例」。[10] 徐復觀認為，莊子的自由展開於藝術活動的遊戲當中，[11] 此一自由遊戲又

8　徐復觀，《中國人性論史・先秦篇》（新北：臺灣商務印書館，1988），頁389。

9　徐復觀在論莊子一章中共有八節，前四節主要疏釋重要詞語，第五節之後才系統性闡發莊子思想，而每一節的標題都跟自由有關，分別是「莊子對精神自由的祈嚮」、「思想的自由問題」、「死生的自由問題」、「政治的自由問題」，見徐復觀，《中國人性論史・先秦篇》，頁387-414。關於莊子的「精神」，徐復觀也有明確的解釋。他認為，在莊子之前，「精」、「神」二字已有流有，但把兩字連在一起構成「精神」一詞的，莊子是第一人。

10　徐復觀，《中國藝術精神》（台北：台灣學生書局，1998），頁53。

11　徐復觀重視「遊」與「自由」的關係，他認為莊子的自由精神可以用「遊」來象徵，他還引席勒（Schiller）的名言說明遊戲與自由的關聯：「只有人在完全地意味上算得是人的時候，才有遊戲；只有在遊戲的時候，才算得是人。」見徐復觀，《中國藝術精神》（台北：台灣學生書

跟「技術的解消」有關。藝術有兩個層次，首先是技的層次，也就是人為的層次，在這個層次中人和牛是技術操作的主體和對象的關係，沒有充分的自由。只有進入道的層次，雖然技術還在運作，但是「技術對心的制約性解消了」，只有在這樣的運作當中，自由的遊戲才能展開。徐復觀此處所說的自由偏於消極性的，即外在制約的解除，不與外物對立，而能諧和一致。[12]至於積極性的自由，他認為是「自己決定自己」，是「精神上的自由解放」，也就是莊子所說的「自然」、「自己」、「自取」。[13]徐復觀基本上是以「精神上的自由」來規定「自然」，所以對他來說「自然」只是用來說明「自由」的一個概念。[14]

　　康德美學的核心概念是「自由和諧的遊戲」，他認為在審美判斷中人的想像力和知性會彼此協調一致，[15]並且可以不依知

局，1998），頁62-63。

12　徐復觀，《中國藝術精神》，頁53。

13　同上注，頁389-390。

14　徐復觀對「自然」也做出了詞語的解釋，即「自己如此」。他說：「老莊兩書之所謂『自然』，乃極力形容道創造萬物之為而不有不宰的情形，等於是『無為』。因而萬物便等於是『自己如此』之自造。故『自然』即『自己如此』之意。魏晉時代，則對人文而言自然，即指非出於人為的自然界而言。後世即以此為自然之通義。這可以說是語意的發展。」見徐復觀，《中國藝術精神》，頁248；另參徐復觀，《中國人性論史・先秦篇》，頁390。

15　康德說：「啟動這兩種能力（想像力和知性）、使之成為不確定、但卻透過所給定的表象而促成的統一的活動（unbestimmter, aber doch vermittelst des Anlasses der gegebenen Vorstellung, einhelliger Tätigkeit），也就是屬於一般認識的那種活動的，是感覺，它的普遍的可傳達性是品鑑判斷（Geschmacksurteil）所預設的。」KdU, § 9 ; B 31.

性的概念做出主觀但合目的、普遍的美的判斷。康德想要藉由
審美活動中的反思性來溝通自然和自由的計畫是否成功是個複
雜的問題，我們無法在此追究。但是透過此一簡略的描述，我
們可以看出，在藝術活動中，自由、遊戲這些概念扮演著重要
的角色。徐復觀對莊子的解釋暗含了西方美學的背景也由此可
見，他所取用的思想資源跟康德與德國觀念論者的思考一脈相
承。在徐復觀解釋了「庖丁解牛」由技進乎道的藝術過程後，
他立即援引謝林（Schelling）在《藝術哲學》（*Philosophie der
Kunst*）中的看法，主張藝術的基礎是宇宙論的、存有論的，也
就是「將世界、萬有、歸入於『一』，歸入於『絕對者』」。[16]
徐復觀所用的「精神」此一詞語雖然有莊子的文本證據，仍帶
有德國觀念論的理論色彩，應無疑問。問題是，在德國觀念論
思維中精神與身體的對立，一旦引入莊子思想的詮釋會招致什
麼問題？是否會忽略從身體的角度思考人為技術跟自然、自由
的關係？徐復觀將藝術的根源歸諸取消世界差異的「一」與
「絕對者」，也帶有觀念論的背景，如此理解莊子的藝術精神
近年來也逐漸受到學者的質疑與挑戰。

　　牟宗三則認為先秦道家發展的歷史機緣是面對周文的虛
偽，仁義禮法成了外在的桎梏與人為造作，於是道家本諸自然
天真，要否定此一人為造作，於是構成了自然與名教之間根本
的衝突，他說：「如何消化此人為造作而達至自由、自在、自
我解脫之自然無為之境界，方是道家真用心之所在。」[17]牟宗三

16　徐復觀，《中國藝術精神》，頁54。
17　牟宗三，《才性與玄理》，頁360。

也認為道家追求自由，至於「自然」，他主要是從「不造作」
來理解。他認為「無為」含著「自然」，也就是去掉虛偽造
作。[18]牟宗三基本上是以老子來規定莊子的系統性格，他認為：
「莊子所嚮往的逍遙齊物等均已包含在老子的基本教義裡，
莊子再把它發揚出來而已。」[19]所以莊子的「自然」並沒有獨
立的意義，跟徐復觀一樣，牟宗三也是從精神主體的自由來解
釋自然，因此萬物的逍遙、自得、無待都是由「主觀虛一而靜
的心境」的朗現，萬物才能保住自己，牟宗三表示：「萬物之
此種存在用康德的話來說就是『存在之在其自己』。」「只有
如此，萬物才能保住自己，才是真正的存在，這只有在無限心
（道心）的觀照之下才能呈現。」[20]此外，牟宗三對道家思想
還有一根本的判定，即「無內在道德性」，所以站在名教的對
立面不能正面安立仁義道德與政教禮法。道家的修養工夫只能
「作用地保存」道德，即使對政治可以起作用，也只限於帝王
個人，所以可以包含君人南面之術，但沒有客觀意義。限於帝
王個人所用的無為而治的道家思想，牟宗三認為它可以為民主

18　牟宗三對道家「自然」義的說明如下：「道家所說的『自然』，不是我們
　　現在所謂自然世界的自然，也不是西方所說的自然主義Naturalism。自然主
　　義和唯物論相近，就是一種唯物主義，指的是自然科學所對的自然世界，
　　自然科學研究的都是物理現象，所指的自然是物理世界的自然。就西方宗
　　教講，自然是被造物Creature，被上帝所創造的有限物屬於自然，上帝是
　　超自然Super-nature，自然和超自然對反。道家的自然是個精神生活上的觀
　　念，就是自由自在、自己如此，無所依靠。……」見牟宗三，《中國哲學
　　十九講》，頁90。

19　牟宗三，《中國哲學十九講》，頁122。

20　同上注，頁122-123。

政治的理想所取代，他並表示：「民主政治即是道家政治思想
之客觀形態。」牟宗三對道家的判定，不僅包含先秦的老莊，
也及於魏晉的王弼、嵇康、郭象，他認為道家思想對於政教都
是採取消極不著的態度，無法解決自然與名教的衝突，無法達
至自由與道德的統一。[21]不同於徐復觀和牟宗三對明白地強調
「自由」的概念，並以「自由」來理解莊子的「自然」。唐君
毅認為莊學的中心問題在於「人之如何自調理其生命與心知之
關係問題」，[22]也就是「去其心知生命流行中之桎梏阻礙」。[23]
唐君毅雖未明言「自由」，但此一「去除阻礙」的說法跟徐、
牟兩人之說並無實質的差異。對唐君毅來說「自然」也不是莊
子思想中關鍵的詞語，但常將它與「流行」連用，而說「自然
流行」，其實也通於「無礙」之義。因此若說唐君毅也認為莊
子的「自然」即是「自由」，想必他也不會反對。唐君毅與牟
宗三莊學詮釋較大的差異在於，牟宗三是以老子來規定莊子，
唐君毅則認為老莊的思想方向互為對反。唐君毅認為，老子言
道先言物勢之道、再言地道、天道，最後才返於內在之修道成
德，而莊子則首重人道，即重人之心知生命以求成為真人、至
人、神人。[24]但這只是言說方向及側重面的不同，思想上的推進
與創發之處老莊之間究竟有何不同，唐、牟並未做出本質上的
區分。徐復觀則指出是在「變化」的問題上，莊子顯出與老子

21　牟宗三，《才性與玄理》，頁360-361。

22　唐君毅，《中國哲學原論・原道篇》（台北：台灣學生書局，1986），卷
　　1，頁403。

23　同上注，頁402。

24　同上注，頁403-404。

的不同。[25]但是因為徐復觀未能究明「氣」與「化」之間的許多精微複雜的意涵，反而受觀念論的辯證法影響，精神變化的方向最後消融於無差別的統一，落失了許多可以深入闡發的詮釋方向。

　　徐復觀討論了〈應帝王〉中「遊心於淡，合氣於漠」，他也主張此處之義跟「心齋」有關。可是他的說明卻用心取消了氣，也用藝術取消了政治。徐復觀和牟宗三的看法一致，都認為莊子（或道家）思想無法替政治提出任何正面的因應之道。[26]在《中國藝術精神》第二章，徐復觀特闢一節討論「心齋」與現象學的純粹意識的關係。徐復觀認為，現象學的「放入括弧」近於莊子的「忘知」。但他說：「現象學之於美地意識，只是儻然遇之；而莊子則是徹底地全般地呈露。」[27]徐復觀認為，現象學透過中止判斷的還原方法，雖然也跟莊子一樣是要「通往自然之心，是直觀事物之本質」，[28]然而現象學之所以未能澈至究竟，是因為此一方法只是在精神的「作用」上去把握，尚未能「見體」，即未能見到藝術精神的主體。[29]徐復觀這

---

25 徐復觀認為，老子與「變」保持距離，而莊子則主張「縱身於萬變之流，與變相冥合，以求得身心的大自由、大自在」。見徐復觀，《中國藝術精神》，頁364。

26 何乏筆也指出，徐復觀的莊子研究雖然詳細地討論了氣論與美學、修養的關係，但是政治向度卻完全地忽略。見何乏筆，〈養生的生命政治──由法語莊子研究談起〉，《中國文哲研究通訊》，卷18，第4期，頁125，2008。

27 徐復觀，《中國藝術精神》，頁80。

28 同上注，頁86。

29 同上注，頁132。

個看法頗能表現當代新儒家唐、牟、徐共同的觀點，即現象學是「不能見體」之學，甚至是「墮入於無意識的幽暗、孤絕之中」。[30]

　　當代新儒家想要挺立的是一純淨、清澈的價值或藝術主體，所以莊子雖然只是藝術的虛靜主體，但仍是超拔於生命幽闇之上的清淨主體。徐復觀同時認為，莊子是要在「心齋中把政治加以淨化，因而使政治得以藝術化。他所要求的政治，不可能在現實中實現，也只有透過想像而使其在藝術意境中實現」。[31]莊子的美學政治對當代新儒家而言是不切實際的，或者頂多只有消極的作用，換個角度來說，能承擔政治實踐的只有儒家的道德精神主體，藝術主體並不能擔綱作主。例如，徐復觀認為，魏晉山水畫中的自然是玄學中的莊學的產物，山水畫中的自然可以引發、助長人的「遺脫世務」或「輒覺神超形越」。[32]「形」（身體）是在精神主體的虛靜心中被超越，美學活動只能引發助長人遠離政治乃至一切世俗之物。[33]「身體」、「政治」都是虛靜的藝術主體所要超越遠離的幽黯污濁。從這個角度來表詮某些魏晉士人的藝術精神固然有其道理，但若過

30　同上註，頁132。

31　同上註，頁115。

32　同上註，頁236。

33　徐復觀說：「莊子的〈人間世〉，對於人間社會的安住，費盡了苦心；但最後仍不得不歸結於無用之用；無用之用，只有遺世而獨立，才可以作得到。」見徐復觀，《中國藝術精神》，頁226。同樣的意思又如：「多苦多難的人間世界，在道家求自由解放的精神中，畢竟安放不穩……而〈人間世〉也只能歸結之於『不材避世』。」（徐復觀，《中國藝術精神》，頁133。）

度強調莊學此一方向，恐怕也框限了它在美學政治其實頗為可觀的理論潛力。

當代新儒家唐、牟、徐三人的莊學研究，都強調精神的自主、自由、無礙，「自然」之義主要與精神生活中的「自由」相通。他們的詮釋都直接間接地受到德國古典哲學包含康德及德國觀念論的影響，此一哲學路線在美學的走向上通往「協調一致」的道路，從徐復觀對莊子藝術精神的詮釋尤其可以看出此一特色。然而，過分重視「精神自由」與「協調一致」，是否可能忽略了莊子思想中「自然」可以包含的其他意義？「自然」除了「自由無礙」、「協調一致」，是否可能有別的理解方式？例如：從「氣化」與「物化」的角度來探討「自然」當中的同一與差異、自我與他者、個體與普遍、美學與政治的關聯。在康德之後的西方美學發展中，另有一股思潮如施萊格（Friedrich Schlegel）則主張美學的力的遊戲經驗引發了「無條件者和有條件者之間某種無法解消的相互拮抗的感受」。[34]孟

---

34 Christoph Menke, *Kraft: Ein Grundbegriff ästhetischer Antropologie*, p. 102.孟柯這麼描述施萊格的力的美學：「用施萊格（Schlegel）的話來說，所有美學的力都是『無條件的』（unbedingt），因為，它們基本上都是『過剩的』（überschüssig）。我們在美學遊戲當中，就是如此經驗的。但是，因為我們同時也如此地經驗那力之美學的遊戲，以至於該遊戲透過某種美學化的過程，也就是各種能力的後退式的、反省式的轉化（regressive-reflexiven Transformation der Vermögen），而由主體的實踐所產生出來，此一爭執（Widerstreit）之美學上的「感受」（Gefühl），也就延伸到了實踐之上。我們以美學的方式經驗到，某種爭執就隱藏在主體的實踐中，而此一爭執將會在實踐的美學化中、在諸種力的遊戲的施展中，被解除掉，甚至被釋放掉。因此，那在美學的事物中的實踐顯然對我們而言是：該實踐在自身之中就已經包含著力與表現之間的爭執了。」

柯認為，存在於古希臘中的哲學和藝術（詩歌）之間的論爭，
就是「協調一致」和「相互拮抗」（Widerstreit）之間的論爭；
在康德美學之後則爭辯，在實踐的核心當中，究竟是「協調一
致」還是「互相拮抗」具有決定性。[35]對孟柯來說，尼采繼承
了赫爾德與施萊格的美學思想，走向了「幽黯的力」與「互相
頡抗」的美學道路。倘若我們不採用康德美學的進路，而留意
從赫爾德、施萊格到尼采此一力的美學的進路來看待莊子思
想，並思考此中的「自然」和「自由」的關係，是否能得出另
一番詮釋的面貌？尤其當我們考慮加入了「氣」與「身體」的
面向，莊子思想中「自然」和「自由」的依存關係也將有所不
同。孟柯一書的結語是：「美學經驗有實踐的自由，它使我們
不屈服於陌生的超越力，因為它開啟了自身力的不同開展。美
學的結語是人的自由。」[36]根據「幽黯的力」的美學原則，自由
不來自於超越的力，而是在力的多元交匯、內在抵抗中自我愉
悅、自我完成，多元的力享受它自身以差異的方式開展，這是
力的美學的自由而不是訴諸於超越性的精神或道德自由。我們
可以思考，在莊子氣化美學意義下的「自然」是否含有孟柯所
說的力的美學的「自由」。

四、「身氣主體」中的自然與自由

　　單單就「庖丁解牛」來看，近年來台灣學界的莊學研究業

35　Christoph Menke, *Kraft: Ein Grundbegriff ästhetischer Antropologie*, p. 101.

36　Ibid., p. 128.

已展開了與當代新儒家學者如徐復觀的進路截然不同的詮釋方向，尤其是借重當代德法現象學與法語莊學的研究成果，如龔卓軍、[37]宋灝、[38]賴錫三[39]都有精采深入的分析。[40]

　　先以宋灝的詮釋為例，他一方面接續龔卓軍的分析有進一步的開展，也消化批評了畢來德（Jean François Billeter）[41]的論點。宋灝從中國古代書論中的「逆」與「澀」得到啟發，認為此一既推進又收回的身體運動態勢也存在於「庖丁解牛」「視為止、行為遲，動刀甚微」的時刻，運筆者「不疾不徐」的身體感和庖丁在極細微緩慢的動作中，都同樣地從外在的行動對象逆轉收回至運動中的身體自我，解牛的運動所追求的不是高效的解牛技巧，其目的也不如徐復觀或一般論者常言及的「物我一體」，而是「自然」地持續在此一具有內在抵抗的運

37　龔卓軍有兩篇文章論庖丁解牛，其一是〈庖丁之手：身體思維與感覺邏輯〉，《中國語文學譯叢刊》，第21輯，頁31-52，2007。另一篇為〈庖丁手藝與生命政治：評介葛浩南《莊子的哲學虛構》〉，《中國文哲研究通訊》，卷18，第4期，頁79-99，2008；龔卓軍在此文中檢討了徐復觀觀念論範式的問題。

38　宋灝，〈逆轉與收回：《莊子》作為一種運動試驗場域〉，《中國文哲研究通訊》，卷22，第3期，頁169-187，2012。

39　賴錫三：〈《莊子》的生存美學與政治批判——重省道家型的知識分子論〉，《道家型知識分子論：莊子的權力批判與文化更新》，頁1-42。

40　此外，從現象學進路來談莊子還有陳榮灼、鍾振宇、黃冠閔。陳榮灼有一篇論文直接談道家的「自然」與海德格思想的比較。陳榮灼，〈道家之「自然」與海德格之「Er-eignis」〉，《清華學報》，卷34，第2期，頁245-269，2004。

41　宋灝引用的是畢來德以法語寫成的兩本莊學研究原著：Jean François Billeter, *Leçons sur Tchouang-tseu*（《莊子四講》）（Paris: Allia, 2002）；*Études sur Tchouang-tseu*（《莊子研究》）（Paris: Allia, 2004）.

動態勢中讓自身發生自然而然的轉化。宋灝認為，庖丁彷彿只是「為了運動而運動」（符合藝術行動中的無所為而為），與精神主體或倫理道德之「道」扯不上關係。那麼庖丁的運動之道或自然之道究竟為何？書道、解牛之道等各種技藝與藝術的行動其目的何在？此「道」看來涉及了個體的自我轉化，但也如葛浩南（Romain Graziani）所言蘊含著政治批判、轉化的面向。宋灝在關於政治批判的面向也指出徐復觀停留在意識哲學的層面，不足以對莊子「心齋」中的「虛」、「靜」做出充分的解釋，他認為莊子氣的工夫與面對他者的轉化之所以可能，不能從意識哲學或早期現象學家「理解他者」的角度著眼，而較接近列維納斯（Emmanuel Levinas）和華登菲爾斯（Bernhard Waldenfels）所說的「回應」結構。宋灝認為，在「回應」的結構中，「之間」先於受聯繫者雙方，沒有人是孤立的行動個體；反之，在遭遇他者之前，身體自我業已嵌入了一種呼應、感應氛圍而存在。宋灝並藉由王夫之的《莊子解》說明：「唯有在氣層面上已徹底虛化的呼應關係內部處，理想的那種政治轉化才可能落實有成效。」[42]

　　宋灝對「庖丁解牛」的詮釋清楚地揭示了以意識哲學為型範的莊子詮釋的不足。首先是「協調一致」的美學典範與道德主體或絕對精神的同構關係，將使莊子思想落入西方意識哲學框架所帶來的種種困難。其次，當代德法身體現象學可與莊子氣的美學與政治思想產生許多互相激盪的可能性，當代法國與台灣的莊學研究成果在此一方向上迭有創獲且發展動能仍然豐

42　宋灝，〈逆轉與收回：《莊子》作為一種運動試驗場域〉，頁186。

沛，值得關注。43

關於「自然」，賴錫三已有多篇論文論及，44然而跟本章
所關心的議題較切近的是他的專著《道家型知識分子論：莊子
的權力批判與文化更新》，尤其是前四章關於氣化美學政治與
身體、氣、物化的關係。「自然」與「自由」的關係雖然不在
該書中以顯題化的方式討論，但是已經包含了豐富的義理。賴
錫三的研究特別關注的是道家的當代關懷，他主張「當代新道
家」不應在當代的議題上缺席，他的論點特別可以跟當代新儒
家的莊學研究做一鮮明的對比，反對只偏重個體的精神自由與
藝術境界，而強調莊子也可以展開諸如語言批判、權力批判、
他者批判、國族主義批判、人類中心主義批判等等當代知識分
子更為關注的普遍性課題。以下亦同樣就賴錫三分析「庖丁解
牛」來看他如何討論生存美學與政治批判的關聯。

---

43 在台灣引入法語莊子學討論的是何乏筆，他自2007年以來總共組織了多達
　五次的莊子哲學工作坊，其中多次跟法語莊子研究有關，有兩次以畢來德
　為主，幾次工作坊下來集結了多位主要來自台灣的莊子研究的學者展開了
　豐富的討論成果。透過與朱利安與畢來德等歐洲漢學家的對話，何乏筆的
　研究一直聚焦於莊子的氣論與美學工夫、生命政治的關係，歷年來已用中
　德英法文發表了相當多篇的相關論文，較新的〈氣化主體與民主政治：關
　於《莊子》跨文化潛力的思想實驗〉一文，總結了他對氣化主體與自然美
　學、民主政治關係的豐富思考。文中不僅論及了孟柯所梳理的力的美學的
　脈絡，也述及孟柯所未及的18-19世紀包括歌德在內的自然美學與莊子思想
　互動的可能，從莊子的氣論延伸出來也涉及了張載與王船山。

44 賴錫三，〈論先秦道家的自然觀：重建一門具體、活力、差異的物化美
　學〉；賴錫三，〈《莊子》藝術思維與惠施技術思維的兩種差異自然觀：
　與海德格的跨文化對話〉，頁181-230；賴錫三，〈《莊子》的死生一條、
　身體隱喻與氣化永續：以自然為家的安身立命〉，頁231-273。

　　賴錫三認為莊子想透過「庖丁解牛」傳達「在方內中遊於
方外」的圓通智慧，他稱之為「在結構（或權勢）之中活出結
構（或權勢）之外」的「自由與活力」。換言之，莊子認為人
無法逃出倫理與政治的網絡，反而要像庖丁解牛一般入遊其間
而遊刃有餘，既與天地精神相往來又要能與世俗處，不離人間
世而能逍遙遊。[45]賴錫三此一詮釋完全扭轉了歷來將道家思想視
為隱逸出世的既定印象，也大有別於徐復觀與牟宗三所認定的
莊子無法正面回應政治社會，或用藝術取代乃至取消政治的說
法。他將莊子養生之學獨具隻眼地詮釋為不僅是一種獨善其身
的生存美學，而是具有政治權力批判力道的曲成藝術。此處的
權力批判直指無所不在的隱性權力，所以更徹底、更普遍、更
深入。牟宗三認為莊子思想無力解決名教與自然的衝突，賴錫
三則主張，「庖丁解牛」的牛體所隱喻的正是名教規範，庖丁
是以遊刃的工夫找到「入而不入」的解牛間隙，以便進行權力
解剖與化導的遊戲能力。[46]賴錫三可能會同意庖丁的「能入遊其
樊而無感其名」是一種氣化主體自由遊戲的能力，那麼氣化自
然即使被人為技術所貫穿、被名言符碼所滲透，也無礙其「自
由與活力」。換言之，重點不在於回歸一不被人為技術、名言
符碼、倫理規範、政治權力所「污染」的自然烏托邦，因為莊
子認為無所逃於天地之間。賴錫三明確反對牟宗三將道家評為
隱遁之學，[47]而主張莊子有一另類的思維，可以在人間錯綜複雜

45 賴錫三，《道家型知識分子論：莊子的權力批判與文化更新》，頁24-26。
46 同上注，頁32。
47 同上注，頁35-42。

的骨肉交接之折衝處，保有流變的彈性、發現間隙的能力。[48]從這個觀點來看，牛體既是權力交戰的迷宮，也是自然流行的遊戲之場，何處無非莊子所暢遊的無何有之鄉？自由自在的自然不在人文之外，就在入而不入的人間世中。從賴錫三的詮釋當中，我們可以找到一條明確的莊子美學政治思維，即自然就在氣化主體的美學工夫中自由遊戲並能隨時保有精微深刻的權力批判權能。

　　透過賴錫三的精微剖析，自然的牛體與庖丁的道藝成了物與虛的氣化往來，牛體的委然脫落彷彿是自內瓦解、自然生成，庖丁之刀所以無厚，正因它已非外物，庖丁亦然，人刀牛一體共在，解牛的動作中，牛非對象物，人與刀非宰制的主體，牛之解是內在的自行解離。在此道藝的遊戲中，自然的牛體一翻而上，成為自我拆解的主體，操刀的庖丁也因為虛化自身，動刀甚微，甚至可說動而無動，主體以被動的方式完成行動。主體不以其意志的施行方式展現自由，而是取消了意志的有意為之，在自我生成的自由遊戲中與活力之流化為一體。然而此一混成為一的一體性，卻不是隨順無別的混漫。倘若賴錫三所擬喻的權力牛體是無可逃的名教天地，既然非得入此一權力的牛體結構之中，如何無礙其「自由與活力」，使無所不在的權力既不斷地生成其結構，又能在庖丁的慧眼與道藝中隨處自行瓦解，此一氣化的修養政治學便成了有待鍛鍊的自由之道。渾然為一的一體性為何具有內在自行瓦解的可能？此處可以借用孟柯「幽黯之力」的「自我關係」與「內在他者性」來說明。

48　同上注，頁41。

五、氣與力的「內在他者性」

牛體與庖丁在氣化主體（在孟柯則為藝術主體）的自由遊戲（在孟柯為美學化）中，已非主體與客體的外在關係，而是「自我關係」（Selbstverhältnis）。孟柯表示，在美學行動中的主體並不以認識的方式展開行動，他說：「能力（或權力）在認識之先。」（Können（oder Macht）kommt vor Wissen.）[49]「『行動』並不是那透過自己的種種意圖所導致的運動，而是在該運動中將自己實現出來的那些自身的力量。」（"Handeln" ist nicht diejenige Bewegung, die durch eigene Absichten verursacht ist, sondern in der sich eigene Kräfte verwirklichen.）[50]孟柯認為，主體擁有力量，需要「習練」（Übung）。力量並不是某種主體內含的某種行事的「原因」，而是其「內在原理」（innere Prinzip）。孟柯借用包姆嘉登之說，主體是力量的內在原理。「習練」的目的就在於獲得行事的能力並且熟習它、鍛鍊它，使我們一旦要有所作為，便能展現我們的能力。所謂的主體，因而和「擁有能力」是同一回事。是個主體，就是擁有權能（Subjektsein heißt Machthaben）。[51]

主體及其力量除了作為「內在原理」與「內在權能」，孟柯還引用了赫爾德（Herder）的說法，將力量界定為「關係」（Beziehung）。力量之為「關係」，不是外在地由一方對另

49　Christoph Menke, *Kraft: Ein Grundbegriff ästhetischer Antropologie*, p. 35.

50　Ibid., p. 35.

51　Ibid., p. 34.

一方產生影響與作用，而是他者預先內在地存於自身之中。因此，對赫爾德來說，力量是一種「表達」（Ausdruck），它是自身內的他者的外顯作用。他者是在力量的「表達」中，從預存的自身之中轉化並現身而出。[52]此一由內在的他者自身湧現而出的轉化，孟柯稱之為「美學化」（Ästhetisierung）。美學之所以是自由的遊戲，關鍵也在於赫爾德不將美學視為靜態的狀態，而是動態的過程。透過美學的動態轉化過程，實踐能力在「逆轉」（Rückgang）的反身性活動中，反向操作了實踐的行動，讓行動陌生化自己，過轉為美學事件的發生過程。逆轉迴向「幽黯力量」的主體，忘卻了自己是實踐能力的主體，任由力量活化自身。在「美學化」的轉化行動中，沒有認識的對象被表象，只有未被規定的幽黯美學的「示現」（Darstellung）。因此，「美學化」關乎「解除規定」（Unbestimmtmachen）。[53]孟柯說：「美學遊戲讓美的事物成為對象；美的事物是在力的遊戲中成為不可規定的對象。」[54]

對孟柯而言，「美學化」解除了實踐能力的主體（或即當代新儒家的「精神主體」）以目的為導向的行動，由自我意識所規定、確定的意圖、目的皆被取消。此一解除規定性的活動，孟柯提到尼采的「善於遺忘」（lernen, gut zu vergessen），亦即向藝術家學會「能夠不能」（Können des Nichtkönnens）。

---

52 Christoph Menke, *Kraft: Ein Grundbegriff ästhetischer Antropologie*, p. 52.

53 「解除規定」（Unbestimmtmachen）見Christoph Menke, *Kraft: Ein Grundbegriff ästhetischer Antropologie*, p. 87；關於「美學化」見Christoph Menke, *Kraft: Ein Grundbegriff ästhetischer Antropologie*, pp. 80-88。

54 Christoph Menke, *Kraft: Ein Grundbegriff ästhetischer Antropologie*, p. 87.

「放下行動，活出生命」。美學轉化了實踐能力，因為它以
美學的活動「逆轉」（weden）、「中斷」（brechen）、「遺
忘」（vergessen）、「抽離」（entziehen）　了一切有意識的控
制。孟柯用尼采的「迷醉」（Rausch）來說明此一超越有意識
的實踐能力之行動，在「迷醉」之中，美學主體一方面自覺為
實踐的能力，同時又以迷醉的方式釋放力量。孟柯說，藝術家
來回往復於實踐主體與美學主體之間。實踐能力的行動之所以
能開始，其實是從內在的他者，即「幽黯力量」中湧出，而這
是永遠無法觸及的認識。理性主體的認識與行動只有順向的單
行道，即從「幽黯力量」由內而外地展現有意識的認識與目的
導向的行動。藝術家則明白自己有意為之的行動是從「幽黯力
量」中提取能量，為了活化自己的生命，藝術家放棄行動回顧
生命，他逆向返回於「幽黯力量」之中，享受美學化自由遊戲
中的自我愉悅與自我創造。[55]

　　如果現代人能向藝術家學習，那麼「美學化」具有一種
自我瓦解的批判力，至少可以中斷、逆轉、抽離高速運轉的快
節奏行動，能向藝術家學會善於遺忘的能力，至少能夠暫時讓
無所不在的權力規訓呈露出若干間隙，讓過熱的現代化引擎暫
時性休止。這是孟柯所說的「另類的善」，它是自我更新、活
轉生命的反向運動；也是尼采所呼籲的，「成為我們生命的詩
人」，在藝術停止的地方展開生活，並且比藝術家還更有智慧
地運用「精微的力量」。

　　因為孟柯的提醒，讓我們發現自己內在生命中有個陌異

55　Ibid., pp. 113-129.

的他者——「幽黯力量」，它的確是無法馴化的野性力量，這也提醒了人類，自然是無法馴化的，無論是「內在自然」（人的本性），還是「外在自然」（自然世界）。理性的精神主體其實是膨脹的主體意識的現代化產物，透過回溯古典莊子，我們不期然發現，尼采與孟柯所說的藝術家遺忘的能力，在莊子的心齋、坐忘中有著絕妙的呼應關係。為什麼要「心齋」？就是要我們從有意識的行動鎖鍊中抽身而出，不再順向奔流，而是返觀休止，在逆返於幽黯難測的大化生命中，發現人與自然有著不可分的「自我關係」，人與世界何嘗有內外之分？但是，我們畢竟是人，活在權力交構的社會歷史人文世界之中，天人畢竟有分，身為個體，實踐能力主體的目的性行動仍有其不可取消的意義，這無所逃也不必逃。追尋自由的現代人，是否能在「身氣主體」的自我關係中發展出另類的自由之道？重探人的自然性，逆返於自然是否能批判一個背離自然的自由與現代性。然而，逆返於自然，不是天人合一，因為天人有分，此分不可取消。天有其命，人有其分。人的內在他者性中自有來自於天的「幽黯力量」，它既是生命的活力源泉，也是挑戰生命的差異性力量。肯定此一具有差異、分化力量的內在他者性，是生命超越的必要條件，也是面對外在自然與社會權力關係時，必須向庖丁學習的批判性技藝。個人與社會自由的可能性，也有待持續逆返提取來自於「幽黯力量」的批判性動能。

　　批判的個體為何需要「自然化」復甦個體身體的自然性？批判的個體內在的「幽黯力量」是否來自於自然？我們向藝術家學習，藝術家是否向自然學習？個體恢復了身體的自然性是否便已足夠？為何還要成為「身一氣」主體？

　　禮教化（規訓化的）身體之所以得「自然化」，無非是透過超善惡的「解除規定」，讓被同一性暴力所束縛、結構化的身體先「虛化」其主體性，再度在「氣化」、「自然化」、「美學化」的過程中，成為具有生命活力、足以批判地重構禮教、活化規範的「身氣主體」。個體之所以要「自然化」，無非只是要重拾「活生生的人」的身分，重新展開生活，並且發現個體的「內在他者性」，是既熟悉又陌生的內在自然本性，「幽黯力量」可能具有既一且異的雙向能力，它是實踐主體湧現同一化、形式化的普遍性的力量發源地，也具有自我破壞、去同一性、回到具體生命的既創發又消解的雙向作用。「身氣主體」比「身體主體」更強調此既一且異，同一化與去同一化的雙向作用，也是莊子天人之間「不分而分」（「獨與天地精神相往來」的個體絕對性）、「分而不分」（「天地與我並生，而萬物與我為一」、「不譴是非，以與世俗處」），「物化」與「虛化」來回往復不已的重要洞見。

　　關於生命中未可知的幽黯力量，莊子曾在〈齊物論〉中用「芒」來表示：「人之生也，固若是芒乎？其我獨芒，而人亦有不芒者乎？」郭象對這段文句的注解為：「凡此上事，皆不知其所以然而然，故曰芒也。今未知者，皆不知所以知而自知矣。生者皆不知所以生而自生矣。萬物雖異，至於生不由知，則未有不同者也。故天下莫不芒也。」成玄英的疏為：「芒，闇昧也。言凡人在生，芒昧如是，舉世皆惑，豈有一人不昧者！」生命難知難解的闇昧之芒，是莊子、郭象、成玄英一脈莊學思想都承認並重視的生命基底。然而，生命的真實除了有其「不知其所以然」的「自然」，此一天性的「自然」，實含

著可以遊心無礙的「自由」，且需要「養」才能「遊」。如何「依乎天理」、「順物自然」便是〈養生主〉的主題，這也說明了「庖丁解牛」的寓言為何不僅是〈養生主〉的關鍵，也是理解《莊子》工夫論中的身體維度如此重要的原因。「身體」有隨順耳目之欲而來的，有依乎天理之自然者，在庖丁的解牛工夫中，所要依順的當是天理之自然，但此工夫卻非憑心知達至，而是「無知之知」，是「順物自然而無容私」，也就是不以心知判斷介入，全憑身手在闇昧之「芒」中，化去物我之對偶性，能以神遇而遊乎樊中，使技進乎道，而得以全神保生（身），遊於人世而不傷。

　　徐復觀也很能理解庖丁的「技」與「道」的關聯，可惜的是他仍然把跟身體密切相關的技術，以從屬的方式融攝到「精神遊戲」或「精神享受」上，身體的技藝最後仍得提升成精神的活動才有價值。雖然如此，徐復觀還是能夠點出「庖丁並不是在技外見道，而是在技中見道」，[56]他認為藝術創作離不開技術、技巧。而庖丁由技進於道時，則和牛的對立取消了，也就是心物的對立取消，同時，技術對心的制約性也一併解消，而成為「無所繫縛的精神遊戲」。[57]徐復觀的詮釋角度是忘卻身體才能達到精神的自由，身體及其技術即使與道緊密相關，但仍不是道，只有實用性。要躍升至下一步，即精神能夠「得到了由技術的解放而來的自由感與充實感；這正是莊子把道落實於精神之上的逍遙遊

56　徐復觀，《中國藝術精神》（台北：台灣學生書局，1998），頁52。
57　同上注，頁53。

的一個實例」。[58]然而，取消了身體與技術還能說是庖丁的「工夫」嗎？庖丁不就是在那19年的手肩足膝之間鍛鍊其解牛的技藝？即使最後神乎其技，又何嘗曾經放下那刀，離開了手？只有精神才能是解牛的主體，而非真正動刀的身手嗎？倘若要忘，所要忘的豈止是身，而是身心兩忘，無我無物，肯認生命難以了知之「芒」，行於不得已、知其不可奈何而安之若命，才能在身心之間的微妙氣運中以神遇之、以天合之。幽黯不可解的偶然性與自然性，在庖丁身手技藝的磨練中，以三年之功而有小成，乃至到了19年純熟之境仍戰戰兢兢、動刀慎微，工夫主體得先養其自然生命之主（即神），才能成為自由遊戲的美學主體，也才同時是可遊化人間世的政治主體。

　　對莊子來說，「身體」該當不僅是難以了知的自然生命，也是操練習熟生命技藝的遊化主體。從尼采與孟柯的角度來看，「身體主體」有其難以馴化的野性力量，只能在「美學化」的活動中任由力量在迷醉狀態中釋放流轉。但對莊子而言，如何「遊心於淡」、「合氣於漠」，涉及「身體主體」在虛靜的心、凝視的眼、審慎的手，乃至靈動的手足在身心整合的律動中與「物」在既依待又感通、有張力卻和諧的辯證運動中逐漸自我轉化。「身」與「物」並不只是主客相對待的關係，而是共同構成了「幽黯之力」的流變整體內在的「自我關係」，「物」並非外在的他者，而是內在力量流變中的他者。如何向藝術家學習，操練此一內在他者，更有智慧地運用其中「精微的力量」，便是孟柯點到為止，而莊子「氣的工夫」所

58　同上注。

念茲在茲、一再申明者。尤需注意的是，此一轉化的歷程卻不是在避世的隱居中完成，而是「入遊其樊」，在人間世的權力糾葛中與世拮抗，但也不僅僅是入於人間世，而是既入且出，能遊於世而不累其心的遊化之身。孟柯雖然也提到美學轉化活動的政治意涵，但只隱約指出方向，不若莊子在許多暗示著連接政治場域的寓言中展示身體美學的政治轉化之道。庖丁與文惠君只是其中一例，其他如輪扁與齊桓公、顏回將適衛國、莊子與相梁的惠施，都是為人熟知的例子，茲不贅言。

　　「身」雖然聚集耳目官能，既是欲望爭奪之場，也是氣化流行之所，如何使此身依乎天理、順乎自然，便是所謂「心齋」或「氣的工夫」。所謂「無聽之於耳，而聽之以心，無聽之心，而聽之以氣」，便是莊子告誡的箴言。若耳目為心知驅使，心知向刑名而馳，便是入於善惡是非的爭鬥中，傷身害命；若耳目不為心知役使，聽從無知之心，任憑無心之和氣流轉，此則為虛靜的氣的工夫。不以心知干犯耳目，則耳目停停當當，不將不迎，所謂「聽止於耳」；不以有知之心擾動和氣，則心氣與物無隔，所謂「心止於符」。這是耳目與心知之官能棲止於氣化流行之體，身心兩忘而身心／物我兩全，所謂「氣也者，虛而待物者也」。此一「氣的工夫」即是出自於身體，又在身氣、心氣之間棲止，養其無知之知，虛其心氣之用，讓氣的「精微的力量」在身體的闇昧之力中渾化流轉。此一美學化的身體技藝，不是反思的哲學思辨，也不是純然技術性的身體活動，而是比藝術家更有智慧，但卻「道在技中」，由身手技藝的持續鍛鍊，在日常人世中入而不入，方能遊於人間世而養性命之主。

第十三章

承認自然
承認理論與氣的思想

一、前言

本章的主旨是「霍耐特社會哲學中的承認理論如何納入
自然」，為了探究這個可能性，先鋪墊第一代法蘭克福學派關
於「氣韻」的討論，再從而銜接王夫之氣的思想以與「氣韻」
對話。首先要說明的是，在此所採用的跨文化哲學進路，並非
平行地比較霍耐特和王夫之的思想，而是以霍耐特社會哲學中
的「交互承認」為探究的起點，進一步討論「承認自然」的可
能性。此一可能性，一方面可以透過回溯至班雅明、阿多諾的
「氣韻」來展開；另一方面則經由跨文化的對話來實現。

法蘭克福學派對當代社會的批判性診斷是本章的出發點，
我們將順著霍耐特「交互承認」理論的自身脈絡展開討論，並
且發現西方現代性的診斷中，其中一個關鍵的問題——即人與
自然的關係，仍有較難突破的限制，正是在此處我們有意跨出

文化界限，立足於現代性診斷此一問題性上，著意提取王船山
「二氣交感」的思想中特有的人與自然的回應、交感關係，藉
此思路來拓展「交互承認」的理念，從社會向度延伸至自然，
為「承認自然」補充一重要的理論環節。

　　因此，本章無意於外在地嫁接不同文化脈絡的思想，而
是謹慎地扣緊「交互承認」的理論思路，並在此一進路中發
現，「人的自我理解與社會性的交互承認，是否應該要納入自
然」，是「交互承認」的理論已略有觸及但卻無法深究的課
題。

　　探討班雅明與阿多諾的「氣韻」概念與自然的關係，便是
讓此一有所觸及卻潛隱的內在線索揭示出來。再者，引入王夫
之氣的思想，勢必得冒著去脈絡化的危險。但我們發現，此一
介入不只是偶然的，而是在特定的問題性上有跨文化互相轉化
的契機。換言之，「二氣交感」此一氣學的思路，一旦置入法
蘭克福學派社會哲學的討論框架中，可以展現它豐富的理論潛
力，打開「氣韻」本已蘊含的思想出路，為現代性深陷其中的
思想僵局提供了視角調整、思維活化的觸媒。「承認自然」正
是因為氣的思想的介入，得以讓「交互承認」將自然系統性地
納入其承認結構中，試圖為科技與工具理性對於自然的宰制性
權力找到鬆動與瓦解的契機。

　　本章表面看來有比較哲學的性質，實際上則盡量避免東西
方理論的靜態比較，所冀望的是立足於當代的人文危機，找尋
一種跨越文化界限的思想動態關係。在不同的文化脈絡誕生的
思想，一定有同有異，在此無意求同或見異，而是提出一個當
前人類必須共同面對的思想問題，找到合宜探究的切入角度，

讓跨文化的對話成為思考的中介與推進的力量。

二、現代性診斷與工具思維中的物化

　　在商業進步、科技發展的時代，計算理性全面支配了人類的生活、控制著作為內在自然的身體。與此同時，強大的科技被當成開發自然資源的手段，外在的自然也成了人們宰制、支配的對象。在控制、支配自然的過程中，人類生命已經被自己的技術理性所控制，陷入錯誤的自我理解。從尼采、馬克思到韋伯，一百多年前歐洲思想家所提出的時代診斷不約而同地指向了現代人如何在理性化的過程中，一方面想要透過控制自然來實現自由，另一方面卻反而在自然的控制中逆轉為對人的控制背離了自由。20世紀之交的文化批判，在法蘭克福學派的開創者霍克海默與阿多諾的社會學研究中被匯聚起來。他們認為，在控制自然的過程中，人類運用工具理性駕馭自然，此一手段後來延伸到了政治與文化的各個層面，最後形成了控制人的方法。人是如何被自己的理性所宰制？人與自己、跟他人以及自然的關係，為何在工具理性發達的現代社會，尤其在資本主義經濟活動所仰賴的策略性思考的運用中一再異化，一步步走向背離自由實現的道路？現代文明的價值何在？現代生活倘若可欲，或意味著幸福與自由的實現，為何是以野蠻的方式面對自身、他人與自然？

　　霍耐特（Axel Honneth）認為，在20世紀初期包括馬克思主義及法蘭克福學派第一代理論家對於現代性診斷的相關思考，在二戰後沉寂了下來，但是如今又再度有了現實感，

值得我們回顧與反思。霍耐特在《物化：承認理論研究》
（*Verdinglichung. Eine anerkennungstheoretische Studie*）一書重構
了盧卡奇（Georg Lukács）的「物化」（Verdinglichung）概念。
他指出「物化」是一種僵化了的習慣與視角，使我們對他人及
事件失去了想去參與涉入的能力。在這種冷眼旁觀的態度中，
主體不僅對社會周遭與自然環境，甚至是對自身的內在世界，
都看成某種事物的集結而已。[1]

　　在現代社會生活中，人如何喪失作為人的主體內在感受
性質素，成為孤離於世界的單子，旁觀他人甚至冷觀自身？霍
耐特認為盧卡奇「物化」的概念，可以很好地說明人在現代社
會生活中所受到的制度性扭曲，人於是失去了身為人的主體
相當重要的「情感之參與」（affektive Anteilnahme）、「情感
互相感染」（wechselseitige Affiziertheit）[2]的品質，愈來愈極
端地把他人當成工具，以悖於人的特質的方式把人當成無生
命的客體、商品，最後也在自我關係中出現了「自我物化」
（Selbstverdinglichung）。

　　工具思維所導致的異化，弔詭地讓運用工具的人成為工具
的工具，控制自然物的人自己則成為了物。在職場中，追求績
效的現代人根據量化的評鑑指標或主動或被迫地讓自己的工作
成為可以操控的對象物，雖然提高了工作效能，但也使得自己
對工作的理解與感受物化，工作本來可以提供人自我實現的意

1　Axel Honneth, *Verdinglichung. Eine Anerkennungstheoretische Studie*, p. 62.本書
　的中譯參考了羅名珍的譯本，霍耐特著，羅名珍譯，《物化：承認理論探
　析》（上海：華東師範大學出版社，2018）。

2　Axel Honneth, *Verdinglichung. Eine Anerkennungstheoretische Studie*, pp. 57-58.

義受到了極大的折損。在情感關係中，運用網路通訊軟體的情人、家人，不必再面對面感受對方的情緒波動與身體情動，看似即時全面地分享彼此生活與工作資訊，突破時空阻隔，卻不再擁有帶著身體感受的交互理解，溝通表達取得時效性的同時犧牲了來自身體接觸的親密性、情緒感受的整體性。我們愈來愈不用在情感上、身體上彼此涉入，彷彿就能獲得所有應該獲得的資訊，知道彼此的需求，透過網路中的制式表格我們可以求職、交友、尋找伴侶，在網路科技的推波助瀾下，物化自己的感受、以物化的方式理解與想像他人及其生活，似乎成了不可逆轉的趨勢。[3]

　　現代社會標榜認真高效的勞動，卻壓制了個體及其身體，這點在尼采對現代性的反省中已經有所揭示。尼采表示，高強度、長時間的勞動是「最好的警察」，「它給每個人都戴上一副沉重的鐐銬，強力壓制理性、欲念和獨立自主的發展。」（KSA 3, p. 154.）工作占去人幾乎全部的生活，不讓個體性的反思、欲望、感受留有任何餘地，人們於是只能被迫安於短期的工作目標，不再籌謀長遠更不用說偉大的事物與夢想。現代人對尼采來說是自以為已經獲致至福的「最後的人」（die letzten Menschen），在工作中喪失個體性的人轉換成韋伯的話便是「沒有精神的專業人、沒有心的享樂人」。[4]不論是「精

3　在制度化的社會實踐中關於自我物化的趨勢，霍耐特所舉的例子是職場應徵與網路伴侶。見Axel Honneth, *Verdinglichung. Eine Anerkennungstheoretische Studie*, pp. 101-102。

4　關於韋伯對現代性的診斷與尼采思想的聯繫，張旺山有篇文章論及，參見張旺山，〈尼采的時代診斷〉，「尼采視角與當代哲學」學術研討會（新

神」、「心」或「身體」，構成人主體性的特性在現代社會生活中都受到制度性的扭曲、打壓、抹除。現代人是如何成為現代人這樣的面貌？要如何回復人理應享有的人的生活品質？

三、「交互承認」中的共感涉入

霍耐特承認理論的提出便是踵繼前哲時代診斷的任務，思考人如何成了無心、無感之人，亦即對自身、他人、自然環境採取一種無動於衷、疏離、旁觀、消極的態度。例如在霍耐特對盧卡奇「物化」概念的探討中，他以尚未扭曲的人類實踐形式為根據，從「交互承認」（wechselseitige Anerkennung）的取徑重新思考「物化」。霍耐特認為：1、「物化」指原初、本質的實踐活動受到扭曲或弱化。2、交互主體的共感參與和主體態度被取代為旁觀、無動於衷的計算理性與主客關係。[5]

主體在「物化」的狀態中，不論是對自然環境、社會共同體的成員，乃至於對自身的人格潛能，都以消極疏離的方式漠然以對。這種徹底錯誤的實踐形式，並非只是認知上偏誤或道德上可鄙，它是一種根本的生活態度或行為方式，使得主體的思想觀點破碎而扭曲。盧卡奇認為，我們並不是在認識上錯置範疇，把人看成了物，也不是在道德上有明確的意圖要去利用他人，而是在資本主義的社會化過程中，我們被吸納進物化的行為體系，工具式的對待他者已經成為了社會事實。[6]對盧卡奇

竹：清華大學哲學研究所，2015）。

5　Axel Honneth, *Verdinglichung. Eine Anerkennungstheoretische Studie*, pp. 26-28.

6　Ibid., pp. 24-25.

來說，物化現象之所以普遍化、常態化的主要社會原因，是在
於商品交易的大幅進展。人不再能夠以不是自利算計的觀點來
看待所處情境中的人、事、物：1、面對物，只在意它的利用價
值；2、面對他人，只考慮是否有利可圖；3、甚至把自己的生
命看成在估算獲利機會時可否增值的資源。[7]資本主義社會物化
了人的生活處境，在策略計算行為的高度需求與全面運作中，
人被自己當成主體經驗的物或機器。主體最內在的經驗都指向
了工具利用的算計，在社會交往中，人像面對無生命的客體一
樣，以僵化的自我中心的疏離態度面對他人乃至於自己。彷彿
人的內在感受已經全然被剝除，對自己的生命都如此冷淡漠
然，遑論要設身處地理解他人及自然世界。

　　這種無感於心、無動於衷的態度，在盧卡奇看來，是
行動主體常年身為商品交易者養成的習慣，於是在完全無涉
經濟交易活動的生活中，主體還是淪為沒有感知的無生命之
物，「物化演變成了第二自然」。根據盧卡奇的分析，受到
交易行動的制約，人的行為方式已經讓他無法不成為一個沒
有價值取向的，只會「沉思」（kontemplativ）、「旁觀」
（beobachtend），不再積極地介入環境、與人互動，在心理與
存在感受上維持著「疏離」（Teilnahmslosigkeit），也就是一副

7　這樣的社會現象在19世紀已經勢不可擋，尼采也對此提出了針砭。例如在
　《曙光》第206節表達人在工作中的被奴役狀態，人成了非人，是「人的不
　可能性」（eine Menschen-Unmöglichkeit），以下摘錄該節兩句關鍵的話：
　「人們給自己制定一個交換價格，使自己不再是人，而是變成了螺絲！」
　（KSA 3, p. 183.）「在這樣一種對外在目標的瘋狂追求中，內在價值受到
　了多大的損失！」（KSA 3, p. 184.）

凡事均事不關己，情感上不受任何事情牽動，欠缺同情共感的
意願與能力。[8]

　　霍耐特認為，在盧卡奇關於物化的討論中其實預設了規
範性的準則，即相對於受扭曲的、病態的實踐形式，存在著一
種「真正的」（wahr）、「屬己的」（eigentlich）實踐。疏離
的、旁觀的行為模式之所以是物化的，是因為它們集結了各種
不良的習慣與態度，違背了更原初或較好的實踐形式。那麼什
麼是較好的實踐形式呢？霍耐特認為，盧卡奇在他的分析中也
留下了許多的提示，亦即當我們不受物化的制約時，主體在實
踐上與世界的關係會具有如下的特質：能以一種「參與其中
的」、「合作的」方式經歷到外在世界，而且外在世界能被有
機地整合成為主體人格的一部分。因此，所謂本真的實踐便是
那種「參與的」（anteilnehmend）、「涉入的」（interessiert）
主體態度，然而廣泛的商品交易摧毀了這樣的主體素質，與
物化的實踐相對照的，便是主體所懷有的互為主體的態度
（intersubjektive Einstellung）。[9]

　　根據霍耐特對盧卡奇物化理論的重構，共感參與的實踐
未必真的完全被資本主義所摧毀，非物化的實踐並沒有徹底消
失，只是從意識中被抹除。即使受到商品交易的影響，物化滲
入到社會關係當中，人類實踐的根本特質與結構必然總還是留

8　Georg Lukács, "Die Verdinglichung und das Bewußtsein des Proletariats," in
　　ders., *Geschichte und Klassenbewußtsein*（1923）, Werke, Band 2, Frühschriften
　　11（Darmstadt: Luchterhand, Neuwied und Berlin, 1968）, pp. 260-270.

9　Axel Honneth, *Verdinglichung . Eine Anerkennungstheoretische Studie*, pp. 26-
　　28.

存著。霍耐特認為，人作為行動者，最初是以一種與自身毫無隔閡、關切投入地參與自己與世界的互動。這種聯繫自我與世界的原初形式（ursprüngliche Form der Weltbezogenheit），霍耐特即稱之為「承認」（Anerkennung）。不論是從發生起源或就普遍前提來說，在人類社會行為中承認均優先於認知，情感的參與涉入優先於中立地認識他人。這種承認的態度，霍耐特又界定為對他人或事物在我們生命開展過程中所具有意義之「肯認」（Würdigung）。人類與自我及周遭世界的關係，最初都和一種肯認他者的態度密不可分。只有在這個基礎上，才能發展出其他的、情感中立的傾向。[10]

　　霍耐特並從兒童發展心理學的相關研究找到佐證，發現承認相較於認知具有優先性，任何將周遭世界客觀化的回應世界方式都建立在存在之共感的基礎上。尤其是在關於兒童自閉症的案例中發現，幼兒必須先在情感上認同重要他者，才能將後者的立場態度採納為一種相應的規範標準。唯有先在的認同，能使幼兒受到在場的具體他人之感染或鼓勵，而對他者在態度立場上的變化發生興趣。研究者發現，自閉症兒童由於缺乏感受及回應照護者情感的能力，致使他們被困於自己觀看世界的方式，而無法認識其他觀看方式。研究顯示，自閉症幼兒之所以「心靈盲目」並非認知障礙所致，而是「情感盲目」使然。[11]不論在哲學觀念與經驗研究上，霍耐特希望充分地論證「承認的情感優先於客觀的認識」，他還附帶地援引了阿多諾相關的

10　Ibid., p. 42.

11　Ibid., pp. 46-50.

看法，此一旁證也涉及了我們在之後的討論中將再度借重的
「模擬」觀念。

　　阿多諾主張，幼兒是從所愛之人的觀點出發，才學會客觀
地認識外在真實世界。在《最小道德》中，阿多諾表示人有模
仿的天性，「人因為模仿他人才真正地成為了人。」模仿行為
是「愛的原型」（Urform von Liebe）。[12]阿多諾在人的模仿天
性中所見到的「去中心化」，與兒童心理學家的看法一致，是
存在上、情感上對他者的共感，使得幼兒得以經驗到他人看待
世界的觀點是重要且有意義的。透過所愛之人的視角，幼兒首
次意識到各種所處情境對各人生命之意義有何分量，這說明了
世界是透過與重要他者的情感連結向幼兒開啟。阿多諾認為人
類是藉由早期模仿所愛之人發展出心智，認知心理學則發現情
感上的呼應能力相較於認知對象物的能力具有優位性，這些論
點都想指出在時間順序上承認先於認識。[13]

四、承認的情感如何及於自然？

　　從第一代法蘭克福學派霍克海默和阿多諾開始，便探討了
人類文明如何運用工具理性控制自然，文明的發展就是逐步受
到物化的歷史進程，因此他們認為，每個控制自然的行動就是
自我物化的步驟。人類借助工具性思維而學會對付自然，此一

12　Theodor W. Adorno, *Minima Moralia. Gesammelte Schriften*, hrsg. Von Rolf
　　Tiedemann, Band 4 （Darmstadt: WBG, 1988）, p. 176.

13　Axel Honneth, *Verdinglichung . Eine Anerkennungstheoretische Studie*, pp. 50-
　　52.

原初的歷史驅力慢慢地移植到規訓人的本能，從外部自然的控制轉向內部自然，人的感知能力被弱化，最後在法西斯主義的統治中達到高峰。文明的進展便是由一條通向法西斯主義的崩潰邏輯所支配，最能代表當時批判理論此一悲觀的歷史哲學論調的哲學家便是阿多諾，他懷疑其他馬克思主義理論家進步主義與狹隘的理性主義觀點，並在班雅明的影響下，轉向美學詮釋來處理歷史哲學的問題。[14]然而，不論是阿多諾或是班雅明的美學進路，並沒有說服霍耐特，他似乎低估了美學理論中的批判潛力。尤其是在關於人的自我感知以及人與自然的關係上，阿多諾與班雅明的相關思考並未受到霍耐特足夠的重視，然而我們可以順著他零星提到的幾個觀點加以延伸，補充承認理論中較嫌薄弱的自我關係與自然的部分。

　　霍耐特充分認識到物化他者的感覺方式不僅出現在人的社會世界，也出現在自然環境中，他主張人面對自然時也必須時時懷有共感的態度。但是霍耐特的論證仍只以社會實踐為首出，亦即工具式地利用自然會毀損社會實踐的必要前提，於是他只是為了能不物化他人而曲折地推出不該物化自然。這顯示霍耐特謹慎地停留在社會哲學的領域只關注人實踐形式的意義，而未能思及人的社會性實踐活動和自然世界的運行之間可能具有更深層的關聯，而外部自然和內部自然的溝通也將涉及人的自我關係，這正是美學理論可以介入而霍耐特錯失的部分。這些問題將留待「氣韻」與美學主體的部分再做討論，以

14　Axel Honneth, *Die Zerrissene Welt des Sozialen. Sozialphilosophische Aufsätze*, pp. 40-43.

下先陳述霍耐特援引阿多諾間接地證成不該物化自然的理由。

　　阿多諾主張，情感上對照護者的認同，開啟了我們在認知上通往客觀世界的途徑。情感認同作為認知的前提，不只意味著幼兒因此學會分辨我們對物的立場不同於物本身，而且逐漸建立起客觀獨立的外在世界的觀點。更重要的是，曾經深深吸引幼兒的、所愛之人的種種觀點，會從此長留在記憶之中。阿多諾再次用到模仿理論，亦即對具體他人的模仿，會在某種程度上移情於客體。模仿活動會使我們將所愛之人在客體上曾經察覺到的各種意義要素，再次賦予客體，這使得客體的意義遠不止於獨立存在。阿多諾深信，存在著人對於人以外之客體的承認，霍耐特更進一步表示：對他人個體性的承認會要求我們，就客體曾被他人所賦予之各種意義與面向來認識其獨特性。[15]

　　藉由阿多諾的模仿說，為了能承認他人，也應同時肯認他人所賦予客體之各種意義面向。一旦我們對他人承認，便也必須承認他們對各種人以外之對象的主觀想像與感受。透過此一間接曲折的推導，霍耐特得出一種「潛在的對自然的物化」的觀點：物化自然指的是，我們在認識對象物的過程中不再注意到該物所具有的、源自具體他人觀點之種種意義面向。與物化他人一樣，物化自然也是一種認知上「特殊的盲目」──我們僅以客觀指認之方式看待動物、植物或無生命之物事，未能記起，它們對周遭之人以及對我們自己而言，有著多元的存在意

15　Axel Honneth, *Verdinglichung . Eine Anerkennungstheoretische Studie*, pp. 73-74.

義。16

　　霍耐特在上述的推論中，透過間接地從對他人的承認，延伸到承認因他人所及的自然與事物，此一共感的基礎仍來自於人與人之間的情感交涉。人與自然、事物之間仍需以「人」為紐帶方能取得聯繫，人不能直接與無情感關涉之自然、物事交感相涉。換句話說，人只能對人有情感上的涉入關心，對自然則不能。雖然對霍耐特來說，談人的社會實踐，推論到此已經足夠充分，直接或間接不影響論證的強弱。然而，若我們再深入思考能承認的主體的自我關係時，不能與自然以直接的方式交感承認的人，是否標誌了某種感受能力的欠缺？這對於人的自我理解是否也會造成某種障礙？人類文明受到物化邏輯的支配無法與自然和解，是否和此一無法與自然連通交感的能力缺損有關？承認的情感無法直接及於自然乃至無生命的物事，是既存的社會事實嗎？還是只是被遮蔽的感知而有待喚醒？

五、與自然共感呼吸

　　霍耐特對物化自然、承認自然的討論略顯生硬，對比於班雅明、阿多諾論及「氣韻」（aura）、「模擬」（mimesis）17與自然的關係，18霍耐特似乎隔了一層意味不足。在班雅明論及

16　Ibid., p. 75.

17　前文霍耐特提到阿多諾有關mimesis的討論時，都用了德文字nachahmen，因此譯為「模仿」，若是班雅明、阿多諾用mimesis時則譯為「模擬」，他們在使用上也未明確區分mimesis與nachahmen兩者。

18　以下所論班雅明與阿多諾論aura的部分，請參本書第四章〈不齊之齊〉。

「氣韻」時，遠處的山脈、身上的樹影是漫不經心的遊憩者在
恍惚之中感通的「氣韻」、「呼吸」，這彷彿是種少數人才特
有的神祕體驗，但班雅明似乎認為，這是一種能向所有人開放
的具體經驗。美感經驗造成一種擾動或震驚，切斷了支配現代
人慣習的工具思維，讓那既切進又遙不可及的「遠方」，打破
主客式的理性框架，覺知的主體在交感互動中與自然感通。意
識形態中被物化的自然得以解放開來，本真性的生命氣息流動
穿行。於是樹枝不會只是僵硬的可利用物，它投在身上的陰影
遙映著遠方巒脈的山色，感官因而也突破了過於主客式的視覺
經驗，而以流貫生命身心內外的「呼吸」穿透了遠方和近身的
距離，和自然同波脈動。「氣韻」此一美學的隱喻表達，透露
出班雅明對人類主體感知內涵的敏銳把握，這種獨特品質的感
知經驗在受到工具思維支配的科技世界中逐漸流失，班雅明將
主體感知聯繫上時代診斷，為現代性批判開鑿了一條仍然深具
吸引力的幽微小徑。

　　班雅明認為，最完美的複製，也會缺少一樣東西：藝術作
品的此處與此刻（das Hier und Jetzt des Kunstwerks）──它那獨
一無二駐留的存在之處。[19]藝術作品的本真性卻被複製科技逼入
絕境。在科技複製時代，藝術作品凋萎的正是它的「氣韻」。
當代大眾有種熱切的欲望，想要讓事物在空間上並且對人來說
「再靠近一點」，這種強烈的欲望就如同要透過複製的攝取來
克服事物獨一無二的特性。在圖像以及更多的是在複製的圖像

19　Walter Benjamin, *Das Kunstwerk im Zeitalter seiner technischen Reproduzierbarkeit.*
　　Drei Studien zur Kunstsoziologie, p. 11.

中，近距離地占有對象的欲望，成為日益升高、不可避免的趨
勢。「氣韻」與活生生的傳統（例如宗教儀式或美的世俗崇
拜）交織在一起，藝術作品本來與崇拜價值密切相關，後來展
覽價值占有優勢。在肖像照片中對遠方或死去愛人的追憶，成
了圖像崇拜價值最後的庇護所。班雅明嘆息地表示，在早期相
片人的表情中，「氣韻」散發了最後的氣息。如今「氣韻」與
傳統、崇拜價值的聯繫幾已斷絕，但是班雅明仍寄望於美學化
的政治實踐，為挽救「現代性風暴」[20]保留一線生機。在這點
上，阿多諾則與班雅明相分歧，採取悲觀絕望的態度。

　　班雅明的「氣韻」觀念所隱含的自然向度，在阿多諾的分
析中鋪展開來：

　　　　感受自然中的「氣韻」，就像班雅明在說明這個概念時
　　　所要求的，去感受自然的內在性，它是藝術作品之所以為
　　　藝術作品的關鍵。然而，它的客觀性卻不是任何的主觀意
　　　圖所可到達的。一件藝術作品讓觀者眼界大開，因為它有

---

20 班雅明在〈關於歷史的概念〉（Über den Begriff der Geschichte）留下了這
　段著名的描述：「有一幅保羅‧克利的畫作《新天使》，描繪一個天使，
　他似乎正要從凝視的事物上離開，他雙目圓睜，嘴巴張開，翅膀伸展。這
　一定就是歷史天使的樣子。他的臉朝向過去，那裡有一連串的事件出現在
　我們面前，他看見一場單一的大災難，持續堆積碎片殘骸，拋到他腳前。
　天使似乎想要停留，喚醒死者，把碎片修補完整。但是天堂正刮來一場風
　暴，捉住他的翅膀，風暴如此地強以致無法收攏住翅膀。這場風暴將天使
　不可抗拒地刮向他所背對著的未來，這些碎片在他面前堆疊到天際，我
　們所稱的進步就是這一場風暴。」Walter Benjamin, "Über den Begriff der
　Geschichte," in *Sprache und Geschichte. Philosophische Essays*, p. 146.

> 力地道出客觀性，但它不只是由觀者所投射出的客觀性，
> 而是包含著或鬱悶或平和的表達模式，如果不把自然當成
> 行動的對象，那麼可以在自然中獲得平和。21

　　自然中的「氣韻」雖然能斷離由目的理性主導的行動，
超越主客關係讓藝術活動中的主體感受自然的內在性並獲致平
和，然而能否藉此超越現代性困局？阿多諾一方面認為自然美
是「中斷的歷史，是暫停的生成」。22換句話說，「氣韻」所開
啟的自然向度具有歷史意義，它打斷了生成，又彷彿完成了歷
史。阿多諾似乎要把康德美學中「無目的的目的」連結上關於
現代性診斷的歷史哲學來討論。另一方面，阿多諾既受班雅明
對現代性風暴所做的描述，又把它推向絕望性的境地：「現代
性的真正標記便是不斷地摧毀……因此，現代性成為跟自己對
立的神話；現代性神話的永恆性成為短期連續性災難破碎的瞬
間；班雅明辯證圖像的概念包含此一元素。」23二戰的經驗的確
讓阿多諾看到歐洲地獄般的歷史，人被捲入不斷擴張的控制過
程，社會的理性化就是對人體的施暴。文明過程就是工具的理
性化過程，優化的社會控制把強制標準化的個人統一了起來。
然而不論是班雅明或阿多諾，都至少在藝術的創造性活動中看
到了解放的可能性。

21　Adorno, *Ästhetische Theorie*, p. 409.

22　Ibid., p. 111.

23　阿多諾認為「現代性並非是一種可以被糾正並歸返到基礎的偏離，基礎不
　　再存在而且不應存在；弔詭地說，這就是現代性的基礎，而且賦予它規範
　　的特性」。兩段引文同一出處。Adorno, *Ästhetische Theorie*, p. 41.

霍耐特也有篇文章涉及班雅明如何從美學活動中解開工具理性的束縛，可惜他後來並未把相關討論納入承認理論的建構中，尤其是承認自然這個部分其實從美學角度切入可以補足較為薄弱的環節。該文指出，早期班雅明便想從宗教與美學的角度把一種非工具性的經驗形式展示出來，他特別稱許布留爾（Lucien Lévy-Bruhl）為「自然民族」（Naturvölker）的一員：「把自己與神聖的動物和植物統一起來。」並且認為「有超凡洞察力的人，會把他感知到的其他人看作是感知到他自己。」雖然班雅明後來放棄了宗教或形上學的進路，但他由美學進路所描述的感知經驗的殊異性則持續到後來。不論是「氣韻」或「漫遊者」（flaneur）都是解除了目的意識的更為豐富的主體經驗。在日常行為中，我們只是按照工具性的交往行動中所掌握的訊息解釋世界，這些訊息只是向我們顯示了有效行動的可能性。只有工具性的關注消退後，缺乏目的性控制環境的能力使人能夠把現實體驗為充滿活力的網絡。藝術活動提供了範例，取代日常慣性，我們體驗到自身不再和一個可利用的現實世界對抗，而是趨向於消失在感性想像的波流中，它並不把那種慣常的知性控制強加在身上。[24]

在科技的複製世界中，彷彿一切都可以用表象的方式再現、複製，於是活生生的生命被窄化為表象性的對象。科技的複製，帶著強烈的功能性、目的性，自動化的科技，讓人對自己與他人生活的理解，在表象中抽象化、零碎化，整全地面對

24　Axel Honneth, *Die Zerrissene Welt des Sozialen. Sozialphilosophische Aufsätze*, pp. 93-113.

自己、他人與自然環境，在同一性的強制與社會化的控制中幾乎不再可能。用莊子的話來說便是「人而無天」（「天」即「自然」），人成為沒有生氣的人，縱身投入虛擬的時空連結填補生命的空洞性，卻捲入阿多諾所說「吞噬性的漩渦」，在棄絕自身的表象性、工具性行動中，人喪失了與自然生氣共感相聯的能力因而疲困敗亡。科技的運用是為了操控，以為己用，也就是《莊子‧天地》漢陰丈人的寓言中所說的「機械」、「機事」與「機心」，[25]若文明的發展從一開始就不免受物化邏輯支配，而我們也的確需要科技之助來滿足需要、實現生命權能的強化，如何在同一性的強制與非同一性的解消之間取得辯證的批判關係，是克服現代性困局的關鍵。

　　莊子有關氣的修養、人與自然的關係以及王船山對相關主題的詮釋，倘若放在現代性批判的課題中加以思考，對讀法蘭克福學派從班雅明、阿多諾到霍耐特對於人的自我理解、交互承認以及尤其是人與自然的關係的反思，都仍有相當的啟發性。

25　子貢南遊於楚，反於晉，過漢陰，見一丈人方將為圃畦，鑿隧而入井，抱甕而出灌，搰搰然用力甚多而見功寡。子貢曰：「有械於此，一日浸百畦，用力甚寡而見功多，夫子不欲乎？」為圃者而視之曰：「奈何？」曰：「鑿木為機，後重前輕，挈水若抽，數如泆湯，其名為槔。」為圃者忿然作色而笑曰：「吾聞之吾師，有機械者必有機事，有機事者必有機心。機心存於胸中，則純白不備；純白不備，則神生不定；神生不定者，道之所不載也。吾非不知，羞而不為也。」（〈天地〉）

六、氣的思想與「非同一的同一」

　　若是只從氣化宇宙論或黃老氣學的角度來評價氣的思想，的確很容易走向同一性哲學與政治的危險，如何重構氣的批判性潛能是當代氣學研究仍需努力的方向，本章嘗試結合批判理論對同一性哲學的反省來重構氣的批判思維，尤其藉助王船山對莊子的詮釋，以下特別就氣的工夫如何解消同一性強制的部分略做說明。

　　什麼是「至人之德」呢？對莊子來說，「至人」未必是超凡入聖之人，很可能便是指人不被社會化生活所扭曲的整全生命狀態，即理想的人的生活方式。莊子對於這種未受扭曲的生活方式──或者同一性強制解消的生活稱之為「冰解凍釋」。人在利害交關、人己相軋的社會衝突與緊張關係中的狀態就如「冰凍」的狀態，亦即生命被僵化束縛在膠著的社會權力關係當中不能自已。人首先必須恢復到正常的生活中「冰解凍釋」，才能進一步達到至人的理想生活，莊子對之的描述如下：「夫至人者，相與交食乎地，而交樂乎天，不以人物利害相攖，不相與為怪，不相與為謀，不相與為事，翛然而往，侗然而來。是謂衛生之經已。」（〈庚桑楚〉）「不以人物利害相攖」便是放下計算性、功利性的人事對待關係，脫離功效性的交往行動，這是衛生、養生──復全生命的本然之道。能達於此，才能進一步「相與交食乎地，而交樂乎天」，也就是生命通達於自然天地，養生之道要能承認自然，才能在模擬自然、向自然學習的歷程中與天地往來、交互承認。至人便是已經達至不再需要養生，而生命便在與天地交感的狀態中為天地

所養，這是天養而非人養。

王船山對莊子這段話的注解表示出一個重要的意思，即養生（即衛生）是不可養、不可衛的。這不是說不必養生，而是指在第一個階段中首先要找到解消同一性強制的「冰解凍釋」之道，這是氣的工夫的第一階段，可以連結前述班雅明與阿多諾關於「氣韻」所論，解開同一性強制的美學化活動。然而，人仍然要過社會生活，理性的同一化作用不僅不必要全盤否定，還需要予以重視承認，只是得在同一化與非同一化之間維持動態的運作調解機制，這才有可能進入第二階段，即人既在陰陽之氣的流行中，無所逃於天地之間，如何逍遙而遊、平齊物論，王船山便以「不行之行」、「不齊之齊」26來解釋莊子的「休乎天鈞」。船山說：「生非生也，生不容衛者也……此道之所放，順化而放焉者也。」27「天鈞」之「鈞」船山解為「自然不息之運也」，生命的運行如氣之流轉不可暫息，天地自然的造化和人事歷史的運作之間的關係也有此不可經營養衛之祕。美學化的活動即是以否定性的方式解消同一性的強制，莊子稱之為「學者，學其所不能學也」。（〈庚桑楚〉）

王船山表示，在人事間得「不見有人，不見有己，則思

26　王船山在《莊子解‧齊物論》篇首解題處說：「物論者，形開而接物以相構者也，弗能齊也。使以道齊之，則又入其中而與相刃。唯任其不齊，而聽其自已。知其所自興，知其所自息；皆假生人之氣相吹而巧為變；則見其不足與辨，而包含於未始有之中，以聽化聲之風濟而反於虛，則無不齊矣。」〔明〕王夫之，《莊子解‧齊物論》，收入《船山全書》（長沙：嶽麓書社，2010），第13冊，頁93。

27　〔明〕王夫之，《莊子解‧庚桑楚》，收入《船山全書》（長沙：嶽麓書社，2010），第13冊，頁356。

慮之營營自息」；在天地間則「放道而行，吾即道也，吾即天
也，吾即人也⋯⋯」[28]對船山來說，人與天之間有弔詭的同一與
非同一的辯證關係，這是自然與歷史之間的弔詭。阿多諾的否
定辯證法以美學的方式來面對此一弔詭，[29]可以與王船山從易學
兩端而一致的思想開展出的自然與歷史的互動關係相呼應。人
的自我關係在結構上包括了理性的同一性與自然的非同一性，
霍耐特的承認理論中對於自我承認的部分未觸及自然，是把自
我封限在社會性的理解之中，遺忘了人在自然性和社會性之間
可以有更豐富的交互關係。氣的思想則特別留意此一人／天、
社會／自然的關係，並將之納入人自我理解的關鍵部分。[30]然
而，為了避免過往詮釋單方面地強調天人一氣的同一性傾向，
加入班雅明、阿多諾美學討論中對現代性批判的思考，有助於
更好地展開氣的批判性的部分，也可能打開一氣化美學政治的
面向。

七、「二氣交感」與「交互承認」

　　美學活動中的「感受」與陰陽二氣的「交感」，均涉及了
人的情感、感受。當然，兩者的範疇有別，陰陽二氣不限於跟

28　同上注，頁354-355。

29　維持此一弔詭性張力的動力機制是以「否定」的方式來成就。「否定」不
　　是消除理性的同一化作用，而是化去目的理性主體單向度的同一性強制，
　　讓「非同一化」的否定性作用成就「同一化」力量。

30　請參拙著《氣的跨文化思考：王船山氣學與尼采哲學的對話》，尤其第四
　　章〈「二氣交感」中的自由〉，頁79-98。

人有關的美學活動，還超出社會性的活動，自然世界也在其解
釋範圍之中。但我們暫時先把焦點放在人身上，也就是美學的
感受性，先談它跟氣的思想可以互通之處，之後要談感受性觸
及人與自然通感的部分時，才論及氣的思想為何能就「承認自
然」的問題上為「承認理論」拓展其理論的空間。

　　西方美學從包姆嘉登、康德開始，便已確認美學領域中情
感、感受、感性的基礎性地位。例如康德在《判斷力批判》第
20節所提到的「共感」（Gemeinsinn／sensus communis），即
是以情感為基礎的審美判斷。[31]人的情意感受不只有主觀性，
在藝術活動中也能發現它的普遍性。當代美學關於審美經驗、
藝術活動在解釋上的歧異性與複雜性，早已遠遠超出德國古
典美學（包姆嘉登、康德）奠基時的基本看法，但是基本上
難以否認「美學」與「情感」、「感受」、「感性」的密切
關聯。「美學」此一中譯，其實看不出它詞義上跟「感受」
的直接關係，但不論英語（aesthetics）、德語（Ästhetik）、
法語（esthétique），其共同的希臘文詞源即是「感受」
（aisthêsis）。換言之，將「美學」譯為「感受之學」更能準確
傳達其意涵。

　　在法蘭克福學派最近的美學研究成果中，孟柯（Christoph
Menke）便在他的著作中主張，美學本質上探究的是人的感受
性力量，也就是某種「幽黯的力量」（dunkle Kraft），它無
法被理性明白地揭示，而是一個無意識的主體轉化過程，它跟
人的美學的「自然」（或可譯「自然本性」）（Natur）密切

31　Immanuel Kant, *Kritik der Urteilskraft*, Akademie-Ausgabe, Band 5, p. 237.

相關。[32]就此而論，西方美學的基本共識即是，美學是一門感
受性的學問，到了當代法蘭克福學派的美學理論當中，不論是
第一代（阿多諾、班雅明）或是第三代（霍耐特、孟柯），也
愈來愈發現，美學的主要課題除了「感受性」，還包括「自然
性」。事實上，正是在人類的某些活動（例如藝術）中可以發
現，敏銳的感受能力，讓人連通向自然，而人的自然性同時是
人的自我理解與社會性交往中不可或缺的一環，並具有至關重
要但常被忽略的意義。

　　在這一點上，王夫之對《易》的詮釋很能呼應此一感受
性與自然性的重要意涵。他同時也超出了狹義的「美學」，而
通向廣義的、同時是更本質的「感受之學」。從「感受之學」
此一美學的本質規定來看，王夫之強調陰陽二氣之間的感應、
回應，不僅是屬人的「感受之學」，也超出人的社會性存在，
而指向「感受之學」的自然性存在，通向天地萬物的交相感
應。美學的「感受之學」與氣學的「二氣交感」，兩者在感受
性上交會，但美學仍難脫離於人的活動範疇，雖然在孟柯處已
注意到無意識的自然本性，但人與自然的關係仍然模糊，而王
夫之在他的易學詮釋中則對此有深入的闡發。茲以《易·咸》
在《易傳》中的表達與王夫之的詮解來說明二氣交感如何作為
「感受之學」，且能貫通人／我、社會／自然。

　　《易·咸》以「艮下兌上」來命名艮卦，以「山上有
澤」、「男下女」、「柔上剛下」來表述，有交合之意。延伸

32　Christoph Menke, *Kraft. Ein Grundbegriff ästhetischer Antropologie*, pp. 33-35;
　　89-92.

其意，可解釋為相對的力量，彼此之間卻能相互吸引、共同成就。《彖傳》將「咸」解釋為「感」，並用「二氣感應以相與」來說明貫通自然現象與人類社會的普遍意涵，此一普遍性也就讓「咸」有了「皆」的意思。王夫之說：「物之相與皆者，必其相感者也。」[33]他特別留意此一「二氣感應以相與」，解曰：「謂隨感隨應，不必深相感而已應之。」[34]船山認為「咸」是「無心之感」，有心則為「感」。陰陽二氣無時無地不在交感變化的作用中，這是天地「無心以感而自正」，[35]聖人亦如此。因此，船山讚嘆「咸」道是神化的極致。因為天地之情無所不觸動、無時不感通，陰陽之氣則屈伸不已、變化無窮。

　　男女之間，可能以情意、感性的一時偶然感遇，卻成就了終身固結之情、夫婦之義。其間或有相感其淫，或有應之以貞者。聖人善用「咸」道，於偶然的感遇中，成就倫理的義道。於此可見，美感的偶合，可以通向倫理的規範，但看有心無心，貞淫存乎一念。主觀偶然的感性，可以通向客觀必然之理性。人與人的情意互動、倫理交往，都繫於「感受之學」的淺深。除了人的感遇，人與物、物與物之間，也是二氣交感的「感受之學」的論域。船山說：「天地有偶然之施生，聖人有泛應之功化。」[36]「咸」道的普遍性並不止於社會性的交往，而

33　〔明〕王夫之，《周易內傳》，卷3上，《船山全書》（長沙：嶽麓書社，2010），第1冊，頁276。

34　同上注，頁277。

35　同上注。

36　同上注。

是遍及存在的萬物。天地、聖人以其無心之「感」，「深求之
者固感之以深，淺求之者即感之以淺」，[37]無心之感與有心之感
視淺深機緣的不同而交相為用，但「從其所欲，終不踰矩」。[38]
因此，人與物、物與物的關係，並不只是陰陽氣化的交相感
應，其中已有存神過化之妙道。美學、倫理、存有三個面向彼
此一貫相通，但又層次有別。這是王船山道器不離，即形下之
氣論形上之道的理論特色。

　　把自然結構性地納入承認關係，並不只是要將交互承認擴
大到人以外的動物、植物及所有存在物的世界，而是在原則上
承認人的自然性既是自我關係與自我實現的規範性基礎，同時
批判性地思考理性的同一化作用施加在自然之上造成的物化現
象如何尋得解放的力量。除了回到法蘭克福學派第一代的學者
班雅明與阿多諾的研究，相關討論若能觸及氣的思想，也有再
獲突破的可能。以下簡約勾勒王船山易學中「二氣交感」的思
想如何與霍耐特「交互承認」理論呼應的關係。

　　王船山在他的易學思想中闡揚陰陽二氣之道，其中二氣交
感的思維貫通了自然現象與人文社會，陰陽二氣既是互為內在
他者的相異個體，又在交感互動中相反相成、互濟共生。王船
山說：「是故以我為子而乃有父，以我為臣而乃有君，以我為
己而乃有人，以我為人而乃有物，則亦以我為人而乃有天地。
器道相須而大成焉。未生以前，既死以後，則其未成而已不成
者也。故形色與道，互相為體，而未有離矣。是何也？以其成

37　同上注。
38　同上注。

也。故因其已成，觀其大備，斷然近取而見為吾身，豈有妄哉！」[39]在氣的思維中「我」並非單子式孤立的個體，而是在社會與自然關係中的交感存在，既是社會網絡中的君臣父子，也是天地自然、陰陽氣化之子。未生為人以前與既生而後，都是二氣相續交感的終始循環。肉身性的形色自然生命雖有限制，也同時即是超越性的道體現身之場，道體即在肉身形色之中，雖分而未分。社會不僅僅是角色之間交互承認的關係，在船山看來人倫規範（人道）也同時不離於自然（形色），隱而未見的天道之則，必有待於有形可見的形色之身方能落實，這是即用見體的道體觀。「道」因此既是社會倫理的人道，也是通及於自然的天道。[40]但是天道並非神祕超越的形上實體，而是在我與他人、我與自然交感共生、別異相成的循環之道中、既未成又已成的歷史性中實踐證成的內在超越性。若人我之間的承認關係不只是語言性的溝通互動，更基於情感性的感通傳達、參與投入，那麼人的肉身性存在豈不也連通了個體身體的內部自然與超個體的外部自然，並能在共感的交流中相互承認？

39　〔明〕王夫之，《周易外傳》，卷3，《船山全書》（長沙：嶽麓書社，2010），第1冊，頁905。

40　父子與君臣之道並非都有自然性的聯繫。父子之道有血緣的自然聯繫，君臣之道則在封建瓦解後脫離了自然性的聯繫，而只有共同體中的社會性關係。在王夫之的氣學思想中，雖然原則上認為道體的自然性與政治規範的領域相關，或許也同意倫理領域與政治領域並不完全重疊，但其間的分際如何尚須仔細釐清。在本段引文中船山的思路是強調自然的形氣與超越的道體兩者相即不離，但他在此並未說明父子之道和君臣之道如何進一步簡別，也就是人的自然身分與社會角色並不是連續的、疊合的，而是各有其分殊的規範性。

　　然而以往對氣的思想的詮釋太過強調二氣合一共濟的面向，忽略了互為他者的個體性，導致氣的批判性不顯，流失了二氣交感思維最具特性的面向。王船山說：「道以陰陽為體，陰陽以道為體，交與為體，終無有虛懸孤致之道。」[41]道既是一，但又分化為陰陽二者，它自我同化又自我分化、交相為體。若我們單單把此一思想視為氣化宇宙論的圖式，或許可與黑格爾的精神現象學中的形上學思想相應。然而霍耐特以後形上學的方式來重構黑格爾的交互主體性，我們若帶著此一後形上學式的重構角度來看待王船山氣的思想，一方面能開發出氣的思想的社會性與批判性向度，還冀望如前文所述在承認自然的方面回饋霍耐特的承認理論。

　　霍耐特在哈伯馬斯溝通行動理論的基礎上發展出了以「承認」為核心概念的交互主體理論。然而，不同於哈伯馬斯以康德道德哲學為憑藉，霍耐特回到黑格爾耶拿時期的法哲學（Rechtsphilosophie），試圖為自我實現與溝通關係找到制度性基礎的社會條件，同時想糾偏溝通理論因為倚重康德程序倫理

41　〔明〕王夫之，《周易外傳》，卷3，《船山全書》，第1冊，頁903。王船山這句話要強調的是形而下的氣與形而上的道，彼此相互為體，一而二，二而一。形上與形下並非截然二分，而是上下貫通，互相成就。此一說法已然打破道為體為本，氣（器）為用為末的傳統道／氣、體／用之別，而更融貫地說明兩者之間的關係。再進一步說，陰陽之氣，其實就是道體本身，除了陰陽，別無道體可說。陰陽二氣即是道體自身，若以張載的方式來表達，即是「兼體」──陰陽二氣與太虛本體相即不離的關係。從形上形下的分別來看，道與氣雖分兩層，但都在陰陽二氣交感的運作行程之中，太虛神體即此二氣流行之道。陰陽二氣氤氳聚合化成萬物，散則復歸於太虛。沒有二氣的交感化生，就沒有道體的流行。道體的實質內容就是二氣的交感生化，道即氣，或「二氣交感」即道。

的形式主義傾向。霍耐特藉助黑格爾的實質性社會倫理構想，為自由意志的實現尋求體制化的基礎，然而並不再採納黑格爾的形上學前提，而是以米德（George H. Mead）的社會心理學為經驗性的基礎，把倫理共同體重構為「為承認而鬥爭」（Kampf um Anerkennung）的發展過程。

在費希特的影響下，黑格爾在他的《實在哲學》（*Jenaer Realphilosophie*）中，把精神的特性規定為有能力作為「自我同時又是自我的他者」（an ihm selbst zugleich das Andere seiner selbst）。精神具有自我分化（Selbstdifferenzierung）的特性，亦即有能力使自己成為自己的他者，並從那裡又能返回自身。此一自我分化又復返自身的能力並非一次性的，而是不斷展開的運動歷程，黑格爾據此描述奠基於所有實在形成發展的法則，它是自身的「外化」（Entäußerung）和「復歸」（Rückkehr）的雙向運動。[42]

用氣的語言來表達，黑格爾此一「外化」與「復歸」的雙向運動，即是道體分化為陰陽二氣，再自陰陽二氣復歸為道體之一。關於陰陽二氣，張載稱之為「兩體」。從二氣互為相異之體來看為「兩體」，從道體的自我關係來看，則陰陽兩者在互為他者的別異性中又能感通為一體。在《正蒙‧太和》中說：「感而後有通，不有兩則無一。」船山對此注云：「陰陽合於太和，而性情不能不異；惟異生感，故交相訢合於既感之

42　Axel Honneth, *Kampf um Anerkennung. Zur Moralischen Grammatik Sozialer Konflikte. Mit einem Neuen Nachwort*（Suhrkamp: Frankfurt am Main, 2014），p. 54.

後，而法象以著。藉令本無陰陽兩體虛實清濁之實，則無所容
其感通，而謂未感之先初無太和，亦可矣；今既兩體各立，則
溯其所從來，太和之有一實，顯矣。非有一，則無兩也。」[43]不
論張載或王船山都把陰陽二體與太和道體的分合關係，理解為
「感」、「感通」之運動過程的兩端。沒有二氣之別異分化及
交感運動，則無太和之一與道體之實。於是，太和道體之實並
非氣的實體性形上預設、氣化宇宙論中的存在根源，而是在陰
陽之氣的現象分別及其交感運動中顯出的內在超越性，它是透
過具有實踐意涵或工夫歷程的「交感」才揭示出來。

　　王船山之所以看重張載的易學與氣學，是因為他能藉由氣
的思維超越佛道的宗教解脫觀。氣的交感既有社會倫理的規範
性，也通及於自然生命，因而能就死亡的問題站在儒家的實踐
立場上做出積極的回應。這是氣學自《易傳》傳統所開啟的通
人我、感萬物、貫穿生死幽明之道，張載、王船山在宋明時期
則在面對佛老挑戰時更加豐富了其中的義理內涵。如今，我們
能否藉由氣學此一溝通社會與自然的二氣交感運動來討論霍耐
特的承認理論呢？

　　霍耐特引《法哲學原理》（*Grundlinien der Philosophie des
Rechts*）中黑格爾關於「友誼」和「愛情」的說明，作為自由在
社會外在領域中的例證：

　　　在此，人不是單單在自己之中，而是願意讓自己限制

43　〔明〕王夫之，《張子正蒙注》，《船山全書》（長沙：嶽麓書社，
　　2010），第12冊，頁36。

在與他人的關係之中，然而卻明白即使在限制中仍能保
有自己。在這種確定性中，人不會覺得自己被決定，反
而會是因為把他人看成是別人，因而才擁有了自我感受
（Selbstgefühl）。[44]（黑格爾，《法哲學原理》第7節。）

霍耐特認為，黑格爾在此所使用的表達「在他者中保有自
我」（Bei-sich-selbst-Sein im Anderen），包含了「社會自由」
的關鍵概念。社會是自由的中介或實施條件，因此必須將自由
建立在社會機制之中，例如「友誼」或「愛情」這類社會機制
讓主體置身於交互承認的關係之中，能夠將所遭遇的人看成是
在自己之中的他人。[45]
　　由於霍耐特這本最新力作《自由的權利：民主倫理綱
要》（Das Recht der Freiheit. Grundriß einer demokratischen
Sittlichkeit）[46]重點是如何在法權社會的領域提出「社會自由」

---

44 G. W. F. Hegel, *Grundlinien der Philosophie des Rechts*, in: ders., *Werke in Zwanzig Bänden*, Band 7（Suhrkamp: Frankfurt am Main, 1970），p. 57.

45 Axel Honneth, *Das Recht der Freiheit. Grundriß einer Demokratischen Sittlichkeit*, p. 85.在這段黑格爾的引文中，自我的確定性來自於在他人中獲得了自我的「感受」（Gefühl）。儒家的「一體之仁」也是強調此一體共在的感受性。在程顥著名的〈識仁〉中，便是以手足麻痺為喻闡釋仁的一體感，但較少言及的是此中個體性的承認。透過身體的自然性質隱喻性地說明社會倫理的關聯在儒家思想中並不少見，而在儒家式的自我理解中，社會倫理與自然向度的聯屬關係，尤其在氣學傳統中特別突出。至於氣的個體性思想則要到明中葉以後才逐漸揭示出來。

46 本書其中一位審查人建議，*Das Recht der Freiheit*應該譯為「自由之法」。德文Recht兼有權利與法律的意思，本書英譯書名譯為*Freedom's Right*，也有人譯為*The Law of Freedom*，提供讀者參考。

的概念，因此承認自然與自我理解的關係並未在以往承認理論的基礎上有任何新的深化。然而，就上述出自黑格爾《法哲學原理》的引文來看，與王船山氣的思想在承認理論的重構框架中應有對讀闡釋的空間。從氣的思維切入，人與自然之間也可能具有一種「在他者中保有自我」的交感運動關係。我們不必把「他者」封限在社會關係中的他人，而可以是人在面向世界與自然環境時，在共感的一體聯繫中既互為別異又交感互濟的自他關係，這是陰陽二氣易道的根本原理，承認理論是否能通達此一步仍有待較仔細的研究來檢證。

其實在《為承認而鬥爭》一書，霍耐特已經在情感性的承認關係中留下許多跟自然聯繫的線索，只是後來未多發揮。例如霍耐特表示，黑格爾第一次使用了「承認」的概念，不僅用它來表達在愛情關係中「未開化的、自然的自我」（das ungebildete natürliche Selbst）得到了承認，也用來描繪其他類同的交互關係自由的權利——即「在他人中的自我認識」（Sich-im-anderen-Erkennen）。黑格爾視愛情為交互承認的關係，「主體的自然個體性」（die natürliche Individualität der Subjekte）在其中得到了首次的確認。如果一個個體不承認他的交互行動的夥伴為一個個體，那麼他也就無法體認到自己也是一個完完全全、不受限制的個體。[47]在這些討論情感性的承認關係的表述中，自然的自我、自然個體性，應該不只是霍耐特被動地承襲了黑格爾的表達方式，他在其他討論阿多諾、梅洛龐蒂與傅柯的文章中也相當重視身體的自然性與社會體制的關係，然而他

47　Axel Honneth, *Kampf um Anerkennung*, pp. 63-64.

似乎無意往美學活動中身體自我在既對抗又協作的自由遊戲中
所連結上的自然與自由的辯證關係。他是有意如此，以謹守承
認理論預定的理論界限？還是也對他自己設定的承認自然的部
分尚未著力深入之故？畢竟，對霍耐特來說，在愛情等自然情
感中只表現了前契約的承認關係，是低限度的規範共識，步入
下個階段的實踐過程以超越自然狀態，乃至進入價值共同體才
能實現更高形式的承認關係。[48]在這些帶有黑格爾精神發展論調
的論述架構中，諸如阿多諾式的否定辯證法、反體系的美學理
論，都與霍耐特的思想趨向有相當程度的距離，要吸納相關資
源中的美學的主體論談交互承認中的自我與自然的關係並不容
易，但卻值得一試。

八、好的「物化」與「承認自然」

相對範疇	好的物化	不好的物化
術語	物化	異化
面對自然的態度	承認自然	支配自然
情感特性	交感	漠然
互動模式	模擬	表象
人的地位	能感的主體	主動的行為者
人的活動	交互轉化	自我中心的據為己有
自然的地位	可感的準主體	被支配的客體
自然的活動	呼應共振	因果關係

48　Axel Honneth, *Kampf um Anerkennung*, pp. 68-73.

透過上揭表格本節將試圖說明，好的「物化」和不好的「物化」如何對應於人類面對自然的不同關係，並藉以展開「承認自然」的初步構想。

不好的「物化」是「異化」，表現為「支配自然」的態度，好的「物化」則願意「承認自然」。現代人無疑主要是用「支配自然」的態度來面對自然，視自然為人類可資利用的資源，人類雖然意識到自己也是自然界中的一員，卻把人看成是宇宙中唯一的主體，自然的地位被降格為受支配的客體，人類在自然界中的活動，只要總體而言對人類有益，即使傷及其他自然存在，也不被認為是不正當的，此一據自然物為己有的人類中心主義，至今未受到真正嚴厲的挑戰。人類對自然漠然、無感，透過表象化的活動，把自然看成由因果法則所支配的對象物，並且運用科技手段極大化人類的利益。

至於「承認自然」則是以物化的態度來面對自然，所謂的物化，其實就是一種謙遜地面對自然與萬物共在的道德情感，也是承認人類與自然萬物應當平等的權利意識。人類必須對自己宰制性的權力保持警覺的態度，肯認自然也可能具有主體性的地位，因此可稱自然為「準主體」。意思是說，我們並不真的完全理解自然，把自然看成可以任意支配的對象，是太輕視自然了，忽略自然萬物可能具有我們尚未理解的內在目的與自身尊嚴。以「承認自然」的態度來面對自然萬物，人類便把本來只存在於人與人之間的交互主體的身分擴大了，讓人類與自然也成為彼此能夠共感的交互主體。尊敬並且承認自然，那麼自然也可以成為人類學習的對象。例如在美學的模擬活動中，人類模擬自然，讓自己成為能與自然共振交感的主體，那麼我

們便可能受到自然的啟發，和自然產生互相轉化的可能性。此一謙遜地以自然為師的學習與模擬活動，讓人類得以接受大自然的教化，成為真正的人。因此，承認自然，是人類自我理解關鍵的一環，缺乏此一承認自然的自我理解，將使人類狂妄自大、扭曲本性而不知災禍將至。

　　班雅明認為，在科技時代人類不斷增長的技術能力將傷害人類的感受力與想像力，他表示，感受力是一種注意力，尤其是現代社會中科技的可複製性決定性地造成「氣韻」的消逝。科技複製縮減了想像力活動的範圍，他說：「攝影記錄了我們的形象，卻沒有把凝視還給我們。」[49]意思是說，本來在人與人之間存在的眼神自然交流，現在被攝影鏡頭阻絕在外，我們只能看到被複製的空洞形象，看不到活生生的眼波流轉。當我們愈來愈習慣以形象的複製來取代專注的凝視與情感的交流，科技的可複製性帶我們遠離了「氣韻」的感通聯繫。班雅明認為，「氣韻」的經驗「建基於把共通於人與人之間的回應能力，轉移到人面對無生命的或自然的存在之間的關係。」[50]以下是班雅明引用瓦勒里（Paul Valéry）的話來說明此一藝術性的「氣韻」經驗，為何跟自然密切相關。藝術作品與自然對象都具有某種造成感受的驚異、激發思考，但又讓人不知所措的吸引力：

49　Walter Benjamin, "Über einige Motive bei Baudelaire," in *Charles Baudelaire. Ein Lyriker im Zeitalter des Hochkapitalismus*（Frankfurt am Main: Suhrkamp, 2013）, p. 142.

50　Walter Benjamin, "Über einige Motive bei Baudelaire", p. 142.

　　我們透過這樣的方式來認定它是否為一件藝術作品：
它激發出我們未能思考者，它促使我們採取的行為模式卻
無法窮究它或棄置它。我們吸入一朵花的氣息，只要我們
喜歡它，便會感到芳香；一旦我們的感覺被喚起，我們便
不可能使自己從這種香氣中擺脫出來，沒有任何回憶、思
想、行為模式能抹除它所造成的效果，或把我們從它的掌
握中解放出來。誰若想創作一件藝術作品，那麼他所要追
求的便是這種效果。[51]

　　對班雅明來說，面對藝術作品就如同面對自然，在以上所
引述的瓦勒里這段話中，我們可以看到人類面對藝術與自然的
一種獨特的感受與態度：我們受它吸引，但不能理解為何受到
吸引；我們的感官被它擄獲，但卻有某種自由之感。藝術性活
動的目標，正是要在知性無法探究的理解界限，以感受力與想
像力來捕捉人與物之間既相通又別異的存在樣態。因此，美學
的活動，其中尤其重要的是人的模擬本能，能引領我們通向人
類以外的物種與存在。我們在模擬自然的活動中，發現自己與
自然的原始親近關係，但也同時發現自己的殊異之處。但這並
不是把自然看成某種外在於人類社會與實踐活動之外的神祕實
體，而是在美學活動中，社會化的自然展現對人類社會的批判
性關係，而自然化的社會則使人再度回到自然性存在的身分，
獲得自由之感。

　　西方自從17世紀以來透過數學與物理學所建立的對物質理

51　Ibid., p. 141.

解方式，把機械主義的觀點擴展到整個宇宙，物質的感性內容是次要的，物質的差異雖然可以用質與量這兩個概念來表達，但是真正重要的是能夠用數學、幾何學加以分析的量的關係。科學與技術的進步，與精確的觀察、測量，數學的計算、推導密切相關，此一方法所取得的重大成果，讓我們把對自然的真相的理解工作交給了自然科學家，因為他們能夠測量與控制自然。自文藝復興以來，西方人不再像古希臘哲學家一樣沉思自然，而是以實用的態度面對自然。於是，在現代工業和技術的高速發展下，人類使自己成為自然的所有者和主人。人類的幸福與科學的進步被劃上等號。

　　在德國其實有個自然哲學的思考路線，可以從赫德（Herder）、哥德（Goethe）、謝林（Schelling）延伸到尼采、班雅明與阿多諾，他們共同致力於扭轉把自然看成只是作為人統治對象的普遍看法，此一批判的態度也可以在舍勒（Scheler）、胡塞爾、海德格、霍克海默某些關於科學與知識作為控制自然的手段的考察中發現。然而，此一自然哲學的思考仍未發揮真正的影響力，或許科學已成了當代主流的形上學，要批判以科學及其技術為主導的對自然的控制，恐怕仍有不易澄清的思考前提與實踐矛盾有待澄清。例如，科學研究與技術發明的重要貢獻和巨大成就絕難否定，然而它們所連帶引發的在實踐上的巨大風險是否也能調控？科學與技術的開發研究一方面獨立於日常生活，被視為價值中立的探究，另一方面又在若干應用技術與意識形態上全面滲透到日常生活領域。科學和日常生活中對自然的不同理解方式之間的分裂如何面對？假定自然的不可理解性，來作為科學認識方法的界線，或美化、神聖化、神祕化自

然，視為救贖科學所招致的危機的解方，能否讓人信服？「承認自然」如何與科技發展相調和？「承認自然」倘若的確是人類自我理解的重要一環，關於科技與自然關係的繼續探問仍是當前重要的思想任務。

徵引書目

中文文獻

一、古籍

〔春秋〕左丘明著，韋昭註，《國語》（台北：里仁書局，1980）。

〔漢〕司馬遷著，瀧川龜太郎考證，《史記會注考證》（新北：藝文印書館，1972）。

〔宋〕呂惠卿著，湯君集校，《莊子義集校》（北京：中華書局，2009）

〔宋〕林希逸著，周啟成校注，《莊子鬳齋口義校注》（北京：中華書局，1997）。

〔宋〕郭慶藩撰，王孝魚點校，《莊子集釋》（北京：中華書局，2012）。

〔明〕王夫之，《周易內傳》，收入《船山全書》（長沙：嶽麓書社，2010），第1冊。

〔明〕王夫之，《讀四書大全說》，收入《船山全書》（長沙：嶽麓書社，2011），第6冊。

〔明〕王夫之，《張子正蒙注》，收入《船山全書》（長沙：嶽麓書

社，2010），第12冊。

〔明〕王夫之，《莊子通》，收入《船山全書》（長沙：嶽麓書社，2010），第13冊。

〔明〕王夫之，《莊子解》，收入《船山全書》（長沙：嶽麓書社，2010），第13冊。

〔明〕呂坤著，王國軒、王秀梅整理，《呻吟語》，收入《呂坤全集》（北京：中華書局，2008）。

〔明〕黃宗羲，《明夷待訪錄》，收入《續修四庫全書》（上海：上海古籍出版社，1995），第945冊。

〔明〕顧炎武，《日知錄》，收入《景印文淵閣四庫全書》（新北：臺灣商務印書館，1983），第858冊。

〔清〕王先謙著，沈嘯寰、王星賢點校，《荀子集解》（北京：中華書局，2008）。

〔清〕段玉裁注，《說文解字注》（台北：天工書局，1987）。

〔清〕戴震，〈原善上〉，收入《戴震全書》（合肥：黃山書社，1995），第6冊。

〔清〕戴震，〈答朱方伯書〉，收入《戴震全書》（合肥：黃山書社，1995），第6冊。

〔清〕戴震，〈與某書〉，收入《戴震全書》（合肥：黃山書社，1995），第6冊。

〔清〕戴震，〈讀易繫辭論性〉，收入《戴震全書》（合肥：黃山書社，1995），第6冊。

〔清〕戴震，《孟子字義疏證》，收入《戴震全書》（合肥：黃山書社，1995），第6冊。

〔清〕戴震，《緒言》，上卷，收入《戴震全書》（合肥：黃山書社，

1995），第6冊。

〔清〕戴震，《與段茂堂等十一札‧第九札》，收入《戴震全書》（合肥：黃山書社，1995），第6冊。

〔清〕陳夢雷編，《古今圖書集成‧方輿彙編邊裔典第五十三卷‧罽賓部紀事》（台北：鼎文書局，1976），第213冊。

二、專書

王叔岷，《莊子校詮》（台北：中央研究院歷史語言研究所專刊之八十八，1994）。

王叔岷，《莊學管闚》（新北：藝文印書館，1978）。

尼采著，趙千帆譯，《論道德的系譜》（新北：大家出版，2017）。

任博克著，吳忠偉譯、周建剛校，《善與惡：天台佛教思想中的遍中整體論、交互主體性與價值弔詭》（上海：上海古籍出版社，2006）。

牟宗三，《人文講習錄》，《牟宗三先生全集》（新北：聯經出版公司，2003），第28冊。

牟宗三，《生命的學問》（台北：三民書局，1991）。

牟宗三，《時代與感受》，《牟宗三先生全集》（新北：聯經出版公司，2003），第23冊。

牟宗三，《增訂新版政道與治道》（台北：台灣學生書局，1987）。

牟宗三，《才性與玄理》（台北：台灣學生書局，1985）。

牟宗三，《中國哲學十九講》（台北：台灣學生書局，1983）。

牟宗三，《名家與荀子》（台北：台灣學生書局，1990）。

牟宗三主講，盧雪崑記錄、楊祖漢校訂，《牟宗三演講錄（肆）莊子‧

　　齊物論》（新北：東方人文基金會，2019）。

李明輝，《孟子重探》（新北：聯經出版公司，2001）。

李明輝，《康德倫理學與孟子道德思考之重建》（台北：中央研究院中
　　國文哲研究所，1994）

李明輝，《當代儒學之自我轉化》（台北：中央研究院中國文哲研究
　　所，1994）。

李明輝，《當代儒學之自我轉化》（台北：中央研究院中國文哲研究
　　所，1994）。

李明輝，《儒家視野下的政治思想》（台北：臺大出版中心，2005）。

李明輝，《儒家與康德》（新北：聯經出版公司，1990）。

李明輝，《儒學與現代意識》（台北：文津出版社，1991）。

周保松，《政治的道德：從自由主義的觀點看》（香港：香港中文大
　　學，2014）。

唐君毅，《中國哲學原論‧原性篇》（台北：台灣學生書局，1989）。

唐君毅，《中國哲學原論‧原道篇》（台北：台灣學生書局，1986）。

島田虔次著，甘萬萍譯，《中國近代思維的挫折》（南京：江蘇人民出
　　版社，2005）。

徐復觀，《中國藝術精神》（台北：台灣學生書局，1998）。

徐復觀，《中國人性論史‧先秦篇》（新北：臺灣商務印書館，
　　1969）。

徐復觀，《中國人性論史‧先秦篇》（新北：臺灣商務印書館，
　　1988）。

徐復觀，《中國藝術精神》（台北：台灣學生書局，1998）。

畢來德著，宋剛譯，《莊子四講》（新北：聯經出版公司，2011）。

彭國翔，《智者的現世關懷：牟宗三的政治與社會思想》（新北：聯經

出版公司，2016）。

馮友蘭，《中國哲學史・上冊》（上海：華東師範大學出版社，2000）。

楊儒賓，《異議的意義：近世東亞的反理學思潮》（台北：臺大出版中心，2012）。

楊儒賓，《儒門內的莊子》（新北：聯經出版公司，2016）。

溝口雄三著，索介然、龔穎譯，《中國前近代思維的演變》（北京：中華書局，1997）。

劉笑敢，《莊子哲學及其演變》（北京：中國人民大學出版社，2010）。

劉滄龍，《氣的跨文化思考：王船山氣學與尼采哲學的對話》（台北：五南圖書，2016）。

劉榮賢，《莊子外雜篇研究》（新北：聯經出版公司，2004）。

樓宇烈校釋，《老子周易王弼注校釋》（台北：華正書局，1983）。

賴錫三，《莊子靈光的當代詮釋》（新竹：清華大學出版社，2008）。

賴錫三，《當代新道家：多音複調與視域融合》（台北：臺大出版中心，2011）。

賴錫三，《道家型知識分子論：莊子的權力批判與文化更新》（台北：臺大出版中心，2013）。

賴錫三，《《莊子》的跨文化編織：自然・氣化・身體》（台北：臺大出版中心，2019）。

霍克海默、阿多諾著，林宏濤譯，《啟蒙的辯證》（台北：商周出版，2012）。

霍耐特著，羅名珍譯，《物化：承認理論探析》（上海：華東師範大學出版社，2018）。

三、專書論文

吳光明著，蔡麗玲譯，〈莊子的身體思維〉，收於楊儒賓主編，《氣論
　　及身體觀》（台北：巨流出版，1993），頁393-414。

陶國璋，〈其一也一，其不一也一〉，收於《莊子齊物論義理演析》
　　（台北：書林出版，1999），頁221-229。

四、期刊論文

任博克，郭晨譯，〈作為哲學家的莊子〉，《商丘師範學院學報》，卷
　　31，第4期，頁33-41，2015。

何乏筆，〈氣化主體與民主政治：關於《莊子》跨文化潛力的思想實
　　驗〉，《中國文哲研究通訊》，卷22，第4期，頁41-73，2012。

何乏筆，〈養生的生命政治：由法語莊子研究談起〉，《中國文哲研究
　　通訊》，卷18，第4期，頁115-138，2008。

宋灝，〈由列維納斯的回應思維與日本石庭來談論《莊子》「與物
　　化」〉，《臺大文史哲學報》，第87期，頁151-178，2017。

宋灝，〈逆轉與收回：《莊子》作為一種運動試驗場域〉，《中國文哲
　　研究通訊》，卷22，第3期，頁169-187，2012。

張旺山，〈作為「凝結了起來的精神」的機器與機械：論韋伯的「時
　　代診斷」的一個核心構想〉，《思想史》，第1期，頁139-186，
　　2013。

梅廣，〈從楚文化的特色試論老莊的自然哲學〉，《臺大文史哲學
　　報》，第67期，頁1-38，2007。

畢來德著，宋剛譯，〈莊子九札〉，《中國文哲研究通訊》，卷22，第3

期，頁5-39，2012。

陳榮灼，〈道家之「自然」與海德格之「Er-eignis」〉，《清華學報》，
　　卷34，第2期，頁245-269，2004。

楊儒賓，〈莊子「由巫入道」的開展〉，《中正大學中文學術年刊》，
　　第11期，頁79-110，2008。

楊儒賓，〈無盡之源的卮言〉，《臺灣哲學研究》，第9期，頁1-38，
　　2009。

劉紀蕙，〈莊子、畢來德與章太炎的「無」〉，《中國文哲研究通
　　訊》，卷22，第3期，頁103-135，2012。

蔡振豐，〈魏晉玄學中的「自然」義〉，《成大中文學報》，第26期，
　　頁1-34，2009。

龔卓軍，〈庖丁之手：身體思維與感覺邏輯〉，《中國語文論譯叢
　　刊》，第21輯，頁31-52，2007。

龔卓軍，〈庖丁手藝與生命政治：評介葛浩南《莊子的哲學虛構》〉，
　　《中國文哲研究通訊》，卷18，第4期，頁79-99，2008。

五、會議論文

方萬全，〈莊子的是非之辯與無為定是非〉，「批判與反思」哲學研讀
　　會（台北：國科會人文學研究中心，2011）。

方萬全，〈莊子與惠施濠上的魚樂之辯〉，「莊子講莊子」當代哲學系
　　列演講暨學術工作坊（嘉義：中正大學哲學系，2012）。

任博克，〈《莊子》批判之批判的若干模式〉，「老莊與批判——災
　　難、自然、倫理、弔詭」工作坊（彰化：鹿港文開書院，2018）。

何乏筆，〈在無家可歸中歸家化？海德格、阿多諾與赫德林模式的跨文

化啟迪〉，「老莊與批判——災難、自然、倫理、弔詭」工作坊
（高雄：中山大學，2018）。

何信全，〈儒學作為現代立國之道——民主、正義與多元差異議題〉，
「中國再起與兩岸儒學半世紀的省思」學術研討會（台北：臺灣大
學社會科學院，2016）。

宋灝，〈逆轉收回、任讓與時間性：從《莊子》與海德格反思當代的越
界精神〉，「老莊與批判——災難、自然、倫理、弔詭」工作坊
（高雄：中山大學，2018）。

張旺山，〈尼采的時代診斷〉，「尼采視角與當代哲學」學術研討會
（新竹：清華大學哲學研究所，2015）。

劉滄龍，〈自然、力量與自由——美學習練與社會行動〉，「老莊與
批判——災難、自然、倫理、弔詭」工作坊（高雄：中山大學，
2018）。

賴錫三，〈禮與真、文與質的弔詭運動——《莊子》對「禮之真」的價
值重估〉，「老莊與批判——災難、自然、倫理、弔詭」工作坊
（彰化：鹿港文開書院，2018）。

外文文獻

Abel, Günter. *Nietzshe. Die Dynamik der Willen zur Macht und die Ewige
Wiederkehr. 2.*, um ein Vorwort erweiterte Auflage（Berlin/New York: de
Gruyter, 1998）.

Adorno, Theodor W.. Ästhetische *Theorie*, in: Adorno, *Gesammelte Schriften
in 20 Bänden*, Band 7（Darmstadt: Wissenschaftliche Buchgesellschaft,
1998）.

Adorno, Theodor W.. *Einführung in die Dialektik*, hrsg. von Christoph Ziermann, 3. Auflage（Berlin: Suhrkamp, 2017）.

Adorno, Theodor W.. *Minima Moralia*, in: *Gesammelte Schriften*, hrsg. Rolf Tiedemann, Band 4（Darmstadt: WBG, 1988）.

Adorno, Theodor W.. *Negative Dialektik*, in: *Gesammelte Schriften*, Band 6, hrsf. Rolf Tiedemann（Darmstadt: Wissenschaftliche Buchgesellschaft, 1998）.

Ansell-Pearson, Keith. *Nietzsche contra Rousseau. A Study of Nietzsche's Moral and Political Thought*（New York: Cambridge University Press, 1991）.

Benjamin, Walter. "Über das mimetische Vermögen," in *Sprache und Geschichte. Philosophische Essays*（Stuttgart: Reclam, 2010）.

Benjamin, Walter. "Über den Begriff der Geschichte," in *Sprache und Geschichte. Philosophische Essays*（Stuttgart: Reclam, 2010）.

Benjamin, Walter. "Über einige Motive bei Baudelaire," in *Charles Baudelaire. Ein Lyriker im Zeitalter des Hochkapitalismus*（Frankfurt am Main: Suhrkamp, 2013）.

Benjamin, Walter. *Das Kunstwerk im Zeitalter seiner technischen Reproduzierbarkeit. Drei Studien zur Kunstsoziologie*（Frankfurt am Main: Suhrkamp, 1977）.

Berlin, Isaiah. *Liberty: Incorporating Four Essays on Liberty*, ed. Henry Hardy（Oxford: Oxford University Press, 2002）.

Brown, Kristen. *Nietzsche and Embodiment: Discerning Bodies and Non-dualism*（Albany: State University of New York Press, 2006）.

Clark, Maudemarie. *Nietzsche on Truth and Philosophy*（Cambridge:

Cambridge University Press, 1990）.

Deleuze, Gilles. *Nietzsche and Philosophy*, translated by H. Tomlinson（New York: Columbia University Press, 1983）.

Diels, Hermann, & Kranz, Walther. hrsg., *Die Fragmente der Vorsokratiker*, Band 2, 10. Auflage（Berlin: Walter de Gruyter, 1960）.

Figal, Günter. "Nietzsche und Heidegger über Kunst," in *Nietzsche-Studien*, Band 39（Berlin/New York: Walter de Gruyter, 2010）, pp. 233-243.

Gerhardt, Volker. "Pathos und Distanz," in Joachim Ritter u.a. hrsg., *Historisches Wörterbuch der Philosophie 7*（Basel: Schwabe-Verlag, 1989）.

Gerhardt, Volker. "Wille zur Macht" in: Henning Ottmann hrsg., *Nietzsche-Handbuch. Leben-Werk-Wirkung*（Weimar: Metzler, 2000）.

Gerhardt, Volker. *Friedrich Nietzsche*（München: Beck, 1999）.

Gerhardt, Volker. *Pathos und Distanz. Studien zur Philosophie Friedrich Nietzsches*（Stuttgart: Reclam, 1988）.

Hall, David. "Nietzsche and Chuang Tzu: Resources for the Transcendence of Culture," *Journal of Chinese Philosophy*, 11, 1984, pp. 139-152.

Hegel, G. W. F.. *Grundlinien der Philosophie des Rechts*, in: ders., *Werke in Zwanzig Bänden*, Band 7（Suhrkamp: Frankfurt am Main, 1970）.

Himmelmann, Beatrix. *Freiheit und Selbstbestimmung. Zu Nietzsches Philosophie der Subjektivität*（München: Alber, 1996）.

Honneth, Axel. *Das Recht der Freiheit. Grundriß einer demokratischen Sittlichkeit*（Suhrkamp: Berlin, 2013）.

Honneth, Axel. *Die Zerrissene Welt des Sozialen. Sozialphilosophische Aufsätze. Erweiterte Neuausgabe*（Frankfurt am Main: Suhrkamp, 2013）.

Honneth, Axel. *Kampf um Anerkennung. Zur Moralischen Grammatik Sozialer Konflikte. Mit einem Neuen Nachwort* (Suhrkamp: Frankfurt am Main, 2014).

Honneth, Axel. *Verdinglichung. Eine Anerkennungstheoretische Studie* (Suhrkamp: Frankfurt am Main, 2005).

Horkheimer, Max, & Adorno, Theodor W.. *Dialektik der Aufklärung. Philosophische Fragmente* (Frankfurt am Main: Fischer, 2006).

Horn, Christoph, & Rapp, Christof. *Wörterbuch der Antiken Philosophie* (München: Verlag C. H. Beck, 2002).

Humboldt, Wihelm. "Über Denken und Sprechen," in *Schriften zur Sprache*, hrsg. von Michael Böhler (Stuttgart: Reclam, 1973).

Jenkins, Scott. "Morality, Agency, and Freedom in Nietzsche's Genealogy of Morals," *History of Philosophy Quarterly*, Vol. 20, No. 1 (January 2003), pp. 61-80.

Kant, Immanuel. *Gesammelte Schriften* (Akademie-Ausgabe), hrsg. Königlich Preußische Akademie der Wissenschaften (Berlin: De Gruyter, 1902ff).

Kaulbach, Friedrich. *Philosophie des Perspektivismus, 1. Teil. Wahrheit und Perspektive bei Kant, Hegel und Nietzsche* (Tübingen: Mohr [Paul Siebeck], 1990).

Lakoff, George, & Johnson, Mark. *Metaphors We Live By* (Chicago: University of Chicago Press, 1980).

Lukács, Georg. "Die Verdinglichung und das Bewußtsein des Proletariats," in ders., *Geschichte und Klassenbewußtsein* (1923), *Werke*, Band 2, Frühschriften 11 (Darmstadt: Luchterhand, Neuwied und Berlin, 1968).

Marchal, Kai. "Paradoxes and Possibilities of 'Confucian Freedom': From Yan Fu（1853-1921）to Mou Zongsan（1909-1995）," *Philosophy East and West*, Vol. 66, No. 1（January 2016）, pp. 218-258.

Marchal, Kai. "Moral Emotions, Awareness, and Spiritual Freedom in the Thought of Zhu Xi（1130–1200）,"*Asian Philosophy*, Vol. 23, no. 3（June 2013）, pp. 199-220.

Martin, Alfred von. *Nietzsche und Burckhardt. Zwei Geistige Welten im Dialog*（Basel: Ernst Reinhardt, 1945）.

Menke, Christoph. *Die Kraft der Kunst*（Frankfurt am Main: Suhrkamp, 2014）.

Menke, Christoph. *Kraft: Ein Grundbegriff ästhetischer Antropologie*（Frankfurt am Main: Suhrkamp, 2008）.

Meyer, Katrin. "Historie," in *Nietzsche-Handbuch: Leben, Werk, Wirkung*, hrsg. Henning Ottmann（Stuttgart; Weimar, 2000）.

Mill, John Stuart. *Über die Freiheit*（Leipzig/Weimar, 1991）.

Nietzsche, Friedrich. *Beck'sche Ausgabe Werke*, Band 2, hrsg. H. J. Mette（München: Deutscher Taschenbuch Verlag, 1994）.

Nietzsche, Friedrich. *Sämliche Werke: Kritische Studienausgabe in 15 Bänden*（KSA）, hrsg. G. Colli und M. Montinari（München/Berlin/New York: Walter de Gruyter, 1980）.

O'Connor, Brian. *Adorno*（New York: Routledge, 2013）.

Pieper, Annemarie. "Ein Seil, geknüpft zwischen Thier und Übermensch," *Philosophische Erläuterungen zu Nietzsches Also Sprach Zarathustra von 1883*（Basel: Schwabe, 2010）.

Platon. *Sämtliche Werke in Zehn Bänden*. Griechisch und Deutsch nach der

Übersetzung Friedrich Schleiermachers, ergänzt durch Übersetzungen von Franz Susemihl und anderen, hrsg. Karlheinz Hülser（Frankfurt am Main und Leipzig: Insel Verlag:, 1991）.

Rorty, Richard. *Hope in Place of Knowledge: The Pragmatics Tradition in Philosophy*（Taipei: Academia Sinica, 1999）.

Shang, Ge Ling. *Liberation as Affirmation: The Religiosity of Zhuangzi and Nietzsche*（New York: SUNY, 2006）.

Simmel, Georg. "Schopenhauer und Nietzsche,"（1907）in *Gesammtausgabe*, Band X（Frankfurt a.M. 1995）.

Simon, Josef. "Der Name 'Wahrheit', Zu Nietzsches früher Schrift 'Über Wahrheit und Lüge im aussermoralischen Sinne'," in *Jedes Wort ist ein Vorurteil: Philologie und Philosophie in Nietzsches Denken*, hrsg. Manfred Riedel（Köln: Böhlau, 1999）.

Sommer, Andreas Urs. "Umwerthung der Werthe," in *Nietzsche-Handbuch*, Leben-Werk-Wirkung, hrsg. Henning Ottmann（Stuttgart: J. B. Metzler, 2000）.

Sommer, Andreas Urs. *Nietzsche und die Folgen*（Stuttgart: J. B. Metzler, 2017）.

White, Richard J.. *Nietzsche and the Problem of Sovereignty*（Urbana and Chicago: University of Illinois Press, 1997）.

Ziporyn, Brook. *Ironies of Oneness and Difference: Coherence in Early Chinese Thought: Prolegomena to the Study of Li*（Albany: State University of New York Press, 2012）.

原刊說明

本書各章內容初稿除兩篇會議論文外（第五章、第十章），其他均已經由匿名雙審在期刊出版（第七章刊於線上《華文哲學百科》），特此一併向出版單位致謝。初稿在本書均經過修改，惟修改幅度視需要而定，程度不一。

第一章　內在他者

〈「內在他者」——論莊子思想中「生命的有限性」與「實踐的可能性」〉，《清華學報》，卷49，第2期，頁267-292，2019。

第二章　身體思維

〈身體、隱喻與轉化的力量——論莊子的兩種身體、兩種思維〉，《清華學報》，卷44，第2期，頁185-213，2014。

第三章　心物之間

〈心物之間的美學辯證——從牟宗三的《莊子》詮釋談起〉，《清華學報》，卷51，第3期，頁513-537，2021。

第四章　不齊之齊

〈「不齊之齊」與「氣韻」（Aura）——從王船山《莊子解》談莊子齊物思想的美學政治意涵〉，《文與哲》，第28期，頁321-345，2016。

第五章　非主體的自由

〈內在的批判與否定辯證法——莊子與阿多諾〉發表於「第四屆批判理論論壇：從批判理論到後批判理論」（上海：復旦大學，2019）。

第六章　從「隱喻」到「權力意志」

〈從「隱喻」到「權力意志」：尼采前後期思想中的語言、認識與真理〉，《國立政治大學哲學學報》，第29期，頁1-32，2013。

第七章　權力意志

〈權力意志〉，收錄於王一奇編，《華文哲學百科》（2020）。上線日期：2020年03月14日。

（網址：http://mephilosophy.ccu.edu.tw/entry.php?entry_name=權力意志）

第八章　價值設定

〈論尼采價值設定的個體化原理〉，《揭諦》，第11期，頁255-288，2006。

第九章　美學自由

〈論尼采的美學自由〉，《國立臺灣大學哲學論評》，第56期，頁1-37，2018。

第十章　東亞現代性：從島田虔次、溝口雄三談起

〈誰的現代性？——從島田虔次、溝口雄三談起〉發表於「第六屆中日哲學論壇」（廣州：中山大學哲學系，2019）。

第十一章　牟宗三論政治自由和道德自由

〈牟宗三論政治自由和道德自由〉，《師大學報》，卷62，第1期，頁49-61，2017。

第十二章　自然與自由：莊子的主體與氣

〈自然與自由——莊子的主體與氣〉，《國立政治大學哲學學

報》，第35期，頁1-35，2016。

　　第十三章　承認自然：承認理論與氣的思想

　　〈承認自然——霍耐特承認理論與王夫之氣的思想〉，《國文學報》，第61期，頁69-93，2017。